高速列车用铜基摩擦材料

曲选辉 章 林 著

科学出版社

北 京

内 容 简 介

本书系统介绍高速列车用铜基摩擦材料相关研究进展、机理、工艺及装备、性能等。全书共 8 章，首先简单介绍国内外高速动车组的发展状况、高速列车制动技术、基础制动装置及盘形制动、制动闸片和制动盘的材质及结构；其次介绍与摩擦制动材料相关的摩擦磨损机理及摩擦第三体理论；再次按照制备工艺流程，介绍铜基制动闸片的制备工艺及关键装备；然后通过连续紧急制动试验和恒温摩擦方法阐明摩擦系数衰退机理及闸片失效行为，为闸片材料摩擦制动性能的调控奠定基础；接着较系统地分析基体组元、摩擦组元和润滑组元对铜基复合材料摩擦制动性能的影响规律，为闸片新材料的设计提供指导；最后介绍闸片材料摩擦制动性能的评价方法，包括小样试验、缩比试验及 1∶1 制动动力试验，阐述相关原理、装备及测试方法。

本书可作为粉末冶金、材料及机械等相关工程专业本科生和研究生的教材，也可作为上述专业教师和工程技术及科研开发人员的参考书。

图书在版编目（CIP）数据

高速列车用铜基摩擦材料 / 曲选辉，章林著. —北京：科学出版社，2023.6
ISBN 978-7-03-075539-1

Ⅰ. ①高… Ⅱ. ①曲… ②章… Ⅲ. ①高速列车–铜基复合材料–摩擦材料 Ⅳ. ①U292.91

中国国家版本馆 CIP 数据核字（2023）第 084442 号

责任编辑：牛宇锋 罗 娟 / 责任校对：王 瑞
责任印制：吴兆东 / 封面设计：蓝正设计

科 学 出 版 社 出版
北京东黄城根北街 16 号
邮政编码：100717
http://www.sciencep.com

北京虎彩文化传播有限公司 印刷
科学出版社发行 各地新华书店经销

*

2023 年 6 月第 一 版　开本：720×1000 B5
2024 年 1 月第二次印刷　印张：21 1/2
字数：422 000

定价：168.00 元
（如有印装质量问题，我社负责调换）

前　言

  没有制动，就没有高速。制动闸片是保证高速列车安全运行的关键部件，是其他制动措施失效后的最后一道安全保障。

  高速列车基础制动装置一般采用盘形制动，闸片与制动盘组成摩擦副产生制动力。列车的动能通过摩擦转换为热能，闸片和制动盘在短时间内会吸收大量的热能，闸片制动材料表面将经历快速的能量积聚。一辆轴重为 17 t 的列车，以 350 km/h 紧急制动时，单个制动盘的制动耗能达 590 J/mm^2(中型飞机以 270 km/h 制动时，制动盘的耗能约 200 J/mm^2)，制动盘表面温度将达到 650℃以上，闪点温度可达 1000℃左右。同时，闸片作为集中热输入源，对制动盘形成间歇性热冲击。制动闸片是由多个摩擦块按照一定的空间排布组装在钢背上构成的。闸片的制动性能不仅取决于闸片材料本身的性质，还取决于闸片结构、闸片与制动盘之间的匹配性。高速列车闸片材料需要综合优化材料力学性能、摩擦磨损性能、耐热冲击性能以及与制动盘的匹配性能，且这些性能往往存在相互制约问题，需要精确调控。随着我国高铁技术的发展，高速高负荷列车对制动性能的要求越来越苛刻，迫切需要开发高性能闸片材料以满足列车在高速、重载和大制动压力条件下的使用要求。

  铜基摩擦材料具有稳定的摩擦磨损性能，以及优异的耐热性能、散热性能和抗黏着性能，成为目前高速列车(运营速度不低于 160 km/h)使用的主要制动摩擦材料。粉末冶金技术在制备多组元复杂体系铜基制动材料上具有明显的优势，通过综合利用各组元的特性，能够精确控制材料成分、自由组装闸片结构，从而精确控制材料的摩擦制动性能，并实现近终成形，体现了材料设计与材料制备的统一、材料合成与产品成形的统一。铜基粉末冶金制动闸片组元复杂、影响因素多，掌握各组元的协同作用机制，阐明制动条件对闸片材料摩擦力学性能的影响规律，对开发高性能闸片材料至关重要。

  本书著者团队在国家重点研发计划重点专项、国家 973 计划、国家自然科学基金等项目的支持下，聚焦摩擦材料摩擦系数衰退行为、高温下的失效机理、摩擦膜的组织结构演变、摩擦制动性能的协同调控、闸片结构设计等关键科学和技术问题，系统开展了粉末冶金摩擦材料相关的基础和应用研究。本书是在著者团队研究成果的基础上总结和整理而写成的。

  本书共 8 章，其中第 1、3、4 章由曲选辉执笔，第 2、5、6 章由章林执笔，

第 7、8 章由张鹏执笔，曲选辉负责全书的统稿和校订。第 1 章简述国内外高速动车组的发展状况、高速列车制动技术及基础制动装置，重点介绍盘形制动器的结构和特点以及铜基摩擦材料和制动盘材料；第 2 章介绍与制动材料相关的摩擦磨损机理；第 3 章介绍铜基制动闸片的制备工艺及关键装备；第 4 章揭示铜基制动闸片在高速制动条件下的摩擦系数热衰退行为、高温下摩擦材料的失效机理以及摩擦膜的结构和演变规律等关键基础问题；第 5~7 章系统阐述基体组元、摩擦组元和润滑组元对铜基复合材料摩擦制动性能的影响规律，为闸片材料摩擦制动性能的调控奠定理论和技术基础；第 8 章介绍摩擦制动性能的评价方法，介绍小样试验、缩比试验及 1∶1 制动动力试验等闸片材料的摩擦磨损性能测试方法、原理及装备。

感谢北京天宜上佳高新材料股份有限公司在惯性摩擦台架试验方面给予的大力支持，对吴佩芳、曹静武、释加才让、魏东彬、陈晓玮、李兵兵、丁向莹等在摩擦试验方面的帮助表示诚挚的谢意。秦明礼、何新波、任淑彬、吴茂、陈刚、张百成老师对本书提出了宝贵意见，在这里一并表示衷心的感谢。

书中所引文字资料都尽力注明了出处，以便读者检索与查阅，但为了编写体例需要，做了部分取舍、补充和变动，而对于没有说明之处，望原作者或原资料引用者谅解。作者对书中直接或间接引用资料的原作者表示诚挚的感谢。由于作者水平有限，书中难免存在不妥之处，敬请读者批评指正。

曲选辉
2022 年 1 月 17 日

目 录

前言
第 1 章 高速动车组及盘形制动 ·· 1
  1.1 高速动车组的发展状况 ·· 1
    1.1.1 国外高速动车组的发展状况 ·· 2
    1.1.2 我国高速动车组的发展状况 ·· 3
  1.2 高速列车制动技术 ·· 5
    1.2.1 制动方式 ··· 5
    1.2.2 我国高速动车组制动技术 ··· 7
  1.3 基础制动装置及盘形制动 ··· 13
  1.4 制动闸片 ·· 16
    1.4.1 铜基摩擦材料 ··· 16
    1.4.2 高速列车对铜基摩擦材料的性能要求 ······························· 20
  1.5 制动盘 ·· 22
    1.5.1 制动盘材料 ·· 22
    1.5.2 制动盘结构 ·· 26
    1.5.3 制动盘的温度场和应力场 ··· 28
    1.5.4 制动盘服役行为及失效方式 ·· 31
  参考文献 ·· 34
第 2 章 摩擦磨损理论 ·· 37
  2.1 摩擦磨损参数 ·· 37
    2.1.1 摩擦系数 ·· 37
    2.1.2 摩擦扭矩 ·· 38
    2.1.3 摩擦能量 ·· 39
    2.1.4 磨损量 ··· 39
  2.2 摩擦机理 ·· 40
    2.2.1 机械啮合理论 ·· 40
    2.2.2 分子作用理论 ·· 40
    2.2.3 分子机械理论 ·· 41
    2.2.4 黏着-犁沟理论 ··· 42
  2.3 磨损机理 ·· 43

2.4 摩擦第三体理论·····44
2.4.1 第三体的形成及其作用·····45
2.4.2 三体摩擦体系理论·····46
2.4.3 第三体的结构、成分与运动机制·····48
参考文献·····51

第3章 铜基制动闸片的制备工艺·····54
3.1 铜基制动闸片材料的组成·····54
3.1.1 基体组元·····55
3.1.2 摩擦组元·····56
3.1.3 润滑组元·····58
3.1.4 铜基摩擦材料的成分匹配·····63
3.2 粉末预处理·····65
3.3 配混粉·····66
3.4 压制成形·····68
3.4.1 压制设备·····68
3.4.2 压制模具·····70
3.4.3 压制参数·····73
3.4.4 压制缺陷及改善措施·····75
3.5 加压烧结·····75
3.5.1 加压烧结致密化机理·····76
3.5.2 烧结设备·····80
3.5.3 烧结工艺参数·····83
3.5.4 钢背-摩擦体复合工艺·····85
3.6 闸片结构设计·····87
3.6.1 摩擦块的形状和排布·····87
3.6.2 摩擦块中心孔的影响·····95
3.6.3 摩擦块排布设计·····97
3.6.4 闸片自适应结构设计·····99
3.7 闸片生产自动化生产线·····107
参考文献·····108

第4章 摩擦系数衰退机理及闸片失效行为·····112
4.1 摩擦系数的衰退行为·····112
4.2 摩擦膜在高温下的演变·····125
4.2.1 摩擦系数及磨损量·····126
4.2.2 铜基制动闸片表面的物质变化·····128
4.2.3 制动盘表面的物质变化·····135

4.3 摩擦膜的成分和结构 144
参考文献 154

第5章 基体组元对摩擦制动性能的影响 156
5.1 预合金铜粉对铜基制动闸片性能的影响 156
5.2 基体镍合金化对闸片性能的影响 168
参考文献 174

第6章 摩擦组元对摩擦制动性能的影响 175
6.1 铁粉类型及含量对铜基制动闸片性能的影响 175
6.2 铬粉对铜基制动闸片性能的影响 184
6.3 铬铁粉末对铜基制动闸片性能的影响 189
6.4 Cr粉和CF粉的比例对铜基制动闸片性能的影响 192
6.5 氧化铝纤维对铜基制动闸片性能的影响 202
6.6 碳纤维对铜基制动闸片性能的影响 215
6.7 摩擦组元包覆对摩擦制动性能的影响 224
    6.7.1 SiO_2镀铜对摩擦制动性能的影响 224
    6.7.2 SiC镀铜对摩擦制动性能的影响 236
参考文献 248

第7章 润滑组元对摩擦制动性能的影响 251
7.1 鳞片状石墨与粒状石墨比例对闸片性能的影响 251
7.2 鳞片状石墨粒度对摩擦制动性能的影响 255
7.3 石墨表面镀镍对闸片性能的影响 257
7.4 二硫化钼对闸片性能的影响 266
参考文献 279

第8章 闸片材料摩擦磨损性能评价 280
8.1 定速摩擦试验机 281
    8.1.1 JF150 D-Ⅱ型定速摩擦试验机 281
    8.1.2 JF151型定速摩擦试验机 282
    8.1.3 Rtec多功能摩擦磨损试验机 284
8.2 惯性制动试验台 286
    8.2.1 惯性制动试验台的结构及原理 286
    8.2.2 摩擦制动缩比试验原理及试验参数 288
    8.2.3 小试样惯性制动试验机 297
    8.2.4 缩比试验台 305
    8.2.5 1∶1制动动力试验台 308
参考文献 334

第 1 章　高速动车组及盘形制动

国际高速动车组经过五十多年的发展，形成了以日本新干线、法国 TGV 和德国 ICE 高速动车组为代表的三大技术体系。2004 年，我国引进德国、日本等国家的高速动车组技术，在消化吸收再创新的基础上，生产出"和谐号"系列高速动车组。2012 年，我国开始自主设计研制中国标准动车组，并实现了"脱胎换骨"。动车组制动技术是动车组的核心技术之一，制动系统的性能不仅直接决定了列车运行的安全性和舒适度，也是提高列车运营速度的重要限制因素。高速列车基础制动装置一般采用盘形制动，制动闸片与制动盘组成摩擦副产生制动力，列车的动能通过摩擦转换为热能。制动闸片是多个摩擦块按照一定的空间排布组装在钢背上构成的，它是高速动车组在制动系统其他制动措施失效情况下的最后一道安全保障[1]。闸片和制动盘在短时间内吸收大量的热，闸片作为集中热输入源，对制动盘形成间歇性热冲击。制动闸片要具有良好的吸收制动动能的能力，能够将其快速转换为热能，而闸片的材料、结构和性能不能被破坏，并且闸片在制动过程中不能对制动盘造成损伤。此外，闸片还要具有良好的环境适应性，能够满足冰雪、风沙、潮湿等气候条件下的使用要求。随着高速列车速度的不断提高和重载技术的发展，列车制动能量越来越大，制动时产生的热能及热冲击也大幅度增加，对闸片性能提出了更高的要求。

本章概述国内外高速动车组的发展状况及高速动车组制动技术，简述基础制动装置及盘形制动的特点，重点介绍制动闸片及制动盘的材质、结构和性能要求。

1.1　高速动车组的发展状况

国际铁路联盟(International Union of Railways，UIC)对高速铁路的定义为：新线设计速度 250 km/h 以上，提速线路速度达到 200 km/h 的铁路[2]。目前，开行的高速列车最高运营速度可以划分为三个等级：第一速度级，最高运营速度为 200～250 km/h；第二速度级，最高运营速度为 250～300 km/h；第三速度级，最高运营速度为 300 km/h 以上。

动车组是由若干带动力的车辆(动车)和/或不带动力的车辆(拖车)组成，固定编组，以单元为单位进行设计的一组列车。带动力的车辆称为动车，不带动力的车辆称为拖车。按动力分配方式分类，动车组可分为动力集中型和动力分散型两种[3]。动力集中型动车组是指动力车挂在两端，中间是拖车所编组的列车。动力分散型动车组是指一定数量的动车和拖车组成单元，若干单元再编组为列车。动力分散型动车组的动力配置有两种模式：一种是完全分散模式，另一种是相对分散模式。动力分散型高速动车组具有黏着性能好，轴重较小，起动、制动性能优于动力集中型动车组等特点[4]。

1.1.1 国外高速动车组的发展状况

国际高速动车组经过五十多年的发展，形成了以日本新干线、法国 TGV 和德国 ICE 高速动车组为代表的三大技术体系[5-8]。

1. 日本新干线动车组

1964 年 10 月 1 日，世界第一条高速铁路——东海道新干线(东京—新大阪)在日本诞生，最高运营速度为 210 km/h。日本动车组主要有两大系列：一个是以百位数字表示的高速列车，从 0 系开始，发展出 100 系、200 系、300 系、400 系、500 系、700 系、800 系及 N700 系；另一个是 E 系高速列车，有 E1、E2、E3、E4、E5 等型号。此外，还包括 WIN350、300X、STAR21、FASTECH、E954 系等试验列车。日本轨道交通车辆制造商川崎重工株式会社(简称川崎重工)研发了 efSET®动车组，能够更好地适应国外复杂多变的地形条件和运行环境，设计速度 350 km/h。

2. 法国 TGV

法国是世界铁路运输最发达的国家之一。早在 1955 年，法国就创造了电力机车牵引列车 331 km/h 的速度纪录。法国 TGV(train à grande vitesse，意为高速列车)已发展到第四代。第一代为 TGV-PSE、TGV-La-Postel，其中 TGV-La-Postel 为唯一一款量产的货运高速列车，最高运营速度 270 km/h。第二代为 TGV-A、AVE、TGV-R、TGV-TMST(欧洲之星)、TGV-PBKA 等型号[6]。TGV-A325 列车于 1990 年 5 月在大西洋线创造了 515.3 km/h 轮轨系统高速行车的世界纪录。TGV-PBKA 列车最高运营速度 320 km/h，是继欧洲之星之后真正意义上的国际高速列车。第三代为 TGV-2N 等型号，最高运营速度 300 km/h。第四代为 2007 年投入使用的 AGV 高速列车，最高运营速度 360 km/h。NTV 是 2012 年阿尔斯通公司为意大利 ITALIO 公司制造的新一代 AGV 列车，被称为"列车版"的法拉利。

3. 德国 ICE 高速动车组

德国研制出 ICE(Inter City Express，意为城际铁路)系列高速动车组。1985 年试制成功的 ICE/V 试验型高速动车组，最高运营速度达到 317 km/h。在 ICE/V 的基础上研制的 ICE1 型高速动车组，最高运营速度 280 km/h。第二代 ICE 高速动车组(ICE2)于 1996 年投入运营。1995 年开始动工修建的科隆—法兰克福的高速铁路最高运营速度提高到 300 km/h，线路最大坡度达到 40‰，既有的 ICE1、ICE2 型列车已经不能满足运营需要。为此，德国铁路于 1994 年向工业界订购了 50 列 ICE3 型动力分散型电力动车组并于 1997 年投入运营。ICE4——新 DB 平台列车由西门子股份公司(简称西门子)生产制造，用于大规模更新德国铁路现有的长途客运机车车辆。ICE4 动车组的基础车型有两种，一种是 7 节编组带 3 节动车的列车，另一种是 10 节编组带 5 节动车的列车。与正在运营的其他 ICE 系列车相比，改进的空气动力可以大大地降低 ICE4 列车组的运行阻力。德国宇航中心(Deutsches Zentrum für Luft-und Raumfahrt，DLR)参与研制的 NGT 动车组，为 10 节编组的双层动车组，设计速度为 440 km/h。

1.1.2 我国高速动车组的发展状况

我国从 2004 年起，开启了高速动车组的引进消化吸收再创新之路。当时，我国引进了加拿大庞巴迪公司、日本川崎重工、德国西门子、法国阿尔斯通公司的高速动车组研发制造技术，形成了中国速度 200～250 km/h 的"和谐号"动车组技术标准体系(代表车型包括 CRH1、CRH2、CRH5)及速度 300～350 km/h 的高速列车制造技术(代表车型 CRH2C/CRH3)，实现了动车组的国内制造。"和谐号"电力动车组英文名称"CRH"(China Railway High-speed，中国高速铁路)，是由中国中车股份有限公司(简称中国中车，由中国北车股份有限公司(简称中国北车)、中国南车股份有限公司(简称中国南车)合并组建)引进德国、日本、法国等国的技术，并在其基础上自主研制的动车组，是中国铁路高速动车组的自有品牌。目前，我国高速铁路运营里程世界第一，2020 年高速铁路的运营里程突破 3.79 万 km，长远的规划是建设 7 万 km 的高速铁路。

1. CRH1 型系列动车组

CRH1 型系列动车组由中车青岛四方机车车辆股份有限公司(简称青岛四方)与加拿大庞巴迪公司的合资公司——青岛四方-庞巴迪铁路运输设备有限公司(Bombardier Sifang(Qingdao) Transportation Ltd.，BST)生产，原型车以庞巴迪公司为瑞典国家铁路公司(SJAB)提供的 Regaina C2008 为基础。我国已自行设计制造出 CRH1A、CRH1B、CRH1E、CRH380D 型系列动车组。CRH1A 型动车组编组方式是 5 动 3 拖，轴重不大于 16 t。CRH1B 型动车组是在 CRH1A 型基础上扩编至 16 节的大编组动车组，编组方式为 10 动 6 拖，最高运营速度为 250 km/h。CRH1E 型动车组由 16 节大编组卧铺动车组组成，每组包括 10 节动车和 6 节拖车，最高运营速度为 250 km/h，是世界上第一列能达到 250 km/h 的高速卧铺动车组。

CRH380D 型动车组设计运营速度为 350 km/h，最高运营速度为 380 km/h，最高试验速度为 420 km/h。

2. CRH2 型系列动车组

CRH2 为青岛四方自日本川崎重工引进的动车组车型，以新干线 E2-1000 型动车组为基础改进，运营速度 200 km/h，最高运营速度 250 km/h。我国至今已自行设计制造出 CRH2A、CRH2B、CRH2C、CRH2E、CRH2A 统型、CRH380A、CRH380AL、CRH380CL 型系列动车组[9]。CRH2A 型动车组的编组方式是 4 动 4 拖，最高运营速度为 250 km/h。CRH2B 型是在 CRH2A 型基础上扩编的 16 节长大编组动车组。CRH2C 型在 CRH2A 型基础上进行升级改造，把 CRH2A 型动车数量由 4 节增至 6 节，最高运营速度为 350 km/h。CRH2E 型为 16 节长编组的卧铺电力动车组，最高运营速度为 250 km/h，为京津城际高速铁路用车。CRH380A/AL 型在 CRH2C 型电力动车组基础上全面提升了性能，最高运营速度为 380 km/h，其中 8 节编组动车组命名为 CRH380A，16 节编组动车组命名为 CRH380AL。

3. CRH3 型系列动车组

CRH3 为中国中车唐山轨道客车有限责任公司(简称唐车公司)自德国西门子引进的动车组车型，原型为德国西门子 ICE3(Velaro)型列车，速度等级 300～350 km/h。目前已自行设计制造出 CRH3C、CRH380B、CRH380BL、CRH380CL 型系列动车组[9]。CRH3C 型动车组编组为 4 动 4 拖，最高运营速度为 350 km/h。CRH380B 型动车组是唐车公司和中车长春轨道客车股份有限公司(简称长客股份)在 CRH3C 型基础上自主研发的高速动车组，列车满足−40℃低温的运营需求，最高运营速度 380 km/h，是世界上首列能在高寒地区运营速度达到 300 km/h 的动车组，主要为中国东北高寒地区提供运营服务，是中国高速动车组的一个重大突破。CRH380BL 型动车组是唐车公司和长客股份在 CRH3C 型动车组基础上自主研发的高速动车组，采用 8 动 8 拖编组方式，最高运营速度 380 km/h，主要用于京沪和京广高速铁路的运营服务。CRH380CL 型动车组是继 CRH380A、CRH380B 型高速动车组后诞生的新型高速动车组，由长客股份研制生产，最高运营速度 400 km/h，其配置的转向架临界速度高达 600 km/h。CRH380BG 高寒型动车组是长客股份在 CRH380BL 型的基础上研发的高寒型动车组，用于我国北方高寒地区，如黑龙江、吉林、辽宁。CRH3D 型动车组是以 CRH3C 型为基础的 16 节车厢的大编组动车组。

4. CRH5 型系列动车组

CRH5 为长客股份自法国阿尔斯通公司引进的动车组车型，以法国阿尔斯通公司的 SM3 型摆式动车组为基础，运营速度等级为 200～250 km/h，编组方式为 5 动 3 拖，可两组重联运营，耐寒性高，其承受温度范围达–40～40℃，适用于中国东北、西北地区，最高试验速度 305 km/h。另外，长客股份在 CRH5A 型动车组基础上设计生产出抗风沙高寒型动车组[9]。

5. 中国标准动车组

在吸收日本川崎重工、德国西门子、法国阿尔斯通公司等高铁技术后，我国自主研制了 CRH380 系列，之后出于统型和技术革新的考虑，又依据自己的标准体系打造了各项指标均处于世界领先水平的中国标准动车组，命名为"复兴号"，实现了"脱胎换骨"。中国标准动车组陆续开发了 CR400/300/200 三个系列，分别覆盖 350 km/h、250 km/h 和 160 km/h 三种运营速度等级。目前，"复兴号"动车组已实现了 350 km/h 的运营速度，随着技术的发展，下一步将以 400 km/h 作为运营速度目标。标准统一也就意味着所有标准动车平台列车都能连挂运营、互联互通。"复兴号"朝着系列化发展，以适应不同的运营环境、地质条件、速度等级的要求；同时，还会向智能和绿色方向发展，进一步提高我国铁路建设数字化、智能化水平。

1.2 高速列车制动技术

制动技术是动车组的核心技术之一，制动系统的性能不仅直接决定了列车运行的安全性和舒适度，也是提高列车运营速度的重要限制因素[10]。制动的实质是将列车动能转换为其他形式的能量或列车动能在制动装置间的传递和消散。随着高速列车速度的不断提高和重载技术的发展，列车制动能量越来越大，制动时产生的热能及热冲击也大幅增加，对高速制动技术提出了新的挑战。

1.2.1 制动方式

制动方式的分类标准有三种：制动时电力动车组采用的动能转移方式、制动力的获取方式，以及制动源动力的来源[11-13]。

1. 按电力动车组动能转移方式分类

从能量的观点来看，制动的实质就是将电力动车组动能转变成其他形式的能量或转移走。按照动能转移方式的不同，动车组的制动可以分为两类。

(1) 摩擦制动方式。通过制动闸瓦或闸片与车轮摩擦，将动能转换为热能消散于大气。

(2) 动力制动方式。把动能转换为电能，然后将电能从车上转移出去。

2. 按制动力获取方式分类

目前动车组所采用的制动方式中，制动的源动力主要有压缩空气和电。以压缩空气为原动力的制动方式称为空气制动，如闸瓦制动、盘形制动等。以电为原动力的制动方式称为电制动，如动力制动、轨道电磁制动等。

3. 按制动源动力的来源分类

按动车组制动源动力的来源，根据制动力形成是否依赖轮轨之间的黏着关系，可分为黏着制动与非黏着制动。

1) 黏着制动

黏着制动通过车轮与轨道的摩擦来产生制动力，包括电制动和空气制动。各国高速动车组普遍采用空电复合制动。

(1) 电制动。

电制动是通过控制电机电流大小和方向，使电机产生一个与列车运行方向相反的力使列车减速。电制动主要有电阻制动和再生制动两种。电阻制动是将列车的动能通过电机转换为电能并消耗在电阻上的制动方式。电阻制动的优点是，一旦电网断电，动车组仍然可以利用电阻制动产生制动力，安全性较好，缺点是无法实现节能。再生制动则是将列车动能转换为电能回馈至电网的制动方式，其能量由电机传递给主变流器、牵引变压器，最后回馈至接触网上。再生制动的优缺点与电阻制动正好相反，能改善接触网供电系统的功率因数，从而节约能源[6]。电阻制动主要应用于早期的高速列车上，如法国的 TGV-R 等高速列车；而再生制动由于可使电能回馈电网供其他列车使用，是一种节能环保的制动方式，备受当代高速列车设计者的青睐，得到广泛应用，如德国 ICE350、法国 TGV-TMST、日本新干线 700 系、我国 CRH 系列动车组等。

(2) 空气制动。

空气制动是高速动车组最基本的制动方式。空气制动是通过控制空气压缩机输出的空气压力大小来控制制动闸片作用到制动盘上的力。这种制动方式属于机械制动，是通过制动盘和制动闸片的摩擦产生制动力。在其他制动方式失效的情况下，空气制动必须保证高速列车能够在规定的距离内停车，以确保列车运行的安全，因而又称基础制动。高速列车的空气制动主要采用轴盘制动和轮盘制动两种盘形制动方式。轴盘制动是在车轴上安装制动盘，而轮盘制动则是在车轮辐板侧面安装制动盘。

2) 非黏着制动

非黏着制动主要有涡流制动、磁轨制动和翼板制动三种。

(1) 涡流制动。

涡流制动通过电磁铁产生的磁场与钢轨或旋转导体产生的磁场相互作用产生制动力,包括旋转涡流制动和线性涡流制动(亦称轨道涡流制动)。旋转涡流制动时,牵引电机轴上的涡流盘在电磁铁形成的磁场中旋转,盘表面感应出涡流,使其发热,涡流盘带有散热筋并起鼓风机叶轮作用,可加速盘的散热。线性涡流制动时,悬挂在转向架上的电磁铁放下到离轨面上方几毫米处,利用和钢轨的相对运动使钢轨表面感应出涡流,从而产生阻力并使钢轨发热。

(2) 磁轨制动。

磁轨制动是利用列车上的电磁铁与钢轨面之间摩擦而产生制动力。由于接触面积的增加,磁轨制动力要比黏着制动力大,且磁轨制动力还包括电磁铁受到的电磁阻力。磁轨制动多用作紧急制动的辅助制动方式。

(3) 翼板制动。

翼板制动是借鉴了航空产业的风阻制动,利用车体上伸出的减速板来增加空气阻力实现减速的,空气阻力可使制动力增加 3~4 倍[12]。翼板制动在列车处于中高速范围时产生的制动力是非常可观的,可以成为该速度范围主要的减速手段,使列车在无摩擦、非黏着式的制动作用下减速,在中速及以下速度范围可以继续采用常规的制动方式[14]。

1.2.2 我国高速动车组制动技术

从综合效益与安全性考虑,列车通常采用多种制动方式联合使用的方式,并把盘形制动作为基础制动装置,如我国最初引进的 CRH1、CRH2、CRH3C、CRH5 型动车组以及后续自主研发的衍生型号 CRH380A、CRH380B、CRH380C、CRH380D 和最终自行设计研制的、拥有全面自主知识产权的中国标准动车组,如表 1-1 所示[9]。

表 1-1 国内动车组制动配置

列车车型	研制企业	最高运营速度/(km/h)	列车编组	最大轴重/t	动车制动(数量)	拖车制动(数量)	基础制动
CRH1	BST	250	5M3T	16	再生+轮盘(2)	轴盘(3)	盘形制动
CRH2	青岛四方	250	4M4T	16	再生+轮盘(2)	轮盘(2)+轴盘(2)	盘形制动
CRH3C	唐车公司	350	4M4T	17	再生+电阻+轮盘	轴盘(3)	盘形制动
CRH5	长客股份	250	5M3T	17	再生+轮盘(2/3)	轴盘(3)	盘形制动
CRH380A	青岛四方	350	6M2T	15	再生+轮盘(2)	轮盘(2)+轴盘(3)	盘形制动

续表

列车车型	研制企业	最高运营速度/(km/h)	列车编组	最大轴重/t	动车制动(数量)	拖车制动(数量)	基础制动
CRH380B	唐车公司	350	4M4T	17	再生+电阻+轮盘(2)	轴盘(3)	盘形制动
CRH380C	长客股份	350	8M8T	17	再生+电阻+轮盘(2)	轴盘(3)	盘形制动
CRH380D	BST	350	4M4T	17	再生+电阻+轮盘(2)	轴盘(3)	盘形制动
中国标准动车组	青岛四方/长客股份	350	4M4T	17	再生+电阻+轮盘(2)	轴盘(3)	盘形制动

注：T 表示拖车，M 表示动车，下同。括号内数字表示制动装置数量。

1. CRH1 型动车组

CRH1 型动车组采用 8 辆编组形式(图 1-1)，可两编组连挂运行动力配置。首尾是 2 动 1 拖，受电弓在拖车上。在编组中间是 1 动 1 拖。最高运营速度为 200 km/h。编组质量为 420.4 t。CRH1 型动车组转向架是以 AM96 转向架为原型进行设计的。动车采用再生+轮盘制动、四点吊挂接口紧凑式制动夹钳单元、铸铁轮盘、UIC 接口合成闸片。拖车每轴三套轴盘制动，采用四点吊挂接口紧凑式制动夹钳单元、铸铁轴盘、UIC 接口合成闸片[9]。

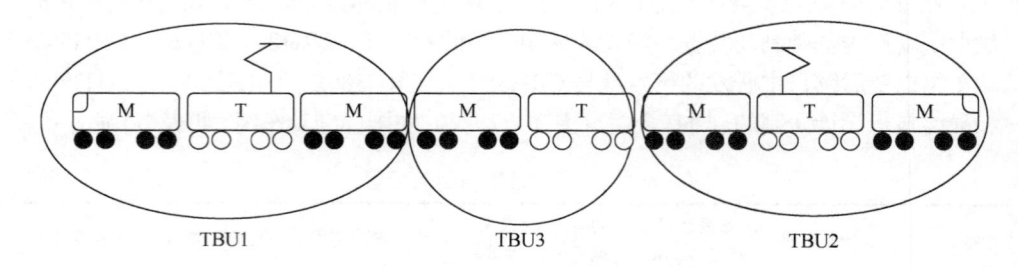

图 1-1　CRH1 型动车组编组结构图

在 CRH1 型动车组基础上研发的 CRH380D 型动车组，动车每轴两套轮盘制动，拖车每轴三套轴盘制动；动拖车制动夹钳单元均采用三点吊挂接口传动制动缸结构制动夹钳单元，其中拖车增设带停放制动夹钳单元；采用等压力(ISOBAR)浮动式粉末冶金闸片，相关产品如图 1-2 所示。

图 1-2　CRH380D 型及标准动车组基础制动[9]

2. CRH2 型动车组

CRH2 型动车组采用 8 节编组，如图 1-3 所示，4 动 4 拖动车采用再生+轮盘制动、液压制动夹钳单元、锻钢轮盘、非通用燕尾粉末冶金闸片。拖车采用轮盘+轴盘制动、液压制动夹钳单元、锻钢轮盘+锻钢轴盘、非通用燕尾粉末冶金闸片，如图 1-4 所示。

图 1-3　CRH2 型动车组编组结构图

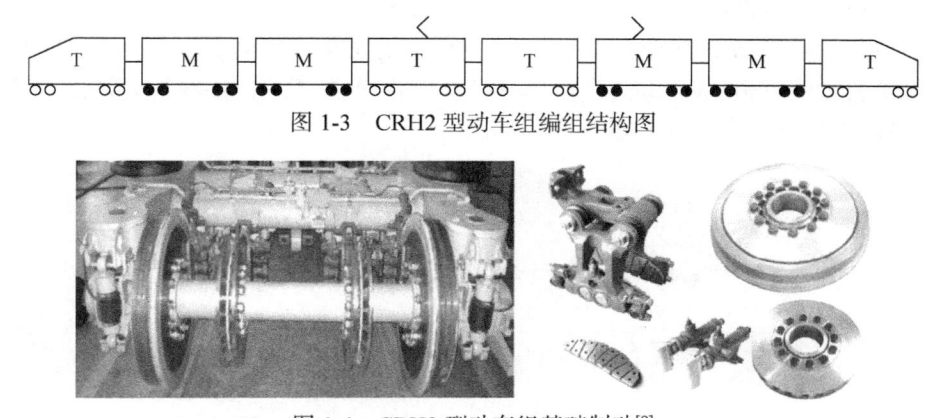

图 1-4　CRH2 型动车组基础制动[9]

在 CRH2 型动车组基础上研发的 CRH380A 型动车组，编组方式如图 1-5 所示，其基础制动主要采用克诺尔(Knorr)气压制动技术替换原气转液制动技术，动拖车制动夹钳单元均采用四点吊挂接口紧凑式制动夹钳单元，并配置踏面清扫器辅助制动，其中拖车增设带停放制动夹钳单元，闸片采用 ISOBAR 浮动式闸片，如图 1-6 所示。

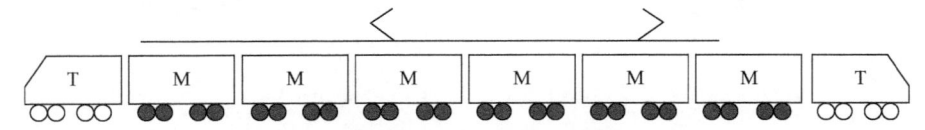

图 1-5　CRH380A 型动车组的编组方式

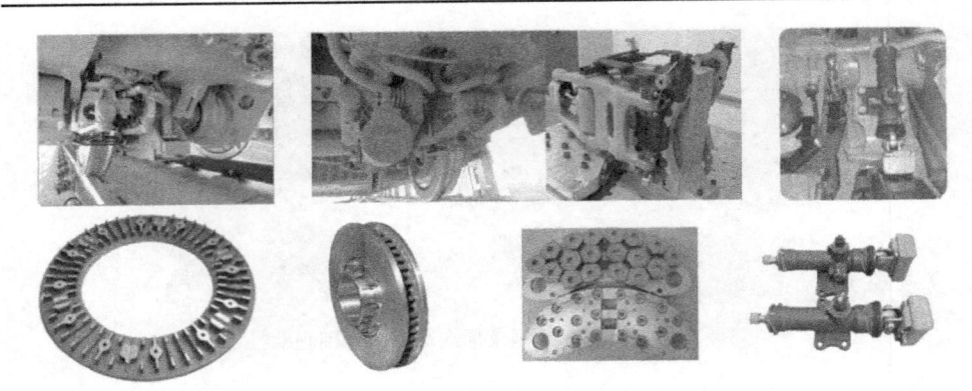

图 1-6　CRH380A 型动车组基础制动[9]

3. CRH3C 型动车组

CRH3C 型动车组为 4 动 4 拖 8 节编组，由两个牵引单元组成，每个牵引单元按 2 动 1 拖构成，如图 1-7 所示。CRH3C 型动车组采用再生+电阻+轮盘制动，轮装制动盘采用中间螺栓孔连接方式，拖车每轴配置三套轴盘制动装置，制动闸片采用 ISOBAR 浮动式闸片，如图 1-8 所示[9]。在 CRH3C 型动车组技术基础上升级开发的 CRH380BG 型动车组，编组方式如图 1-9 所示，基础制动装置配置与 CRH380D 型动车组一致，如图 1-2 所示。

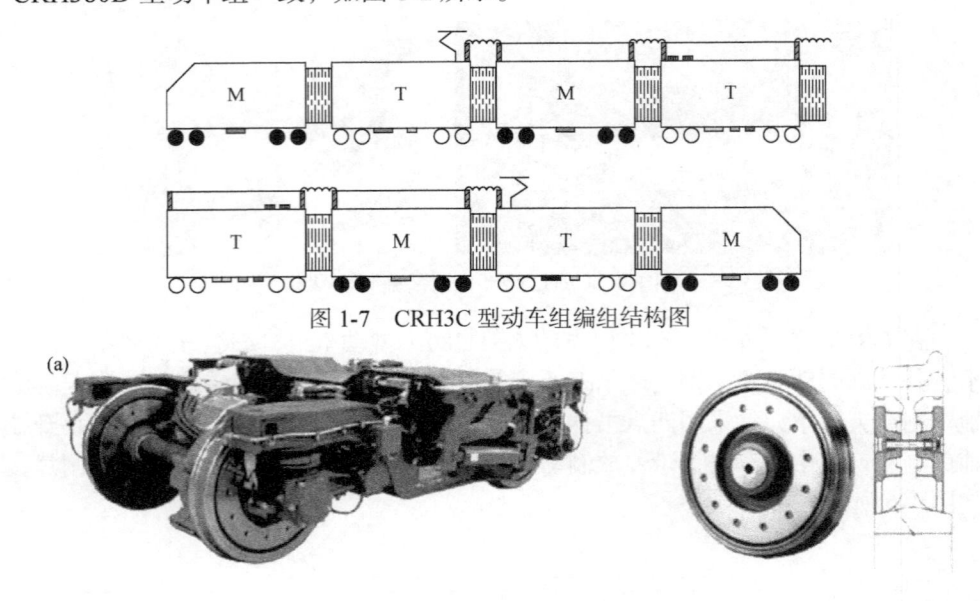

图 1-7　CRH3C 型动车组编组结构图

(a)

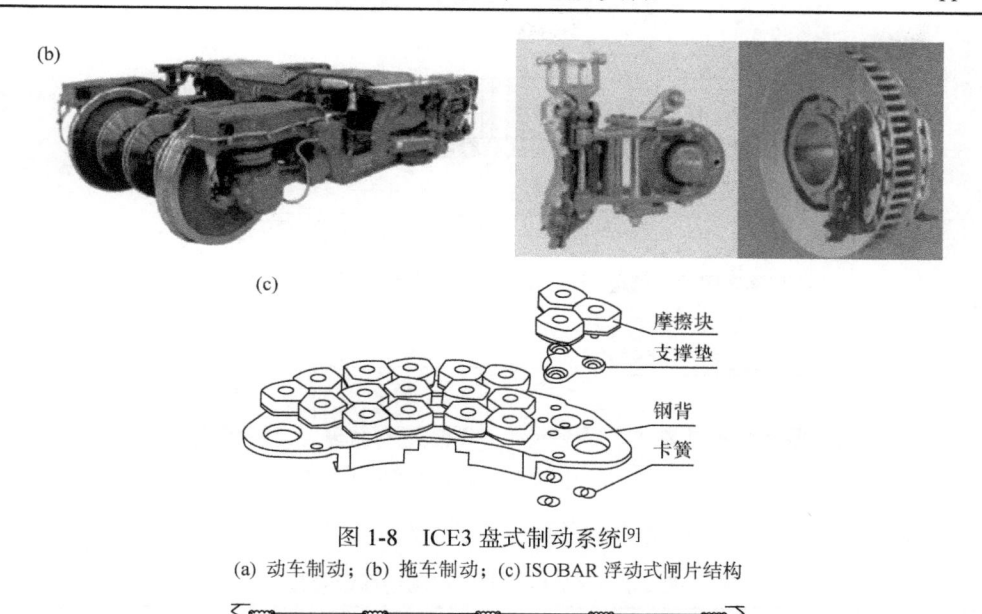

图 1-8 ICE3 盘式制动系统[9]

(a) 动车制动；(b) 拖车制动；(c) ISOBAR 浮动式闸片结构

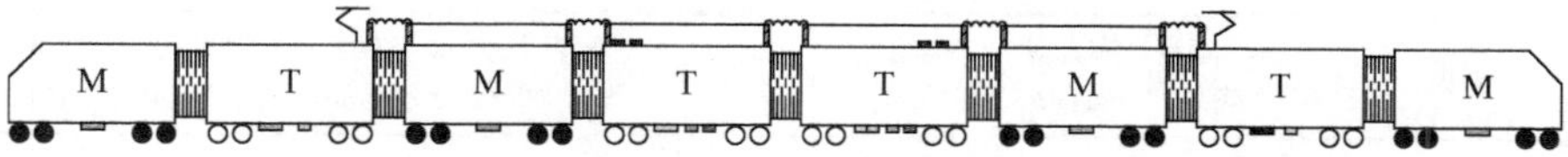

图 1-9 CRH380BG 型动车组的编组方式

4. CRH5A 型动车组盘形制动

CRH5A 型动车组采用动力分布式，每列 8 节编组，共 5 节动车和 3 节拖车，设计运营速度为 250 km/h，如图 1-10 所示。动车采用再生+轴盘制动，动拖车均采用铸钢轴盘制动、UIC 接口三角粉末块粉末冶金闸片。

图 1-10 CRH5A 型动车组编组结构图

5. 中国标准动车组

速度为 350 km/h 的 16 节编组中国标准动车组为动力分散型电动车组，16 节编组、8 动 8 拖，轮周牵引功率 20280 kW，如图 1-11 所示，基础制动装置配置与 CRH380D 型动车组一致，区别为采用 UIC 接口六方小粉末块组合而成的粉末冶金闸片而非 ISOBAR 浮动式闸片，其余车型均采用 ISOBAR 浮动式闸片。

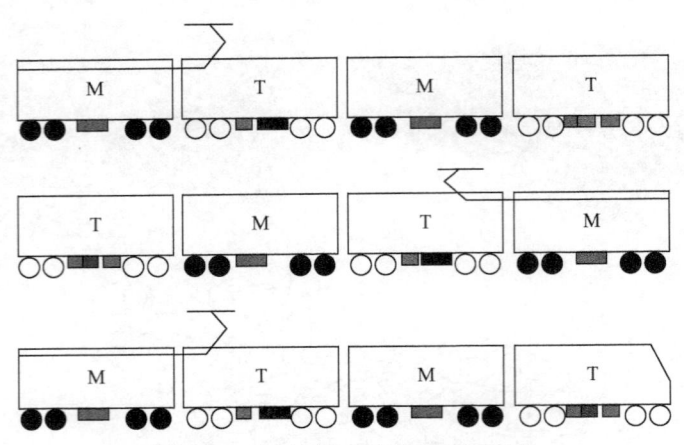

图 1-11 中国标准动车组编组示意图

表 1-2 列出了高速铁路动车组制动惯量参数。

表 1-2 高速铁路动车组制动惯量参数

车型	动车盘载荷/t	拖车盘载荷/t	车轮直径/mm	制动力/kN	车速/最大车速/(km/h)	转速/(r/min)	制动盘尺寸/mm	惯量/(kg·m²)
CRH1	—	5	915	13～50	250/275	1595	640×110	1047
CRH1；CRH5A (200～250 km/h)	4	—	890	10～45	250/275	1640	640×80	792
CRH2C 二阶段；CRH3；CRH380 (300～350 km/h 及以上)	4.5	—	890	8～36	380	2266	640×80	891
CRH2A/B/E (200～250 km/h)	8.15	—	860	56.64	250/275	1673	直径 725	1507
	7.15	—		49.44				1322
	—	3.775		17.92				698
	—	3.255		22.14				602
CRH2C 一阶段 (300～350 km/h)	7.5	—	860	13.38～69.28	350	2160	直径 725	1387
	7	—		12.48～64.66				1294
	—	3.906		10.96～30.06				722
	—	3.645		6.5～28.06				674
300 km/h	4		890	10～22.5	300/320	1908	640×80	792
140 km/h	7.7			16～46	140/140	835	640×110	1525
200 km/h	6.7			16～40	220/220	1192	640×110	1326
160 km/h	9		496～790	9～50			185～330	1404

续表

车型	动车盘载荷/t	拖车盘载荷/t	车轮直径/mm	制动力/kN	车速/最大车速/(km/h)	转速/(r/min)	制动盘尺寸/mm	惯量/(kg·m²)
4t(≤300 km/h) 4.5t(≤320 km/h)	4t(≤300 km/h) 4.5t(≤320 km/h)		890	8~25	320	1908	645×45 640×80	792 891
320 km/h	7.9(8.5)		890	7~45	330	1968	640×110	1564
200 km/h	7.7		890	16~46	200	1192	640×110	1680

1.3 基础制动装置及盘形制动

基础制动装置是指由制动缸至制动闸片及制动盘所构成的制动执行系统，它是空气制动力的产生装置，它将制动控制装置输出的压力空气最终转化为闸瓦压力或闸片压力，进而产生与车轮旋转方向相反的摩擦力矩，通过轮轨间的黏着接触转化为与列车运行方向相反的外力，即制动力[15]。基础制动装置是列车制动能力最基本的保障。根据UIC540/541标准要求：一旦发生电气制动失效，高铁列车的基础制动装置必须能够保证列车以设计要求实现减速和停车。

基础制动装置按照摩擦力的产生方式可以分为踏面制动(闸瓦制动)和盘形制动两种基本形式，如图1-12所示。

踏面制动是采用铸铁或其他材料制成的瓦状制动块直接抱紧车轮踏面，通过摩擦使车轮停止转动的制动方式，主要应用在普通铁路机车车辆。

图1-12 踏面制动和盘形制动[16]
(a) 踏面制动；(b)盘形制动

盘形制动利用制动夹钳把一对制动闸片紧压在制动盘表面，通过施加垂直于制动界面的力，利用制动闸片与制动盘之间的相互摩擦，将列车运行时的机械能通过摩擦转变为内能，实现列车的减速与停车[17]。盘形制动的优点是结构紧凑，制动效率高(90%以上)，制动闸片的摩擦系数可以根据实际需要进行调整，摩擦系数特性曲线与轮轨黏着系数的特性曲线可以做到非常吻合。此外，盘形制动因摩擦面积大而具有较大的制动功率，能够充分吸收和转化制动能量，有效地减轻车轮的热负荷，减轻车轮踏面的磨耗和热损伤。因此，盘形制动比踏面制动具有明显的优越性。高速动车组的基础制动装置多采用盘形制动形式。

盘形制动系统主要由夹钳装置、制动盘、制动闸片等构成(图 1-13)。图 1-14 是盘形制动装置的结构图。当列车开始制动时，将液压制动缸输出的驱动力通过制动夹钳使制动盘两侧的制动闸片紧压在制动盘上，通过摩擦产生制动力，使列车减速或停车[18,19]。

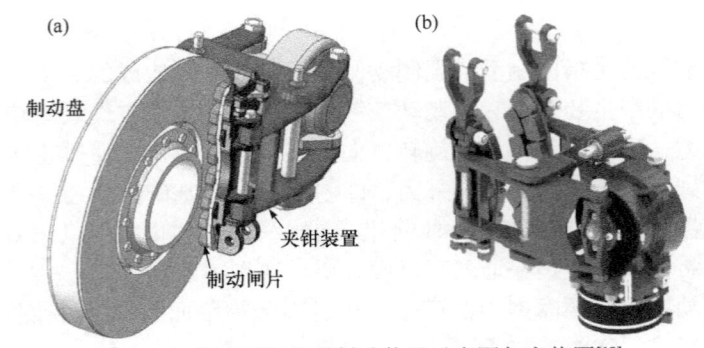

图 1-13 高速列车盘形制动装置示意图与实物图[18]
(a)示意图；(b)实物图

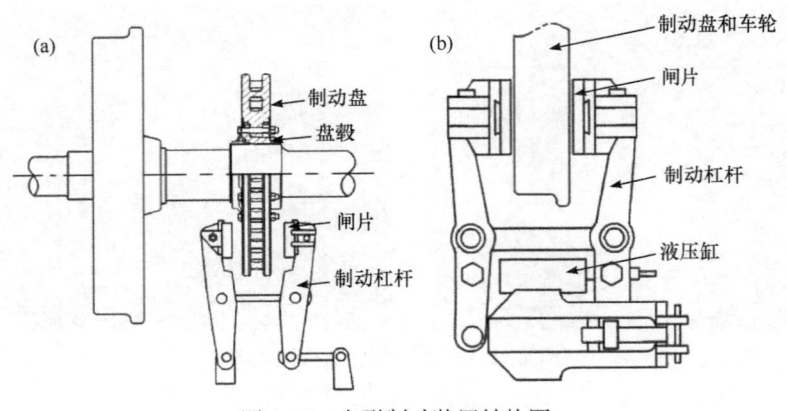

图 1-14 盘形制动装置结构图
(a) 轴装制动盘；(b) 轮装制动盘[20]

按照制动盘在轮轴上的安装位置，可将列车的盘形制动分为轮装制动盘和轴装制动盘两类。轮装制动盘是将制动盘安装在车轮两侧或者一侧，如

图 1-15(a)所示。动车和机车的轮对上装有牵引电机和齿轮箱，一般只能将制动盘装于车轮上。轴装制动盘是将制动盘安装在车轴内侧，通常 160 km/h 以下列车每条轮对装有两个制动盘，高于 160 km/h 时安装三个或者四个制动盘，如图 1-15(b)所示。

图 1-15　轮装制动盘和轴装制动盘[16]
(a)轮装制动盘；(b)轴装制动盘

表 1-3 是不同类型动车组所用制动闸片的数量。

表 1-3　不同类型动车组所用制动闸片的数量[1]

车型	动力配置	单节动车转向架轮盘制动闸片数量	单节拖车转向架轴盘制动闸片数量	合计
CRH1 型动车组	5 动 3 拖	2(2 个转向架) × 2(2 根动力轴) × 2(2 个轮装制动盘) × 2(2 副闸片) = 16 副闸片	2(2 根非动力轴) × 3(3 个轴装制动盘) × 2(两侧) × 2(2 副闸片) = 24 副闸片	16 × 5(5 动) + 24 × 3(3 拖) = 152 副闸片
CRH2 型动车组	4 动 4 拖	2(2 个转向架) × 2(2 根动力轴) × 2(2 个轮装制动盘) × 2(2 副闸片) = 16 副闸片	2(2 根非动力轴) × 4(2 个轮装制动盘和 2 个轴装制动盘) × 2(两侧) × 2(2 副闸片) = 32 副闸片	16 × 4(4 动) + 32 × 4(4 拖) = 192 副闸片
CRH3 型动车组	4 动 4 拖	2(2 个转向架) × 2(2 根动力轴) × 2(两侧) × 2(2 副闸片) = 16 副闸片	2(2 根非动力轴) × 2(2 个轴装制动盘) × 2(两侧) × 2(2 副闸片) = 16 副闸片	16 × 4(4 动) + 16 × 4(4 拖) = 128 副闸片
CRH5 型动车组	5 动 3 拖	2(2 个转向架) × 2(2 根动力轴) × 5(一根动力轴上有 2 个轴装制动盘，另一根动力轴上有 3 个轴装制动盘) = 20 副闸片	2(2 根非动力轴) × 3(3 个轴装制动盘) × 2(两侧) × 2(2 副闸片) = 24 副闸片	20 × 5(5 动) + 24 × 3(3 拖) = 172 副闸片

续表

车型	动力配置	单节动车转向架轮盘制动闸片数量	单节拖车转向架轴盘制动闸片数量	合计
CRH380型动车组	对于8节编组CRH380A型动车组,6动2拖	2(2个转向架)×2(2根动力轴)×2(2个轮装制动盘)×2(2副闸片)=16副闸片	2(2根非动力轴)×4(2个轴装制动盘和2个轮装制动盘)×2(两侧)×2(2副闸片)=32副闸片	16×6(6动)+32×2(2拖)=160副闸片
	对于16节编组CRH380AL型动车组,14动2拖	2(2个转向架)×2(2根动力轴)×2(2个轮装制动盘)×2(2副闸片)=16副闸片	2(2根非动力轴)×4(2个轴装制动盘和2个轮装制动盘)×2(两侧)×2(2副闸片)=32副闸片	16×14(14动)+32×2(2拖)=288副闸片
	对于8节编组CRH380BG型动车组,4动4拖	2(2个转向架)×2(2根动力轴)×2(2个轮装制动盘)×2(2副闸片)=16副闸片	2(2根非动力轴)×3(3个轴装制动盘)×2(两侧)×2(2副闸片)=24副闸片	16×4(4动)+24×4(4拖)=160副闸片
CRH380BL型动车组	对于8节编组CRH380BL型动车组,7动9拖	2(2个转向架)×2(2根动力轴)×2(2个轮装制动盘)×2=16副闸片,7节动车共112副闸片	2(2根非动力轴)×3(3个轴装制动盘)×2(两侧)×2(2副闸片)=24副,9节拖车共216副闸片	16×7(7动)+24×9(9拖)=328副闸片

1.4 制动闸片

1.4.1 铜基摩擦材料

铜基摩擦材料是一种以铜及其合金为基体,添加润滑组元和摩擦组元,采用粉末冶金技术制成的复合材料。图1-16是国内某公司生产的几种铜基制动闸片产品,已在"和谐号"动车组及"复兴号"中国标准动车组上得到应用。

铜基摩擦材料具有使用温度高、摩擦系数稳定、耐磨性和耐热性优良、环境适应性好、对制动盘损伤小等特点,成为高速列车普遍采用的闸片材料。表1-4是典型铜基粉末冶金闸片材料的成分。

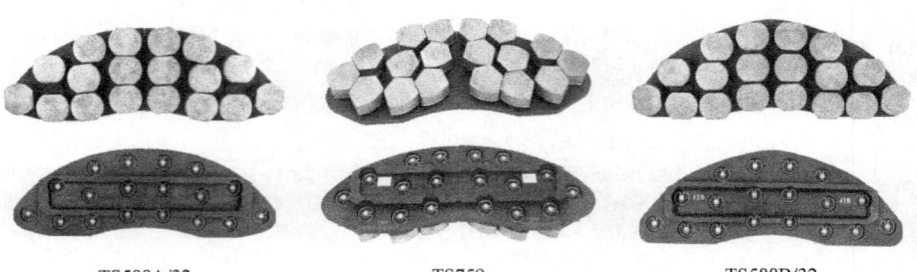

TS588A/32
"复兴号"中国标准动车组用
300~350 km/h制动闸片

TS759
新一代"复兴号"动车组用
400 km/h制动闸片

TS588B/32
"复兴号"高寒动车组用
300~350 km/h制动闸片

第1章 高速动车组及盘形制动

TS399
"和谐号"高寒动车组用
300～350 km/h制动闸片

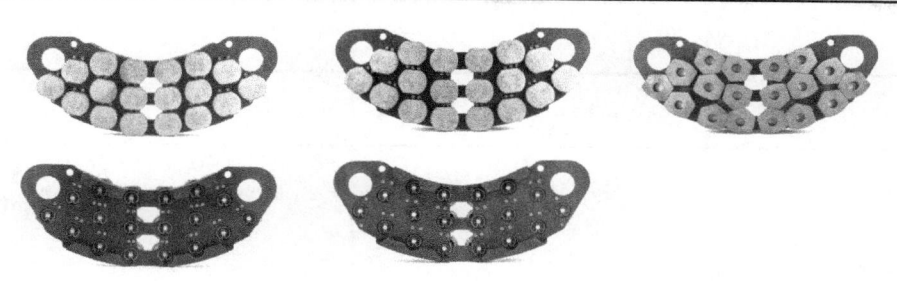

TS399B

TS355
"和谐号"动车组用
300～350 km/h制动闸片

图 1-16 典型铜基制动闸片产品

表 1-4 典型铜基粉末冶金制动闸片材料的成分(质量分数) (单位：%)

序号	Cu	Sn	Pb	Fe	石墨	SiO₂	Al₂O₃	莫来石	Bi	Zn	其他	国家
1	40～80	3～20	5～15	2～8	5～15	—	—	3～30	—	3～10	Mn0～3，Ni0～2	法国
2	40～60	2～7	—	—	10～15	—	—	—	—	—	Fe+Ni2～20；Mo3～8，陶瓷8～15	日本
3	基体	—	—	5～15	≤25	—	5	—	—	—	—	德国
4	50～80	—	≤10	≤20	5～15	≤5	—	—	—	—	MoS₂≤6；Ti，V，Si，As2～10	美国
5	60	—	—	—	5	—	20	15	—	—		美国
6	70	—	—	—	5	—	20	15	—	—		美国
7	44.5	—	—	—	5	—	35	8	5	—		美国
8	67.5	—	—	—	7.5	15	—	—	10	—		美国
9	67.5	—	—	—	7.5	—	15	—	10	—	MgO15 可取代 Al₂O₃	美国
10	61～62	6	—	7～8	6	—	—	7	—	12		美国
11	70	7	8	—	8	7	—	—	—	—	TiO₂10	日本
12	62～67	6～10	6～12	4～6	5～9	4.5～8	—	—	—	—		日本
13	基体	6～10	≤10	≤5	1～8	—	—	—	2～10	—	Ti，V，As2～10，MoS₂0～6	苏联
14	62～72	6～10	6～12	4～6	5～9	4.5～8	—	—	—	—		日本
15	基体	5	0.5	8	4	3.5	—	—	—	—	石棉2，MoO₂6	罗马尼亚
16	62～71	6～10	2～6	4.5～8	5～9	—	—	—	—	—	Si4.0～6.0	日本
17	基体	—	—	5～15	≤25	5	—	—	—	—	Sb4～8	联邦德国

续表

序号	Cu	Sn	Pb	Fe	石墨	SiO$_2$	Al$_2$O$_3$	莫来石	Bi	Zn	其他	国家
18	60~70	5~12	—	—	≤9	—	—	—	—	—	SiO$_2$, Si, SiC, Al$_2$O$_3$, Fe 石棉及其他添加剂 ≤10	捷克斯洛伐克
19	67~80	5~12	7~11	≤8	6~7	≤4.5	—	—	—	—	—	苏联
20	68~76	8~10	7~9	3~5	6~8	—	—	—	—	—	—	法国
21	75	—	—	—	—	5	—	20	—	—	—	法国
22	60	—	—	—	10	5	—	20	—	—	Mo5	法国
23	25	3	—	—	—	5	—	—	—	—	石棉 30, 玻璃料 40	联邦德国
24	18	2	—	—	—	—	—	—	—	—	石棉 30, 玻璃料 40	联邦德国
25	62~86	5~10	5~15	≤2	4~8	≤3	—	—	—	—	石棉≤3, 镍<2	苏联
26	67	6	9	7	7	4	—	—	—	—	—	苏联
27	72	5	9	4	7	—	—	—	—	—	SiC3	苏联
28	86	10	—	≤4	—	—	—	—	≤2	—	—	苏联
29	75	8	5	4	1~20	—	—	—	—	6	Si0.75	苏联
30	70.9	6.3	10.9	—	7.4	4.5	—	—	—	—	—	美国
31	73	7	14	—	6	—	—	—	—	—	—	美国
32	62	12	7	8	7	4	—	—	—	—	—	美国
33	67.26	5.31	9.3	6.62	7.08	4.43	—	—	—	—	—	美国
34	68	8	7	7	6	4	—	—	—	—	—	美国
35	66~70	8~12	9~13	—	2~4	1~6	—	—	—	—	—	美国
36	60~90	≤10	≤10	≤18	≤10	2	—	—	—	—	—	日本
37	基体	12	7	0.5	4	1.5	—	—	—	—	硅铁 0.5, 石棉 2, 镍 1	苏联
38	73	9	4	6	4	—	—	—	—	—	皂土 2, 石棉 2	苏联
39	72	9	7	4	5	—	—	—	—	—	石棉 3	苏联
40	73.5	9	8	4	4	—	—	1.5	—	—	—	苏联
41	基体	3~9	6~7	—	6~7	—	—	—	—	—	滑石 7~8	苏联
42	基体	5~9	5~15	—	0.5~10	0.5~8	—	—	—	—	滑石 1~16, 石棉 0.5~8	苏联
43	68	8	7	7	6	4	—	—	—	—	—	美国
44	62	7	12	8	7	4	—	—	—	—	—	美国

续表

序号	Cu	Sn	Pb	Fe	石墨	SiO_2	Al_2O_3	莫来石	Bi	Zn	其他	国家
45	青铜	75	—	10	—	12	—	—	—	—	碳化硅 3	美国
46	青铜	73.8	—	10	3.5	9.7	—	—	—	—	碳化硅 3	美国
47	72	7	6	3	6	3	—	—	—	—	三氧化钼 4	英国
48	基体	4～8	—	5～15	25	—	—	—	—	—	Al_2O_3,刚玉,金刚砂或石棉 5	联邦德国
49	基体	4～5	—	5～30	20～30	—	—	—	—	—	刚玉,金刚砂或石棉 5	联邦德国
50	基体	—	—	5～15	25	—	5	—	—	—	Sb4～8	联邦德国
51	基体	5	4.7	—	17.5	—	—	—	—	—	—	联邦德国
52	68	5.5	9	7	6	4.5	—	—	—	—	—	意大利
53	60～75	5.8	≤10	7	4～7	3～4	3～4	—	—	—	石棉 3～4	波兰
54	60～75	5～15	—	5～10	5～8	2～7	—	—	5～10	—	—	波兰
55	60～75	1～15	5～10	3～15	1～10	—	—	—	—	—	二硫化钼 1～10	日本
56	基体	—	0.1～12	0.1～7	—	1～6	—	—	—	6～12	滑石 5～20	苏联
57	基体	3～10	—	—	3～10	氧化物(SiO_2,Al_2O_3) 3～20	—	—	—	≤15	MoS_2 1～5	日本
58	基体	3～20	—	—	3～10	氧化物(SiO_2,Al_2O_3) 3～20	—	—	—	—	MoS_2 1～5, Mn15	日本
59	基体	3～10	≤8	—	3～10	氧化物(SiO_2,Al_2O_3) 3～20	—	—	—	2～15	MoS_2 1～5, Mn≤15	日本
60	基体	—	2～20	—	—	—	—	—	—	2～15	Si,润滑剂组元(石墨,炭黑,焦炭,MoS_2,云母),摩擦组元(SiO_2,莫来石,刚玉,氧化锆,氧化镁)2～6	日本
61	基体	4～20	—	—	5～15	氧化物(SiO_2,Al_2O_3) 0.5～10	—	—	—	—	固体润滑剂(MoS_2,WS_2) 0.3～7,氮化物(Si_3N_4, BN, AlN, TiN)20～50	日本

续表

序号	Cu	Sn	Pb	Fe	石墨	SiO$_2$	Al$_2$O$_3$	莫来石	Bi	Zn	其他	国家
62	基体	2~4	—	5~15	5~15	—	—	—	—	—	硅酸盐5~15,Mo5~15	法国
63	基体	—	—	—	—	—	—	—	—	—	玻璃陶瓷2~26.5	美国
64	60~75	3~8	2~5	2~6	5~11	1~6	3~5	—	3~8	—	MoO$_3$2~8,其他添加剂<2	中国
65	55~65	—	—	10~20	10~14	—	—	—	—	—	MoS$_2$4~6,Ni 6~10,W 4~8,其他10~15	中国
66	63~67	7~9	3~5	9~10	7~9	2~5	—	—	—	—	其他3	中国
67	70~80	6~8	2~3	—	3~4	3~5	—	—	3.5~5	—	其他32	中国
68	64	7	8	8	8	5	—	—	—	—	—	中国
69	72	10	3	5	2	8	—	—	—	—	—	中国
70	68	5	5	8	10	4	—	—	—	—	BaSO$_4$	中国
71	40~55	—	—	10~12	17~19	—	—	—	—	—	CrFe6~8,ZrO$_2$6~8	中国
72	C-Sn35	—	—	6	15	10	5	—	—	—	CaF$_2$10,ZrO$_2$5	意大利
73	44.7	—	—	33.2	11.3	1.5	0.28	—	—	—	Na0.03,Ca0.05,Mg0.02	中国

—表示不含此成分。

1.4.2 高速列车对铜基摩擦材料的性能要求

闸片摩擦表面的能量吸收密度随着列车紧急制动速度的提高而升高。图1-17是不同交通工具装配的闸片在紧急制动时所需要吸收的能量密度[18]。交通工具在紧急制动过程中会产生巨大的动能，高速列车以350 km/h紧急制动时，其制动能量密度达590 J/mm^2，而一辆中速飞机制动时的耗能仅200 J/mm^2。制动盘/制动闸片接触处的闪点温度可高达1000℃以上。

在如此严苛的制动条件下服役，为了保证高速列车制动安全性，铜基制动闸片应满足以下要求。

(1) 高的摩擦耐热性：即保持整个工作温度范围内摩擦副的摩擦系数稳定和较小的磨损，对于高速列车制动闸片，耐热性要能保持瞬间加热到900~1000℃和长时间加热到300~400℃的使用性能。

(2) 摩擦系数稳定性：不同温度、压力和速度下摩擦系数需要足够大并保持稳定。在制动周期内，摩擦系数的波动不应超过平均摩擦系数的±15%。

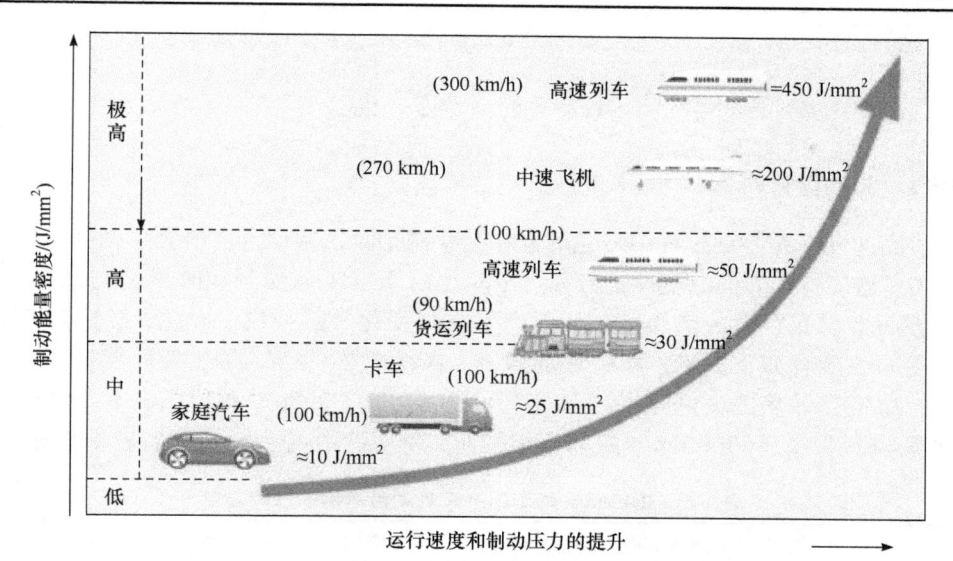

图 1-17　不同交通工具装配的闸片在紧急制动时所需要吸收的能量密度[21]

(3) 摩擦材料的抗黏结性：摩擦副的工作表面不应当发生黏结，否则会导致摩擦表面在工作过程中形成剥落、擦伤、焊接及其他毁坏性的破坏，导致制动时失稳振动。

(4) 摩擦材料的耐磨性：耐磨性主要取决于高速列车的工作条件，并考虑其技术经济要求。

(5) 较强的热物理性能：摩擦材料应当能承受频繁的热变化，即能抗热疲劳，同时闸片应具有相当高的导热性、热容和尽可能小的热膨胀系数。

(6) 足够的机械强度：闸片在使用过程中不应产生材料的破裂和分层、材料与钢背剥离，形成深裂纹、剥落等机械损坏，不应引起制动盘明显的损伤，保证可行的磨损速度。

(7) 环境适应性：在闸片材料中不能加入不利于环保的石棉、铅等有害物质。在制动过程中和制动后，材料及其磨损产物不应燃烧、冒烟和散发出不好的气味。闸片应能长期在潮湿环境下和-40～+50℃温度范围内具有足够的机械强度和抗腐蚀性，不出现金属镶嵌和异常磨耗等现象。

(8) 制动时要平稳、噪声小，摩擦副在周期性过载后能快速恢复工作的稳定性。

(9) 批量生产时的经济性及工艺可靠性。

现行的 TJ/CL 307—2019《动车组闸片暂行技术条件》及国际铁路联盟规范 UIC 541-3-2017《制动器-盘式制动器及其应用》对粉末冶金闸片材料所需的各项性能及摩擦制动性能有详细的要求。

1.5 制动盘

1.5.1 制动盘材料

高速列车在制动过程中，尤其是在紧急制动时，制动盘材料会受到巨大的热应力，这使得其表面温度急剧升高。制动盘由于反复承受制动时产生的摩擦热，摩擦面会承受巨大的热负荷，从而产生组织变化及热裂纹。因此，高速列车制动盘的性能有如下要求：耐磨性能较高、疲劳性能优异、耐热裂性能好、摩擦性能稳定、导热性良好等[15]。铁路行业标准 TB/T 2980—2014《机车车辆用制动盘》规定，对于 300 km/h 的动车组列车，制动盘用钢性能要求如表 1-5 所示。

表 1-5　300 km/h 动车组列车制动盘用钢的性能要求

材料	室温抗拉强度/MPa	屈服强度/MPa	布氏硬度/HBS	常温冲击功/J	断后伸长率/%
动车组-铸钢	≥1050	≥900	≥290	KU_2≥27	≥8.0
动车组-锻钢	≥882	≥735	≥270	KU_2≥30	≥15.0
300 km/h 制动盘用钢	≥1100	≥1000	≥300	KU_2≥100	—

制动盘材料采用过普通铸钢、普通铸铁、低合金铸铁，此后，由于列车速度不断提高和轻量化的需要，又相继研究开发了特殊合金铸钢、低合金锻钢、铸铁-铸钢(锻钢)组合材料、铝合金材料及 C/C 纤维复合材料。制动盘材料的选择主要取决于制动能量的大小，与动车组制动速度和载荷情况密切相关。图 1-18 是不同速度条件下使用的制动盘材质。

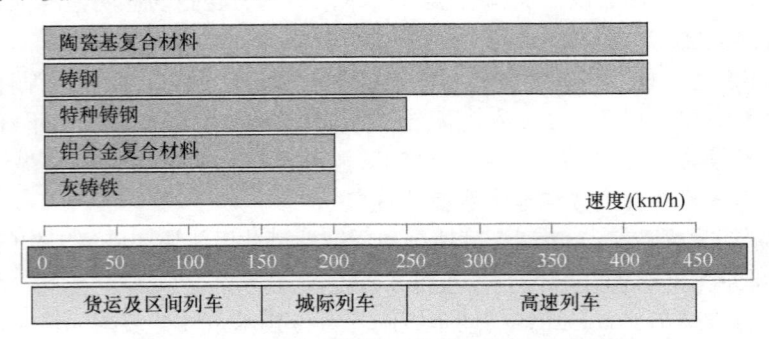

图 1-18　不同速度条件下使用的制动盘材质[22]

目前，各国使用的制动盘材质如表 1-6 所示，常用铁基制动盘的化学成分如表 1-7 所示。

表 1-6　不同材质制动盘的性能[23]

名称	拉伸强度/MPa	均匀伸长率/%	密度/(g/cm^3)	热导率/(W/(m·K))(200℃)	热膨胀系数/(×10^{-6}℃$^{-1}$)(20~200℃)
蠕墨铸铁	500	≥1.5	7.2	42	12.5
锻钢	≥800	13~20	7.9	45	12
铝基复合材料	≥250	1.0	2.8	135	18.43
C/C 纤维复合材料	100	0.2	1.7	126(519)	0

表 1-7　铁基制动盘的化学成分(质量分数)　　　　(单位：%)

	类型	C	Si	Mn	P	S	Ni	Cr	Mo	V	W	Al	C+Si/3+P/3	Fe
铸铁制动盘	普通片状石墨铸铁	3.2~3.9	1.5~2.1	0.6~1.0	<0.16	<0.12	—	—	—	—	—	—	3.8~4.6	余量
	Ni-Cr-Mo 低合金铸铁	3.3~3.7	1.1~1.6	0.6~1.0	<0.16	<0.12	1.0~2.0	0.3~0.6	0.3~0.5	—	—	—	3.7~4.3	余量
钢制动盘	铸钢	0.2~0.6	0.2~0.8	0.3~1.5	≤0.03	≤0.03	0.3~2.0	0.4~2.5	0.2~1.8	0.06~1	0.1~1	—	—	余量
	锻钢(TGV)	0.24~0.31	0.4~0.7	0.5~0.9	<0.015	<0.007	<0.4	1.2~1.6	0.6~0.9	0.2~0.4	—	—	S+P<0.02	余量
	整体式轮盘锻钢	0.15~0.18	≤0.2	0.8~1.1	<0.015	<0.015	—	1.25~1.5	0.6~1.1	0.2~0.3	—	—	—	余量
	锻钢(A4340)	0.35~0.43	0.2~0.35	0.6~0.8	≤0.04	≤0.04	1.65~2	0.7~0.9	0.2~0.3	—	—	—	—	余量
	细晶 A4340	0.35	0.32	0.65	0.005	0.006	1.86	1.03	0.46	—	—	—	—	余量
	改良 A4340	0.23	0.8	0.5	—	—	—	0.8	0.8	0.1	—	0.03	—	余量

1. 铸铁材料

铸铁制动盘具有摩擦性好、耐磨、耐热、抗热裂纹、抗变形及可铸性好等优点，但其强度低，一般能承受 350℃以下的制动，常用于低速列车制动系统。根据速度等级的不同，铸铁材料的成分也有区别。目前使用的铸铁制动盘材料主要有普通铸铁、灰铸铁、球墨铸铁、蠕墨铸铁、低合金铸铁等。为了提升铸铁材料制动盘的性能，逐步开发了球墨铸铁、蠕墨铸铁、低合金铸铁等性能较好的铸铁材料，制动初速可以提升至 160 km/h 以上，但在 200 km/h 以上的初速制动时，铸铁制动盘由于抗拉强度较低，在使用过程中磨损较快，难以在高速列车上继续使用[19]。

日本、德国、法国等国长期采用灰口铸铁制动盘。灰口铸铁有优良的导热性、蓄热能力、耐磨性和阻尼性能，并且成本较低，在低速列车上有很好的应用。除灰口铸铁外，低合金铸铁(Ni-Cr-Mo)也得到了广泛应用。在新干线的使用条件下，制动盘并不是因磨耗超限，而是由于制动盘表面产生热裂纹而更换，因此提高材质的抗热裂性能也至关重要。球墨铸铁是通过球化和孕育处理得到球状石墨的铸铁，其具有比碳钢还高的强度，同时提高了塑性和韧性，综合性能接近钢。但球墨铸铁的导热性和耐热性都低于灰口铸铁，易发生疲劳失效，疲劳寿命相对较短。蠕墨铸铁是在一定成分的铁水中加入适量的蠕化剂得到的，它的强度接近球墨铸铁，并且有一定的韧性和较高的耐磨性。蠕墨铸铁的强度、塑韧性都优于灰口铸铁，又有灰口铸铁优异的铸造性和导热性，因此与普通灰口铸铁相比，蠕墨铸铁制动盘有更长的使用寿命。

2. 锻钢材料

合金钢制动盘可分为锻钢材料和铸钢材料。合金锻钢制动盘具有良好的强度和韧性等力学性能，同时具有较高的抗热裂性能。这种低合金锻钢制动盘的特点是力学性能好，高温工况下有良好的不变形特性、良好的延展性、良好的耐磨性、高硬度、良好的耐热疲劳性[19]。到目前为止，日、德、法高速列车的盘形制动器仍采用这种材料。德国 ICE 高速列车、中国 CRH2 型和 CRH3 型动车组(速度350 km/h)均采用铸钢制动盘。随着列车运营速度的提升，紧急制动时产生的热量急剧增大，制动盘将处于更高的温度，导致制动盘更容易产生热裂纹，使用寿命缩短。这对制动盘的导热性、耐热性等提出了更高的要求，因此制动盘用钢的成分不断发生变化，以适应更苛刻的使用环境。TGV-A 列车使用 Cr-Mo-V 低合金锻钢制动盘，制动盘材质为 28CrMoV5-08[24]。该合金钢具有较好的耐热性和耐磨性，同时在高温时性能较为稳定，制动效果较好。之后，法国国营铁路又研发了带散热筋的整体式轮盘锻钢制动盘，制动盘材质与 15CDV6 类似，其中碳、硅、钒含量有所降低，锰、钼含量有所提高，增加了对硬度和冲击功的要求。Ni-Cr-Mo 系铸钢或锻钢由于其优异的力学性能，广泛运用在国内外的高速列车上，如 AISI4340 钢，为美国汽车工程师学会(Society of Automotive Engineers，SAE)使用的合金结构钢牌号，属 Ni-Mo 系低合金钢。AISI4340 钢经热处理之后，抗拉强度和屈服强度能超过 1000 MPa，布氏硬度大于 300，伸长率超过 10%。日本长期使用的细晶强化 A4340 合金锻钢，通过降低钢中碳含量，增加铬、钼含量，提高了钢的热疲劳性能，能够在速度 270 km/h 以上的新干线列车上长期使用[25]。优化传统 A4340 铸钢的成分，通过降低碳、镍含量，增加硅、钼含量，同时添加 0.1%V，能够有效提高铸钢的抗热裂性能和耐磨性[21]。

3. 铝合金陶瓷强化复合材料

铝合金制动盘具有质量轻、导热性好、摩擦系数高等优点。这种材料可使制动盘质量减轻。SiC 颗粒增强铝基复合制动盘是铝合金制动盘的一种，由于采用了增强颗粒，其力学性能大大高于铝合金基体。由于铝合金基体的耐热温度在 400℃左右，为解决降温问题，要求制动盘具有中空的通风冷却通道。然而，当列车速度达到 300 km/h 时，制动盘的通风冷却通道产生的风阻达列车驱动功率的 1/4[8]。同时，匹配的制动闸片仍限于有机合成材料，这些问题使这种材料难以保证满足局部高温高载荷的需要，因此还没有达到推广应用的程度。

随着列车速度进一步提高，列车的轻量化就变得十分必要，制动盘属于簧下质量，其质量的减轻更有助于车体的减重。表 1-8 是铝合金制动盘质量减轻的情况。铝合金制动盘的密度仅为铸钢材料的 1/3，对减轻整车质量具有关键性的作用[17]。铝合金制动盘与铸铁制动盘相比质量减轻 50%以上。

表 1-8 铝合金制动盘质量减轻情况

规格	制动盘	材质	质量/kg
外径 640 mm	轮盘	铸铁	44
	盘体	铝合金	17.5
外径 530 mm	轮盘	铸铁	76
	盘体	铝合金	30

陶瓷颗粒增强铝基复合材料以 SiC 或 Al_2O_3 等陶瓷颗粒为增强体，该材料既具有其陶瓷颗粒组分的高耐磨性、高硬度(强度)及低热膨胀系数的特点，又具有铝合金基体导热性良好和密度低的特点，因而在制动盘方面的应用受到关注[19]。然而，陶瓷颗粒增强铝基复合材料目前仍未批量使用，其原因是：塑韧性较低，伸长率较小，承受热交变负荷时易萌生裂纹并迅速扩展；铝的熔点较低，铝基材料制动盘在更高速度下的磨损将显著增加，铝基复合材料的工作温度不能超过 400℃，在 400℃以上时，材料热损伤较严重，强度显著下降[17]。

4. C/C 纤维复合材料

合金钢材料和铝合金制动盘一般可以运用于速度为 400 km/h 及以下动车组基础制动系统中，速度在 400 km/h 以上时，制动能量热负荷将达到 800℃以上，钢系材料也无法满足如此高的制动能量，因此需要开发一种既能减轻质量又能承受 1000℃以上高温的制动盘材料[19]。

C/C 纤维复合材料，即碳纤维(carbon fiber, CF)增强陶瓷基(包括基体碳、碳化硅)复合材料，具有优异的高温强度、抗热冲击性能和高温摩阻性能，以及比热容高、热膨胀系数低、弹性模量小等适合高能量摩擦盘的优点。同时，该材料与传统的金属制动材料相比，密度更小，是超高速列车的首选摩擦制动材料。日本和法国研究和开发了 C/C 纤维复合材料的制动盘，并对其在铁道车辆上的应用进行了深入的研究。然而，C/C 纤维复合材料作为高速列车制动材料还存在以下问题：成本较高；摩擦系数随制动初速度增加变化较大；密度较低的 C/C 纤维复合材料中存在的气孔在潮湿环境下吸湿，会引起制动过程中摩擦系数大大下降，从而影响列车行车安全，这需要提高 C/C 纤维复合材料的致密度，进行完整的表面处理和适当的结构调整等方面的改进；C/C 纤维复合材料的摩擦系数稳定性较差，在雨雪天气条件下，由于纤维在水汽环境下容易氧化分解，磨损量急剧增加。采用飞机制动器的封闭结构形式可以很好地解决这一问题，但这种制动器结构复杂，价格昂贵，仍局限于应用在赛车和大型飞机上。

1.5.2 制动盘结构

根据其安装部位不同，制动盘可分为轮装制动盘和轴装制动盘。图 1-19 为轮装制动盘和轴装制动盘的结构图。

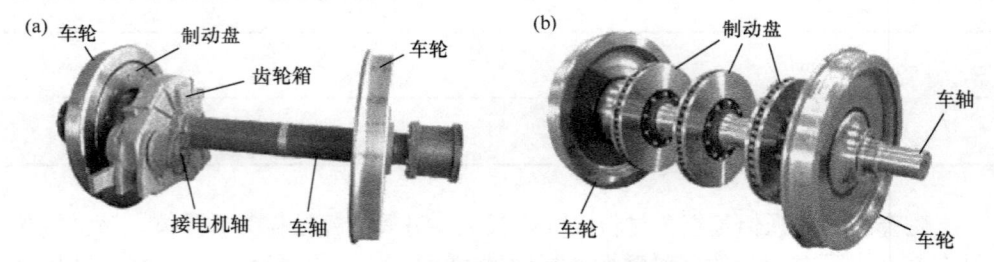

图 1-19 轮装制动盘(a)和轴装制动盘(b)[17]

图 1-20 是改进型 CRH1-250 型动车组上使用的铸钢轮装制动盘和轴装制动盘，其轮盘采用中心孔连接方式，轴盘为整体铸造通风结构[17]。

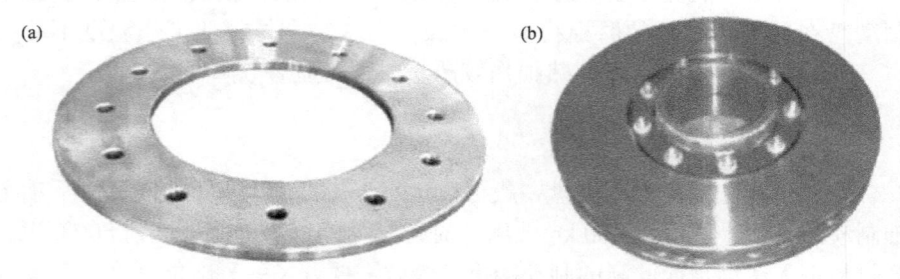

图 1-20 铸钢轮装制动盘(a)和铸钢轴装制动盘(b)[19]

图 1-21 是 CRH2 型动车组轮装制动盘和轴装制动盘。动车每轴采用 2 套轮装制动盘，拖车每轴采用 2 套轮装制动盘和 2 套轴装制动盘，制动盘材料均为锻钢。轴装制动盘采用分体式结构，这种结构便于更换，其制动盘连接结构采用制动盘

内侧连接爪连接，这是与其他车型最大的不同[19]。

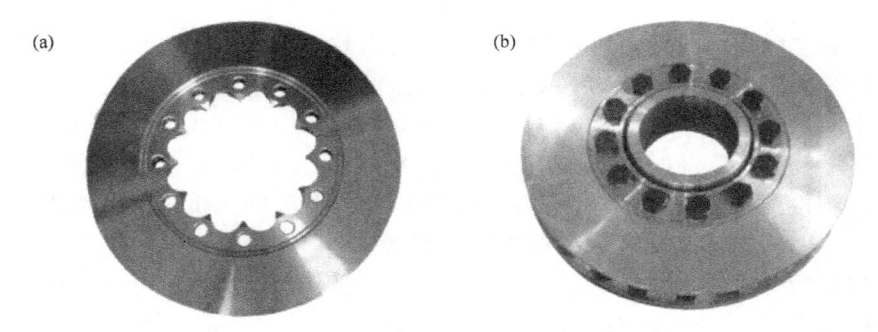

图 1-21　CRH2 型动车组轮装制动盘(a)和轴装制动盘(b)[19]

轴装制动盘一般由摩擦环、散热筋、盘毂及连接装置组成。列车制动盘的主要部件是摩擦环和散热筋。摩擦环可以承受制动过程中摩擦副产生的制动力和摩擦热，具有良好的强度、耐磨性和散热性，可在短时间内将巨大的热量消散，降低制动盘的温度，提高制动效果，不会因为频繁制动而发生变形和磨耗[17]。轴装制动盘的内部一般都装配有不同形状但分布均匀的散热筋，各个散热筋之间的孔隙构成了制动盘的气流内部通道，通道的传热特性决定了散热情况的好坏，这与散热筋的结构参数有很大关系。在列车行驶过程和车轮旋转过程中，气流可由制动盘内部通道沿径向排出。为了提升制动盘制动时的散热性能，制动盘的内部散热筋结构多种多样，如图 1-22 所示[26,27]。

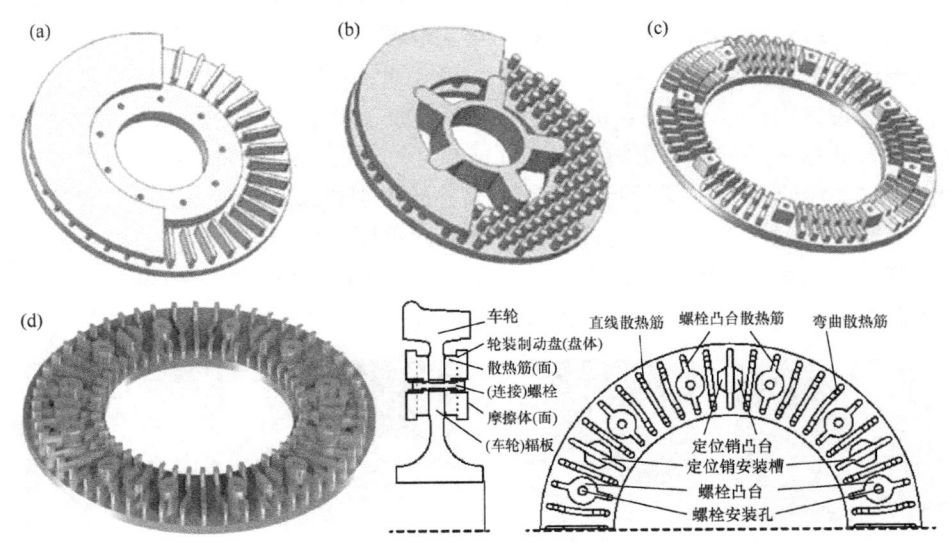

图 1-22　轮装制动盘及其内部结构图[26,27]
(a)肋型制动盘；(b)针肋型制动盘；(c)异型直肋型制动盘；(d)混合肋型制动盘

1.5.3 制动盘的温度场和应力场

制动过程中的温度变化是制动盘的主要失效原因。在制动期间，制动盘和制动闸片之间的摩擦产生大量的热量，热量的积累和消散是瞬时的，将导致制动盘中温度快速升高和降低，并且热量的分布和传导是不均匀的。随着列车速度的不断提高，制动时所要消耗的能量越来越多，制动功率也急剧增加，制动系统的服役条件变得越来越苛刻，制动盘的摩擦升温问题也越来越突出。摩擦升温一方面能引起制动衰退和加快摩擦副磨损，另一方面产生的应力导致制动盘出现热疲劳裂纹而发生失效。制动是一个涉及传热、结构、力学和材料等多方面的复杂热-力耦合过程，这使得盘面温度呈现十分复杂的变化。影响制动盘的盘面温度及应力分布的主要因素有制动工况、制动盘和闸片的材料以及闸片结构等。

1. 制动盘温度分布形式

制动过程中，制动盘温度及热梯度变化大，会伴随产生热应力和热疲劳等不利结果，并以热裂纹形式表现。盘面高温区沿径向呈环状分布，随着时间的推移，盘面高温区逐渐出现不同尺寸的热斑，最后形成了较大尺寸的宏观热斑[25]。图 1-23 是利用红外摄像机测量的不同制动时刻制动表面热斑的形成过程。制动初期，在摩擦区域外径上观察到了热斑以带状的形式出现的具体位置，如图 1-23(a)所示；紧接着快速形成较明显的热斑，用周向热梯度表示，如图 1-23(b)所示；制动时间为 10 s 时，热斑逐渐沿径向移向平均摩擦半径，此时热斑的尺寸最小，制动盘表面的最高温度约为 900℃，如图 1-23(c)所示；随着制动时间的推移，热斑又逐渐接近向内径移动，热斑的尺寸也逐渐增大，如图 1-23(d)所示；制动末期时，热斑沿径向移至外径，热斑沿径向和周向尺寸增加，直至覆盖大部分摩擦区域，如图 1-23(e)和(f)所示；最后形成了较大尺寸的宏观热斑，如图 1-23(g)和(h)所示。盘面上的热斑表示盘温度梯度最大的区域，即盘面上最危险的区域，这可能是大多数制动盘损坏的原因。热斑沿着制动盘的外径移向中心，移至平均摩擦半径时，热斑温度梯度达到最大值，此时的温度也最高。

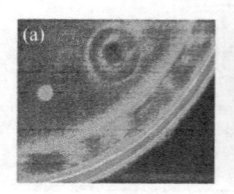

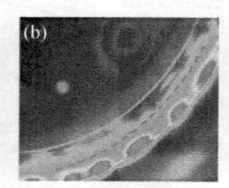

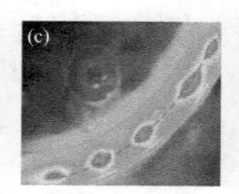

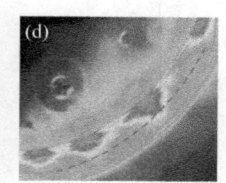

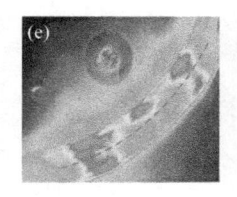

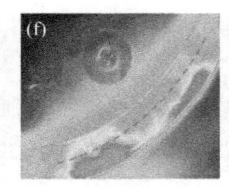

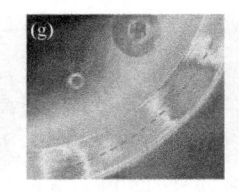

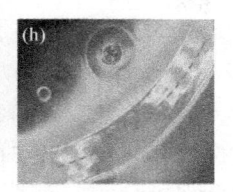

图 1-23 不同制动时刻的制动表面热斑的形成过程[28]

(a) $t=4$ s; (b) $t=7$ s; (c) $t=10$ s; (d) $t=16$ s; (e) $t=20$ s; (f) $t=27$ s; (g) $t=33$ s; (h) $t=60$ s

图 1-24 是几种类型的热斑：①热斑宽度小于 1 mm，温度高达 1200℃，持续时间小于 1 ms(图 1-24(a))；②热斑宽 5～20 mm，温度 650～1000℃，持续时间 0.5～10 s(图 1-24(b))；③环状热斑，热斑宽 5～50 mm，温度 800℃，持续时间大于 10 s(图 1-24(c))；④宏观热斑，热斑宽 40～110 mm，温度 1100℃，持续时间大于 10 s(图 1-24(d))，宏观热斑通常在相对较低的速度下出现，而且是在制动盘所消耗的能量足够高，或者是能量水平相同、制动功率足够大时才会出现；⑤区域型热斑，热斑宽 80～200 mm，温度 20～300℃，持续时间大于 10 s (图 1-24(e))。五种热斑中，第②、③、④种类型所引起的破坏性最大，第④种所出现的高温度梯度是制动盘失效的主要原因[24]。

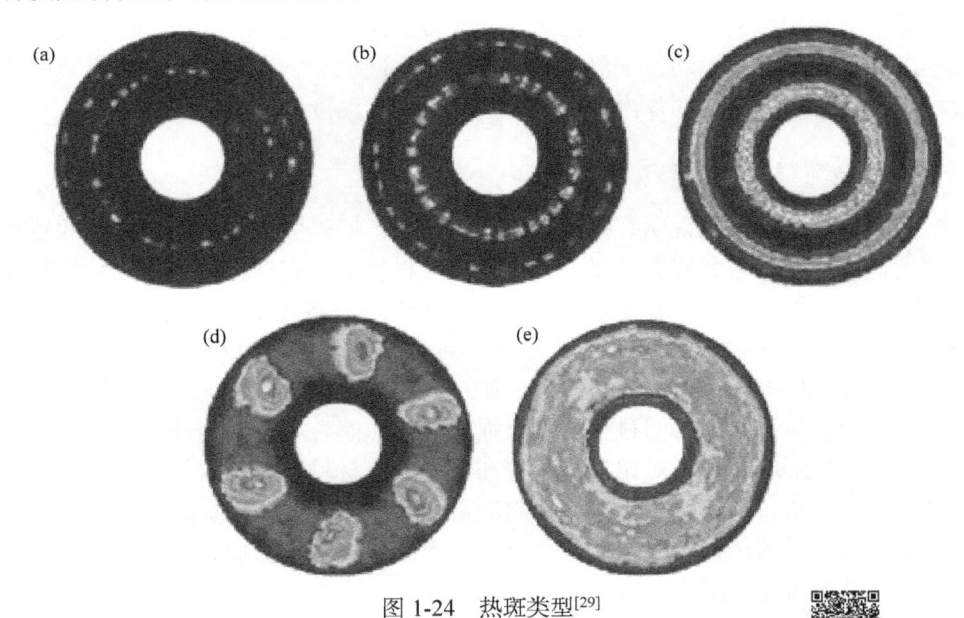

图 1-24 热斑类型[29]

2. 制动条件对制动盘负荷的影响

制动盘温度变化的剧烈程度取决于制动时消耗能量的多少。列车的制动速度越高，轴重越大，列车制动时制动盘需要消耗的总能量也就越多，制动盘温度就越高。对于单个制动盘,其消耗能量除与列车的速度及轴重有关外,还与列车所安装的制动盘数量以及列车制动减速度有关。

制动速度是影响制动盘温度变化规律最重要的因素,制动盘温度变化曲线随制动速度不同而有所不同,但基本可分为无反应阶段、迅速升温阶段和温升缓慢变化阶段,制动初速度小于 160 km/h 时,制动过程中的瞬时温升与制动初速度成正比。决定制动盘温度的另一重要因素是制动盘所要承担的能量大小,一根车轴安装两个制动盘时,盘面的最高温度远大于一根车轴安装三个制动盘时。

制动压力同样关系到制动盘温度和应力的变化,随着制动缸压力的增大,制动盘面的最高温度和最大应力都会增大。制动盘的最大应力小于制动盘材料的许用应力时,制动盘处于安全服役状态[30]。

3. 闸片结构对制动盘负荷的影响

列车制动过程中,作用在制动盘面上的摩擦功或功率并不是均匀分布的,其分布形态会直接影响摩擦面温度的分布情况,从而对摩擦副的制动性能产生显著影响。闸片结构的差异,导致制动盘与闸片的接触压力分布不均,从而影响了制动盘温度分布及变化。当制动盘与闸片接触压力在制动盘径向上均匀分布时,最大等效应力出现在制动盘摩擦面的边缘。当接触压力非均匀分布时,制动盘的最高温度和最大等效应力均位于制动盘摩擦面的中间位置,这与实际裂纹出现的位置相吻合。不同结构的闸片出现的最高温度不同,温度的上升过程也不同。

4. 制动盘材料和盘体结构对制动盘温度的影响

制动盘的失效机理说明,疲劳裂纹的出现及扩展是由于温度变化引起的残余应力超过制动盘材料的屈服极限,因此制动盘材料对于制动盘抗热疲劳性能起着至关重要的作用。在设计制动盘时,应了解不同材料在各种制动工况下对温度的影响规律。在 160 km/h 紧急制动工况下,蠕墨铸铁制动盘材料的性能明显优于 25Cr2Mo1V 和 35CrMo 合金钢[31]。在 220 km/h 紧急制动条件下,蠕墨铸铁和球墨铸铁的制动盘最大应力明显小于极限强度应力,而合金铸铁制动盘的最大应力已接近极限强度应力[32]。对比灰口铸铁和铝基复合材料制动盘在相同制动条件下的温度径向分布,得出铝基复合材料制动盘的温度更低,分布更均匀的结论。可见,制动盘材料的选择对于制动的热负载能力具有决定性影响。

闸片结构对盘面温度也有显著的影响。闸片结构不同,相当于改变了盘面的热源分布。不同结构制动盘通过增强散热能力(更大的热交换表面),或提高制动盘的热容量(更大质量)来增强盘的热负载能力,这对于改善制动盘的整体平均温度、降低应力具有一定作用。三筋板、四筋板和散热柱三类结构的制动盘在 220 km/h 紧急制动时,四筋板的制动盘温度比三筋板制动盘和散热柱制动盘的温度要低,四筋板制动盘结构优于三筋板制动盘；与散热柱制动盘相比，四筋板制动盘的最大米泽斯(Mises)应力及其应力梯度稍大。对于不同厚度制动盘的温度及应力，发现制动盘厚度增加，盘面到制动盘中性面的温度梯度减小，整个制动盘内部的应力减小。

1.5.4 制动盘服役行为及失效方式

根据制动盘的服役情况，制动盘的载荷大致有两大类：一类是动应力和循环交变应力，如制动盘随着车轮或车轴一起高速旋转形成的离心力，列车制动过程中闸片对制动盘摩擦面持续的垂直压力，闸片对制动盘摩擦面切向摩擦力和突然冲击力等。另一类是制动盘在强烈的摩擦力作用下，其摩擦表面温度急剧上升，形成温度梯度而产生应力[33]。与所受的离心力和摩擦力等机械应力相比，制动盘在制动过程中产生的应力要大得多，而且由摩擦引起的温度变化导致的应力占所有应力的80%以上，是制动盘的主要应力[34-36]。因此，高速列车制动盘面临极为苛刻的服役条件，失效是多种因素共同作用的结果，主要失效方式是材料热机械疲劳而导致的制动盘摩擦面径向裂纹长度超限。

1. 正常磨损

在正常的工况条件下，制动盘表面不至于因摩擦磨损而失效。当制动盘局部应力超过材料的屈服极限时，就会产生塑性变形。图1-25是制动闸片材料在正常使用条件下，因磨损和塑性变形而导致的划痕及凹凸不平。

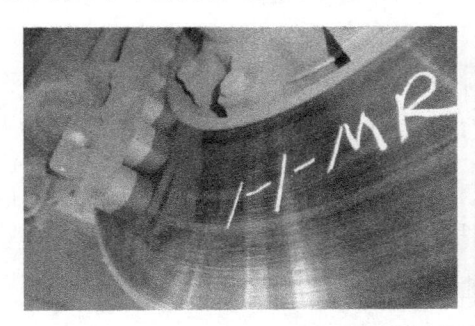

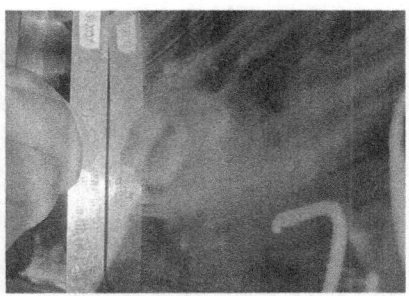

图1-25 高速列车制动盘的正常磨损[37]

2. 偏磨

列车制动闸片在经过多次制动后会发生偏磨现象，如图1-26所示。摩擦片的上侧和下侧磨损不均匀，上侧剩余厚度小于下侧剩余厚度，还能发现有个别摩擦块出现了开裂情况，摩擦块与闸片托连接的位置出现了一定的弯曲现象。闸片的开裂情况很可能是因为闸片发生偏磨后造成力矩偏移，使得闸片与制动盘接触面上受力不均匀，出现应力集中，而应力集中的位置出现了开裂的现象。此外，摩擦块与闸片托连接的位置产生弯曲现象,说明摩擦块的中心位置磨损量大于边缘位置的磨损量。闸片偏磨会导致闸片的使用寿命大大降低,增加列车的运行成本,也会产生制动噪声,影响乘坐舒适性。闸片偏磨会使闸片加载面变得倾斜,导致力矩偏移,严重的会导致闸片托翻转,影响列车的行驶安全。闸片偏磨与制动压力、速度和磨损系数等因素密切相关。

图 1-26 列车制动闸片偏磨示意图[38]

3. 金属镶嵌与异常磨耗

在列车运行和制动过程中,制动闸片表面会黏附上金属磨屑及外来杂质,杂质在摩擦副间的相互接触挤压作用下嵌入闸片中,经过一段时间会在其表面堆积焊合形成块状金属镶嵌物,如图 1-27(a)所示。金属镶嵌现象容易发生于制动压力较大的闸片,在摩擦块排列复杂的闸片上也会频繁产生,而且在严寒地区线路上,受到低温和冰雪砂石等恶劣工况的影响,金属镶嵌问题更加严重。例如,哈大线路高铁要在冬季暴雪,甚至气温达到-30℃的条件下运行,西北地区常常在风沙天气下运行,制动盘表面容易出现金属镶嵌。金属镶嵌物的硬度高于铜基粉末冶金闸片的硬度,在制动压力的作用下金属镶嵌物被挤压在摩擦块中间的缝隙中,制动缓解时,金属镶嵌物较难脱落排出,因此长时间往复制动时,在制动压力的作用下金属镶嵌物对制动盘表面进行切削,造成严重的异常磨耗[33]。金属镶嵌物会对制动盘造成严重损伤(图 1-27(b)),影响列车运行安全。

图 1-27 制动盘异常磨损[37]
(a) 金属镶嵌物;(b) 盘划伤

4. 热斑、热带

热斑和热带是铸钢制动盘在使用过程中摩擦表面的热损伤现象。图 1-28 是热损伤造成的制动盘裂纹。制动时制动闸片与制动盘的接触面并不是绝对平面，两者接触状态非均匀且十分复杂，导致在压力和摩擦力的作用下最早接触的位置温度急剧升高，造成局部膨胀加剧，当膨胀变形受到水平方向摩擦面限制时，摩擦面的法线方向将产生不可恢复的变形并加剧盘面凸出区域变形，使该部分区域温度更高，由于凸出区域在较大的摩擦剪切力和较高的温度共同作用下会产生热塑剪切带，加剧盘面其他位置与凸出区域温度分布的不均匀并使凸出区域温度进一步升高，随着制动时间的延长，凸出区域内热塑剪切带的数量将持续增加[38]。由于高温氧化腐蚀，制动盘材料的组织与力学性能发生变化，最终在制动盘上产生热斑现象，因此材料的抗高温氧化性能对于制动盘的使用寿命是至关重要的，并且制动盘材料的热膨胀系数与弹性模量越大，导热系数和热容量越小，出现热斑的可能性越大。热斑的出现，意味着此区域制动盘材料组织转变与力学性能的退化，组织转变导致体积发生变化进而产生组织应力。此外，盘的表面温度在制动过程中急剧上升。在盘体温度上升的过程中，小部分热量扩散到空气中而大部分则传到盘体内部；另外，由于盘体的旋转、离心力等作用，盘内散热筋通过走行风产生冷却效果，即表面温度很高而盘体内部由于散热的作用被冷却，使盘体厚度方向产生温差。热带和热斑的形成与摩擦接触中产生的第三体流动和摩擦机制相互作用有关，如果速度低于某个值，则不会产生裂纹，高于阈值则形成裂纹。

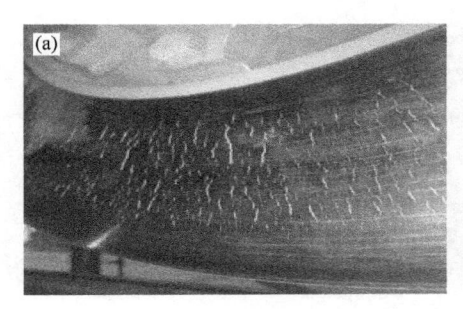

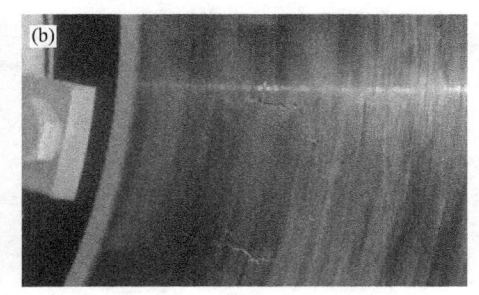

图 1-28 热损伤造成的制动盘裂纹[37]
(a) 热裂纹；(b) 长裂纹

5. 热疲劳裂纹

热疲劳破坏是制动盘的一种主要失效方式。制动过程中，制动盘与制动闸片是周期性接触，瞬时摩擦产生的巨大热量使制动盘的接触部分表面温度瞬时升高，产生温度梯度，由于热膨胀变化量不相同，制动盘不同的部位之间相互制约，不能自由收缩和膨胀，于是产生了应力。产生的应力超过制动盘材料的屈服极限时，可致使盘面局部区域发生塑性变形。制动盘在冷却过程中，在不均匀冷却速度和局部塑性变形的共同作用下，摩擦面及其附近区域的内应力发生变化，产生残余应力，在一些区域形成的残余拉应力要比残余压应力大很多。当残余拉应力达到或者超过材料的强度极限时，形成热疲劳裂纹。高温下即使交变应力不是很大，疲劳裂纹也会形成。随着制动次数的增加，裂纹在径向和周向拉应力的作用下沿制动盘径向扩展，最终导致制动盘失效[39]。制动盘表面的热疲劳裂纹主要有两种类型(图 1-29(a))：①类似封闭网状分布的龟裂纹，具体形貌见图 1-29(b)～(e)，其特点是尺寸较小，深度较浅，分布在制动盘摩擦面。该类型通常先出现径向扩展裂纹，发展到一定程度后与随后出现的周向裂纹相交，形成类似封闭独立单元。②长度较大的径向裂纹，裂纹数目不多，出现在服役较早的时期，不会穿过整个制动盘半径长度，但裂纹较深，容易导致制动盘断裂[40,41]。图 1-29(b)～(e)是制动盘摩擦面上两个裂纹区域随着制动次数的增加而扩展的过程。径向裂纹是制动盘失效的主要裂纹形式。龟裂纹是制动盘摩擦面分布最广泛的一种裂纹形式，尺度较小且在早期服役过程中即可出现。径向裂纹周围包围着大量细密的龟裂纹。

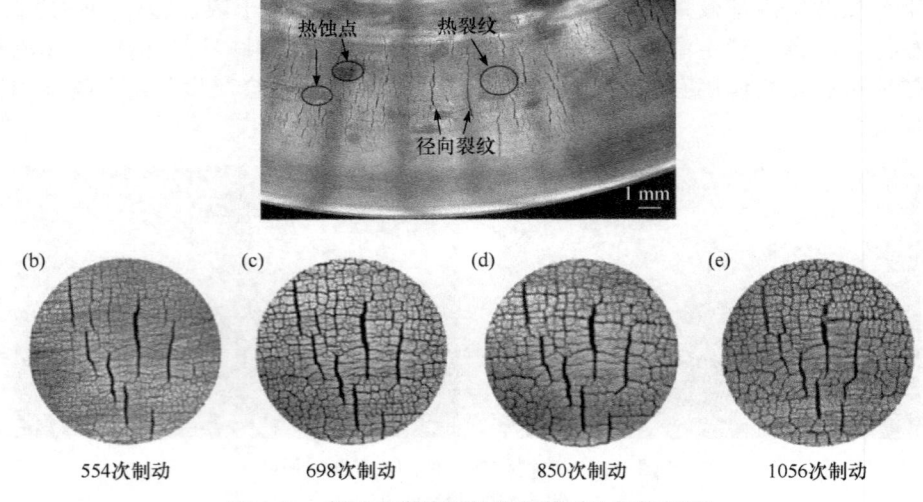

图 1-29 制动盘摩擦面的热疲劳裂纹与热斑[42]

参 考 文 献

[1] 符蓉, 高飞. 高速列车制动材料. 北京: 化学工业出版社, 2012.
[2] 尹雄, 唐勇. CRH1 和 CRH3 型动车组制动原理比较. 设备管理与维修, 2019, (24): 115-117.
[3] 吴瑞良. 基于车地通信的动车组检修体制的优化. 北京: 北京交通大学, 2011.

[4] 李蒂, 安琪. 国内外高速动车组的发展. 电力机车与城轨车辆, 2007, (5): 1-5.
[5] 刘昭翼. 高速列车弓网耦合系统建模与仿真. 长沙: 中南大学, 2012.
[6] 赵红卫, 梁建英, 刘长青. 高速动车技术发展特点及趋势. 中国工程院院刊, 2020, 6(3): 67-88.
[7] 韩文娟, 董晓鹏. 国外高速动车组的发展趋势分析. 机车车辆工艺, 2017, (4): 8-10, 18.
[8] 牟超. 摩擦条件对制动闸片摩擦磨损性能的影响. 大连: 大连交通大学, 2008.
[9] 鲍春光, 王永胜. 国内外高速动车组基础制动技术研究. 机车车辆工艺, 2019, (3): 10-13.
[10] 康光林. 制动闸片结构设计及其接触与摩擦适应性研究. 南昌: 南昌大学, 2019.
[11] 李和平, 严霄蕙. 70年来我国铁路机车车辆制动技术的发展历程(续). 铁道机车车辆, 2019, 39(6): 1-16.
[12] 孟德浩. 浅析我国高速动车组制动系统现状与发展态势研究. 中国新技术新产品, 2019, (19): 5-8.
[13] 王刘柱. 城际高铁刹车试验系统制动控制单元设计与研究. 镇江: 江苏科技大学, 2012.
[14] 张建柏, 彭辉水, 倪大成, 等. 高速列车制动技术综述. 机车电传动, 2011, (4): 1-4.
[15] 李振国. 考虑温度因素的列车盘形制动系统动力学研究. 兰州: 兰州交通大学, 2019.
[16] 苏肖肖. 高速列车闸片结构布局优化研究. 大连: 大连交通大学, 2018.
[17] 王峰. 列车制动盘/闸片高速摩擦制动性能与界面振动特性分析. 成都: 西南交通大学, 2017.
[18] 中车四方所制动系统为济南R3线城轨列车保驾护航. https://www.sohu.com/a/254411939_675119[2018-9-17].
[19] 朱彦平, 金文伟. 高速动车组制动盘运用现状及发展趋势. 内燃机与配件, 2018, (19): 62-64.
[20] 王之中. 高速列车制动盘摩擦面裂纹扩展和微结构演化研究. 北京: 北京交通大学, 2020.
[21] Zhou H B, Yao P P, Xiao Y L, et al. Friction and wear maps of copper metal matrix composites with different iron volume content. Tribology International, 2019, 132: 199-210.
[22] Günay M, Korkmaz M E, Özmen R. An investigation on braking systems used in railway vehicles. Engineering Science and Technology, 2020, 23(2): 421-431.
[23] 吴健宇. 准高速列车制动盘以及闸片整体散热性能研究与散热优化设计. 兰州: 兰州交通大学, 2021.
[24] Samrout H, El Abdi R. Fatigue behaviour of 28CrMoV5-08 steel under thermomechanical loading. International Journal of Fatigue, 1998, 20(8): 555-563.
[25] 吴丹. 时速300 km以上高铁制动盘用钢的成分、组织与性能研究. 北京: 北京科技大学, 2018.
[26] 巩伟. 高速列车直肋型制动盘内部通道传热特性研究. 兰州: 兰州交通大学, 2019.
[27] 张化谦. 基于多目标优化方法的大功率轮装制动盘结构设计研究. 北京: 中国铁道科学研究院, 2020.
[28] Kasem H, Brunel J F, Dufrenoy P, et al. Thermal levels and subsurface damage induced by the occurrence of hot spots during high-energy braking. Wear, 2011, 270(5-6): 355-364.
[29] Panier S, Dufrenoy P, Bremond P. Infrared characterization of thermal gradients on disc brakes. Proceedings of SPIE, 2003, 5073: 295-302.

[30] 张宁. 基于CFD的实心列车制动盘温度场模拟分析. 大连: 大连交通大学, 2018.
[31] 农万华. 基于闸片结构的列车盘形难度和应力的数值模拟及实验研究. 大连: 大连交通大学, 2008.
[32] 陈德玲, 张建武, 周平. 高速轮轨列车制动盘热应力有限元研究. 铁道学报, 2006, (2): 39-43.
[33] 刘金朝, 卜华娜, 刘敬辉, 等. 整体制动盘热应力有限元仿真分析. 中国铁道科学, 2007, (2): 80-84.
[34] Eltoukhy M, Asfour S, Almakky M, et al. Thermoelastic instability in disk brakes: Simulation of the heat generation problem//The COMSOL Users Conference, Boston, 2006.
[35] 何佳朋. 基于力热模型的某高速列车拖车制动关键技术研究. 沈阳: 东北大学, 2013.
[36] 陈龙. 接触方式对制动盘温度场及摩擦系数的影响. 大连: 大连交通大学, 2017.
[37] 李洪玉. 高速列车制动盘激光熔覆工艺优化及熔覆层高温性能研究. 成都: 西南交通大学, 2019.
[38] 张羽佳. 制动闸片偏磨度及模拟计算的研究. 大连: 大连交通大学, 2020.
[39] 于大海. 制动盘材料摩擦热斑的试验研究与数值模拟. 北京: 北京交通大学, 2011.
[40] 赵文清. 高速列车"中华之星"制动盘温度场及热应力. 兵工学报, 2006, (1):132-136.
[41] 郑广生. 闸片结构对制动盘温度场及应力场影响的研究. 大连: 大连交通大学, 2015.
[42] Wang Z Z, Han J M, Domblesky J P, et al. Crack propagation and microstructural transformation on the friction surface of a high-speed railway brake disc. Wear, 2019, 428-429: 45-54.

第 2 章 摩擦磨损理论

制动闸片与制动盘进行摩擦从而使高速列车停止,该过程是典型的摩擦过程,遵循摩擦磨损机理。闸片材料的摩擦磨损性能受闸片材料成分、制动工况、环境条件等多种因素的影响,需从材料的摩擦磨损机理入手,从材料成分、制动条件等方面揭示摩擦磨损的微观机制,为闸片材料的设计和摩擦制动性能的调控提供指导。摩擦学中最为关键的两个问题是摩擦和磨损,通过研究摩擦材料的表层微观结构,分析摩擦磨损过程和失效机理,对于铜基摩擦材料的摩擦磨损性能优化具有重要意义。在摩擦制动过程中,闸片和制动盘相互接触摩擦,动能转换为其他形式的能量而耗散,耗散的动能主要转换为摩擦热以及驱动摩擦界面间物质运动转移的能量,摩擦膜的特征也将直接影响闸片材料的磨损量、摩擦系数稳定性等[1]。摩擦副相互作用的本质是摩擦界面结构和性能的响应,其宏观摩擦学性能很大程度上取决于摩擦膜的性能。摩擦表面形成特定结构的摩擦膜,才能获得稳定的摩擦系数和低的磨损。掌握摩擦膜的形成机理及其对摩擦磨损性能的影响规律是揭示制动闸片不同工况下摩擦学行为的重要前提。

2.1 摩擦磨损参数

2.1.1 摩擦系数

两个互相接触的物体在外力作用下发生相对运动或有相对运动趋势时称为摩擦。在接触面间产生切向运动阻力,这种阻力称为摩擦力,其方向始终与运动方向相反。物体在外力作用下对另一物体有相对运动趋势,而处于静止临界状态时的摩擦称为静摩擦。有相对运动时的摩擦称为动摩擦。如图 2-1 所示,对于与接触面垂直的力 P(垂直负荷)和与接触面平行施加的作用力 F,当 F 较小时,接触面表现出的摩擦力 F' 与外力相抵消,物体并没有滑动。物体开始滑动前的摩擦力称为静摩擦力。

$$F' \leqslant \mu_s P \tag{2-1}$$

式中,μ_s 为静摩擦系数。

当 F 比 $\mu_s P$ 大时,物体开始滑动,滑动时接触面之间也有摩擦力作用,这种作用力称为动摩擦力。

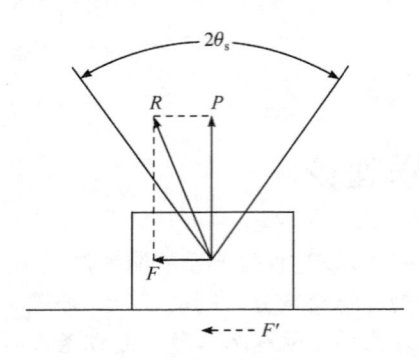

图 2-1 滑动摩擦力学

$$F' \leqslant \mu_d P \quad (2\text{-}2)$$

式中，μ_d 为动摩擦系数。

μ_s 和 μ_d 全为无量纲量，一般情况下，$\mu_s > \mu_d$。摩擦系数随接触材料的种类、接触面之间存在的膜的种类和状态变化而变化。特别是在润滑状态下，受润滑材料的种类和数量、表面微观形状、表面压力、滑动速度、温度等影响。P 和 F 的合力用 R 表示，R 和法线形成角 θ_s 的关系用式(2-3)表示：

$$\tan\theta_s \leqslant \mu_s \quad (2\text{-}3)$$

此时，无论 R 多大，物体也不会滑动。与此界限相关的 θ_s 称为静摩擦角，用式(2-4)表示：

$$\theta_s = \arctan\mu_s \quad (2\text{-}4)$$

瞬时摩擦系数是在任意给定制动瞬间切向力与制动闸片总压力之比，即

$$\mu_i = \frac{F}{N} \quad (2\text{-}5)$$

平均摩擦系数是瞬时摩擦系数在制动距离 S_2 上的积分，即

$$\mu_m = \frac{1}{S_2}\int_0^{S_2} \mu_i \, dS \quad (2\text{-}6)$$

式中，μ_m 为平均摩擦系数；μ_i 为瞬时摩擦系数；S_2 为气动夹钳从达到全部制动力的95%时起到停车时止的距离或液压夹钳从达到全部制动力的60%时起到停车时止的距离。

摩擦系数的稳定性(FS)是单次制动过程中平均摩擦系数与最大瞬时摩擦系数($\mu_{i\max}$)的比值，即

$$FS = \frac{\mu_m}{\mu_{i\max}} \quad (2\text{-}7)$$

摩擦系数的热衰退是指第 k 次摩擦系数(μ_k)到第 n 次摩擦系数(μ_n)下降的绝对值($\Delta\mu$)，即

$$\Delta\mu = |\mu_k - \mu_n| \quad (2\text{-}8)$$

2.1.2 摩擦扭矩

动力传输轴作用的扭转力矩和旋转物体回转轴的旋转力矩称为扭矩。摩擦扭矩表示离合器利用摩擦传递动力的能力或制动器利用摩擦制动的能力。

盘式离合器、制动器产生摩擦扭矩的公式如下：

$$M = \mu P R_m Z = \mu P_m A_1 R_m Z \tag{2-9}$$

式中，M 为摩擦扭矩，N·m；μ 为摩擦系数；P 为轴向压力，N；P_m 为单位面积承受的压力，Pa；R_m 为摩擦面的有效平均半径，m；A_1 为摩擦面一面的面积，m^2；Z 为摩擦面数。

$$R_m = \frac{1}{2}(r_0 + r_1) \tag{2-10}$$

式中，r_0 为摩擦面的最大半径，m；r_1 为摩擦面的最小半径，m。

根据式(2-9)，传递相等的扭矩时，半径小的摩擦面产品需要面压和摩擦面数增加；大半径的摩擦面产品需要的面压和摩擦面数减少。

2.1.3 摩擦能量

摩擦装置，因摩擦副产生滑动摩擦做功，这种功的运动能量称为摩擦能量。摩擦离合器和摩擦制动器摩擦副接合时，摩擦副产生滑动摩擦，摩擦材料做功，这种功转变成热能，摩擦热使摩擦副温度升高。在干式工况下，热量向周围的机械零件传导，向空气中散热。这种吸收能量的能力由摩擦副材料及散热条件决定。能量计算公式如下：

$$E = -\frac{1}{2}mv_0^2 \tag{2-11}$$

$$E = I(\omega_1 - \omega_2)^2 \tag{2-12}$$

式中，m 为质量，kg；v_0 为速度，m/s；I 为转动惯量，kg·m²；ω_1 为开始接合时的回转角速度，rad/s；ω_2 为接合终止时的回转角速度，rad/s。

摩擦元件单位面积吸收的能量由式(2-13)求得：

$$e = \frac{E}{A_1 Z} \tag{2-13}$$

摩擦元件单位面积吸收的功率为

$$\varepsilon = \frac{e}{t} \tag{2-14}$$

式中，e 为摩擦元件单位面积吸收的能量，J/cm²；ε 为单位面积吸收的功率，W/cm²；t 为滑摩时间，s。

如果要计算列车制动时制动器吸收的滑摩总能量，只要把车辆质量和车速代入式(2-11)即可。

2.1.4 磨损量

磨损量的表示方法很多，一般用单位摩擦功的磨损量或比磨损量来表示。

$$\omega = \frac{W}{Q} \tag{2-15}$$

式中，ω 为磨损量，cm^3/J 或 g/J；W 为磨损体积(cm^3)或磨损质量(g)；Q 为摩擦功，J。

$$W_s = \frac{W}{Pl} \tag{2-16}$$

式中，W_s 为比磨损量，cm^3/J；W 为磨损体积，cm^3；P 为接触面间的垂直力，N；l 为摩擦距离，m。

2.2 摩擦机理

摩擦是物体两个接触表面相互作用引起的滑动阻力和能量的损耗。摩擦现象涉及的原因很多，因而提出了各种不同的摩擦理论。

2.2.1 机械啮合理论

早期的摩擦理论认为摩擦起源于表面粗糙度，滑动摩擦中能量消耗于粗糙峰的相互啮合、碰撞以及弹塑性变形，特别是硬粗糙峰嵌入软表面后在滑动中形成的犁沟效应。

1785 年，阿蒙顿和库仑提出，摩擦力 F_F 与法向载荷 F_N 成正比，把摩擦力与法向载荷之比称为摩擦系数，即

$$\mu = \frac{F_F}{F_N} \tag{2-17}$$

式(2-17)称为阿蒙顿-库仑(Amontons-Coulomb)定律，认为：
(1) 摩擦力与法向载荷成正比。
(2) 摩擦系数的大小与几何接触面积无关，摩擦表面是凹凸不平的，而摩擦起因于接触表面上微凸体的互嵌作用。
(3) 静摩擦系数大于动摩擦系数。
(4) 摩擦系数与滑动速度无关。

研究发现，大多数经典摩擦定律并不完全正确，但是的确在一定程度上反映了滑动摩擦的机理，因此在许多工程实际问题中依然近似地引用[2]。

2.2.2 分子作用理论

在机械啮合理论之后，Tomlinson 于 1929 年首次用分子间的吸引力解释了摩擦的产生，提出当两个表面足够接近时，材料分子之间的作用力使得表面黏附在一起而在滑动过程中产生能量损耗是产生摩擦的原因，并称为黏着效应。由于摩擦表面分子间吸引力的大小随着分子之间距离的减小而增大，通常与距离的 7 次

第 2 章 摩擦磨损理论

方成反比，因此滑动表面间的摩擦阻力随着实际接触面积的增大而增大，即

$$F = \mu(F_N + P_p A) \tag{2-18}$$

式中，F_N 为正压力；P_p 为分子间的吸引力；A 为真实接触面积。

由分子作用理论可知，表面越粗糙真实接触面积越小，摩擦系数也越小，而以上分析在法向大载荷以外的情况下是不成立的[3]。

2.2.3 分子机械理论

在摩擦分析发展中的各个阶段认识到，摩擦的物理起因非常复杂，不能用简单的理论进行解释，而需要做精确的试验和详细的物理分析。1940 年前后科学家才弄清楚上述分歧，认为摩擦力既来自摩擦副表面凹凸微区的机械互嵌作用，又来自摩擦时变形过程的黏附作用。这种摩擦二重性的分子机械理论已被大家公认为一种综合的摩擦理论。微凸体作用过程示意图如图 2-2 所示，啮合一定深度的两微凸体之间形成微观触点，在接合和分离时发生以下过程：①微凸体弹性变形；②微凸体塑性变形；③犁沟；④黏附结合；⑤剪切黏结点[2]。

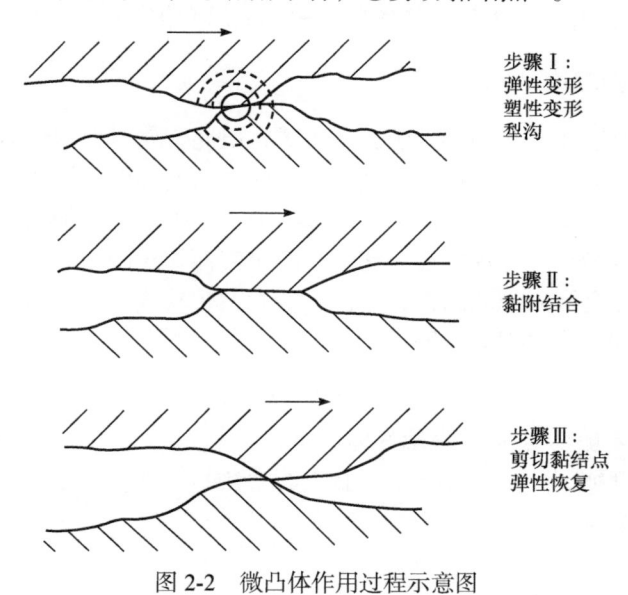

步骤Ⅰ：
弹性变形
塑性变形
犁沟

步骤Ⅱ：
黏附结合

步骤Ⅲ：
剪切黏结点
弹性恢复

图 2-2 微凸体作用过程示意图

根据分子机械理论，每项分过程综合结果显示出摩擦力为摩擦副表面接触点上机械啮合作用和分子吸引作用所产生的剪切阻力的总和，即

$$F = \alpha A + \beta P \tag{2-19}$$

或

$$F = \beta\left(\frac{\alpha}{\beta}A + P\right) \qquad (2\text{-}20)$$

式中，F 为摩擦力；A 为真实接触面积；P 为法向荷载；α 与 β 为系数。

式(2-20)称为摩擦二项式定律，其中，α 与 β 分别为由摩擦表面的物理性能和力学性能所决定的系数。由此，可得到摩擦系数为

$$\mu = \beta + \alpha\frac{A}{P} \qquad (2\text{-}21)$$

式中，β 为一个定值，是根据纯机械啮合理论确定的摩擦系数；α 为分子引力引起的一个变量，它是对纯机械啮合理论的修正。

试验指出，对于塑性材料，由于真实接触面积与负荷成正比，摩擦系数与负荷无关，为一定值。对于弹性材料，真实接触面积因负荷增大而缓慢地增大，因此摩擦系数因负荷增大而减小。

摩擦二项式定律不仅能解释干摩擦摩擦力的由来，也能解释边界摩擦摩擦力的来源。通常，在一定条件下，摩擦系数可通过仪器测定并经过计算获得，而不能通过式(2-21)获得。摩擦系数受各种因素影响而变化[2]。

2.2.4 黏着-犁沟理论

直到 20 世纪 40~50 年代，Bowden 等在研究金属材料的干摩擦时提出了黏着摩擦理论，认为在外加载荷的作用下，表面之间的接触作用实际上发生在微凸体峰顶之间微小的面积上，从而使微凸体峰顶受到很大的接触应力而产生塑性变形，最终导致接触点"冷焊"在一起。当两个表面相对滑动时，焊点被剪断，同时较硬的微凸体会嵌入较软的接触表面，从而在较软表面上产生犁沟。黏着剪切力与犁沟力之和即为摩擦力，即

$$F = F_s + F_d \qquad (2\text{-}22)$$

式中，F_s 为黏着剪切力；F_d 为犁沟力。

对于金属摩擦副，F_d 远小于 F_s，此时黏着效应是产生摩擦的主要原因，忽略犁沟效应，摩擦系数可以表示为

$$\mu = \frac{\tau_b}{\sigma_s} \qquad (2\text{-}23)$$

式中，τ_b 为较软材料的剪切强度极限；σ_s 为较软材料的屈服强度极限。

同时考虑黏着效应和犁沟效应时，摩擦系数为

$$\mu = \frac{\tau_b}{\sigma_s} + \frac{2}{\pi}\cot\varphi \qquad (2\text{-}24)$$

式(2-24)中假设硬金属表面的粗糙峰由半角为 φ 的圆锥体组成，粗糙峰的 φ 角较大时，式(2-24)中的第二项很小，可以忽略；但当 φ 角较小时，犁沟效应增强，成为不可忽略的因素。

Bowden 等[3]建立的黏着理论首次揭示了闪点温度和微凸体接触点的塑性流动对形成黏着节点的影响，为固体摩擦理论的发展做出了重大贡献。但是由于对摩擦中的一些复杂现象进行了简化，仍然有不完善之处，而且只适用于可以发生冷焊的金属材料，对非金属材料不适用。

虽然现有的摩擦理论已经较为全面地考虑了摩擦过程的多种因素，并能够用来解释许多摩擦学现象，且已广泛地接受，但仍无法对现有的制动闸片摩擦系数与制动速度的关系做出很好的解释。究其原因是现有的宏观摩擦理论中包含了大量的假设、近似以及经验公式，并且许多参数的设置与高铁实际工况相去甚远，而且在制动过程中滑动速度、温度、材料性质、表面状态等因素都随时间发生变化，这些都未在现有理论中体现。考虑到摩擦过程的这些变化，摩擦磨损行为也在不同的机制之间不断转变，因此仅通过对理论和公式的生搬硬套是不可能清楚地解释高铁制动摩擦过程的。

纵观现有宏观摩擦理论和微观摩擦理论，有以下共同特点：第一，摩擦理论的提出基于对均质材料(主要是金属材料摩擦对副)的研究，认为微凸体分布均匀，所有的微凸体均为弹性接触或发生塑性变形，摩擦表面成分均一且同步变形。事实上，用于高速列车制动的摩擦材料包括陶瓷非金属颗粒、石墨润滑剂、铜-铁金属与合金、气孔等的多组分复杂体系，组分粒度在 1～500 μm 尺度区间，各组分的力学性能、热学参数、变形性差异极大。实际表面由各种尺度的表面粗糙度叠加而成，这种复杂的表面结构为研究微凸体的峰谷分布、实际接触面积、弹塑性接触状态带来挑战。第二，现有理论更多在于建立材料成分、组织结构和物性特征与摩擦磨损行为的直接关联，忽略了摩擦磨损对材料原始特性的改变作用，使得难以追溯一些特殊摩擦行为产生的原因。例如，在保持各组元配比和制备工艺的情况下，材料的摩擦系数随石墨粒度的减小而显著降低；改变压制压力调整材料的孔隙率，摩擦系数随着孔隙率的改变而发生显著变化。我们无法回答这些变化如何影响摩擦表面并导致摩擦系数的变化。第三，现有摩擦理论基于低速、局部环境，与目前高速铁路的工况差异巨大，难以解释高速列车制动摩擦过程的特殊规律。

2.3 磨损机理

磨损是指在相对运动时，摩擦副相互接触处表层材料发生损伤的摩擦过程。

摩擦副的正常磨损过程一般分为三个阶段,如图 2-3 所示。

(1) 磨合阶段。新摩擦副摩擦表面具有一定的粗糙度,真实接触面积较小。在磨合阶段(图中 $o\sim a$ 线段),摩擦表面逐渐磨平,真实接触表面逐渐增大,磨损速率减小。

(2) 稳定磨损阶段。这一阶段(图中 $a\sim b$ 线段)磨损缓慢稳定。这是摩擦副的正常工作时期。

(3) 剧烈磨损阶段。b 点以后,磨损速率急剧增大。这时机械效率下降,精度丧失,产生异常噪声及振动,摩擦副的温度迅速升高,最后导致零件失效。

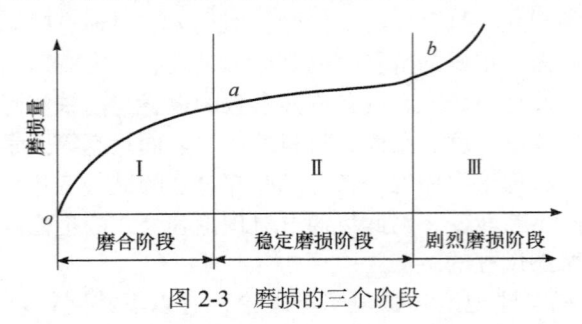

图 2-3 磨损的三个阶段

按不同的磨损机理,通常将磨损分为四种基本类型:黏着磨损、磨粒磨损、疲劳磨损和氧化磨损。表 2-1 为四种磨损的特征。

表 2-1 磨损的四种基本类型[4]

类型	基本概念	破坏特点
黏着磨损	摩擦副的接触点受大压力的作用发生焊合,摩擦力产生的剪切力使焊合点被剪断导致材料转移	黏结点被剪切发生塑性变形,磨屑呈片状
磨粒磨损	摩擦副之间的硬颗粒或硬质微凸体表面的研磨与犁削造成材料表面的破坏脱落	硬质粒子在摩擦表面产生微切削,表面有犁沟,磨屑呈颗粒状
疲劳磨损	摩擦表面材料不断受到循环应力应变的作用,表面产生重复变形,导致裂纹的萌生与扩展,使表面材料断裂而分离形成磨屑	在摩擦力的反复作用下达到材料的疲劳极限,摩擦表面出现疲劳破坏,表面产生麻坑
氧化磨损	摩擦表面温度达到表面物质的氧化温度,在表面形成氧化物,因氧化膜与基体的结合强度低而与表面分离	因表面的氧化硬化,当承受的压力超出强度极限时,表面呈现脆性断裂

2.4 摩擦第三体理论

摩擦材料的性质是影响摩擦磨损性能的关键因素之一,但摩擦过程中还伴随着表面的损伤和破坏,产生磨损。同时,摩擦还是一个动能转变为热能的过程,因此在热和力的耦合作用下,摩擦表面会发生一系列的物理和化学变化,引起摩擦表面一系列的变化,包括元素分布、塑性变形、氧化、相变和材料转移等。反过来,摩擦表面的这一系列变化又会进一步影响材料的摩擦磨损性能。因此,摩擦磨损是一个动态的演变过程,各个因素相互制约、相互影响,具有很强的系统性。因此,材料的摩擦磨损性能一方面取决于材料本身的性质,另一方面取决于摩擦所形成的"新"表面组织结构的性质。而材料的摩擦磨损行为与摩擦表面的状态是密切相关并相互影响的两个方面。

摩擦表面状态的研究,通常会从两个物体间的相互作用关系来考虑。1984年,Godet在润滑摩擦理论的基础上,引入了第三体的概念[5]。摩擦界面产生的第三体定义为:摩擦过程中材料的表面受到磨损产生的磨屑在压力和摩擦热作用下形成的一种覆盖在摩擦表面的"摩擦烧结(tribo-sintering)"层状组织,其厚度一般为几微米到几十微米,常称为表面膜、摩擦膜、摩擦层或摩擦转移层等[6-8]。这部分组织存在于两个摩擦主体(也被称作"第一体1"和"第一体2")之间,因此称为第三体。这层第三体的存在影响两个第一体之间的相互作用,使得原本的二体作用关系转变为三体之间的作用关系,摩擦体系实际上也就成了一个三体相互作用体系。可见,第三体是一种由存留在摩擦表面的磨损粒子构成的区别于对磨配副(第一体)的另一表面结构,其形态、运动方式与材料成分和摩擦条件密切相关。由于摩擦过程中对偶材料的接触主要发生在这一区域,其成分、结构、力学性能和热学性能决定材料的摩擦磨损行为。认识和掌握材料的摩擦磨损行为,不能忽略第三体的作用。第三体的形态、与基体的结合状态是影响材料摩擦磨损性能的一个重要因素。将第三体的形成、形态转化和运动方式等与材料成分和摩擦条件相关联,有助于人们理解材料的摩擦磨损行为。

2.4.1 第三体的形成及其作用

在摩擦材料与对偶材料的摩擦过程中,摩擦表面在热和力的交互作用下将发生一系列物理和化学变化,包括表面材料的塑性变形、氧化和互相转移,从而在摩擦表面上形成摩擦副材料及其氧化物的混合层,该混合层常称为机械混合层(mechanical mixed layer)、表面混合层(surface mixed layer)、摩擦转移膜(transfer layer)或摩擦膜(tribo-layer)等。自1984年Godet提出第三体的系统学说后,该混合层一般统一称为"第三体(third body)"。图2-4是制动闸片摩擦表面的微结构组成示意图。将摩擦材料及其配副称为摩擦中的两个第一体,第三体即为两摩擦副之间的摩擦产物,由摩擦副材料磨屑及各自氧化物混合物组成,其结构与组成既与第一体相关,又明显区别于第一体。一旦摩擦界面有第三体开始生成,原本的两体摩擦系统就转变为三个物体相互作用的体系,因此第三体的加入对摩擦过程将产生非常重要的影响。第三体具有颗粒态和压实态两种形貌，两者处于相互转化的动态过程并起到转移载荷的作用。随着摩擦过程不断进行，第三体发生动态的形成—破坏—再形成循环过程，并形成有一定厚度的第三体。从第三体的形态转化过程可以反映材料表面的磨损过程，并可由此探究磨屑的形成机制；从第三体对应力转移的角度可以揭示摩擦力来源稳定的第三体在摩擦过程中具有三个重要作用：分离两个第一体表面以减少损伤、传递制动压力、协调两个摩擦体之间的速度差异。通过这三个作用，第三体可以有效稳定摩擦系数，保护第一体摩擦表面，降低磨损率。

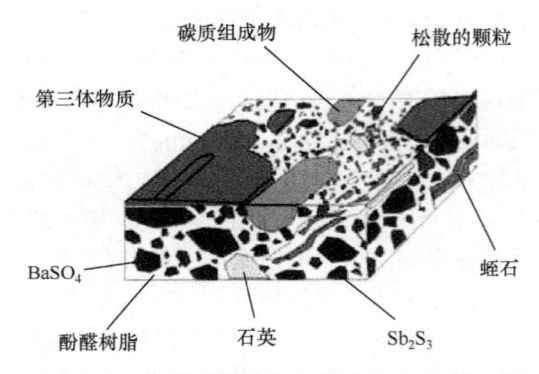

图 2-4 制动闸片摩擦表面的微结构组成示意图[9]

2.4.2 三体摩擦体系理论

对于第三体在摩擦表面的这些行为，目前形成了以下两种理论。

1. 第三体的速度协调理论

图 2-5 是第三体速度调节机构示意图。速度协调理论将第三体、基体(第一体)及它们之间的接触表面定义为五个速度协调节点，在每两个速度协调节点之间存在四种速度协调模式：①接触面的弹性变形；②垂直摩擦方向的应力作用下发生的断裂；③在剪应力作用下发生的剪切变形；④磨粒在摩擦表面的滚动。一个速度协调节点与一种运动模式的组合构成该接触区域内的协调机制。这些机制可以在接触区域中共同存在并随时间演变。摩擦过程中，接触面间可能同时存在多种速度协调方式，但对于不同材料参数和不同工况条件，其中一种速度协调方式占主导，成为影响材料摩擦磨损性能的重要因素。各种方式的协调能力存在差异，因此不同材料摩擦磨损性能也存在差别。

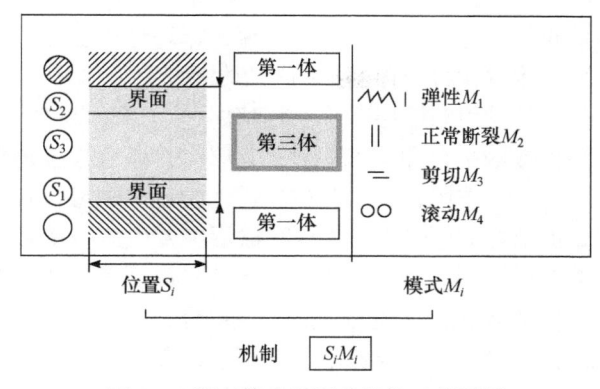

图 2-5 第三体速度调节机构示意图[10]

2. 第三体的流量循环机制

Lepesant 等[11]提出了摩擦过程第三体的流量循环机制，如图 2-6 所示。第三体流量循环理论是从第三体的流量和流动角度来考虑磨损过程的。在摩擦接触区域，第三体的内部流动、流入与流出构成了流量关系。第三体在接触区域内的流动来自多方面的物质源，被定义为流量源(Q)，这些物质有时会有助于保护接触表面，有时也会起破坏表面的作用。摩擦过程中，第三体来源于两方面：一方面为外来的第三体物质源 Q_{se}；另一方面为从摩擦表面剥离的第三体颗粒构成的内部物质源 Q_{si}。第三体在两个第一体间循环流动，导致第三体内部流动源 Q_i 的形成，当其脱离摩擦接触区时，就形成了外流物质源 Q_e。Q_e 又分成两种流量源：Q_w 是由完全脱离接触表面的颗粒构成的磨损源；Q_r 是由能够再进入接触区域参与摩擦循环流动的第三体源。这些可以重新进入摩擦系统的颗粒将以不同的方式发生重复循环流动，如在接触区域内部流动，被粉碎，或在此黏附到两个第一体的某一表面上。最后，存在于第一体内的还有塑性流动源 Q_p，它导致第三体颗粒的分离脱落。在此过程中，第三体的流动起到协调第一体间速度差以及转移载荷的作用。摩擦过程循环理论直观简明地描述了磨损过程，揭示了第一体的磨损量与第三体的循环量关系。

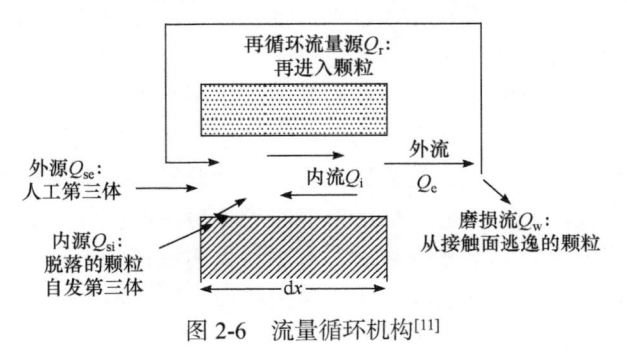

图 2-6 流量循环机构[11]

三体摩擦体系的速度协调理论和第三体流量循环理论奠定了三体摩擦学的基本关系，揭示了第三体对材料摩擦磨损的控制机理。

从第三体的角度可采用摩擦层[12-14]、转移层[15]、摩擦膜[16-18]、第三体层[19]、机械混合层[20]、第一接触平台和第二接触平台[21,22]等概念来描述摩擦对偶之间复杂的物理、化学、机械等作用，其中摩擦层最为常用。摩擦过程主要发生在摩擦对偶面上覆盖的摩擦层之间[12,13,21]。并且摩擦层主要由第一接触平台和第二接触平台组成，如图 2-7 所示[17]。对多相体系的闸片材料而言，其在摩擦过程中表面形成的第三体层作为制动盘和制动闸片的接触部分，主要起支撑和传递应力的作用，它的性质反映出各组成成分与速度、温度、载荷等条件的耦合作用。因此，深入分析第三体层的性质、成分、形成和破坏机制、组织特性、运动特征等，并通过第三体层来建立材料性质、摩擦条件和摩擦磨损性能之间的联系，是开发铜基制动闸片的重要研究内容。

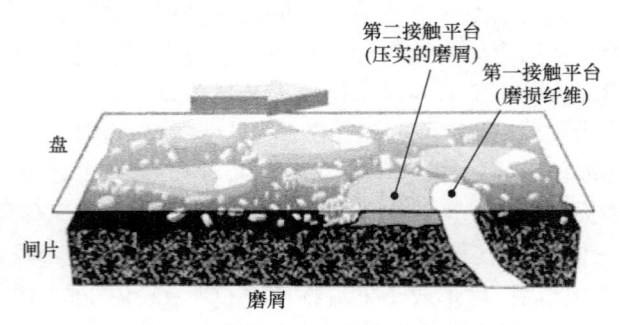

图 2-7 闸片与对偶盘表面状态示意图[17]

2.4.3 第三体的结构、成分与运动机制

从摩擦膜的结构能够揭示摩擦膜的形成过程[23-25]：①闸片中力学性能稳定、耐磨以及运动速率较低的组元从摩擦表面突出，形成第一接触平台；②这些突出的硬质相为第二接触平台的形成提供成核位点，阻碍摩擦表面物质的运动；③磨屑在突出的硬质相附近聚集并且经过不断的挤压、固化以及烧结，形成摩擦膜。制动试验后制动闸片表面的结构分为三类[26]：①可变形和不可变形的第一接触平台；②在第一接触平台的支持下或没有第一接触平台的支持时形成的第二接触平台；③"弹性高区"。其中，变形的第一接触平台和无支撑的第二接触平台对摩擦力贡献较小；而"弹性高区"的面积非常小，因此被认为对摩擦系数没有贡献。摩擦表面的平台大小分布决定了黏滑摩擦时摩擦振荡的振幅和频率，如图 2-8 所示[27]。当摩擦表面平台总面积一致时，有少量大面积接触平台的试样黏滑振幅大于有较多小面积接触平台的试样。摩擦材料的设计应在滑动表面产生小面积的接触平台，以减少其在制动过程中的噪声倾向。

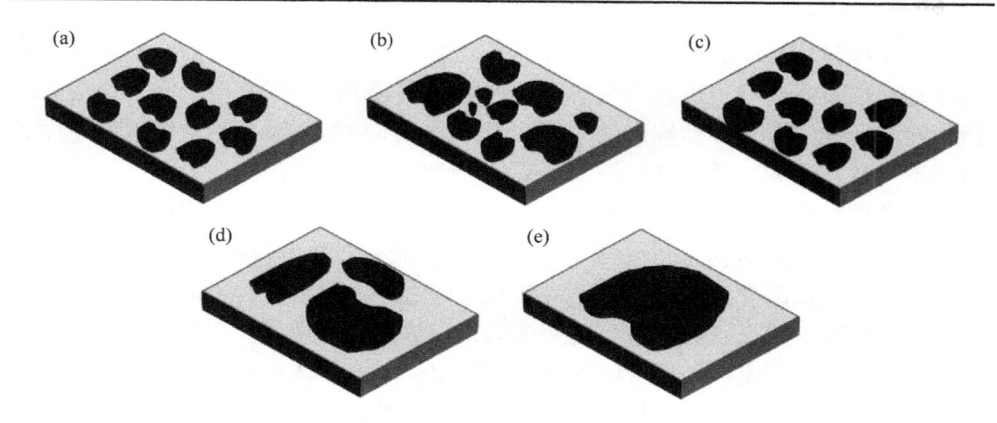

图 2-8 五种不同接触平台分布的示意图(接触平台的总面积一致)

(a) 10 个相同尺寸的接触平台；(b) 10 个不同尺寸的接触平台(尺寸方差：0.266)；(c) 10 个不同尺寸的接触平台(尺寸方差：0.029)；(d) 3 个不同尺寸的接触平台；(e) 单个大接触平台[27]

第三体成分与结构对摩擦磨损性能有重要的影响。第三体中含有一定量的石墨组分能够导致较低的摩擦系数。第三体层与松散的磨损颗粒易于流动，在制动盘与制动闸片之间起速度协调的作用，是获得平稳滑动的先决条件。通过对有机闸片摩擦表面的分析，摩擦膜的微观结构从摩擦表面向基体中可分为三个典型的区域。上部区域为连续的金属氧化物层，这些金属氧化物实际上是纳米颗粒，它们是由磨屑在摩擦过程中经过反复挤压、变形和断裂形成的[28]。中间区域直接位于薄氧化物层之下，由磨屑和氧化颗粒机械混合而成。此外，下部主要是基体变形区域。金属氧化物是摩擦膜中一种最常见的摩擦产物，主要来自高氧化活性的金属，如源自闸片和对偶材料的铁。铁的氧化物会导致低且稳定的摩擦系数并且能够提高闸片材料的耐磨性[29-31]。摩擦表面嵌入铁氧化物颗粒的复合材料表现出更高的静摩擦系数和更大的黏滑振幅[32,33]。摩擦界面间的铜和铜氧化物也是摩擦过程中的重要产物。在干摩擦条件下，金属磨屑在严重磨损状态下产生并被氧化时，在摩擦表面能够形成致密的保护膜，使得磨损机制从严重磨损向轻微磨损过渡[34]。石墨是除铜和铁以外摩擦膜的重要组成部分之一。石墨在摩擦膜中的主要作用是降低和稳定摩擦系数，并通过降低金属材料之间的相互黏着来降低磨损量[35,36]。连续向摩擦表面供应石墨是形成富石墨摩擦膜的重要前提，也是铜基复合材料具有优异耐磨性的重要条件[37]。

第三体层的生成主要由摩擦材料组成和摩擦条件(载荷、温度、速度和作用方式)来决定，其中包含磨屑的生成、运动、聚集和压实作用，还与摩擦对偶之间的相对物质转移和高温摩擦化学有关。第三体层随摩擦过程的进行处于一种动态的生成和破坏的交替过程。研究第三体的组织特征、物理和力学性能、形成以及破坏规律、与摩擦磨损性能之间的关系等是现代摩擦学领域的一个重要研究方向，是联系摩擦材料性质、制动工况与摩擦磨损性能的一个桥梁。目前，关于第三体的运动特征及其对材料磨损行为影响规律的认识较为统一[19,38,39]。但是，由于摩擦材料组元的多样化和摩擦条件的复杂性，第三体对材料摩擦行为的认识还存在较多不一致，例如，第三体对摩擦系数的影响规律尚无定论。

在摩擦过程中，摩擦表面处于一个相互运动的变化过程，第三体的压实区和颗粒区处于一个不断相互转化的动态过程，这个转化过程与摩擦学行为密切相关。然而，由于表面摩擦磨损是不断循环和积累的过程，摩擦后的表面状态是摩擦过程的综合体现，难以直接观察到每一瞬间第三体的运动规律。在汽车有机合成闸片中，第三体的压实区和颗粒区存在相互转化[21]。第三体通过压实—分解—再压实的循环构成了一个能耗过程。闸片中的金属纤维作为钉扎点成为第三体压实区的萌生源，大量的第三体颗粒运动到钉扎点处受阻而被挤压压实。随着压实区的扩大，此区域的载荷增加，相应的金属纤维所受载荷增大，当载荷大于金属纤维的承载能力时，导致金属纤维断裂、脱落，使压实区分解破碎。此外，压实区的形成与磨粒数量、摩擦副间的间隙、摩擦能量和载荷等密切相关[40]。在 $Cu-SiO_2$ 烧结材料中，摩擦组元 SiO_2 与第三体的形成密切相关。摩擦开始时，产生的第三体粒子受到嵌在基体中 SiO_2 颗粒的阻挡，堆积在 SiO_2 周围，形成压实区，随摩擦时间延长，第三体颗粒数量增加，堆积覆盖在 SiO_2 颗粒周围的第三体压实区面积增加，导致 SiO_2 颗粒承载力增加。当载荷超过起钉扎作用的 SiO_2 颗粒的承载能力时，造成 SiO_2 颗粒破碎并伴随第三体压实区分解。当摩擦继续进行时，嵌在基体中的 SiO_2 颗粒再次被第三体覆盖。第三体的塞积—覆盖—分解—再覆盖构成了第三体与 SiO_2 硬质点的关系，SiO_2 的强度决定了第三体压实区的存在周期。可见，摩擦过程中，第三体处于动态变化过程，是影响材料摩擦性能波动的一个重要因素。

在铜基复合材料与钢盘构成的摩擦副中，摩擦系数受第三体形貌和状态的影响。在摩擦速度较低的条件下，形成的第三体疏松，致密度低，与基体的结合强度不高，容易破碎脱落；随摩擦速度的提高，形成的第三体致密程度增加，与基体的结合程度好，形成对基体的良好覆盖。同时，高速条件下第三体的流动和变形起到润滑作用，可以稳定和降低摩擦系数。尺寸较大的软片状第三体易于停留在摩擦表面，降低摩擦系数和疲劳磨损，而较硬的颗粒第三体增大磨损[41]。第三体形成、破裂和剥落过程影响摩擦系数的稳定性，如出现摩擦系数明显波动，产生振动和噪声等[38,42]。第三体层的生成与摩擦热、材料的塑性变形及弹性变形、摩擦化学反应、磨损情况和物质的选择性转移等因素有关[43,44]。通过改变摩擦压力、摩擦速度及表面温度等参数，摩擦副之间的实际接触面积发生动态变化，使第三体具有改变摩擦功率耗散的作用[45-47]。

参 考 文 献

[1] Fouvry S, Liskiewicz T, Kapsa P, et al. An energy description of wear mechanisms and its applications to oscillating sliding contacts. Wear, 2003, 255(1-6): 287-298.

[2] 曲在纲, 黄月初. 粉末冶金摩擦材料. 北京: 冶金工业出版社, 2005.

[3] Bowden F P, Tabor D. The Friction and Lubrication of Solids. Part I.Oxford: Clarendon Press, 1950.

[4] 温诗铸, 黄平. 摩擦学原理. 4 版. 北京: 清华大学出版社, 2012: 48-52.

[5] Godet M. The third body approach, a mechanical view of wear. Wear, 1984, 100: 437-452.

[6] Rhee S K, Jacko M G, Tsang P. The role of friction film in friction, wear and noise of automotive brakes. Wear, 1991, 146(1): 89-97.

[7] Press E. The role of friction films in automotive brakes subjected to low contact forces//Braking of Roadvehicles, Proceedings of the Institution of Mechnical Engineers, London, 1993.

[8] Liu T, Rhese S K, Lawson K L. A study of wear rates and transfer films of friction materials. Wear, 1980, 60(1): 1-12.

[9] Ferrer C, Pascual M, Busquets D, et al. Tribological study of Fe-Cu-Cr-graphite alloy and cast iron railway brake shoes by pin-on-disc technique. Wear, 2010, 268(5): 784-789.

[10] Berthier Y. 22th Leeds-Lyon symposium on tribology. Tribology and Interface Engineering Series, 1995, 31: 21-30.

[11] Lepesant P, Boher C, Berthier Y, et al. A phenomenological model of the third body particles circulation in a high temperature contact. Wear, 2013, 298-299(3): 66-79.

[12] Osterle W, Urban I. Friction layers and friction films on PMC brake pads. Wear, 2004, 257(1-2): 215-226.

[13] Filip P, Weiss Z, Rafaja D. On friction layer formation in polymer matrix composite materials for brake applications. Wear, 2002, 252(3): 189-198.

[14] Blau P J. Microstructure and detachment mechanism of friction layers on the surface of brake shoes. Journal of Materials Engineering and Performance, 2003, 12(1): 56-60.

[15] Bahadur S. The development of transfer layers and their role in polymer tribology. Wear, 2000, 245(1-2): 92-99.

[16] Jacko M G, Tsang P H S, Rhee S K. Wear debris compaction and friction film formation of polymer composites. Wear, 1989, 133(1-2): 23-38.

[17] Eriksson M, Jacobson S. Tribological surfaces of organic brake pads. Tribology International, 2000, 33: 817-827.

[18] Biswas S K. Some mechanisms of tribofilm formation in metal/metal and ceramic/metal sliding interactions. Wear, 2000, 245(1-2): 178-189.

[19] Wirth A, Eggleston D, Whitaker R. A fundamental tribochemical study of the third body layer formed during automotive friction braking. Wear, 1994, 179(1-2): 75-81.

[20] Kapoor A, Franklin F J. Tribological layers and the wear of ductile materials. Wear, 2000, 245(1-2): 204-215.

[21] Menapace C, Leonardi M, Matějka V, et al. Dry sliding behavior and friction layer formation in

copper-free barite containing friction materials. Wear, 2018, 398-399: 191-200.
[22] Eriksson M, Bergman F, Jacobson S. On the nature of tribological contact in automotive brakes. Wear, 2002, 252(1-2):26-36.
[23] Verma P C, Ciudin R, Bonfanti A, et al. Role of the friction layer in the high-temperature pin-on-disc study of a brake material. Wear, 2016, 346-347: 56-65.
[24] Eriksson M, Lord J, Jacobson S. Wear and contact conditions of brake pads: Dynamical in situ studies of pad on glass. Wear, 2001, 249(3): 272-278.
[25] Lee J J, Lee J A, Kwon S W, et al. Effect of different reinforcement materials on the formation of secondary plateaus and friction properties in friction materials for automobiles. Tribology International, 2018, 120: 70-79.
[26] Neis P D, Ferreira N F, Fekete G, et al. Towards a better understanding of the structures existing on the surface of brake pads. Tribology International, 2017, 105: 135-147.
[27] Lee S, Jang H. Effect of plateau distribution on friction instability of brake friction materials. Wear, 2018, 400-401: 1-9.
[28] Rynio C, Hattendorf H, Klöwer J, et al. The evolution of tribolayers during high temperature sliding wear. Wear, 2014, 315(1-2): 1-10.
[29] Xiao Y L, Zhang Z Y, Yao P P, et al. Mechanical and tribological behaviors of copper metal matrix composites for brake pads used in high-speed trains. Tribology International, 2018, 119: 585-592.
[30] Rodrigues A C P, Yonamine T, Albertin E, et al. Effect of Cu particles as an interfacial media addition on the friction coefficient and interface microstructure during (steel/steel) pin on disc tribotest. Wear, 2015, 330-331: 70-78.
[31] Rodrigues A C P, Österle W, Gradt T, et al. Impact of copper nanoparticles on tribofilm formation determined by pin-on-disc tests with powder supply: Addition of artificial third body consisting of Fe_3O_4, Cu and graphite. Tribology International, 2017, 110: 103-112.
[32] Noh H J, Jang H. Friction instability induced by iron and iron oxides on friction material surface. Wear, 2018, 400-401: 93-99.
[33] Park C W, Shin M W, Jang H. Friction-induced stick-slip intensified by corrosion of gray iron brake disc. Wear, 2014, 309(1-2): 89-95.
[34] Kato H, Komai K. Tribofilm formation and mild wear by tribo-sintering of nanometer-sized oxide particles on rubbing steel surfaces. Wear, 2007, 262(1-2): 36-41.
[35] Moustafa S F, El-Badry S A, Sanadb A M, et al. Friction and wear of copper graphite composites made with Cu coated and uncoated graphite powders. Wear, 2002, 253(7): 699-710.
[36] Kováčik J, Emmer Š, Bielek J, et al. Effect of composition on friction coefficient of Cu-graphite composites. Wear, 2008, 265(3-4): 417-421.
[37] Zhan Y, Zhang G D. Friction and wear behavior of copper matrix composites reinforced with SiC and graphite particles. Tribology Letters, 2004, 17(1): 91-98.
[38] Scharf T W, Singer I L. Monitoring transfer films and friction instabilities with in situ raman tribometry. Tribology Letters, 2003, 14(1): 3-8.
[39] Uyyuru R K, Surappa M K, Brusethaug S. Tribological behavior of $Al-Si-SiC_p$

composites/automobile brake pad system under dry sliding conditions. Tribology International, 2007, 40(2): 365-373.

[40] Majcherczak D, Dufrénoy P, Berthier Y, et al. Experimental thermal study of contact with third body. Wear, 2005, 261(5-6): 467-476.

[41] Xu G Z, Liu J J, Zhon Z R. The effect of the third body on the fretting wear behavior of coatings. Journal of Materials Engineering and Performance, 2002, 11(3): 288-293.

[42] 苏堤, 罗成, 潘运娟. 树脂基汽车复合摩擦材料的磨损机理. 粉末冶金材料科学与工程, 2007, (4): 221-224.

[43] Holinski R. Fundamentals of dry friction and some practical examples. Industrial Lubrication & Tribology, 2001, 53(2): 61-65.

[44] 彭韬. 高铁闸片材料制动摩擦行为及摩擦稳定性研究. 北京: 北京科技大学, 2019.

[45] Stempflé P, Pantalé O, Djilali T, et al. Evaluation of the real contact area in three-body dry friction by micro-thermal analysis. Tribology International, 2010, 43(10): 1794-1805.

[46] Dmitriev A I, Österle W, Kloß H, et al. A study of third body behaviour under dry sliding conditions. Comparison of nanoscale modelling with experiment. Estonian Journal of Engineering, 2012, 18(3): 270-278.

[47] Österle W, Dmitriev A I, Kloß H. Possible impacts of third body nanostructure on friction performance during dry sliding determined by computer simulation based on the method of movable cellular automata. Tribology International, 2012, 48: 128-136.

第 3 章 铜基制动闸片的制备工艺

铜基制动闸片的制备包括配混料、压制成形、加压烧结及摩擦体-钢背复合、闸片组装等关键步骤。其制备工艺流程(图 3-1)为：首先将基体组元、摩擦组元和润滑组元的混合粉末进行黏结化处理，并压制成形得到摩擦块压坯；摩擦块压坯与镀铜钢背(小钢背)组合后进行加压烧结，得到摩擦体；将摩擦体按照一定的连接方式和空间排布组装在大钢背上，得到制动闸片。高性能铜基摩擦块的制备是闸片制造技术的核心。通过铜基摩擦材料成分设计及制备工艺参数的优化，能够提高制动材料的耐磨性、耐高温性能和摩擦系数的稳定性，降低摩擦系数热衰退。高性能闸片的制备需要重点解决的问题包括：提高粉末混合的均匀性，避免由组元密度差异大造成的成分偏析；提高摩擦块与摩擦块钢背之间的界面结合强度；综合优化摩擦材料的致密度、强度和摩擦性能。闸片结构设计是闸片制造的另一个重要方面。闸片结构关系到闸片与制动盘之间的接触状态稳定性、接触压力分布状态、摩擦面的热源分布、闸片的排屑和散热能力、制动盘的热变形等。通过弹性浮动结构及摩擦块合理排布，能够有效提高闸片上摩擦块的受力均匀性，提高制动盘的温度分布均匀性，避免局部高温导致的制动盘热斑、热带、热裂纹等热损伤，延长闸片的使用寿命。在保证闸片产品性能的前提下，还要提高闸片产品质量的一致性和可靠性，开发适合闸片制造的关键工艺装备，建立自动化生产线，提高生产效率，实现闸片生产的高质量稳定控制。

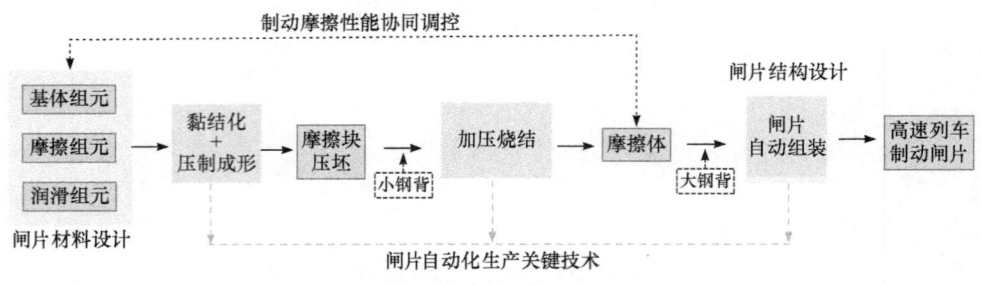

图 3-1 铜基粉末冶金闸片的制备工艺流程

3.1 铜基制动闸片材料的组成

铜基制动闸片材料由基体组元、摩擦组元和润滑组元构成。

3.1.1 基体组元

基体组元将摩擦组元和润滑组元保持其中而固结为一体，为载荷和制动能量的主要载体，使得各种添加材料发挥各自作用而形成一个具有优异综合性能的整体，其结构和性能较大程度上决定了制动材料的物理及力学性能和摩擦磨损性能[1]。基体要求具有良好的导热性、耐热性和耐磨性。铜粉的密度为 8.89 g/cm^3，熔点为 1083℃，兼具良好的导热性能和较高的强度韧性，热导率为 386 W/(m·K)，导热性仅次于银。铜在空气中不容易被氧化，具有较高的塑性和优良的导热性能，是目前 250 km/h 以上高速列车所使用的制动摩擦材料的基体组元。通常采用电解铜粉作为原料，如图 3-2 所示。

图 3-2 电解铜粉形貌

铜一般占整个闸片质量分数的 50%～90%。铜具有很好的导热性能，对稳定摩擦系数、降低磨损量起到很好的作用。然而，铜的高温强度较低，纯铜在高温和高制动压力下的力学性能大幅降低。当温度从 400℃升高到 800℃时，纯铜的抗拉强度从 80 MPa 剧烈降低到 6 MPa。对铜进行强化，能够提升其高温力学性能，最常用的强化手段主要是固溶强化和第二相粒子强化[2]。常见的基体强化组元一般是在铜中具有一定的溶解度，能够使得铜基体强度提高的元素，常见的有 Ni、Mo、Ti、Sn、Zn 等。Ni 与 Cu 能够无限固溶，并且其熔点随着 Ni 的加入而升高，能够提高铜基体在高温下的强度。其他固溶强化元素虽然能够对铜基体强化，但是会使铜基体的高温软化强度降低。例如，Sn 与 Cu 形成复杂化合物以强化基体，Al、Fe 与 Cu 形成铝铁青铜，具有较高的强度，但同时低熔点的 Sn 和 Al 在高能摩擦过程中产生瞬时液相，导致摩擦表面摩擦阻力下降。此外，在闸片热压烧结过程中，过多低熔点组元(Sn、Pb、Bi 等)的存在将会使闸片体变形并且液体沿着模具缝隙漏出。因此，高速度等级的铜基制动闸片的配方中通常含有较少的低熔点合金强化组元。第二相强化是在铜基体中通过内氧化法和机械合金化方法引入弥散分布的第二相粒子(如纳米 Al_2O_3 粒子),对位错运动构成障碍,位错运动必须绕过或切过这些障碍(粒子),从而提高材料的强度[3]。值得注意的是,合金元素和第二相的添加应综合考虑材料的热导率。由于合金元素的添加会降低铜基体的导热性能,目前日本新干线、法国 TGA、德国 ICE 以及我国高速列车制动用闸片材料的基体组元均为纯铜。

3.1.2 摩擦组元

摩擦组元主要是硬度较高的金属、氧化物、碳化物及纤维,在摩擦时能够起承载载荷以及提供摩擦力的作用,主要包括 SiO_2、Al_2O_3、SiC、Cr、ZrO_2 及 CrFe 等。陶瓷颗粒是一种广泛使用的强化相,一般具有低的密度,与铜具有良好的化学和机械相容性,具有高的力学性能、高温稳定性以及低廉的生产成本。SiO_2、SiC、Al_2O_3 和 ZrO_2 等是摩擦材料中最常用的颗粒,这些陶瓷颗粒能够赋予铜基体较高的强度,并在很大程度上改善其磨损性能。适当含量和粒度配比的 SiC、Al_2O_3 和 ZrO_2 等陶瓷颗粒弥散分布于基体,起增摩和啮合作用,使对偶件表面保持一定的粗糙度,降低摩擦副界面间的黏着磨损,提高摩擦系数的稳定性和制动平稳性。摩擦组元的选择需要综合考虑其用途、成本和材料的生产工艺等因素[4]。常见的几种摩擦组元的物理及力学性能如表 3-1 所示。

表 3-1 常见摩擦组元的物理及力学性能

摩擦组元	密度/(g/cm³)	熔点/℃	硬度/HV	热膨胀系数/($\times10^{-6}$℃$^{-1}$)
Al_2O_3	3.95	2015	1800~2200	7.1~8.4
TiC	4.95	3140	3000	7.74
WC	15.80	2870	2000~3000	3.84
SiC	3.12	2700	2840~3320	3.6~5.2
VC	5.3	2730	2090	4.2
TiB_2	4.52	3225	3400	8.28
SiO_2	2.2	1650	1058.3	0.5

1. 铁粉

与陶瓷颗粒相比,硬质金属颗粒及其化合物粉末与铜基体界面良好,能提供足够的基体硬度和强度,因此也是铜基制动闸片材料摩擦组元最佳的选择之一。铁是铜基制动闸片材料中含量仅低于铜的一种组元,对摩擦磨损性能有显著的影响。在温和的试验条件下,铁粉能够突出于铜基制动闸片的摩擦表面,增加表面的粗糙度,从而使得摩擦系数随铁含量的增加而增大。铁粉在铜基粉末冶金材料中含量一般为 5%～15%。铁在铜中的固溶度不大于 0.5%，在铜基体中几乎全部以游离态的未溶解夹杂物存在，在烧结过程中仅与铜的结合面产生固溶，可以增加基体的强度和硬度。在摩擦过程中，当铜基体磨损后，材料表面的铁颗粒会凸出于摩擦面与对偶件接触，由于铁与基体结合较为紧密，能够承受较大的冲击力而不被拔出基体，微观表现为增加了材料表面微凸体与对偶件表面微凸体间的相互作用力，从而起到增加摩擦力的作用[1]。

2. 铬和铬铁合金粉末

铬和铬铁合金粉末是常见的摩擦组元。铬粉硬度高，具有较高的化学反应活性，能够改善铜与石墨的界面黏结，但是也易于与 O、S 等元素发生反应。在铜基体中加入的铬会与铜基体之间产生相互扩散，并且留下许多扩散孔。铬铁合金粉末不仅具有硬度高、耐磨性好、耐腐蚀性好等优点，同时也克服了铬粉抗氧化性差的缺点。铬铁合金具有质硬、耐磨、耐高温、抗腐蚀等特性，且与铜或铜合金亲和力很强，两者可以互溶。铬铁与基体结合紧密，几乎无孔隙存在，一方面烧结铜基体时，铬铁会与铜产生由铁、铜、铬互扩散形成的过渡层；另一方面是因为铬铁合金相比于其他摩擦组元，与铜的弹性模量相近，且铬铁合金的热膨胀系数较低，所以在铜基粉末冶金摩擦材料中铬铁合金粉末作为摩擦组元在基体中的结合较为紧密，不容易脱落[1]。

3. 二氧化硅

二氧化硅作为惰性非金属摩擦组元，在高速制动铜基粉末冶金摩擦材料中的质量分数小于 1%。二氧化硅强度和硬度较高，在烧结过程中与基体不发生相互作用，且与基体之间润湿性较小、结合力较弱。在材料中 SiO_2 颗粒会凸出于摩擦表面，在摩擦过程中会嵌入对偶件摩擦表面，阻碍摩擦副之间的相互运动，从而具有提高摩擦力的作用，但是 SiO_2 颗粒较脆，凸出于基体表面的 SiO_2 颗粒容易破碎和脱落，一定程度上加剧了材料的磨粒磨损。在高温下对偶件材料表面会发生一定软化，降低 SiO_2 与对偶件的磨削阻力[1]。

4. 氧化铝

氧化铝与氧化硅一样作为摩擦组元加入基体中，可以起到提高摩擦系数的作用。Al_2O_3 颗粒是保证材料具有一定摩擦系数的必要条件，摩擦系数的稳定性主要受 Al_2O_3 颗粒与基体间结合牢固与否的影响。实际使用中，Al_2O_3 与 SiO_2 颗粒和铜基体在结合界面上容易因润湿性差而产生孔隙，在摩擦过程中易脱落，造成摩擦力下降且不稳定[1]。Al_2O_3 能够以纤维的形式添加。氧化铝纤维的抗压强度及硬度高，热膨胀系数低，长期使用温度为 1300～1400℃。

3.1.3 润滑组元

润滑组元又称为减摩剂,主要起固体润滑的作用,能够提高摩擦材料的工作稳定性、抗擦伤性、抗黏着性和耐磨性,特别是有利于降低对偶材料的磨损,使摩擦副能够稳定地运行。常用的润滑组元有铋、锑等低熔点金属和石墨、二硫化钼(MoS_2)、氮化硼(BN)等非金属,有时低熔点铅和锡也可用作润滑组元。

润滑组元含量对材料的摩擦磨损性能有重要影响,当润滑组元含量一定时,可以大大提高材料的耐磨性,然而过量的润滑组元,不仅会降低材料的摩擦系数,还会割裂基体导致材料的力学性能降低,从而加剧铜基摩擦材料的磨损。铜基摩擦材料的摩擦磨损性能还受润滑组元粒度的影响,当润滑组元粒度较低时,不仅会增加与铜基体之间的界面,还会对基体造成割裂作用,导致材料的力学性能降低。

1. 石墨

石墨的化学成分为碳,是碳的同素异形体,其色泽为黑或钢灰,有金属光泽,条痕呈光亮黑色,有滑腻感。石墨质软,莫氏硬度为 1~2,密度为 2.1~2.3 g/cm³,石墨熔点高达 3850℃,具有良好的导电、导热和耐高温性能。其导电性能比一般非金属矿物高 100 多倍,导热性能超过钢、铁、铅等金属材料。

石墨是结构稳定的层状六方晶体,晶体结构如图 3-3 所示。层与层之间的间距较大,它同一层内的相邻碳原子的间距为 0.142 nm,以较强的共价键相连。而层与层的碳原子间距为 0.341 nm,以比较弱的范德瓦耳斯力相连。晶体结构由众多互相平行的层状原子面相互叠合而成[5]。在其中任意原子面内,每个碳原子与相邻的三个碳原子相连接,且距离相等,以这样的排列方式构成正六边形,而且碳原子间由共价键相连,各共价键强度相等,任意两相邻的共价键夹角均为 120°。每层原子面间依次错开叠在一起,相隔的原子层中碳原子位置相同,形成了 AB、AB、AB…的有序排列,相邻原子层间存在 π 电子云,提供金属键以使各相邻原子层连接起来,最终形成了六方最密堆积结构。在石墨原子的层状结构中,同层碳原子与相邻的三个碳原子以等强的共价键结合,层与层之间碳原子和邻层的碳原子则以次价键相结合。在晶体结构中,原子间的距离越大,结合力就越小。根据理论计算,相邻层间碳原子的结合力要远小于同层碳原子间的结合力,两者相差约 100 倍,因此具有较小结合力的层间碳原子容易分离,这也就形成了石墨不同原子层的相对分离和滑动,即易滑移面,当受到与层平行方向的剪切力时,层与层间容易滑动,故其摩擦系数偏低[6],一般为 0.05~0.19,与金属对偶摩擦时为 0.04~0.12,这就使得石墨能够作为固体润滑剂广泛应用于摩擦材料中。

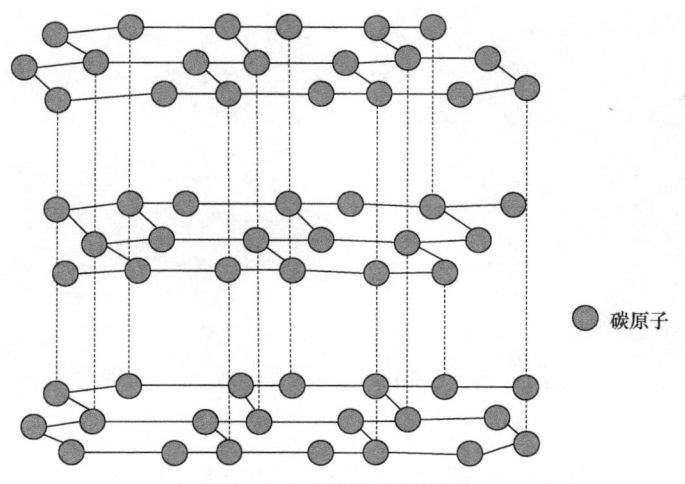

图 3-3 石墨的晶体结构

工业上将石墨分为晶质(鳞片状)和隐晶质(土状或称无定形)两大类,通常称为鳞片状石墨和土状石墨。鳞片状石墨是摩擦材料中使用最广泛的一种固体润滑剂。石墨形状呈六角板状或鳞片状,石墨矿物的晶体结构越完整、越规律,上述特征就越明显。鳞片状石墨结晶较好,晶体粒径大于 1 μm,一般为 0.05～1.5 mm,大的可达 510 mm。我国标准中将鳞片状石墨分为高纯石墨(纯度为 99.9%～99.99%)、高碳石墨(纯度为 94%～99%)、中碳石墨(纯度为 80%～93%)和低碳石墨(纯度为 50%～79%)4 种[7]。粉末冶金摩擦材料一般使用固定碳含量为 95%～99%的高碳石墨,粒度视配方而定。土状石墨一般呈微晶集合体,晶粒粒径小于 1 μm,光泽较暗淡,减摩作用不如鳞片状石墨,粉末冶金摩擦材料中一般不用。

C 在 Cu 中的溶解度非常低,它们之间结合力较差,但 Cu 具有良好的塑性变形能力,因此存在于材料内部的石墨会被挤出表面,被挤出的石墨与原本基体表面存在的石墨共同涂覆在摩擦表面,从而增加了摩擦表面的石墨覆盖面积。黏附在摩擦表面的石墨颗粒受到剪切力作用,其内部容易在各层之间断裂,从而起到润滑作用,降低摩擦系数和磨损率。石墨能够提高铜基摩擦材料工作的稳定性,一般高速制动铜基粉末冶金闸片配方中的含量为 1%～(15～30)%。石墨在烧结过程中会与金属粉末中的氧化物相互作用,一部分被烧损掉,一部分溶解于铁形成珠光体或者渗碳体,还有一部分以游离态的石墨保存下来。其中烧损掉的部分取决于烧结温度、烧结时间及气氛,也取决于氧化物含量与成分[1]。此外,在铜基制动闸片中使用的石墨种类也是多种多样,主要有粒状石墨和鳞片状石墨,颗粒的尺寸一般介于几微米至几百微米,形貌如图 3-4 所示。表 3-2～表 3-4 列出了 ASBURY 碳素公司(美国)和 TIMCAL 石墨有限公司(瑞士)生产的几种摩擦材料用石墨的性能与规格[8]。

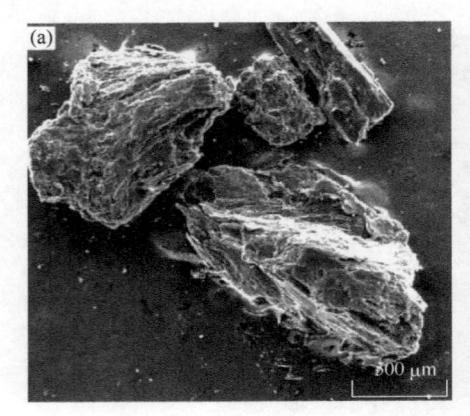

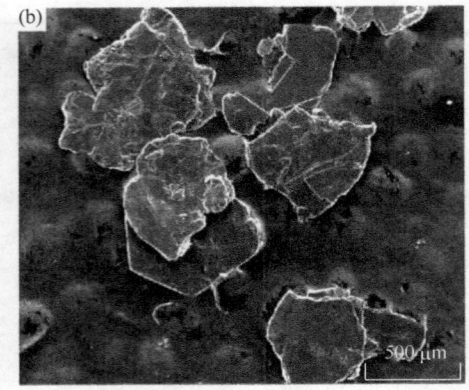

图 3-4 粒状石墨(a)和鳞片状石墨(b)的形貌

表 3-2 ASBURY 碳素公司生产的粉末冶金零件用石墨粉的性能(一)

石墨类型	牌号	平均粒度/μm	w(C)/%
天然石墨	PM5	5	95.5
	HPPM5	5	99.0
	PM9	9	95.5
	HPPM9	9	99.0
	PM13	11	95.5
	PM19	19	95.5
	HPPM19	19	99.0
合成石墨	4827	2	99.0
	PMA5	5	99.0
	4801	8	99.0
	4439	20	99.0

表 3-3 ASBURY 碳素公司生产的粉末冶金零件用石墨粉的性能(二)

石墨类型	牌号	w(C)/%
天然鳞片状石墨	3539	94.5
	3429	96.0
	3448	95.0
	3554	96.0
	3243	99.0
	3582	99.0
	3610	99.0
天然脉状石墨	2120	96.0
	2139	96.0
	280	96.0
合成石墨	4234	99.0
	1264	99.0
	4012	99.0

表 3-4　TIMCAL 石墨有限公司(瑞士)生产的粉末冶金零件用石墨粉的性能与规格

石墨类型		牌号	w(灰分)/%	晶粒尺寸 L_c/nm	Scott 密度 /(g/cm³)	粒度分布	
						D_{50}/μm	D_{90}/μm
TIMREX 初生合成石墨	KS 石墨	KS10	0.06	70	0.09	6.2	12.5
		KS15	0.05	90	0.10	8.0	17.2
		KS44	0.06	>100	0.19	18.6	45.4
		KS75	0.07	>100	0.24	23.1	55.8
		KS5-75TT	0.04	>100	0.41	38.9	70.0
		KS150	0.06	>100	0.42	>63.0(占 40% 质量分数)	>100.0(占 20% 质量分数)
TIMREX 天然石墨		PG25	3.00~4.00	>200	0.07	10.0	22.0
		PG44	3.00~4.00	>200	0.10	22.4	498.6

在不同速度下，石墨作用的机制又有所不同，如图 3-5 所示。在低速下，石墨黏着堆积成固体润滑颗粒，降低了与铜之间的结合量，减缓了铜的塑性变形。在高速下，剥层磨损会使石墨在表面上部涂抹分散，防止金属与金属直接接触，并在摩擦副之间起到润滑层的作用。一般而言，铜基复合材料中石墨越多，摩擦过程中形成的摩擦膜中石墨含量也越高。摩擦表面石墨的连续供应是改善摩擦性能和形成富石墨机械研磨层的前提。石墨有利于在摩擦面形成薄而紧致的摩擦润滑层，增强第三体的流动性，有利于增加接触面积，降低应力集中，起到稳定摩擦系数、降低磨损量的作用[9]。另外，石墨的取向对摩擦磨损性也有重要影响，石墨沿垂直于摩擦面方向，基体连续性提高，表面石墨分布均匀，有助于材料热导率的提高和摩擦表面温度的降低，能够提高摩擦系数稳定性[4]。

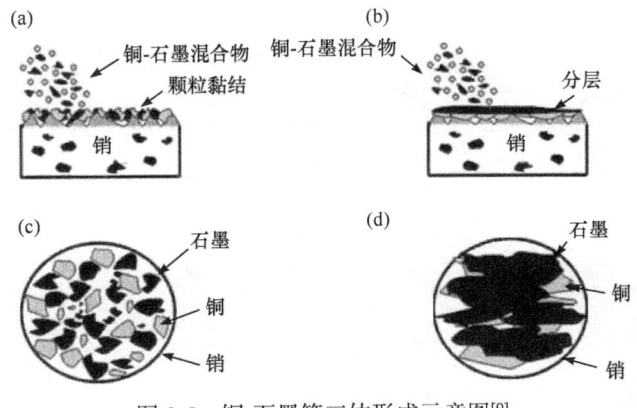

图 3-5　铜-石墨第三体形成示意图[9]

(a) 低速下摩擦界面接触剖面图；(b) 高速下摩擦界面接触剖面图；(c) 低速时第三体形成示意图；(d) 高速下第三体形成示意图

2. 二硫化钼

二硫化钼(MoS₂)，外观为灰黑色，莫氏硬度 1~1.5，密度 4.7~4.8 g/cm³，熔点 1185℃。二硫化钼晶型属六方晶系，具有各向异性，层状结构，如图 3-6 所示。二硫化钼的晶胞是由 S-Mo-S 的分子层构成的，而且每个钼原子被 3 个硫原子以很强的共价键包围。每一层的基本厚度为 0.625 nm，同层内硫原子的间距为 0.326 nm，以强的化学键相连。两层之间的距离为 1.23 nm，硫原子间以弱的范德瓦耳斯力相互作用。化学键的键能为 209.2~627.6 kJ/mol，而分子间范德瓦耳斯力只有 2.092~20.92 kJ/mol。故二硫化钼与石墨相似，层与层间抗剪切力很低，摩擦系数很小，一般为 0.03~0.15，是工业上常用的固体润滑剂。二硫化钼在 349℃以上可长期使用，快速氧化温度为 423℃，氧化物产物为 MoO_3 和 SO_2。留下的 MoO_3 的摩擦系数高达 0.5~0.6。由于这个特性，在摩擦行业中二硫化钼常用作高温摩擦调节剂，但其价格高，用量受到限制。摩擦温度高于 400℃的材料中才适合加入二硫化钼。二硫化钼通常用量为 2%~6%，最高可达 10%~12%。

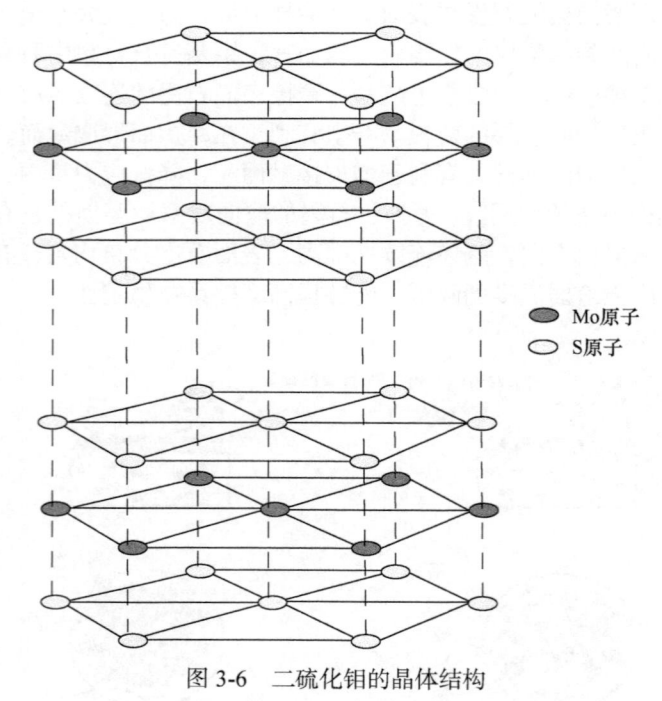

图 3-6 二硫化钼的晶体结构

二硫化钼在烧结过程中部分分解为钼和硫。硫与铁、铜或其他金属形成对摩擦过程起良好作用的硫化亚铁、硫化亚铜或其他金属硫化物，在制动闸片与制动盘摩擦时起到减摩的作用。钼是一种热容量较高的金属,可以与摩擦材料基体化合使基体强化,同时也是一种吸热剂,在高温时起稳定摩擦的作用。同时,二硫化钼可以有效地降低和减少摩擦表面间因局部摩擦热而产生的微焊和黏着现象,还能够通过氧化的作用形成少量的三氧化钼(MoO_3)从而提高材料的摩擦磨损性能[1]。

3. 铅和其他易熔金属

铅是烧结金属摩擦材料中常用的一种固体润滑剂。在无润滑摩擦工作过程中,当摩擦表面温度超过易熔金属熔点时,这些金属便熔化,并在摩擦表面形成润滑薄膜。薄膜降低了摩擦系数,也降低了表面温度,即自调节原理。摩擦表面温度降低,熔融金属又重新凝固,使得摩擦系数提高到原有水平[10]。表面液体润滑膜的形成促使滑动平稳,这点在高温时特别重要,因为在高温下金属基体具有很大的黏结和卡滞倾向[11]。但是铅是一种有毒元素,长期使用含铅的产品会对人体和环境造成不可忽视的危害,产品无铅化已成为必然趋势。

无毒的低熔点金属元素铋和铅相似,但是密度小(铅的密度为 11.34 g/cm^3,铋的密度只有 9.78 g/cm^3),和铜不相溶,以游离态的形式存在于铜合金基体中,在摩擦过程中,因摩擦热析出至摩擦副接触表面,可以作为铅的替代物有效地提高铜基轴承材料的减摩抗黏着性能[12]。易熔金属或合金的含量通常为 3%～10%。

3.1.4 铜基摩擦材料的成分匹配

在铜基体中添加不同种类、不同形貌、不同尺寸的增强相,协调控制增强相含量、配比,利用多组元物理特征参量和空间配置模式,充分发挥各组元的优点和耦合效应,才能获得综合性能优良的铜基摩擦材料[13]。

1. 多尺寸摩擦组元的协调作用

摩擦颗粒尺寸对金属基复合材料组织和性能有较大的影响。小尺寸的硬质颗粒比大尺寸硬质颗粒对基体具有更好的强化效果,在加入量较多时强化效果更为突出。添加小尺寸硬质颗粒时,随着摩擦过程的进行,材料表面会逐渐形成层状的摩擦层。然而,当基体高温软化时,硬质颗粒易脱离接触表面使得亚表面的材料容易流动,导致材料出现塑性变形。大尺寸硬质颗粒的加入可以限制材料表面的塑性变形,稳定材料的摩擦系数,然而大尺寸硬质颗粒容易形成大的磨粒,从而造成基体的严重磨损。小尺寸硬质颗粒对基体具有较好的强化作用,但其流动性好导致无法限制材料在高温时的塑性变形;大尺寸硬质颗粒可以起到骨架作用以限制材料的塑性变形,但也容易对较软的基体造成磨损。

2. 摩擦组元与润滑组元的协调作用

摩擦组元在摩擦磨损过程中起强化和承载作用,润滑组元起自润滑减摩作用,摩擦组元与润滑组元在摩擦过程中形成的机械混合层可有效减小摩擦直接接触面积。双种类组元增强复合材料在高温摩擦磨损过程中摩擦面上形成了一层石墨保护层,在摩擦磨损过程中起润滑作用;硬质颗粒的加入改善了铜基体的抗高温软化性能,提高了铜基体的高温强度;共同添加硬质颗粒和石墨能够有效防止黏着磨损,降低磨损率[13]。

3. 多种类润滑组元的协调作用

石墨因具有优异的润滑性、高导热性、阻尼能力和高温稳定性等优点而广泛用于铜基摩擦材料。与石墨晶体结构一样,二硫化钼也为六方晶系层状结构,具有良好的润滑作用。石墨较好的润滑性是因为在大气环境下其表面吸附有水蒸气或其他气体,如果去掉这些吸附膜,其在金属基摩擦材料中的润滑作用会降低,材料的摩擦系数也会升高。因此,石墨在真空中的摩擦系数为其在大气中的2倍左右,而磨损甚至高1000倍。与石墨相比,二硫化钼的润滑作用不依赖吸附物的存在,其减摩润滑性能优良,对温度和速度的敏感性低,承载能力强。此外,二硫化钼晶体结构中的S原子变形性大、成键能力强、对金属具有很强的黏附力,因此二硫化钼能很好地黏附在材料摩擦表面,始终发挥润滑作用[14]。其结构在真空或惰性气氛中于1100℃条件下仍较稳定,因此它是真空高温环境下的首选润滑剂。但二硫化钼在大气或者含水汽的环境中容易氧化、潮解生成三氧化钼并导致其减摩润滑性能急剧下降。

4. 不同组元含量配比

不同种类组元含量配比对铜基复合材料摩擦磨损性能有显著影响。随着石墨含量的增加,铜基复合材料的磨损率呈先减小后增大的趋势,主要是由于摩擦表面石墨含量少,起不到固体润滑的作用,而随着石墨含量增加,摩擦表面硬质颗粒含量相对减少,摩擦表面承载不足,则易磨损。因此,在设计制备混杂增强铜基复合材料时,要充分考虑混杂颗粒在基体中的作用,选择合适的含量配比,最大限度地发挥出混杂增强铜基复合材料的性能[13]。

5. 基体与组元界面的匹配性

合理地控制基体与组元界面性质是充分发挥增强体强化作用的关键。对于与基体互不润湿的组元,通常使用组元表面金属化的方法来改善其与基体的界面连续性。

6. 组元环保化

为推动环保型制动闸片的开发，铁路标准规定高速列车制动材料不应使用石棉、铅及其化合物等有害物质，也不应使用制动过程中产生有害健康或让乘客感到不舒适的灰尘、颗粒或气体的组元。同时，为减轻制动材料对制动盘的损伤，提高材料的导热性及制动稳定性，铁路标准约束了高速列车粉末冶金制动材料中W、Cr、Zr、Al 和 Si 元素的含量，其中 W、Cr 和 Zr 三种元素的总质量分数不应超过 10%，Si 元素的质量分数不应超过 1%，Al 和 Si 元素的总质量分数不应超过 1%。现有高速列车粉末冶金制动材料基本满足不含有害物质的环保要求，但部分产品未能满足 Al、Si 等元素的含量要求，因此还要推动材料设计过程中新组元的筛选、组元成分及含量的优化[15]。

3.2 粉末预处理

长时间保存会使原料粉末的物理化学性质发生变化，主要体现在粉末与空气中物质(氧气、水)的自发反应上，因此在使用原料粉末进行产品制备之前需要对粉末进行预处理，包括以下步骤。

1. 还原退火

在准备摩擦材料的粉末原料时，通常注意的重要因素之一是粉末的含氧量。因此，铁粉或铜粉在混料前常常要在氢气或其他还原性气体中进行补充还原。粉末的含氧量主要取决于粉末的制造方法。电解铜粉和镍粉的含氧量一般不超过 0.5%(质量分数)，还原铁粉的含氧量达 1.5%~2%，甚至更高。在摩擦制品生产中，对含氧量在 1%以下的铁粉及含氧量在 0.2%以下的铜粉和镍粉，通常不必进行还原退火。含氧量对粉末的工艺性能(压缩性、成形性、松装密度)和生产的零件性能没有很大影响。大多使用连续式或间歇式的电炉来还原金属粉末[16]，还原制度见表 3-5。为了防止粉末氧化，有时将金属粉末加以特别处理。例如，用疏水剂或稳定剂加以处理。使用稳定剂能防止粉末颗粒表面吸附水分，可大大提高电解铜粉的抗腐蚀性和抗氧化性。

表 3-5 金属粉末还原制度

金属粉末种类	还原温度/℃	装粉量	还原时间/h
铁粉	600~700		
镍粉	600~700	粉层厚 40~50 mm	1~3
铜粉	400~450		

2. 干燥

干燥的基本作用在于减少粉末中的水分含量，使粉末容易过筛。基本上只对非金属粉末(摩擦剂、石墨等)或锡和铅进行干燥。通常在干燥箱中，不用保护气体，温度为120~150℃，有时会在180℃进行干燥。被干燥的粉末装入盘中，装料厚度选50 mm，在上述温度下保持2~3 h。干燥过程中要对粉末加以翻动。

3. 煅烧

煅烧的目的是排出非金属组分晶间和晶内的水分。对摩擦组元(二氧化硅、氧化铝、蓝晶石、硅线石等矿物质，石棉等)要进行煅烧。有时为去掉杂质，重晶石也要进行煅烧。煅烧通常在空气中于一定温度下进行。例如，石棉的煅烧温度为950~1000℃或1100℃，氧化铝的煅烧温度为1300℃，重晶石(预先用浮选法精选)的煅烧温度为700℃等。煅烧时间为1~3 h，可以用任何结构的炉子。

4. 过筛

为了获得规定粒度组成的粉末，可将粉末通过一定尺寸的筛子过筛。筛下粉末用来准备配料。筛上粉末可进一步研磨。粉末的粒度由每一配料组分要求确定。为了分出和使用某一粒级的粉末，可将粉末二次过筛或同时经二级筛子过筛。生产中需要对摩擦组元进行筛分，控制粉末的粒径以调控复合材料的摩擦性能。配料中采用通过第一个筛子且留在第二个筛子上的粒级粉末[1]。

3.3 配混粉

混粉的目的是得到均匀混合的原料，混合料中各组分均匀分布才能保证压坯尺寸精度的稳定性以及力学性能和摩擦性能的一致性。混合过程中的加料顺序、混料时间及混料装备对混合料的均匀性都有重要的影响。

(1) 在加料顺序方面，应注意如下方面：①所有原料粉末在倒入混料机前，要用刷子经筛网预先擦筛，以避免过细的粉末结成团块。②摩擦材料的混合料中金属及非金属的密度差异较大，如铜的密度为8.9 g/cm³，氧化铝的密度为3.9 g/cm³，石墨的密度仅为1.9 g/cm³。为了避免密度及粒度差异较大的金属及非金属粉末在搬运或者压制成形过程中造成偏析，需要添加表面活性润滑剂，通常为0.5%~1%的轻质油，如煤油和汽油等。这些表面活性润滑剂在金属粉末表面形成单分子层，不仅可以避免偏析情况的发生，而且可以保护成形模具更有利于脱模[1]。③石墨及其他非金属润滑剂需要控制混料时间，一方面石墨及其他非金属润滑剂混合时间过长，会在金属粉末颗粒表面涂覆一层石墨或非金属粉末粒，它们在烧结过程中将会阻碍烧结的进行,影响金属基体的力学性能;另一方面,鳞片状石墨的强度降低,长时间混料会破坏其完整性,降低润滑性能。

(2) 混料时间的确定应综合考虑混合粉末的均匀性和原料粉末性质的改变。铜基摩擦材料原料的混料时间通常为 4~10 h。烧结摩擦材料的硬度随混料时间的延长而降低,其主要原因是在混料过程中,粉末颗粒的原始形状随混料时间的延长逐渐发生变化,尤其对烧结时形成基体的树枝状电解铜粉和多边形不规则状的还原铁粉产生剪断或磨碎作用,并使颗粒表面圆滑化[17]。同时,混料时间越长,金属粉末的氧化和硬化越严重,这些变化使得粉末的烧结性能变差,导致烧结材料的强度降低和硬度下降[18]。在混料过程中,随着混料器的转动,混合料在不断地相互碰撞和摩擦,结果使颗粒表面光滑,搭桥效应减弱,细小粉末填充到孔隙中。这样,混合料的体积减小,松装密度增加。随着混料时间延长,松装密度增加的趋势逐渐减缓;另外,混料过程的磨碎作用使细颗粒增多,从而引起松装密度下降[19,20]。

(3) 铜基摩擦材料的原料粉末混合机器通常采用双锥型混料机、V型混料机以及球磨混料机,如图3-7所示。

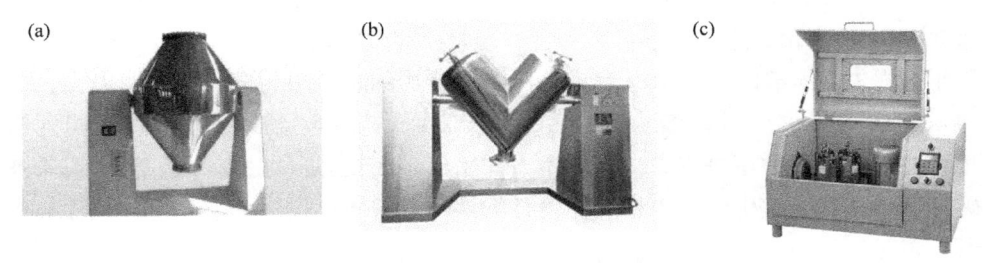

图 3-7 双锥型混料机(a)、V 型混料机(b) 及球磨混料机(c)

双锥型混料机的原理:工作时,物料会在筒内做滑动和自由落体运动从而达到混料的目的。滚筒转动时,物料颗粒将会在筒内各径向平面做滑动和自由落体运动进行混合。该混料机对流动性较好的粉体及料粒进行混合,效果显著。该混料机操作方便、劳动强度低、工作效率较高,对较细且容易结块的粉末和含有一定水分的多种粉末均能混合,对微量物和添加物也可达到同样的混合效果;混料均匀无死角,操作维修方便,运行平稳,能耗低,无噪声,寿命长,采用聚氨酯或不锈钢内衬,无污染。

V 型混料机的原理:利用混料机二圆柱筒长度不相等,行程不对称的原理,当混料机转动时物料从分解到组合,从组合到分解,由于物料平面不同,也有横向力,又推动物料进行横向交流,每转动一圈横向力使约25%的物料从一个桶流向另一个桶,这样物料横向径向混合,分解组合相互进行,使物料达到非常均匀的混合效果。V型混料机没有机械挤压和强烈磨损，能保持物料颗粒完整。桶体内外抛光，均设计成圆滑过渡，无死角，可避免物料交叉污染。

球磨混料机的工作原理：以全方位球磨混料机为例，在一转盘上装有四个球磨罐，当转盘转动时，球磨罐在绕主盘轴公转和绕自身轴反向做行星式运动的同时又可在一立体空间范围内做360°翻斗式翻转，实现球磨罐多维多向运动，增加罐中的物料做无序运动的程度，可以很好地实现混料的功能。但是球磨混料机运动时提供的能量较大，会使得内部的原料粉末发生剧烈的碰撞，从而造成原料粉末的粒度、形貌等发生改变[1]。因此，球磨混料机的使用频率相对较低。

3.4 压 制 成 形

将混合好的粉末和摩擦块钢背放在压制模腔内进行压制成形，得到具有一定形状、尺寸、密度和强度的压坯。压制力通过上模冲作用在粉体之后分为两部分，一部分用来使粉末产生位移、变形和克服粉末的内摩擦力，这部分力称为净压力，通常以 P_1 来表示；另一部分用来克服粉末颗粒与模壁之间的外摩擦力，这部分称为压力损失，通常以 P_2 表示。因此，压制时所用的总压力为净压力与压力损失之和，即 $P = P_1 + P_2$。粉末装入模腔后，由于表面不规则，粉末颗粒彼此之间开始相互搭架形成一种搭桥现象。当压制力开始作用在粉体上之后，这种搭桥现象被破坏，粉体开始发生位移。在发生位移的同时，粉体还发生变形，这种位移加变形的同时发生使得粉体在压制初期体积大大减小。粉体的变形包括弹性变形、塑性变形和脆性断裂。发生塑性变形所需要的单位压制压力是该材质弹性极限的2.8~3倍。随着压制的进行，粉体中空气快速逸出，孔隙率急剧下降，压坯逐步致密化，压坯强度也逐渐增加。压坯强度增加的原因主要是：①压制成形过程中，外形不规则的粉末颗粒在压制力的作用下开始互相咬合、楔住，这种机械的啮合使得粉末体的强度急剧增加；②压制力的作用使得金属颗粒彼此贴近，当不同颗粒的金属原子之间的距离大于平衡状态时，金属原子间也将表现出吸引力，这部分吸引力也是粉末压坯具有强度的原因之一。

3.4.1 压制设备

压制是将粉末放入模具型腔内，通过四柱式压机对松散的粉末施加垂向力将粉末压实，从而获得有一定强度的坯体。粉末冶金铜基摩擦制品的特点：首先是同时压制的制品表面积大，要求使用大功率的压力机；其次是制品的厚度不大，这就使得在大多数情况下使用单向压制；再次是一般情况下，摩擦材料的压制速度比其他粉末冶金制品(如结构零件和滑动轴承)的压制速度低，所以可以使用液压机。应用工业上的液压机成形摩擦制品时，主要应考虑装模、粉料刮平及压制、脱模过程的机械化和自动化以及各工序的相互配合。

在混合粉末进入液压机进行压制之前，为保证摩擦块质量和尺寸的均一性，需要精确控制自动送粉量，这就需要设计与液压机相连的称量装置。传统的粉末冶金压制是通过控制模具型腔的高度，得到一个容积腔，将粉末填充到这个容积腔内，从而来确定装粉的质量，俗称容积法。然而，由于容积腔体积无法精准调节、粉末松装密度不同以及粉末填充在容积腔内时粉末分布不均匀等问题，粉末的质量无法准确控制，容易造成压坯质量波动大及零件报废率高等问题。通过自动配混料装置能够精准控制进入称量仓的粉末质量，提高了工作效率。自动配混料装置包括配料装置、输送装置和混料装置，配料装置通过输送装置与混料装置连接。配料装置采用称重式配料装置。图 3-8 是该装置中称重装置结构图。称重装置包括主料仓和称量仓。称量仓用于称量物料，称量仓与主料仓通过连接通道相连通，连接通道内设置有螺旋转杆。螺旋转杆上设有用于容置物料的螺纹，螺旋转杆受驱动地转动，将容置在螺纹内的物料从连接通道的进料口移送至出料口，进料口与主料仓相连通，出料口与称量仓相连通。

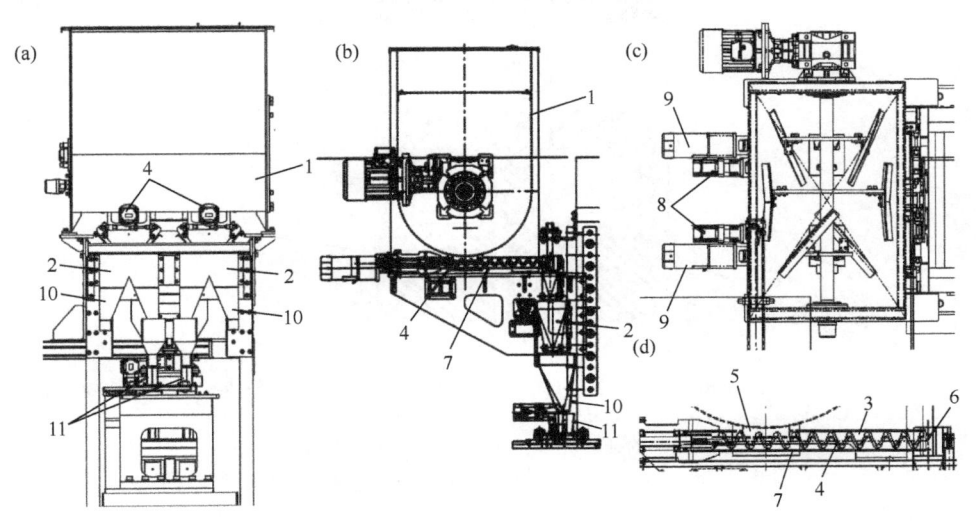

1-主料仓；2-称量仓；3-连接通道；4-螺旋转杆；5-进料口；6-出料口；7-套筒；8-第一螺旋杆；9-第二螺旋杆；10-称量料斗；11-布料仓

图 3-8 称重装置结构图[21]

(a) 称重装置内部结构示意图；(b) 螺旋转杆的安装位置示意图；(c) 称重装置俯视图；(d) 套筒和螺旋转杆的连接示意图

3.4.2 压制模具

粉末压制是指将粉末混合物置于压粉模具中,通过模冲对摩擦块施加压力,使之压制成形,随后卸压,再将压坯由压粉模具中脱出的过程。图 3-9 是一种高速列车用铜基摩擦块压坯及模具图。摩擦块的压制方式包括单向压制、双向压制和浮动压制。摩擦块为无台阶含内孔结构的实体,压坯厚度和密度不大,结构简单,因此采用单向压制。压制过程中,凹模、下凸模和芯棒不动,便于装粉,上凸模压制成形。由于脱模力不大,芯棒受到拉力作用,脱模方式选用顶出式脱模,压坯脱模时,凹模不动,通过与下凸模相连的下模板,将压坯脱出模腔。压粉模具结构如图 3-9(c)所示,其装粉高度可通过调节器进行调节[22]。

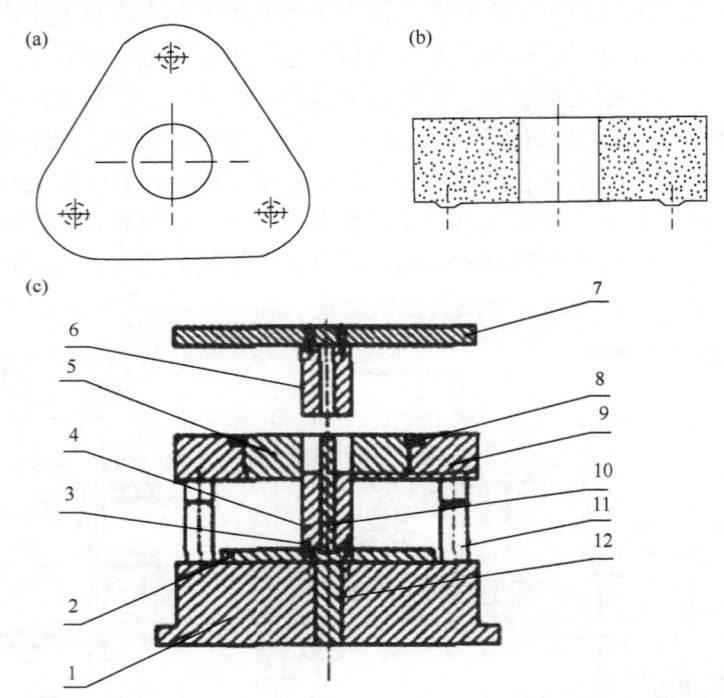

1-底座;2-下模板;3-下模板;4-下凸模;5-凹模;6-上凸模;7-上模板;8-压环;9-凹模外套;10-芯棒;11-调节器;12-顶料杆

图 3-9 高速列车用铜基摩擦块压坯及模具图[22]
(a) 压坯俯视图;(b) 压坯侧视图;(c) 模具结构图

带孔摩擦体产品的模压成形设备上冲头具有与产品所带的孔位置相配合且超出冲头施压面设置的芯杆。在模压成形过程中,上冲头与芯杆朝向阴模运动,对阴模的成形腔内的预成形产品坯料进行压制,芯杆的尺寸与产品成形后孔的尺寸和高度相当;压制时芯杆伸入预成形产品坯料的孔内,用于防止孔的过量收缩、保证孔的相对位置以及孔壁附近的材料密度。但是芯杆相对冲头位置固定，在实际生产过程中，由于产品的预成形坯料尺寸精度不高，坯料可能出现过厚或过薄的情况：当坯料过厚时，在预设压力下进行压制的冲头所成形出的产品孔的轴向高度大于芯杆轴向长度，致使芯杆随上冲头下行至最大位移处时仍无法伸入孔底，因而芯杆无法对孔底部分进行限位，进而出现成形产品的孔底产生变形、毛边过多等情况，影响产品质量；同样，当坯料过薄时，芯杆随上冲头下行至最大位移处时已超过孔底，尤其是对于产品上的盲孔，这种情况容易造成盲孔在芯杆的冲压下使其底面被压损甚至冲穿，同时也会对芯杆杆头造成损伤。

图 3-10[23]是一种带孔摩擦块的模具结构图。该模具能够提高带孔摩擦块的成形质量，有效避免芯杆与产品损伤。如图 3-10(a)和(b)所示，冲头组件包括冲头安装板以及第一冲头 1，第一冲头 1 具有朝向预成形坯的第一作用面 11，第一冲头 1 内成形有沿冲压方向设置的滑动腔 14，滑动腔 14 包括相互连通的第一子腔体与第二子腔体，其中第一子腔体内设有弹性偏压坯 15，第二子腔体内设有一根芯杆 12，第二子腔体的开口成形于第一作用面 11 上，弹性偏压坯 15 沿其伸缩方向上的一端抵在第一子腔体的腔壁，另一端抵在芯杆 12，位于第一冲头 1 内的一端，芯杆 12 能够沿第二子腔体往复滑动，并且芯杆 12 在弹性偏压坯 15 的弹性偏压力作用下，具有伸出第一作用面 11 的趋势。芯杆 12 的可回缩装置降低了模压成形中对预成形坯的尺寸精度要求，对于预成形坯上的通孔，可伸缩芯杆 12 的伸出最大长度不小于通孔轴向长度即可。针对预成形坯上的盲孔，模压成形机的预设压力一定，当坯料过厚时，盲孔孔深增加，芯杆 12 可伸缩设置避免了芯杆 12 固定设置时杆长小于孔深，造成芯杆 12 无法对孔底部分进行限位，进而出现成形产品的孔底变形或毛边过多等情况；当坯料过薄时，盲孔孔深减小，芯杆 12 触及盲孔孔底时，受冲压力作用回缩，避免了芯杆 12 固定设置时芯杆 12 长度大于孔深，造成对孔底面的压损甚至冲穿，同时也避免了对芯杆 12 杆头造成的损伤，延长了芯杆 12 的使用寿命。第一冲头 1、芯杆 12 与滑动腔 14 之间还设有用于防止芯杆 12 脱出第一作用面 11 的限位结构，限位结构包括芯杆 12 上径向尺寸增大的凸台 16，以及由第一子腔体与第二子腔体的直径差形成的限位台阶，凸台 16 在芯杆 12 伸出至最大位移处与限位台阶面 17 相抵。芯杆 12 伸出第一作用面 11 的部分设置有径向凹槽 13，因此径向凹槽 13 在芯杆 12 的往复伸缩过程中，其台阶面 17 形成环形刮刀，对滑动腔 14 内的粉末进行往复刮取，并且滑动腔 14 内的粉末更容易流动至径向凹槽 13 形成的容纳空间内，随着芯杆 12 伸出第一作用面 11，将粉末碎屑带出第一冲头 1，有利于冲头的正常使用。

模压成形装置的工作过程如图 3-10(c)和(d)所示。启动第二驱动机构 53，驱动第二安装架 52 沿第二导向组件 51 朝向第一冲头 1 移动，带动位于第二安装架

52 上的阴模 2 沿第二冲头 3 移动至最大位移处，此时第二冲头 3 的承压面位于阴模 2 的成形腔 21 内，将预成形产品坯料放置于成形腔 21 内的承压面上，启动第一驱动机构 43，驱动第一安装架 42 沿第一导向组件 41 朝向第二冲头 3 移动，带动位于第一安装架 42 上的第一冲头 1 朝向预成形产品坯料施压，芯杆 12 伸入产品坯料的孔内，随着冲压力增大，第一冲头 1 继续朝向第二冲头 3 运动，第一冲头 1 的滑动腔 14 内的弹性偏压坯 15 压缩，芯杆 12 向滑动腔 14 内回缩，压制过程中，阴模 2 受产品配料的作用力影响，沿第二导向组件 51 朝向远离第一冲头 1 的方向运动，边压制边脱模；压制完成后，启动第一移动机构 4 带动第一冲头 1 朝向远离第二冲头 3 方向运动，将成形产品取出，更换下一个预成形产品坯料，进入下一个压制成形过程。该结构也可以进一步改进，如下：①第二冲头与第一冲头上下相对设置，第二作用面为施压面，第一作用面为承压面，第一冲头的承压面适于伸入阴模的成形腔内，第一冲头固定设置，第二冲头受移动机构驱动朝向靠近或远离第一冲头的方向运动；②第一冲头与第二冲头水平地相对设置，第

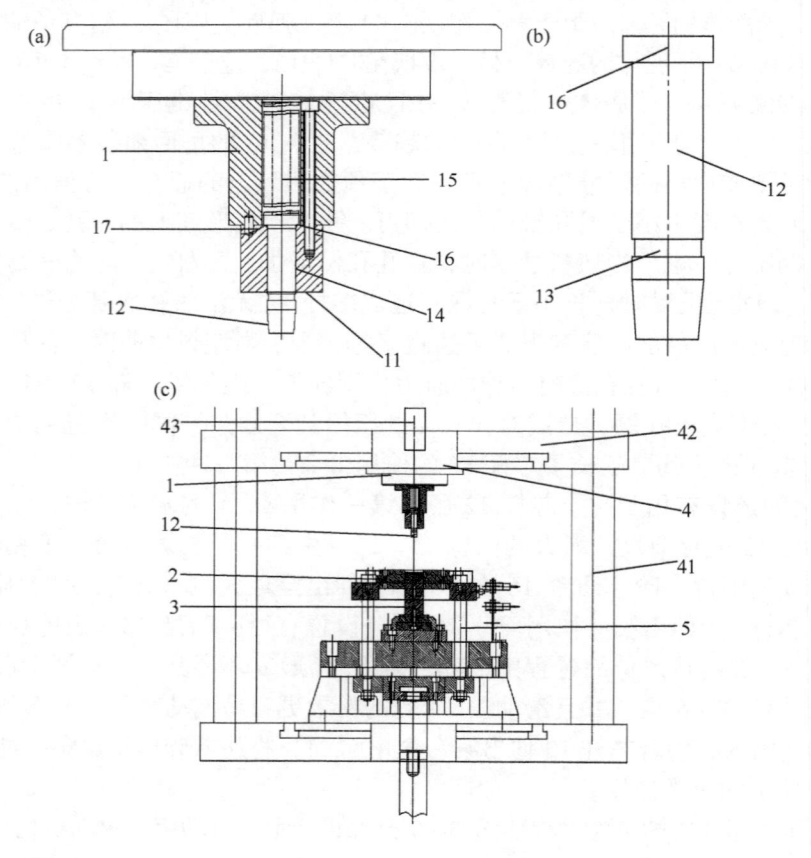

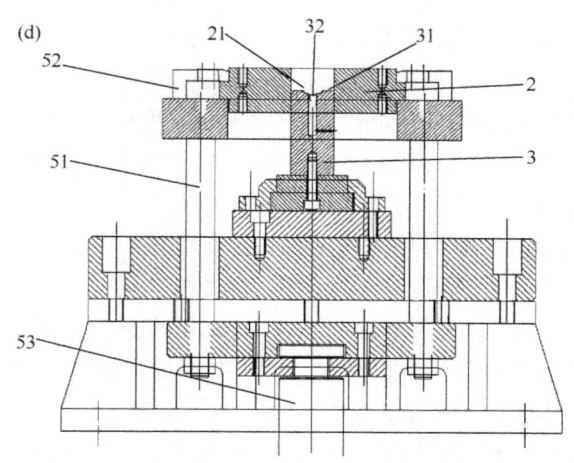

1—第一冲头；2—阴模；3—第二冲头；4—第一移动机构；5—第二移动机构；11—第一作用面；12—芯杆；13—径向凹槽；14—滑动腔；15—弹性偏压坯；16—凸台；17—台阶面；21—成形腔；31—第二作用面；32—定位槽；41—第一导向组件；42—第一安装架；43—第一驱动机构；51—第二导向组件；52—第二安装架；53—第二驱动机构

图 3-10 一种带孔摩擦块的模具结构图[23]
(a) 冲头组件的剖视图；(b) 芯杆的主视图；(c) 模压成形装置的剖视图；(d) 图(c)所示的第二冲头与阴模配合的剖视图

一冲头与第二冲头能够相向运动或相背运动；③阴模为分体式阴模，成形腔由两个子阴模对合而成，此时脱模不需设置能够沿第二冲头轴向移动的第二移动机构，仅需设置能够驱动任一子阴模朝向远离另一子阴模方向运动的移动机构，即可实现成形产品的脱模；④第一驱动机构与第二驱动机构为电动驱动机构，或者为磁力驱动机构。

3.4.3 压制参数

1. 压制压力

混合后的粉末主要依靠压机提供的压力进行成形，因此压力将直接影响压制坯的性能，如孔隙率、压坯强度等。成形压力与压坯密度之间的关系如图 3-11 所示，粉末在压制过程中经历三个基本阶段：①粉末颗粒做相对移动，破坏粉末搭桥，填充孔隙，使密度快速提高；②随着压制压力的提高，粉末颗粒变形，脆性颗粒突出部分压断和压碎以及由于金属颗粒表面氧化膜的破坏，颗粒间金属接触增加，密度缓慢提高；③再提高压力，粉末颗粒内部某些个别区域变形，加工硬化。加工硬化使进一步变形所需的压力大大增加，并使密实过程十分缓慢。压坯的孔隙率控制在 20%~30% 范围内是适当的。高密度需要大型压机，模具寿命短。密度太低，压坯强度低，易碎裂，加压烧结压缩量大，烧结件横向延伸，密度不均匀，尺寸难以控制。

由此可见，对于铜基复合粉末，存在一个最佳的压制压力范围。铜基粉末冶金摩擦材料的成形压力一般为 300～800 MPa。材料中添加组元的颗粒形状、粒度、强度及其含量均影响粉料的压制性能。压坯的形状和尺寸也会影响压制所需的压力。在压制压力由 200 MPa 增加到 400 MPa 时，压坯密度增幅较大，这是因为在较低压制压力条件下，颗粒与颗粒之间的孔隙较多，接触面较小，搭桥效应比较明显，压力稍微增加，就可使搭桥遭到一定程度的破坏，压坯的密度随之显著增加；在压制压力大于 400 MPa 时，压坯密度增长幅度相对平缓，这是由于当压制压力大于基体铜的屈服极限(350～400 MPa)时，金属颗粒就会发生显著的塑性变形，使颗粒之间的接触面积显著增大，同时由于加工硬化的作用，压缩阻力增大，致密化程度进一步增加，所需的压力大大增加[24]。过大的压制压力反而会造成烧结坯中孔隙增多，这与烧结过程中铜中气体的逸出有关[25,26]。原始粉料中总是存在一定的金属氧化物，由于在还原气氛中进行烧结，这些金属氧化物在烧结过程中会被还原，从而产生气体还原物质，因此在烧结过程中存在气体析出的过程。压制压力越大，金属粉末颗粒之间封闭孔隙的数量就越多，气体物质也就越难以排出，因此会出现烧结基体中的孔隙数随压制压力的增大而增加的现象。

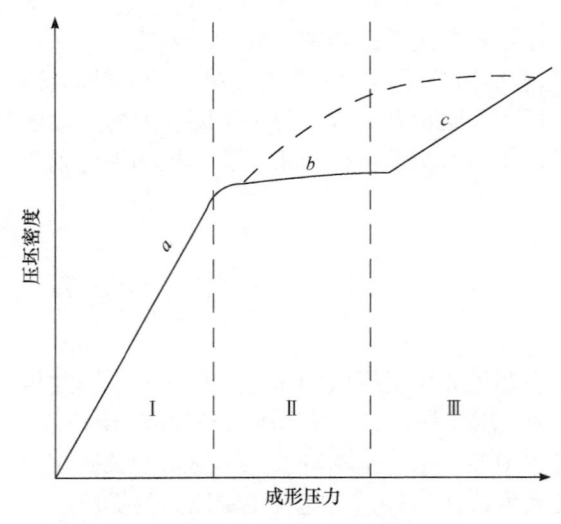

图 3-11 成形压力与压坯密度之间的关系[20]

2. 压制次数

随着压制压力的提高，压坯密度呈现先急增后缓增的趋势，当压制压力不能使粉末冶金摩擦材料制品达到所需的压坯密度时，增加压制次数也能够在一定程度上提高压坯密度和硬度，但是次数过多时效果将不明显。

3.4.4 压制缺陷及改善措施

压制常见的缺陷有脱模时断裂、形成分层裂纹、缺口、剥落及高度不合格等。由于压制过程产生的弹性应力大，特别是压制高含量非金属组分的粉料时产生的弹性应力更大，从而促使脱模时需要很大的压力，脱模时，压坯由受压状态变成压力释放状态，压坯经受极不均匀应力，当这种应力超过压坯的实际强度时，就会导致压坯脱模时产生断裂。出现压坯分层裂纹的原因可能是计算错误或装料量不准确造成压制压力过大，也与粉料中非金属组分偏析、分层装料时带入空气、各料层之间形成连接的薄弱区及压模结构不良有关。压坯上出现缺口可能与脱模后粉片放置不当和转运有关。剥落与粉料的不良压制性能有关，使压坯棱角处脱落。假如模腔内粉料未刮平致使某些地方没有压好，也会造成粉层剥落。

减少压坯缺陷的措施如下。

(1) 降低脱模压力。降低脱模压力就要降低压制压力；改善阴模模壁的润滑，采用带有 $10'\sim20'$ 锥度的阴模，以便脱模时应力的消除能发生在压坯的大部分面积上；降低阴模壁的表面粗糙度；采用刚度更大的压模结构，采用能够承担脱模件部分反作用力的装置；在脱模前或在脱模的同时将芯棒除去；采用可拆阴模和芯棒；添加轻质矿物油，如煤油、汽油等。

(2) 提高压坯强度。可通过如下途径来提高压坯强度：少用润滑剂或采用合适的润滑剂；采用颗粒不规则的粉末；添加其他使压坯强度更大的粉末，添加黏结剂。

压制过程中的其他注意事项：①上、下模冲与阴模端面必须保持平行。②阴模压制区模壁的磨损量不得大到妨碍压坯脱模，使粉片脱模时造成不允许的掉边、掉角等缺陷。③相配合零件的间隙不得超过容许公差，以防止形成毛边、漏粉或在模冲和阴模之间嵌进粉料。④压机压制工作台不得倾斜，压机上缸活塞端面与工作台保持平行，不平行度不得超过 0.03 mm。如果通过在工作台上放置垫板来消除不平行度，会导致压机支承结构的变形，而支承结构的变形又会引起所压制压坯平行度的超差。⑤压制和脱模时压模冲中心要置于压机活塞中心进行压制和脱模。

3.5 加压烧结

粉末冶金摩擦材料中含有非金属组分，如石墨、氧化物、碳化物、硫化物、矿物质等质量分数达 30%～50%，有时高达 80%，大大降低粉料的压制性能，压制压力太大，压坯易出现分层和裂纹，在室温下压制不可能得到孔隙率小于 15% 的压坯，在许多情况下不能制得孔隙率小于 30% 的压坯。在无压烧结过程中，

Cu-Sn 合金及 Cu-Al 合金体积胀大,并且含有大量不起反应组元的摩擦材料的体积胀大值显著大于 Cu-Sn 和 Cu-Al 等二元合金的体积胀大值。压坯在烧结过程中的体积胀大导致最终孔隙的增大。因此,为了制备所需致密度的铜基摩擦材料,使摩擦材料具有良好的强度和耐磨性能,需要采用加压烧结工艺。加压烧结是使被烧结体同时接受高温和压力,由热能和应力促进粉末颗粒的结合和材料的致密化。加压烧结具有比无压烧结更高的致密度,能够促进摩擦块与钢背间的扩散连接,并防止烧结过程中摩擦块的翘曲变形。

3.5.1 加压烧结致密化机理

1. 压力在烧结过程中的作用

在传统无压烧结中,烧结驱动力来源于气孔曲率(弯曲的固-气界面)产生的表面张力。为了便于研究烧结过程,通常将复杂的颗粒体系进行简化,图 3-12 为简化后的典型三球烧结模型,三个球状颗粒通过物质迁移相互连接并形成了烧结颈部。烧结过程中物质的迁移主要通过图中所示的六种机制进行:①表面扩散;②从颗粒表面到颈部的晶格扩散;③气相传质(蒸发-凝聚);④晶界扩散;⑤从晶界到颈部或气孔的晶格扩散;⑥塑性流动机制。其中,晶界扩散、从晶界到颈部或气孔的晶格扩散和塑性流动机制能够使物质从粉体颗粒内部向颈部迁移,在引

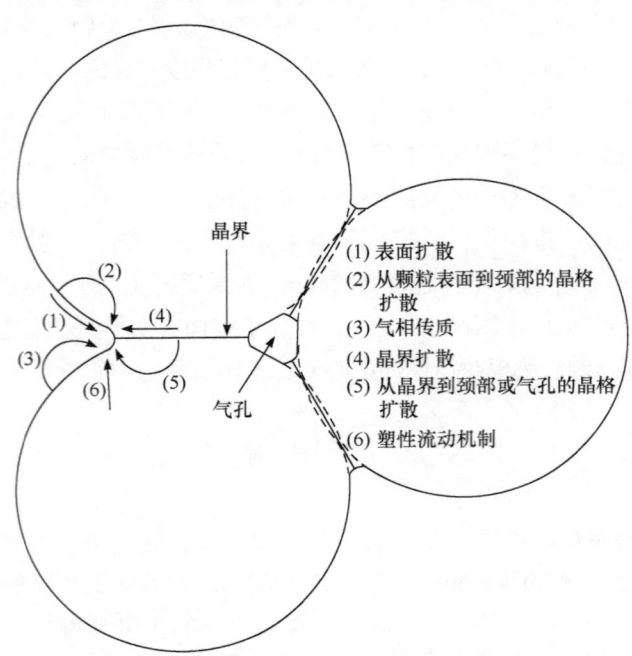

图 3-12 三球烧结模型与六种传质机制

发颈部生长的同时使颗粒互相靠近，属于致密化机制；而表面扩散、从颗粒表面到颈部的晶格扩散和蒸发-凝聚机制会使物质从颗粒表面迁移到烧结颈部，使颈部增大的同时又不引起颗粒球心距的收缩，还可能会减小颈部的曲率，阻碍致密化进程，属于非致密化机制。

对于压力辅助烧结，Coble 等[27]提出，烧结驱动力(DF)来源于外加压力和颗粒表面张力的共同作用，可以表示为

$$DF = P_e + \gamma_{sv} K \tag{3-1}$$

式中，P_e 为体系中颗粒实际受到的压力，与外加压力、颗粒形状和材料相对密度有关；γ_{sv} 为自由表面能；K 为气孔的曲率。由于颗粒接触面积要小于坯体截面积，外加压力 P_a 作用在颗粒上时会经过放大，其关系可表示为

$$P_e = \phi P_a \tag{3-2}$$

式中，ϕ 为应力强化因子，与坯体致密度、气孔率、气孔形状等有关，随坯体密度增加而降低，样品完全致密时 $\phi = 1$。

在压力烧结初期，坯体中会发生颗粒重排现象，即粉末颗粒在外加压力的作用下破碎、滑移、转动，能够使粉体堆积更紧密，使颗粒间孔隙减小，对致密化过程做出有利贡献。在压力烧结中期和后期，坯体产生轴向收缩，由于模具的限制，晶粒形状将在压力作用下发生改变，如图 3-13 所示。这一过程不仅需要进行物质扩散，还需要在晶界处产生滑移才能完成。因此，晶界滑移是与物质扩散同时发生、相互作用的致密化机制。综上所述，压力烧结中主要的致密化机制有晶格扩散、晶界扩散、得到加强的黏性流动机制、颗粒重排以及晶界滑移机制。当外加压力足够大时，致密化机制能够得到显著的增强，而非致密化机制则可以忽略不计。

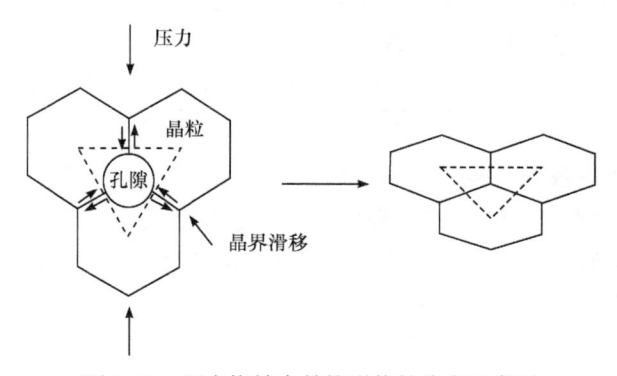

图 3-13 压力烧结中晶粒形状的改变示意图

2. 烧结前期

Coble 等将多晶陶瓷材料的压力烧结类比于高温蠕变过程，提出了扩散蠕变模型。压力烧结中的蠕变机制可能是晶格扩散、晶界扩散或位错移动，并有相对应的致密化表达式。当外加压力提供的驱动力远大于气孔曲率提供的表面张力时，可以将不同机制下的致密化速率以统一形式表示为[28]

$$\frac{1}{\rho}\frac{d\rho}{dt} = \frac{HD}{G^m kT}(\phi P_a)^n \tag{3-3}$$

式中，H 为数值常数；D 为起到控制速率作用的扩散系数；G 为晶粒尺寸；k 为玻尔兹曼常数；ρ 为致密度；T 为热力学温度；m 和 n 分别为与致密化机理有关的晶粒生长指数和应力指数。对应不同的致密化机理，式(3-3)中 D、m 和 n 分别有不同的取值，如表 3-6 所示；反之，通过已知参数求出 m、n 或 D，就可以确定相应的致密化机理。

表 3-6 压力烧结致密化机理及其相关指数与扩散系数[28]

致密化机理	晶粒生长指数 m	应力指数 n	扩散系数 D
晶格扩散	2	1	D_l(晶格扩散系数)
晶界扩散	3	1	D_{gb}(晶界扩散系数)
塑性变形	0	≥3	D_l
黏性流动	0	1	—
晶界滑移	1	1 或 2	D_l 或 D_{gb}

在烧结前期，假设晶粒不会发生长大；在温度不变时，其他参数均为常数，将式(3-3)两端取对数，可以得到线性关系[29]：

$$\ln\left(\frac{1}{\rho}\frac{d\rho}{dt}\right) = n\ln(\phi P_a) + C \tag{3-4}$$

式中，C 为其他参数取对数后得到的常数。

对应坯体中的不同密度范围和气孔形状，应力强化因子 ϕ 有多种形式。在 $\rho < 90\%$ 时，不妨假设一种理想情况：坯体中的粉体是粒径一致的球体，并且在烧结过程中扩散会引起颈部长大，这种情况下的应力强化因子为[30]

$$\phi = \frac{(1-\rho_0)^2}{\rho(\rho-\rho_0)^2} \tag{3-5}$$

式中，ρ_0 为压坯的致密度。

根据样品的致密化数据和压力可以计算出应力指数。根据表 3-6 所示的压力烧结致密化机理及其相关指数与扩散系数，可以得出材料在该条件下占主导的致密化机制。

3. 烧结后期

在压力烧结的后期，发生致密化的同时通常还伴随着晶粒的长大。此时样品内部气孔开始转变为相互孤立的封闭气孔，大多数气孔分布在晶界和三角晶界处，这一阶段的致密化过程也是气孔被排出的过程，需要考虑到晶粒尺寸、气孔的形状与尺寸带来的影响。Kang 等[31,32]在 Coble 蠕变模型的基础上，引入了气孔对致密化过程的影响，提出了应用于烧结后期的气孔拖曳模型。该模型假设在压力烧结后期，致密化机理和晶粒生长机理不发生改变，每个晶粒周围气孔的数量和形状保持不变，气孔分布于晶界处，无晶内气孔存在，此时致密化速率和晶粒生长速率可分别表示为

$$\frac{1}{\rho}\frac{d\rho}{dt} = \frac{K_1(1-\rho)^k}{G^i \rho} \tag{3-6}$$

$$\frac{1}{G}\frac{dG}{dt} = \frac{K_2}{G^j(1-\rho)^l} \tag{3-7}$$

式中，K_1、K_2 为包含了扩散系数、表面能、温度、摩尔体积和外加压力等参量的常数；i、j、k、l 为不同致密化机理对应的数值。其中，i、j 的取值与相应的致密化机理如表 3-7 所示。

表 3-7　压力烧结后期的致密化机理与晶粒生长机理及其对应的指数[31]

致密化机理				晶粒生长机理			
晶格扩散	晶界扩散	表面扩散	气相扩散	蒸发-凝聚		晶界移动	
$i=3$	$i=4$	$j=4$	$j=3$	$j=2$		$j=2$	

分别对式(3-6)和式(3-7)两边取对数，得到线性关系[33,34]：

$$\ln\left(\frac{1}{\rho}\frac{d\rho}{dt}\right) = i\ln G + C \tag{3-8}$$

$$\ln\left(\frac{1}{G}\frac{dG}{dt}\right) = j\ln G + C \tag{3-9}$$

根据以上两式，可以对指数 i 和 j 分别进行计算，进而对烧结后期的致密化机理与晶粒生长机理进行分析。

3.5.2 烧结设备

粉末冶金摩擦材料的烧结采用加压烧结，对烧结炉的要求有：①沿炉子工作空间的高度和截面温差要小；②炉子工作空间的密封性要好，以便使用保护气氛；③能够给烧结制品施加压力；④操作方便、安全；⑤生产率高。在工业生产中应用的是钟罩炉与井式炉[35,36]。

1. 钟罩炉

国内外粉末冶金摩擦材料的生产仍主要沿用1937年美国Wellman等创造的钟罩炉加压烧结法。图3-14是钟罩炉结构图，烧结装置由炉体、机架和液压三大部分组成。

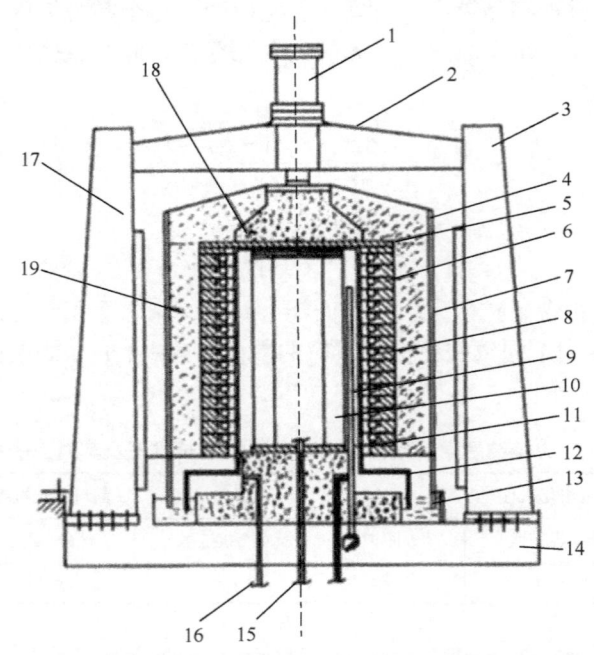

1-液压缸；2-活动横梁；3、17-立柱；4-炉壳；5-炉子支压板；6-耐火砖；7-加热炉；8-电阻丝；9-热电偶；10-工件；11-垫板；12-钟罩；13-底盘；14-炉底；15-进气管；16-排气管；18-盖板；19-保温层

图 3-14 钟罩炉结构图[20]

1) 炉体部分

炉体是加热工件的主要部分。工件 10 放在垫板 11 上，工件顶部放有排气孔的盖板 18，外面罩有 1Cr18Ni9Ti 不锈钢制作的钟罩 12，钟罩外面是加热炉 7，底盘 13 环状槽中加水，钟罩下沿可浸在环状槽中进行水封。加热炉内部衬有涂有特殊防热辐射涂料的碳化硅耐火砖 6，制成电阻丝砖形式，并在每块砖上做有两

个钩子孔，耐火砖上放置电阻丝，用氧化铝纤维作为保温层19。炉底中心部设有进气管15，气体经盖板18的孔进入钟罩12，再由排气管16排出。由炉底部引进三支测温用的热电偶9，分别测量和控制炉子上、中、下三段的温度。整个炉子由炉底、中段和炉盖三部分组成。中段和炉盖由螺钉连接，检修时可以拆开，便于检修。

2) 机架部分

机架由炉底14、立柱3和17，以及活动横梁2组成。活动横梁上装有液压缸1，可以对工件进行加压，最大压力为100kN。活动横梁可以绕立柱上的支点回转90°，以便吊装钟罩和炉体。

3) 液压部分

液压部分液压缸主要用来对加热的工件加压。系统压力可由溢流阀调整，压力大小由压力表显示，系统最高压力设定为9 MPa，这时液压缸的压力为100 kN。

图 3-15 是一种为了消除钟罩加热炉经常吊装的缺点而增加的加热炉水平移动装置，但是保护罩与炉座等需要上下移动，增加了车间工作高度，吊装不便。

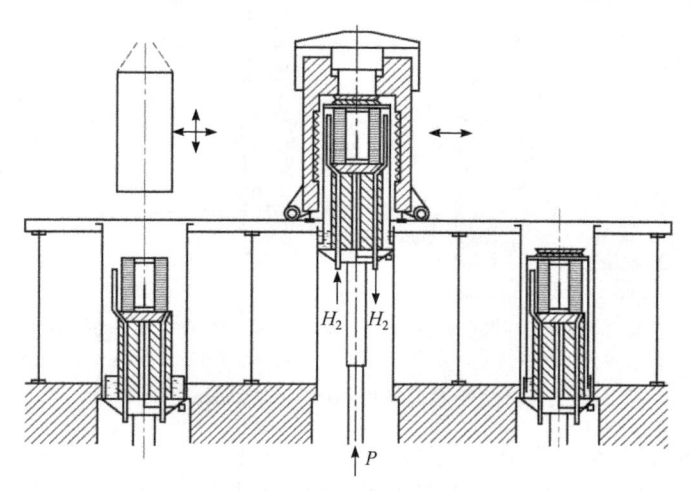

图 3-15 加热罩可水平移动且具有升降式炉底的钟罩炉[20]

钟罩炉的优点：沿炉子的工作空间高度方向温差小；采用水和其他液体进行密封，密封性能好；采用液压进行加压烧结，供气线路基本不受电热的影响；多台炉座共用一台加热炉，为烧结后工件的拆卸、准备烧结工件的叠装、保护罩的安装及保护罩内保护气氛的充满准备等环节预备了充足的时间[1]；可进行各类特殊烧结过程，并且用气量小，能够达到连续式烧结炉不可能达到的高温、高真空等条件[37]。

钟罩炉的缺点：需要经常吊装加热炉，高温状态的电阻丝容易损坏，采用水封时应特别注意炉内的制品因水蒸气而氧化。

2. 井式炉

图 3-16 是电阻井式炉的结构图。工件叠装在一个容器中，用盖盖好，然后将容器吊装于炉底座上。作用于工件上的压力是由机械、气压或液压加压装置提供的。最常用的是液压装置，如图 3-17 所示。这种炉子与烧结工件冷却装置配套使用。装工件的容器在烧结终了后从炉子中吊入冷却器中进行冷却。冷却器也配备液压加压装置，以便工件在压力作用下进行冷却。保护气体由装在容器盖上的钢管 7 通入炉中。废气从排气管 10 排出。容器与盖、垫板、座板及压紧杆都由 Cr23Ni13 钢制造。

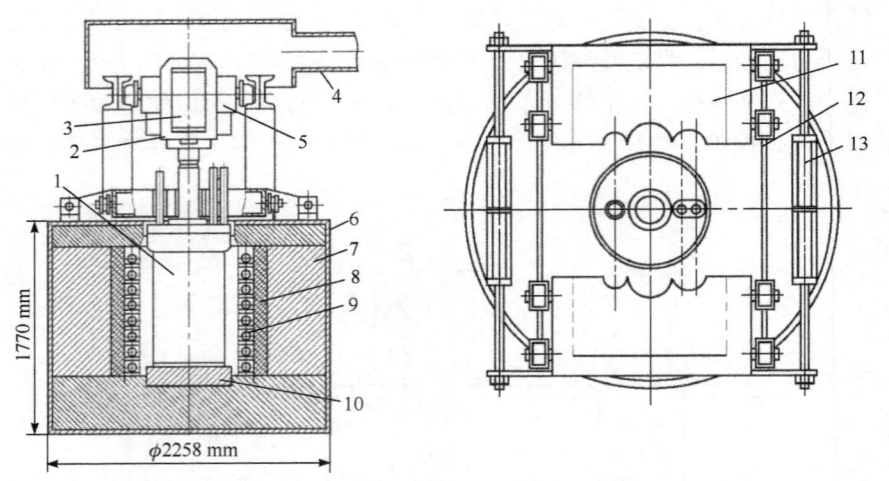

1-装有烧结零件的容器；2-液压缸；3-两个复原气缸；4-接头；5-四轮转向车；6-炉壳；7-炉衬；8-高铝耐火材料制隔板；9-电加热器；10-耐热钢制铸造底板；11-炉盖；12-水平导轨；13-气压缸

图 3-16　烧结摩擦零件用电阻井式加压烧结炉[20]

井式炉的缺点有：装炉、出炉时热损失大；密封与热电偶的接线端都位于温度高的容器上部，容易损坏；不能采用水封，沙封压力有损失，密封不可靠；移动容器时，容易损伤水冷和供气软管。

在钟罩炉和井式炉中烧结摩擦制品，通常都要叠装成堆进行烧结。为了防止烧结制品的黏结和翘曲变形，每层制品都用烧结垫板隔开。烧结垫板通常使用铸铁和不锈钢(1Cr18Ni9Ti、Cr23Ni13 等)制作，也有使用石墨垫板的。铸铁垫板使用后容易变形和开裂。烧结垫板两平面制作时要降低粗糙度，两平面的平行度和平面度要严格控制。为了防止烧结垫板在烧结时与烧结制品黏结，烧结垫板要经过涂覆处理，涂层材料为石墨水玻璃(水玻璃 80 g、水 100 g、石墨 60 g)。

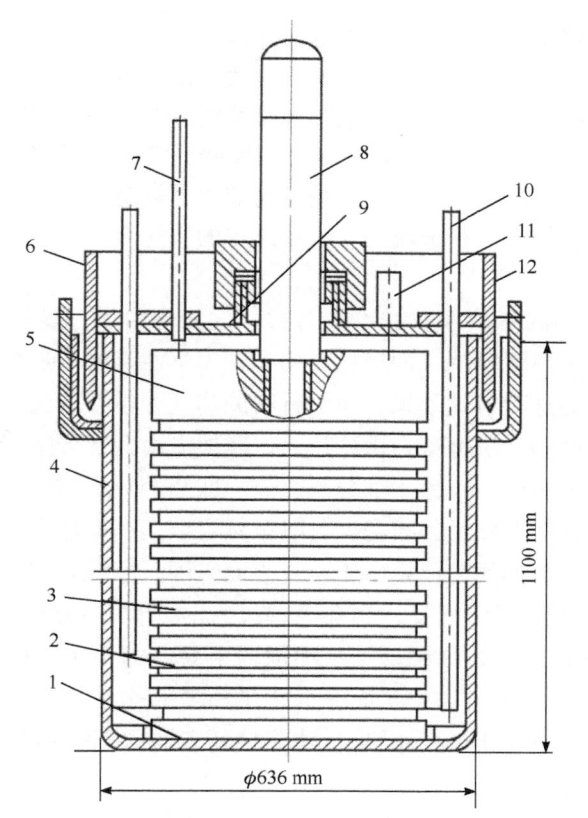

1-底板；2-烧结零件；3-隔板；4-壳体；5-座板；6-盖；7-装在容器盖上的钢管；8-压紧杆；9-密封；10-排气管；11-防爆网；12-插入砂封的刀口部

图 3-17 装好烧结零件的容器[20]

3.5.3 烧结工艺参数

影响铜基制动材料性能的烧结工艺参数包括烧结温度、烧结压力、烧结时间和烧结气氛等。

1. 烧结温度

烧结温度是烧结工艺中最重要的参数。铜基摩擦材料的烧结温度在 $0.8T$(铜基体的熔点)左右，通常为 850～1050℃[38,39]。

烧结温度较低时，闸片中各组元之间的扩散黏结不充分，显微组织中残留大量的孔隙，基体与各组元之间的结合不够紧密，增强相颗粒与基体组元间的结合被削弱，使材料本身的强度及硬度较低，非金属组元在摩擦过程中很容易剥落，从而导致耐磨性较差[38]。随着烧结温度的升高，材料各组分之间的扩散程度增大，原子的扩散迁移速率和烧结颈的长大速度加快[40-42]。材料中金属粉末颗粒的塑性变形程度增大，并在烧结压力作用下发生流变，促进材料内部孔隙减少，密度增大。但是，过高的烧结温度会导致铜的挥发及气体逸散通道堵塞，使气体反应产物无法及时排出烧结坯，反而会造成闸片密度降低[38]。通过控制烧结过程中的升温速率，有助于气体反应产物在气孔被封闭前逸出烧结坯。此外，过高的烧结温度会造成锡、锌、铝等液相金属的溢出及晶粒的快速粗大，会导致摩擦块强度和硬度下降[37,38]。

铜基摩擦材料的摩擦系数并不是与材料的物理力学性能的变化始终保持一致，而是存在一个最优范围，即当材料的物理力学性能处于某个最优范围时，材料的摩擦性能才能达到最优效果，而当材料的物理力学性能超出这个范围时，材料的摩擦性能就变差。机械啮合理论认为，摩擦力由两部分组成：一部分是由接触面范德瓦耳斯力引起的；另一部分是由表面凹凸部分机械啮合引起的。当孔隙率过低时，材料强度和硬度都较高，此时虽然可以提高摩擦组元在基体中的镶嵌度，强化机械啮合的作用，但是由于材料表面较硬，摩擦副相互接触面积减小，从而削弱了前者的作用。相反，当孔隙率过大时，材料强度和硬度都很低，此时摩擦组元就容易从基体中脱落，从而削弱了后者的作用，但是由于材料强度降低，接触表面积就会增大，从而又强化了前者的作用。所以只有当材料的物理力学性能处于一个合理的范围时，才能使两者的作用都得到合理发挥，摩擦性能达到最优[43-46]。

2. 烧结压力

在选择烧结压力时，必须考虑对孔隙率的要求[47]。如果烧结时不加压，压制压力小所成形的粉末坯体会发生收缩，而压制压力大所成形的粉末坯体会发生体积膨胀。为了防止零件的形状和尺寸超过允许范围的变化，在成形时，要选择两种极限值之间的适当压力，铜基摩擦材料的烧结压力一般为 1~4 MPa。烧结压力较小时，应力不足以使材料各组分流动至填满较多的孔隙，烧结的闸片材料的体积较大，密度较小。随着烧结压力的增大，材料所受应力增大，在烧结温度的作用下，各组分之间相互运动填充它们之间的孔隙，致密度增大。但是烧结压力过大会使材料各组分之间原本连通的孔隙封闭，使孔隙内的气体不易排出，烧结摩擦块的密度反而会减小。烧结压力的增大能够促进 Sn、Zn 和 Al 等低熔点合金元素在基体 Cu 中扩散，从而提高基体的强度和硬度[43]。烧结压力要根据材料成分、使用条件和烧结温度来选择。材料成分中低熔点组元含量高的材料，烧结压力要低一些；高熔点非金属组分含量高的材料，烧结压力要高一些。对于同一种材料，当采用较低的烧结温度时，烧结压力可以高一些；当采用较高的烧结温度时，烧结压力应小一些。烧结过程中，若烧结温度偏低，可以通过增大烧结压力来提高材料的致密度及力学性能。若烧结压力不足，可以适当提高烧结温度。实际生产中，烧结温度和烧结压力的调整还要使摩擦块与摩擦块钢背之间具有良好的界面结合强度。

3. 烧结时间

其他工艺参数确定后，烧结时间对烧结过程和扩散过程有重要的影响。随着保温时间延长，Sn、Ni、Al、Cr、W 等基体强化元素有充分的时间进行扩散以提高材料的强度和硬度，但是过长的保温时间会造成晶粒粗化，也不利于材料硬度的提高[42]。烧结时间除影响摩擦材料的组织均匀性外，还对摩擦块与钢背之间的界面结合质量产生重要的影响。粉末冶金材料的烧结保温时间取决于原始粉料的化学成分、烧结温度、烧结压力、最终密度、材料所要求的基体组织等。烧结保温时间通常为 20~120 min。

4. 烧结气氛

烧结气氛的种类对铜基制动闸片的性能有重要影响[48]。通常，铜基摩擦块烧结所用的气氛可以分为保护性气氛、还原性气氛或两者的混合气氛。保护性气氛有 N_2 和 Ar，能够避免原料成分在高温下与氧发生反应。还原性气氛主要是 H_2，烧结过程中能够对原料粉末进行还原。混合气氛为 H_2 加上一种保护性气氛，如常用的 N_2+H_2 组合。NH_3 也常用作混合气氛，主要是利用其在高温下分解为 N_2+H_2 的特点。氢气气氛中烧结时，铬与硫的反应会加重，容易使铬颗粒生成硫化物。烧结过程中二硫化钼分解成硫和钼，硫可以与 H_2 反应生成硫化氢气体，进一步促进硫化物的生成。此外，H_2 烧结时，铬铁中的铬与硫的反应也比 N_2 气氛下要剧烈，硫化物向铬铁颗粒内部扩散的深度增大，会造成铬或铬铁颗粒与基体的结合变差。氢气的还原效应容易在基体中引入孔隙，因此氢气烧结样品的致密度比氮气烧结样品略低[49]。因此，为了改善 H_2 气氛对烧结样品性能的不利影响，应对烧结气氛进行控制。采用氮气与氢气体积比例的混合气氛作为铜基摩擦材料烧结时的保护气氛，既能发挥氢气对基体金属粉末的还原作用，还能改善基体的性能[50]。

3.5.4 钢背-摩擦体复合工艺

在加压烧结过程中，除要完成摩擦材料的致密化以外，还要实现摩擦材料与钢背的牢固结合。但为了实现闸片与闸片托的连接，钢背上还有圆柱状紧固连接件。

因此，需要特定的加压烧结模具使得钢背与摩擦块能够形成良好的结合。图 3-18 是一种闸片加压烧结模具的组装图。模具由阴模、压盖和底座组成。阴模内腔形状，以及压盖和底座的外轮廓形状是双弧形状，是将圆形在两侧平行对称切去一部分形成的形状。圆形切掉一部分后剩余的宽度占原来圆形直径的 1/4～1/3[51]。在加压烧结过程中，钢背上的紧固连接件插在底座的孔中，起到高温加压过程中保护紧固连接件的作用，防止其变形以后无法与闸片托连接[51]。图 3-19 是加压烧结后摩擦块-钢背横截面显微组织。摩擦块和钢背之间通过界面过渡层形成了良好的界面结合。

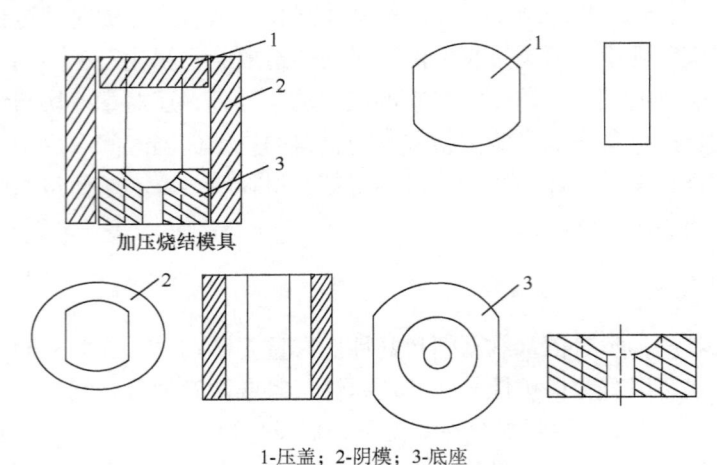

1-压盖；2-阴模；3-底座

图 3-18　闸片加压烧结模具组装图[51]

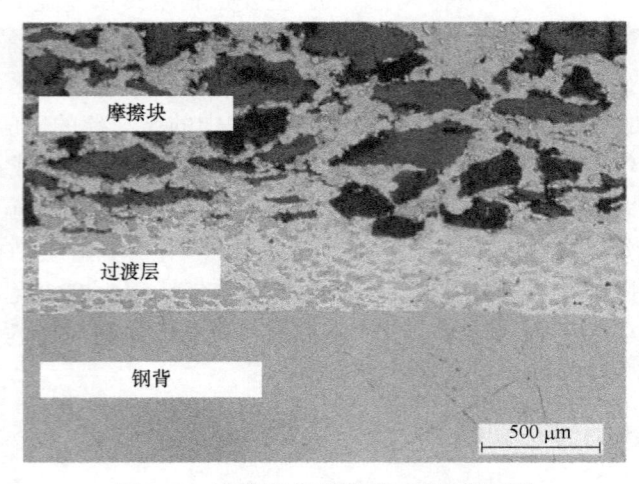

图 3-19　摩擦块-钢背横截面显微组织[44]

3.6 闸片结构设计

闸片的摩擦磨损性能不仅与制动材料有关，还和摩擦块尺寸及几何形状、摩擦块与钢背的连接形式等密切相关。闸片结构关系到制动盘与闸片的接触状态、接触压力分布、制动盘表面的温度分布、制动盘的变形状态以及摩擦性能的稳定性。制动过程中制动盘与闸片的接触状态越稳定，其接触压力分布就越均匀，则摩擦热越能保持均匀地传进制动盘，盘面温度分布差异也就越小。弹性浮动结构可以使闸片在摩擦过程中自适应调整与对偶盘的接触，能够有效缓解制动盘变形对闸片的影响，降低接触不均产生的摩擦热不均匀性，提高闸片及制动盘的温度分布均匀性，从而稳定和提高闸片的摩擦制动性能及使用寿命。闸片结构主要包括摩擦块尺寸及几何形状，以及摩擦块与钢背的连接形式。

3.6.1 摩擦块的形状和排布

摩擦块的形状和位置不同，会导致制动盘径向各点的摩擦弧长有差异，并且摩擦位置不同，其相应的摩擦线速度也不同，从而反映为摩擦温度分布及制动力的变化，从而影响摩擦副的制动性能。摩擦块形状、排布方式与制动盘温度场特征密切相关。分析闸片结构的对盘面温度分布的影响，关键是对不同摩擦块分布的闸片结构进行描述，并建立摩擦块空间分布与摩擦热之间的关系[52]。制动盘表面各点的摩擦热依赖于摩擦接触面积、摩擦时间和速度。考虑到制动盘的摩擦面是二维空间，可从径向和周向两个方向上研究摩擦块的排列方式对制动盘温度的影响。闸片结构对制动盘的影响，主要反映在闸片与制动盘组成的摩擦副的摩擦接触面积在制动盘半径方向上和圆周方向上的分布不同，进而导致制动盘由于摩擦产生的热量大小和分布不同。高飞团队[53,54]引入功率密度因子、径向结构因子和周向结构因子来描述能量在制动盘上的分布规律或摩擦热能分配状态。结构因子代表的物理意义与制动盘某一半径处的圆周上的热流密度相对应，结构因子越大输入的热流密度也就越大，越能够反映出闸片结构的差异。

1. 功率密度因子

摩擦热与摩擦功或摩擦功率密切相关，任何一个摩擦点的摩擦功率取决于这点的摩擦力与速度的乘积。摩擦面几何条件的不同相当于改变了摩擦面上各摩擦点摩擦功率的分布形态，从而影响摩擦温度的分布。因此，分析制动过程中摩擦面各区域的功率分布与摩擦副的结构关系，有助于理解摩擦副形式与制动性能的关系。

功率密度因子，即摩擦半径处的摩擦环产生的功率与总功率之比。功率密度因子可以表示任意摩擦点的摩擦功率在制动总功率中的份额，其分布形态反映出摩擦副结构特征对制动性能的影响程度。因此，功率密度因子的分布形态可以用于比较和评价摩擦副的结构性能。摩擦副的制动性能与功率密度因子密切相关。功率密度因子大，意味着摩擦副上摩擦功或功率分布越集中、摩擦副的温度提高，高温使金属材料强度降低，导致摩擦面上微凸体间的啮合强度降低，从而降低摩擦系数。

从摩擦功率的角度考虑摩擦面各点的摩擦功率分布，将制动盘的摩擦区域沿径向划分成 n 个不同半径的摩擦环，如图 3-20 所示。单位时间内，在半径为 r_i 处的任一摩擦环上摩擦力所做的功为

$$P_i = F_i v_i(t) = \frac{\mu F A_i}{A_0} \omega_t r_i \tag{3-10}$$

式中，F 为制动闸片压力，N；ω_t 为 t 时刻的制动盘角速度，rad/s；A_0 为制动闸片总面积，m^2；A_i 为半径 r_i 处的任一摩擦环上制动闸片与制动盘的接触面积，m^2。

单位时间内在整个接触面积上，摩擦力所做的总功为

$$P = \sum_{i=1}^{n} P_i = \frac{\mu F \omega_t}{A_0} \sum_{i=1}^{n} r_i A_i \tag{3-11}$$

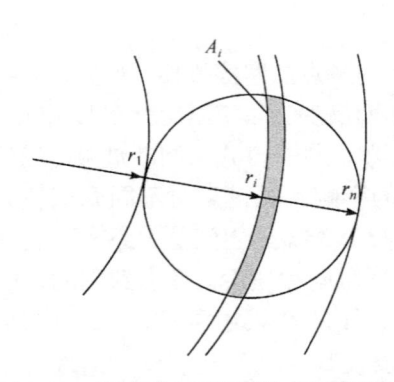

图 3-20　摩擦副上摩擦环分布示意图[55]

实际上，制动中，若制动初速度已确定，则制动能量为一定值，那么制动功率取决于制动时间。显然，制动时间除与摩擦力有关外，各摩擦半径上摩擦弧块的分布情况同样影响制动时间。这样，摩擦副几何形状的不同，相当于改变了各摩擦半径上摩擦弧块的分布情况，从而改变了摩擦功率的分布形态。因此，如果将任意一点摩擦半径处产生的功率与总功率相比，则这个比值可反映出摩擦副上摩擦功率的分布特点。将这个比值定义为功率密度因子，表达式为

$$\varepsilon_p = \frac{P_i}{P} = \frac{r_i A_i}{\sum_{i=1}^{n} r_i A_i} \tag{3-12}$$

由式(3-12)可知，功率密度因子与摩擦半径和该半径上的摩擦弧块面积成正比。功率密度因子越大，该摩擦半径点所占总功率的比例就越大。功率密度与摩

擦温度是密切相关的，因此功率密度因子就与摩擦温度有了相关性，或者说摩擦副上功率密度因子分布形态与摩擦温度的分布形态是相对应的。某点的功率密度因子高，其温度就相对高。

2. 径向结构因子

径向结构因子与功率密度因子相似，也可用来描述闸片结构对制动性能的影响[56]。制动中，在不考虑散热的情况下，假设摩擦产生的能量沿制动盘周向均匀分布，制动闸片与制动盘组成的摩擦副在制动过程中产生的热源相对于制动盘运动，所以进入制动盘的任意一微分弧块的热流密度应为进入制动盘的总热量与微分弧块在制动盘扫过面积的比值，则作用于制动盘位置点为 r 处的热流密度为[55]

$$q(r,t) = \eta\mu\frac{F}{A}\cdot\frac{v_t}{R}\cdot r = \eta\mu\frac{F}{A}\omega r \tag{3-13}$$

式中，A 为闸片总面积，m^2；F 为对闸片施加的压力，N；R 为车轮半径，m；μ 为制动盘与闸片的摩擦系数；ω 为制动盘角速度，rad/s；η 为流入制动盘的热效率；v_t 为列车制动速度，m/s。

如果将制动盘的摩擦区域划分为 n 个半径不同的摩擦环（图 3-21），则在任意摩擦环上具有不同的摩擦副有效摩擦面积。单位时间内通过半径为 r_i 的任意摩擦环上的摩擦接触面积 A_i 的能量为

$$Q(A_i) = \eta\mu\frac{F}{A}\omega r_i A_i, \quad i = 1,2,\cdots,n \tag{3-14}$$

单位时间内整个接触面积上的总热量为

$$Q(A) = \eta\mu\frac{F}{A}\omega\sum_{i=1}^{n}r_i A_i, \quad i = 1,2,\cdots,n \tag{3-15}$$

闸片在半径方向的分布差异反映为随着半径不同，摩擦副的接触面积大小不同。由式(3-13)可知，制动盘任意摩擦环上的热流密度与摩擦半径成正比。由式(3-14)可知，摩擦产生的热量与摩擦面积成正比，摩擦热与热流密度也成正比，所以制动盘上的摩擦热与摩擦副在制动盘上所处的摩擦半径、摩擦副的摩擦面积成正比。

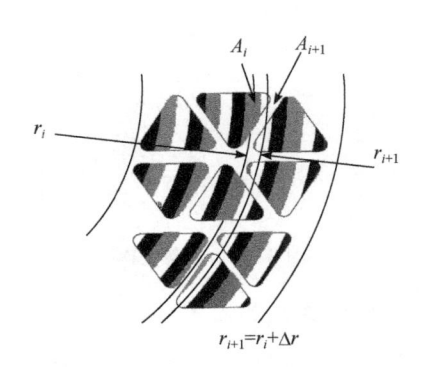

图 3-21 盘面各摩擦环摩擦面积示意图[55]

由此可见，任意接触半径上单位时间内所产生的能量占总能量的百分比反映了闸片的结构特点，这个比值可定义为径向结构因子(radial structure factor, RSF)f_i：

$$f_i = \frac{Q(A_i)}{Q(A)} \times 100\% = \frac{A_i r_i}{\sum_{i=1}^{n} r_i A_i} \times 100\%, \quad i=1,2,\cdots,n \tag{3-16}$$

由式(3-16)可知，径向结构因子 f_i 与摩擦副所处的摩擦半径 r 及摩擦副的摩擦接触面积 A_i 均成正比。从能量分配的角度来看，f_i 可以表征闸片结构径向分布的差异。任意摩擦环上的径向结构因子越大，此处产生的能量越多、温度越高。

基于式(3-16)，计算了摩擦块排布方式不同的闸片径向结构因子与半径的关系，如图 3-22 所示。径向结构因子分布反映了制动盘上的热量沿径向的分布，制动盘上最大结构因子位置对应热量最大、温度最高的位置。随着排列方式的不同，径向结构因子随半径变化均具有不同程度的波动，这个波动反映了摩擦块本身的几何形状、空间排列方式的变化情况。

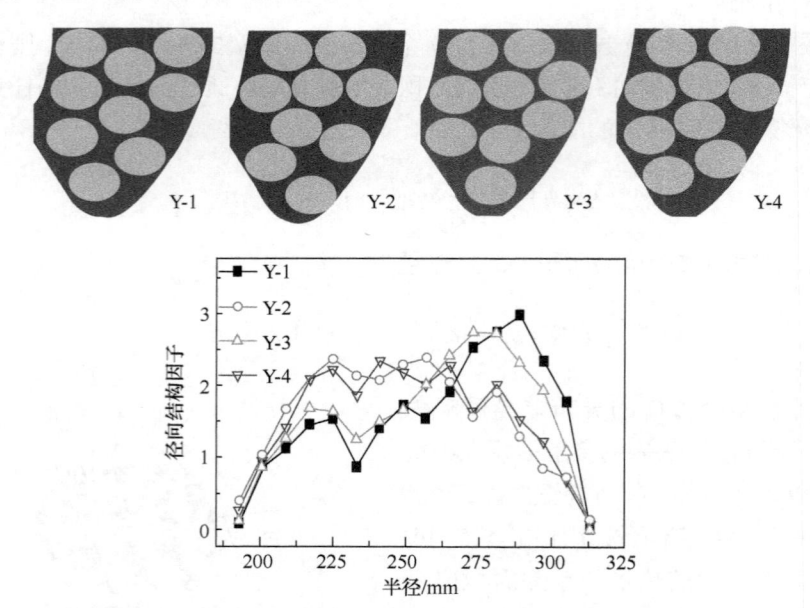

图 3-22 摩擦块排布方式不同的闸片径向结构因子与半径的关系[54,55]

3. 周向结构因子

在制动盘圆周方向上研究闸片结构对制动盘的影响，引入周向结构因子 ε：

$$\varepsilon = \frac{S_{空}}{S_{总}} \cdot n \tag{3-17}$$

式中，$S_{空}$为同一摩擦环上摩擦块间空隙的面积；$S_{总}$为摩擦块摩擦接触面积的总和；n为摩擦块的个数。周向结构因子越大，闸片的径向分散程度越大。

图 3-23 是周向结构因子的热源模型中制动过程制动闸片和制动盘的关系，可看作一个无限大平板与移动的面热源的关系，以一个无限大平板上具有三个总面积相等的面热源模型为例。热源模型中散热系数不随温度变化，是一个定值。热流密度定义为 q，图(a)中的面热源的面积为 A_0，图(b)热源由两个面积均为 A_1 的面热源组成，$A_0=2A_1$，图(c)热源由三个均匀分布的面积均为 A_2 的面热源组成，$A_0=3A_2$；分别可以代表大尺寸、中尺寸和小尺寸的摩擦块与制动盘组成的摩擦副，它们的周向结构因子分别为：$\varepsilon_a = 0$、$\varepsilon_b = 3/2$、$\varepsilon_c = 1$。

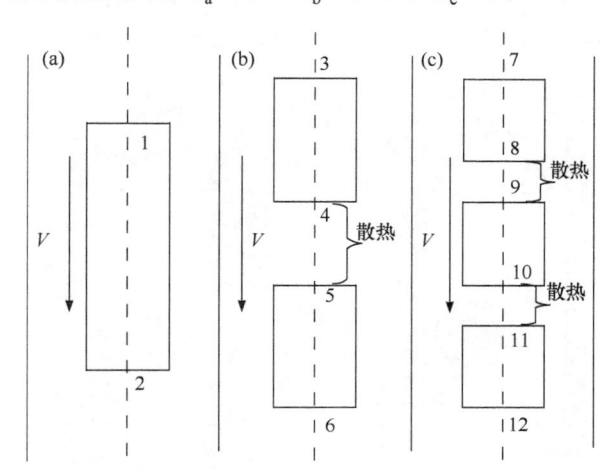

图 3-23 无限大平板上的三个移动的面热源模型[55]
(a) A_0；(b) $A_0=2A_1$；(c) $A_0=3A_2$

假设这三种面热源以一定的速度移动，则无限大平板的温度最大值应该出现在热源末端边界对称点上。

热源由点 1 移动到点 2 过程中平板所吸收的能量：$Q_a=Q_{1\text{-}2}$。

热源由点 3 移动到点 6 过程中平板所吸收的能量：$Q_b=Q_{3\text{-}4}+Q_{4\text{-}5}+Q_{5\text{-}6}$。

热源由点 7 移动到点 12 过程中平板所吸收的能量：$Q_c=Q_{7\text{-}8}+Q_{8\text{-}9}+Q_{9\text{-}10}+Q_{10\text{-}11}+Q_{11\text{-}12}$。

其中，$Q_{1\text{-}2}=qA_0$；$Q_{3\text{-}4}=qA_1$；$Q_{5\text{-}6}=qA_1$；$Q_{7\text{-}8}=qA_2$；$Q_{9\text{-}10}=qA_2$；$Q_{11\text{-}12}=qA_2$；$Q_{4\text{-}5}<0$；$Q_{8\text{-}9}<0$；$Q_{10\text{-}11}<0$。则：$Q_a=qA_0$；$Q_b=Q_a+Q_{4\text{-}5}$；$Q_c=Q_a+Q_{8\text{-}9}+Q_{10\text{-}11}$。

可以推断：$Q_a>Q_b$，$Q_a>Q_c$。

热源引起的温度最大值与所吸收的能量呈正比关系。因此,由以上计算过程可以推测三个热源引起的温度最大值 $T_{\max}^{a}$、$T_{\max}^{b}$、$T_{\max}^{c}$ 呈现以下关系:

$$T_{\max}^{a} > T_{\max}^{b}, \quad T_{\max}^{a} > T_{\max}^{c}$$

由此可以推断,闸片的周向结构因子越大,制动盘表面最高温度越低。或者说,摩擦块尺寸越小,制动盘表面最高温度越低[54]。

图 3-24 是模拟计算的六种结构闸片的对偶盘表面的温度场分布[54]。这六种结构可以对比相同排布不同形状以及相同形状不同排布这两种情况下多块不同形状的摩擦块在对偶盘表面造成的温度和应力分布区别。这六种闸片结构对应的制动盘表面的温度场均呈高低温带交替分布,形成三个高温带。但最高温度所在的高温带的位置略有不同,Y-2 的最高温度位于制动盘的中部,其他闸片结构对应的制动盘的最高温度所在的高温带位于制动盘的外侧。由制动盘的温度场分布可以直观地看出,最高温度带出现在摩擦接触面积最大的摩擦环上。

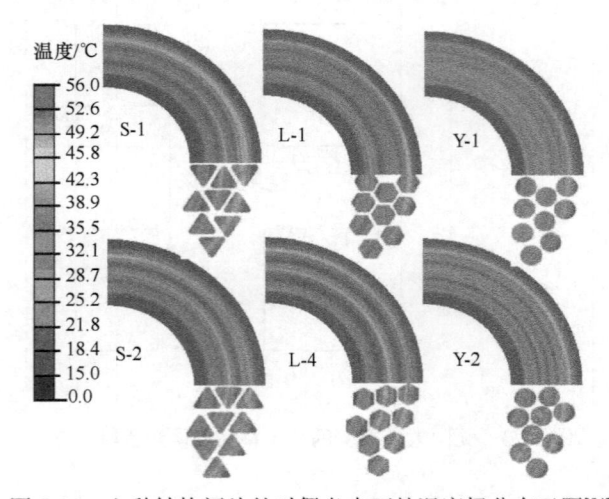

图 3-24　六种结构闸片的对偶盘表面的温度场分布云图[54]

表 3-8 列出了制动盘的盘面最高温度($T_{\max}$)、闸片的周向结构因子(ε)和径向结构因子(f_l)。S-2(三角形)对偶盘的盘面最高温度最高、径向结构因子最大;Y-1(圆形)对偶盘的盘面最高温度最小、周向结构因子最大、径向结构因子最小。由图 3-25(a)分析可知,盘面最高温度曲线与闸片径向结构因子曲线具有相同的变化趋势,即随着径向结构因子的增加盘面最高温度升高。由图 3-25(b)可见,盘面最高温度曲线与闸片周向结构因子曲线具有相反的变化趋势,即盘面最高温度随周向结构因子的减小而升高。可见,盘面最高温度受径向结构因子和周向结构因子的综合影响。径向结构因子可以反映制动盘的温度场沿半径方向分布情况;径向结构因子越大,盘面最高温度越高;周向结构因子越大,盘面最高温度越低。

表 3-8 最高温度摩擦环处的盘面最高温度、闸片的周向结构因子和径向结构因子[54]

闸片结构	T_{max}/℃	ε	f_i
Y-1	43.9	1.48	2.46
L-1	46.7	1.46	2.60
S-1	50.0	0.88	2.87
L-4	51.6	0.90	3.10
S-2	53.0	0.74	3.22
Y-2	55.1	0.33	2.59

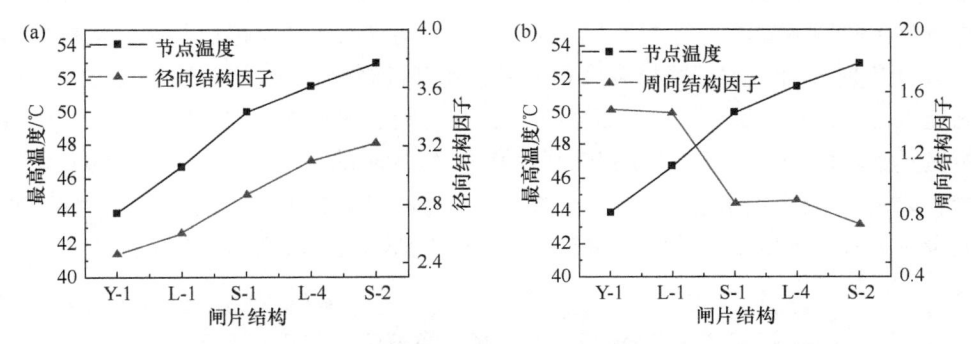

图 3-25 不同结构闸片的对偶盘表面最高温度与结构因子的相互关系曲线[54]

图 3-26 是摩擦块排布对制动盘损伤及宏观裂纹的影响[57-59]。圆形摩擦块按四种形式进行排布，得到四种闸片，分别标注为 P1、P2、P3 和 P4。四个 TGV 圆盘和闸片组成的摩擦副，圆盘由 28CrMoV5 钢制成，并在法国铁路公司(French Railway Company, SNCF)的工业试验台上进行了试验。使用四种闸片时，裂纹网络都很快出现在圆盘摩擦表面上。使用 P1 闸片和 P4 闸片，裂纹网络方向为径向。采用 P2 闸片和 P3 闸片时，裂纹网络亦主要沿径向，但伴随一些周向分支，这与热疲劳现象有关。对于 P2 闸片和 P4 闸片，裂纹网络已经扩展，并形成了几厘米长的径向宏观裂纹。可见，摩擦块排布对制动盘裂纹的影响显著。

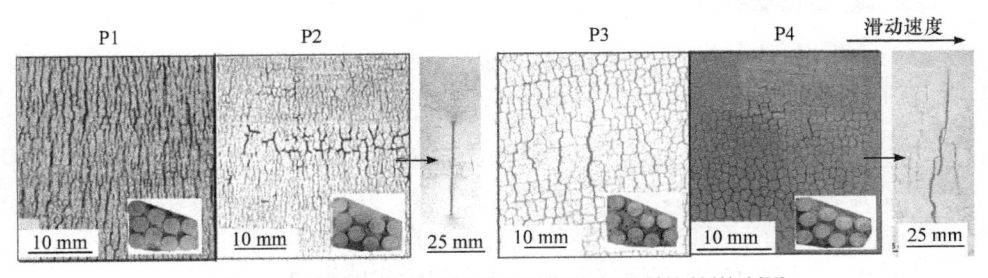

图 3-26 摩擦块排布对制动盘损伤及宏观裂纹的影响[58]

比较四种闸片组类型，在制动期间半副闸片组九个圆柱摩擦块的温度变化。四种闸片组类型的热响应在最高温度、同时接触的摩擦块数量以及接触摩擦块之间的交替(图3-26)方面非常不同。P4的交替性最大，接触的摩擦块数最少(2~4个)，最高温度也最高。相反，P3没有变化，接触摩擦块数最多(7)，最高温度最低。可见，摩擦块排布对圆盘上的温度分布起主要作用，包括材料效应以及结构效应，导致热带的形成或多或少地迅速径向迁移，并能够演变成强度不一的宏观热斑。

为了分析制动过程中应力场、应变场的演变及冷却后的残余应力场，对每组制动盘和闸片进行了热-机械解耦计算。制动过程中制动盘上的热分布不均匀。制动开始时，在制动盘表面出现一个或几个热带，然后迁移、连接或变成宏观热斑。热带是由热通量的不均匀耗散引起的，这是由闸片组上的摩擦块分布、材料的热膨胀以及盘-闸片组界面摩擦和磨损的局部物理机制引起的。宏观热斑均匀分布在圆盘表面，从一个面到另一个面不对称，并与圆盘的渐进波纹变形有关，它比热带更具破坏性。图3-27是采用P2闸片和P3闸片时的热场、完全冷却后的残余应力，以及减速制动期间最大应变点的应力和塑性应变曲线。由图可见，两种闸片残余应力及最大应变点的应力和塑性应变行为都表现出较大的差异。

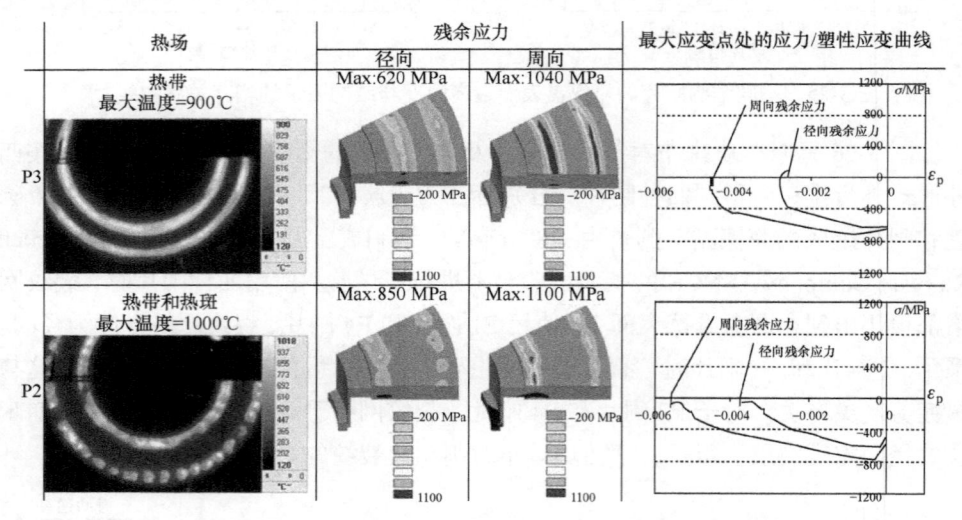

图3-27　P2闸片和P3闸片时的热场、完全冷却后的残余应力，以及减速制动期间最大应变点的应力和塑性应变曲线(300~220 km/h，能量=6.42 MJ，加载力=10000 N)[58]

四组闸片使制动盘表面温度场产生显著的差异：P1闸片和P4闸片的宏观热点、P3闸片和P2闸片的热斑。P3闸片的表面温度最低，P2闸片的表面温度最高。在制动过程中，由于膨胀约束，压缩应力出现在制动盘的热区。当应力水平超过屈服应力时，压缩时发生塑性流动，完全冷却后产生拉伸残余应力。在所考察的点上，周向值高于径向值，这对四个闸片组是适用的。在径向和周向上，P2闸片和P4闸片的应力和塑性应变均高于P1闸片和P3闸片。这实际上是由于P2闸片和P4闸片匹配的圆盘出现宏观裂纹，而与P1闸片和P3闸片匹配的圆盘在宏观上没有损坏。在完全冷却后计算的残余应力场对制动过程中出现的热梯度非常敏感，根据闸片类型显示出或多或少的严重梯度。周向最大应力幅值大于径向最大应力幅值，P2闸片最大，P3闸片最小。局部径向应力与周向应力之比可能与裂纹网络特征有关。在这个例子中，P3闸片将导致优先径向取向的裂纹网络，而P2闸片将导致更封闭的细胞型网络。

3.6.2 摩擦块中心孔的影响

常用的摩擦块形状中包括一类在摩擦块中具有孔的闸片。图3-28是无孔摩擦块和有孔摩擦块的尺寸及其与盘的接触位置示意图。摩擦块中心孔对摩擦过程中的磨损、热分布和噪声等都有显著的影响[60]。

图3-29是无孔摩擦块和有孔摩擦块的摩擦表面形貌。根据磨粒的分布，确定了摩擦表面的两个区域，并将其标记为A区和B区。A区磨粒堆积较少，B区磨粒堆积和压实较多。可以清楚地观察到，无孔摩擦块的摩擦表面呈现出一个较大的B区，其中堆积了大量的磨屑。可见，对于有孔摩擦块，区域A由块表面中部的环形区域表示，该区域显示出非常干净的表面，并且发现大量磨损碎屑被困在穿孔摩擦块的孔中；而标记在A区旁边的B区，表面比较复杂，有大量磨屑堆积。因此，这两个区域显示出完全不同的磨损情况。摩擦块中部圆孔的存在会截留磨屑，影响磨屑在摩擦块表面的分布。磨屑在块体表面的分布会影响磨损情况。磨屑堆积较少的表面区域磨损相对较轻，而磨屑堆积较多的表面区域磨损严重。

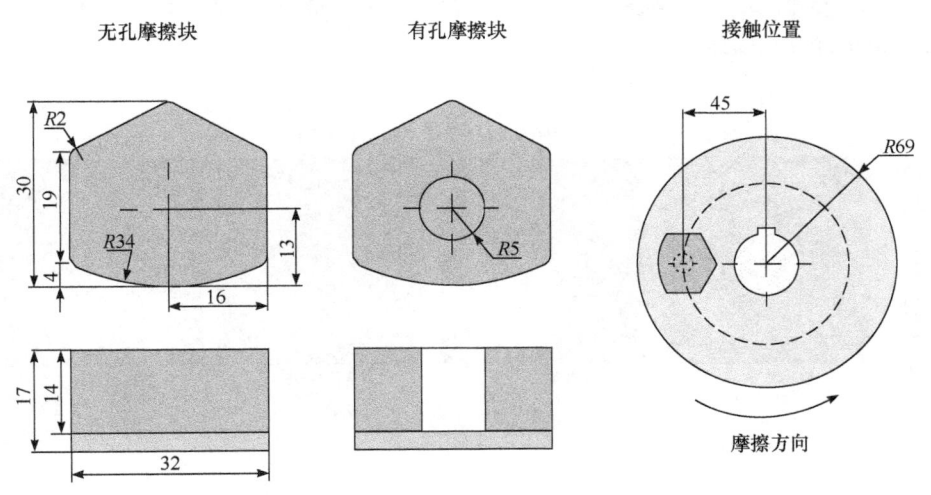

图3-28 两种摩擦块的尺寸及其与盘的接触位置示意图(单位：mm)[60]

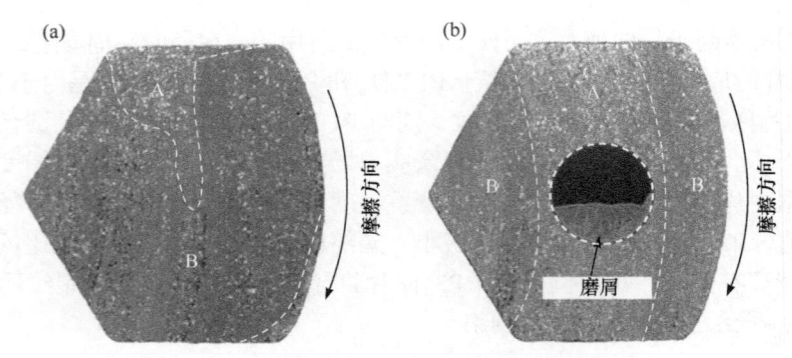

图 3-29 无孔摩擦块(a)和有孔摩擦块(b)的摩擦表面[60]

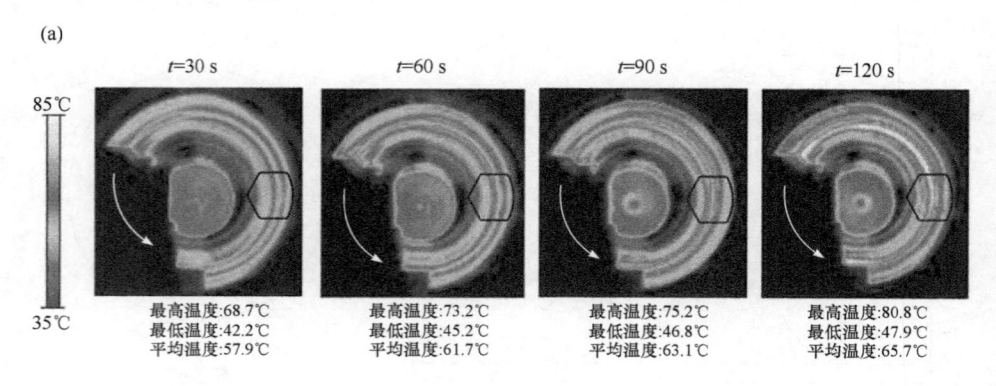

图 3-30 是无孔摩擦块和有孔摩擦块对盘面热像的影响。实心黑线所示区域代表摩擦块的镜像位置，并显示摩擦块摩擦的盘表面有效接触面积的最大、最小和平均温度值。盘表面热环的分布在无孔摩擦块和有孔摩擦块之间显示出明显的差异。对于无孔摩擦块，热环始终在整个摩擦环区域的中部呈现出集中的趋势，试验结束时温度达到 80.8℃。对于有孔摩擦块，与覆盖多孔结构半径相关的环形截面显示出相对较低的温度。高温区出现在摩擦环区域的两侧，由于线速度较高，温度最高值出现在外热环中。一般来说，制动盘表面热分布的均匀性是反映制动性能的一个重要指标。计算图 3-30 所示的实心黑框内的最高温度和最低温度之间的差值，所得结果如图 3-31 所示。两块试件的温差均随测试时间的延长而增大。然而，无孔摩擦块的制动盘表面的温差总是比有孔摩擦块的制动盘表面的温差大。当制动盘表面与多孔块摩擦时，圆盘表面表现出较好的热均匀性。可见，摩擦块中部的穿孔结构对摩擦块表面的摩擦学性能有显著影响，并影响摩擦界面的热分布。此外，有孔摩擦块可以通过降低低频呻吟和抑制高频尖叫来改善制动噪声。

(b)

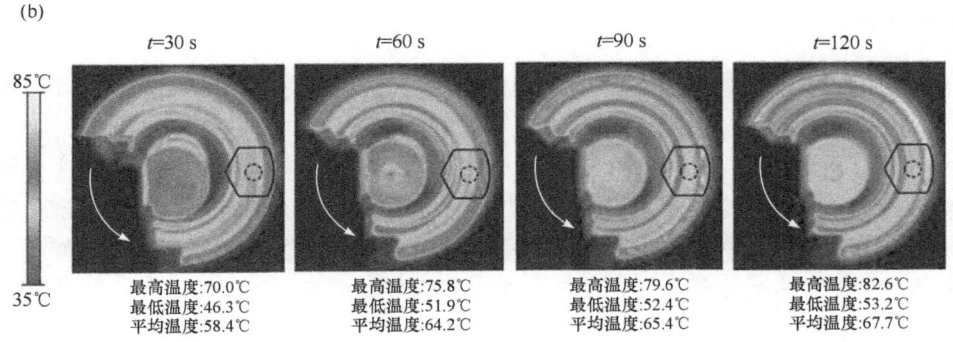

t=30 s 最高温度:70.0℃ 最低温度:46.3℃ 平均温度:58.4℃

t=60 s 最高温度:75.8℃ 最低温度:51.9℃ 平均温度:64.2℃

t=90 s 最高温度:79.6℃ 最低温度:52.4℃ 平均温度:65.4℃

t=120 s 最高温度:82.6℃ 最低温度:53.2℃ 平均温度:67.7℃

图 3-30 无孔摩擦块和有孔摩擦块对盘面热像的影响[60]
(a) 无孔摩擦块；(b) 有孔摩擦块

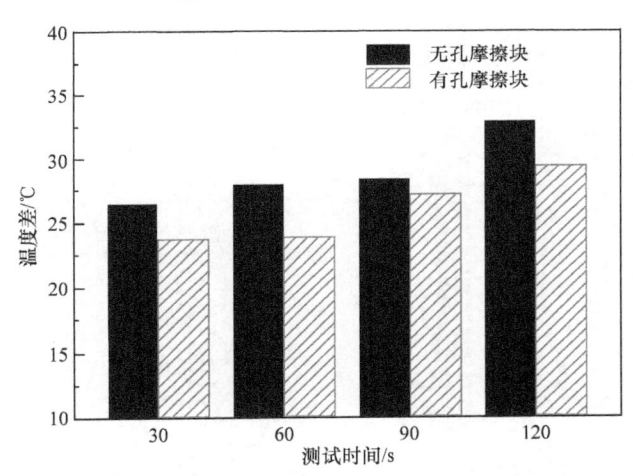

图 3-31 无孔摩擦块和有孔摩擦块对制动盘表面温差的影响[60]

3.6.3 摩擦块排布设计

摩擦块的排布方式对制动盘的温度分布有很大的影响，通过设计合理的摩擦块排布方式，能够减少温度分布不均导致的制动盘损伤。

1. 内外侧制动力均衡

为保证闸片不出现偏磨现象，夹钳压力杆左右垂直于制动盘的力矩须相等（图 3-32），即

$$F_1L_1 + F_2L_2 + K + F_nL_n = f_1R_1 + f_2R_2 + f_mR_m \tag{3-18}$$

使每个摩擦体受力一致，并找出每个摩擦体在钢背上的弧线位置。摩擦体在钢背上的分布应满足使制动盘上、中、下热流密度基本一致。每个摩擦体所产生的热

流密度为

$$q(t) = \frac{\mathrm{d}Q(t)}{\mathrm{d}t} \bigg/ \mathrm{d}s \tag{3-19}$$

式中，Q 为总热量；t 为摩擦时间；s 为参与摩擦的制动盘面积，即闸片每个摩擦体在制动盘上划过的圆环面积，$s = \pi(R^2 - r^2)$。摩擦体的分布使制动盘各部分热流密度相同，解决了闸片内外侧磨损不同导致的偏磨难题，实现制动力均衡化，使摩擦产生的热量分布均匀，延长更换周期，降低成本。

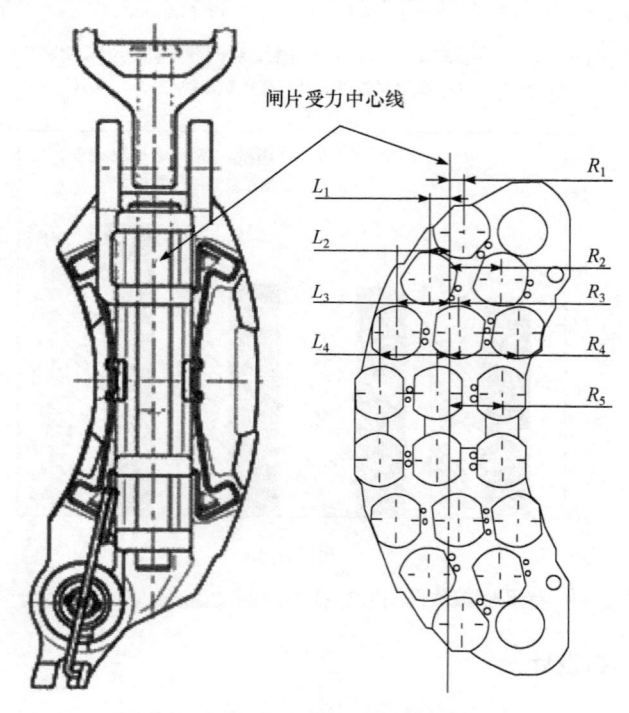

图 3-32　单点浮动结构闸片受力中心线

2. 排屑通道及散热通道设计

图 3-33 是闸片在冰雪条件下服役时描述制动盘严重磨损过程的模型[61]。制动前，含有大量硬颗粒的冰包裹着制动闸片，如图 3-33(a)所示。制动开始时，摩擦引起的温度升高使冰融化。冰中的硬颗粒散落在制动盘和制动闸片之间的摩擦面上，划伤摩擦面，形成分散的切屑。随着制动过程的继续，产生了更多的切屑。在制动压力和高温下，切屑结合在一起（图 3-33(b)），这是一种划伤摩擦表面的主要研磨材

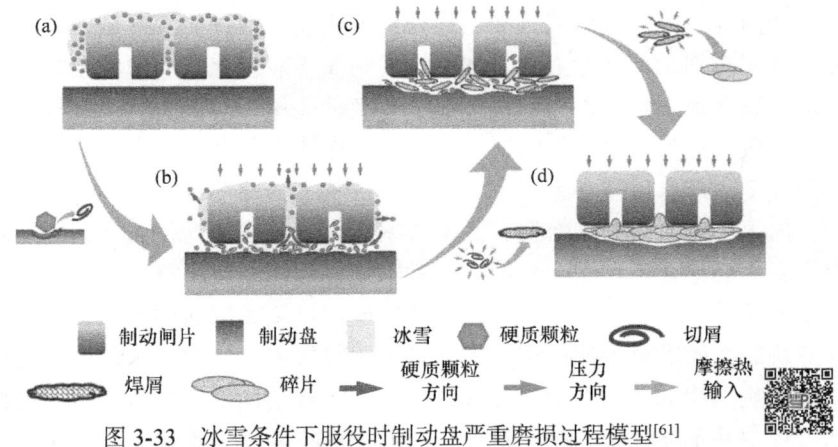

图 3-33　冰雪条件下服役时制动盘严重磨损过程模型[61]

(a) 制动前；(b) 硬颗粒划伤制动盘和产生的切屑；(c) 切屑结合在一起；(d) 结合的切屑形成片状磨屑

料。随后，新生成的切屑与以前存在的切屑焊合。焊合的切屑卡在制动闸片的孔和间隙中以及制动盘和制动闸片之间(图 3-33(c))。大块切屑划伤了制动盘，并且变得越来越厚和越来越宽，因此，制动盘上的深槽位置与制动闸片上孔和间隙集中的区域一致(图 3-33(d))。

因此，为了使闸片在严寒冰雪气候条件下使用，开发出大间隙闸片结构，通过增大摩擦元件之间的间隙形成有效的排屑及散热通道，使冰雪和磨屑的混合物能够顺利排出，避免磨削物的堆积和金属镶嵌，提高了散热效果，有效提高了制动盘的温度均匀性，降低了制动盘的热应力，成功解决了闸片在冰雪气候条件下出现的闸片金属镶嵌、异常磨耗、制动盘损伤严重、摩擦系数波动大等问题。

3.6.4　闸片自适应结构设计

闸片的结构主要有两种形式：固定式和弹性浮动式。

1. 固定式结构

固定式结构是指将摩擦块直接焊接或者铆接在钢背上。焊接是指烧结出摩擦块之后，直接在钢背上利用钎焊的工艺将摩擦块按照一定空间排布焊接在钢背上[62,63]。目前，广泛使用的铆接结构多为将粉末冶金的制动块直接加压烧结在骨架上，然后通过铆钉将骨架铆接在多边形板状钢背的一个面上，在摩擦块与摩擦块之间有若干个排屑和防热变形槽，在多边形板状钢背的另一个面上通过若干个通孔焊接或铆接了一件 W 形燕尾板。在上述结构中将三角形制动块采用铆钉铆接在多边形板状钢背的一个面上，而制动时制动块将承受很大的摩擦力，从而使得铆接元件承受很大的剪切力，这容易造成闸片变形，同时对铆钉的质量要求很高。

虽然制动面变形可通过后续机加工的方式消除，但钢背的变形是无法消除的，变形的钢背安装到制动装置上后，加工过的闸面不能完全与制动盘接触，制动性能不稳定，制动效率降低，而且在高速、高制动能量、高压力下，这种现象更加严重，存在极大的安全隐患。同时，为防止摩擦块在制动过程中转动，每个制动块都要通过三个铆钉铆接在钢背上，不但使得整个闸片上的所有铆钉难以实现整体铆接，需每个制动块单独铆接，装配效率低，加工成本高，而且铆接后闸片整体也容易发生变形，影响制动性能。这种摩擦块铆接结构还需在一件摩擦块上加工出三个铆接孔，由于加工出三个铆接孔造成摩擦块摩擦面的摩擦面积减小，制动时摩擦块摩擦面的单位比压增大，导致摩擦热增多，且由于这种铆接结构散热条件差，影响闸片的使用寿命。此外，采用固定式结构的闸片组，摩擦块普遍存在制动过程中并不能完全与制动盘面充分贴合进行摩擦的现象，即产生偏磨，摩擦块容易掉边掉角、制动效率低、制动距离过长。偏磨还会导致闸片外圈上摩擦块损耗过快，摩擦块上的骨架划伤制动盘。对于新闸片，上述问题更为明显，需要较长的磨合周期才能实现与制动盘的相对吻合，但是偏磨问题一直无法消除[64]。

2. 弹性浮动式结构

实现弹性浮动式结构基础的结构材料主要有球窝副和弹簧。以下是四种不同的钢背与摩擦块连接方案。

1) 钢背与摩擦块弹性连接

图 3-34 是钢背与摩擦块弹性连接示意图。摩擦块与摩擦块垫高温烧结形成摩擦组。在钢背中设计沉孔、通孔，摩擦块垫的凸台在碟形弹簧的作用下使摩擦块垫与钢背之间形成弹性连接，最后用固定卡簧将摩擦块垫与钢背连接在一起，防止摩擦组元的脱落。弹性连接方式使得摩擦组能够在一定范围内调整制动压力、角度、接触面积，使得摩擦块能够更好地贴合制动盘。图 3-35 是单个摩擦块装配爆炸图和装配效果图。

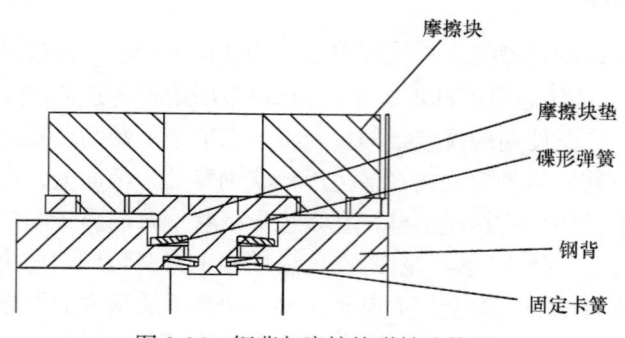

图 3-34　钢背与摩擦块弹性连接[65]

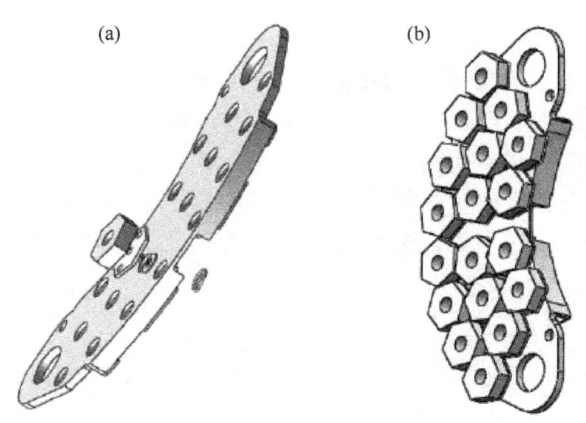

图 3-35　单个摩擦块装配爆炸图装配效果图[65]
(a) 装配爆炸图；(b) 装配效果图

图 3-36 是国内某公司开发的浮动式制动闸片，包括闸片背板、摩擦块、卡簧以及设置于所述摩擦块与所述闸片背板之间的弹性支撑片，弹性支撑片包括球形支撑面和设置于球形支撑面外侧的支撑棘爪[66]。球形支撑面与摩擦块的球形支撑部贴合；球形支撑面的底部中心成形有适于摩擦块的定位部穿过的导向孔；支撑棘爪从球形支撑面的边缘向球形支撑面的底部并倾向远离导向孔方向延伸，支撑棘爪的连接缘与球形支撑面的边缘通过平滑过渡段连接，支撑棘爪与支撑缘延伸超过球形支撑面的底部。该实用新型的浮动式制动闸片，解决了制动闸片的弹性支撑件部分棘爪不向外伸张反而向内弯折的问题。在受到应力时，弹性支撑片能沿支撑棘爪的方向向外伸张，避免了相应部分的支撑失效。

图 3-36　浮动式制动闸片[66]

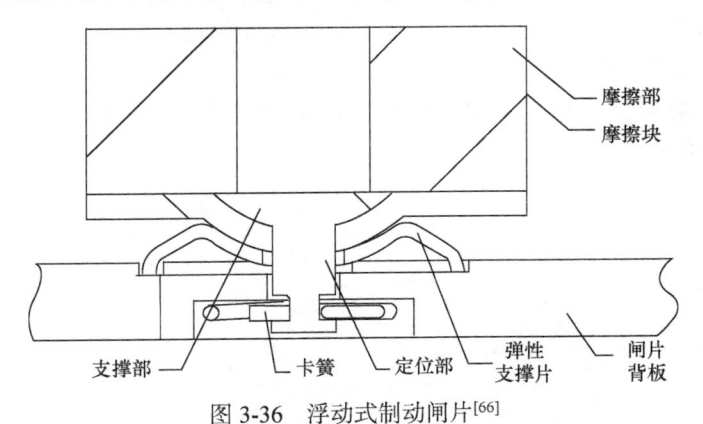

图 3-37 是碟形弹簧结构图。碟形弹簧是在轴向上呈锥形并承受负载的特殊弹簧，在承受负载变形后，储蓄一定的势能，当螺栓出现松弛时，碟形弹簧释放

部分势能以保持连接间的压力达到密封要求。碟形弹簧应力分布由里到外均匀递减，能够实现低行程高补偿力的效果，具有刚度大，缓冲吸振能力强，能以小变形承受大载荷，适合于轴向空间要求小的场合，维修换装容易、经济、安全性高，使用寿命长等优点。在高铁制动闸片中加入碟形弹簧，则碟形弹簧在摩擦块上施加特定的轴向压力，摩擦块在制动过程中的磨损可以通过碟形弹簧得到补偿，从而保证摩擦块有恒定的力矩，缓冲吸振，保证制动过程中的平稳。

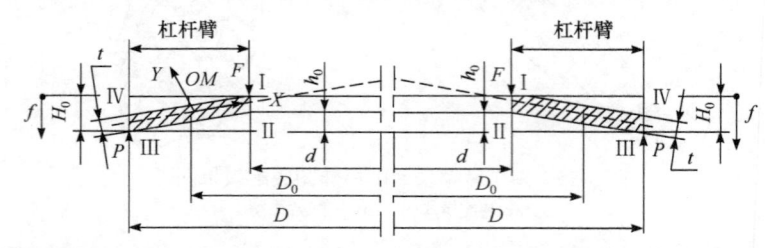

F 表示单个弹簧的载荷；t 表示弹簧厚度；D 表示碟形弹簧外半径；d 表示碟形弹簧的内半径；f 表示单片碟形弹簧的变形量；h_0 表示碟形弹簧压平时变形量的计算值；H_0 表示碟形弹簧未受力时的高度；D_0 为 $H_0/2$ 处的碟形弹簧半径；OM、Ⅰ、Ⅱ、Ⅲ、Ⅳ、P 表示位置标注

图 3-37　碟形弹簧结构图

2) 钢背与摩擦块通过一组球窝连接

钢背与摩擦块通过球窝连接的方式如图 3-38 所示。球窝副是组成运动副的两个构件能绕三条交于一点的轴线做独立相对转动的运动副，如图 3-39 所示。摩擦块与摩擦块垫高温烧结形成摩擦组，钢背上设计为凸起球面且摩擦块垫下设计为凹球面，因此摩擦组与钢背之间形成球窝连接，两个球面相互配合，摩擦块垫底部的连接轴穿过钢背凸台中心通孔，与钢背底部的沉孔利用卡簧固定，防止摩擦组不工作时脱落。此方案利用球窝连接可以通过球心设无数个轴，使得摩擦组能够朝运动范围内的任意方向运动。通过不断调整中心轴的角度来实现更好地贴合制动盘，具有一定的自适应功能。图 3-40 是单个摩擦块装配爆炸图装配效果图[65]。

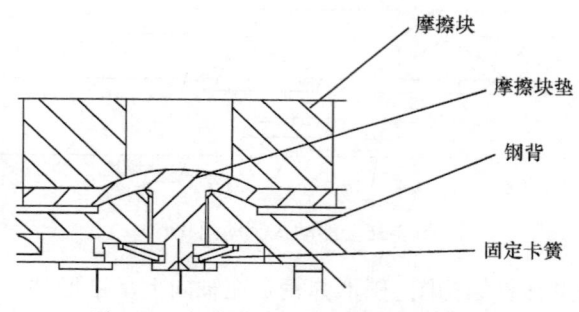

图 3-38　钢背与摩擦块一组球窝连接[65]

第 3 章　铜基制动闸片的制备工艺

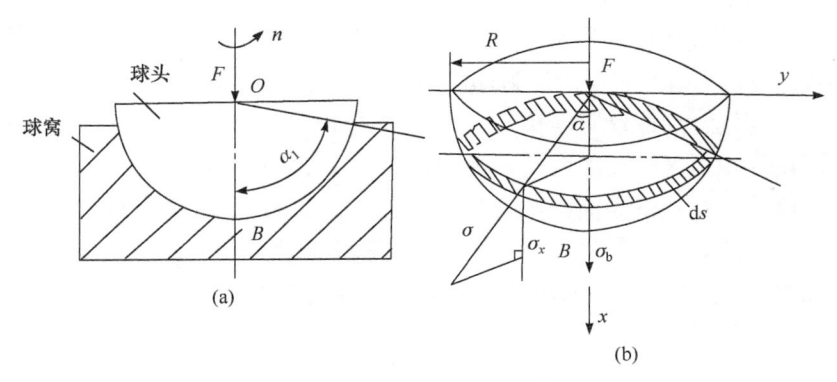

图 3-39　球窝副结构图[65]

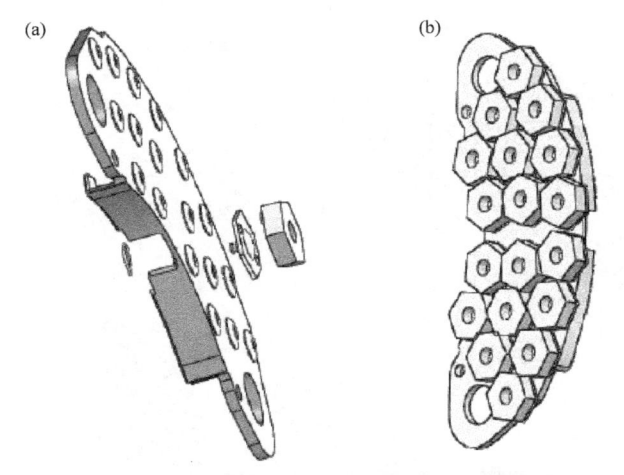

图 3-40　单个摩擦块装配爆炸图和装配效果图[65]
(a) 装配爆炸图；(b) 装配效果图

3) 二级调整结构

球窝副调整范围有限，引入调整器能够增加调整范围。图 3-41 是调整器图片及其工作示意图。调整器可以通过球面滑动配合调整平面角度。

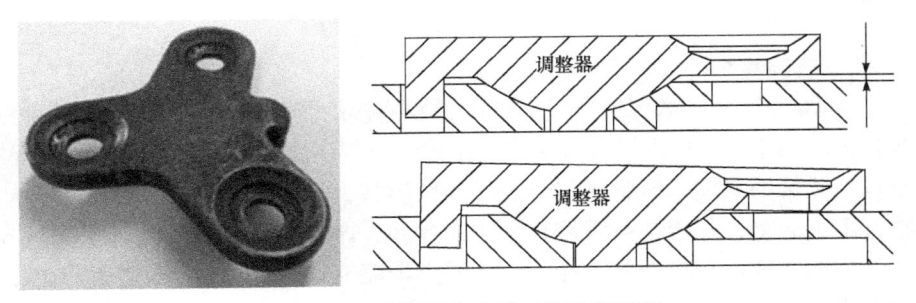

图 3-41　调整器图片及其工作示意图[65]

钢背与摩擦块通过调整器连接示意图如图 3-42 所示。摩擦块与摩擦块垫高温烧结形成摩擦组，钢背表面设计为球面凸台，调整器的下表面设计为凹球面沉槽，使得调整器与钢背形成球窝连接，因此调整器能够通过球心设无数个中心轴，在运动范围内任意角度运动形成第一级调整。调整器的上表面设计为带有通孔的凸起球面，摩擦块垫的下表面设计为与之相配合的凹球面，使得摩擦组与调整器形成球窝连接形成第二级调整，摩擦组与调整器不断调整中心轴的角度从而更好地贴合制动盘，起到自适应的作用。图 3-43 是一组摩擦块组合装配爆炸图和装配效果图。

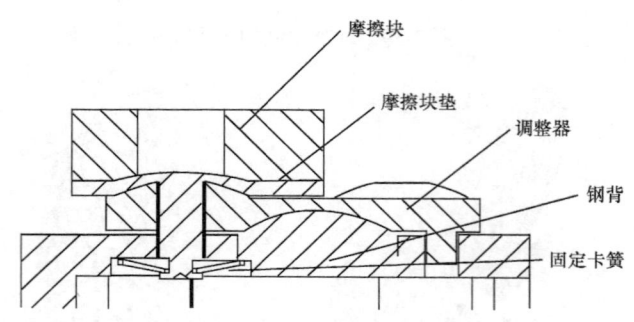

图 3-42 二级调整结构钢背与摩擦块通过调整器弹性连接[65]

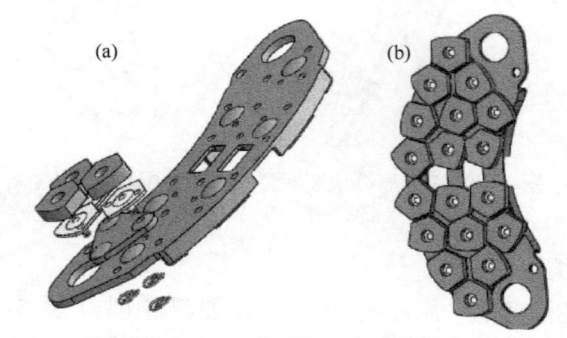

图 3-43 二级调整结构一组摩擦块组合装配爆炸图和装配效果图[65]
(a) 装配爆炸图；(b) 装配效果图

4) 三级调整结构

图 3-44 是钢背与摩擦块通过调整器弹性连接的结构图，同时引入带碟形弹簧和调整器的结构。摩擦块与摩擦块垫高温烧结形成摩擦组，钢背表面设计了沉槽，用于碟形弹簧的安装。调整键的下表面与碟形弹簧配合，碟形弹簧受力变形使得调整键上下调整，形成第一级调整结构。此外，调整键上表面的凸起球面与调整器的下表面凹球面形成球窝连接，由此调整器能够通过球心设无数个中心轴，在运动范围内任意角度运动形成第二级调整。调整器的上表面设计带有通孔的球台，

摩擦块垫的下表面有与之相配合的凹球面，使得摩擦组与调整器形成球窝连接，形成第三级调整。通过三级不同的调整使得摩擦组与调整器不断调整中心轴的角度，从而更好地贴合制动盘，起到自适应的作用。

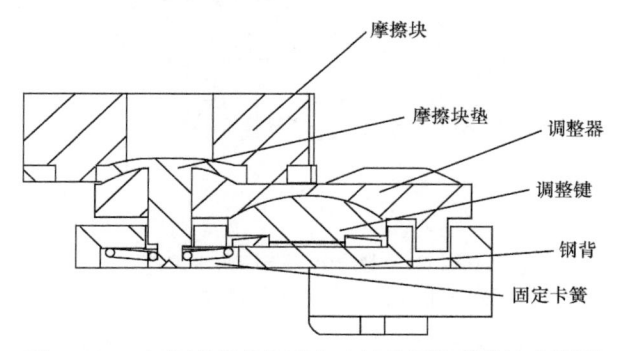

图 3-44　三级调整结构钢背与摩擦块调整器弹性连接[65]

调整器为正三角形轮廓，每个角均倒角，每个倒角都含有一个通孔用于安装摩擦块，每一个倒角中间内有一个凸球面与摩擦块垫球窝配合。调整器下表面中心处设有凹球面与调整键的凸起球面球窝配合。调整器凹球面旁有一个凸起圆柱定位销与钢背定位孔配合，用于调整器的定位。图 3-45 是一组摩擦块组合装配爆炸图和装配效果图。

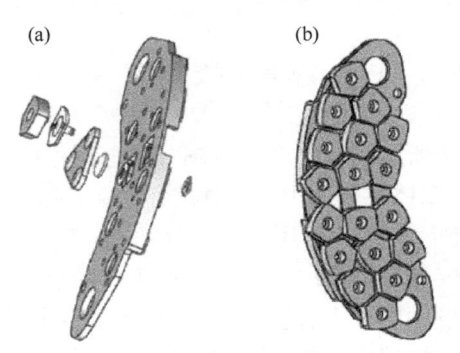

图 3-45　三级调整结构一组摩擦块组合装配爆炸图和装配效果图[65]
(a) 装配爆炸图；(b) 装配效果图

图 3-46 是国外某公司高速列车制动闸片结构图。由粉末冶金摩擦块、调整器、连接轴、钢背组成。该产品已在国内外高速列车上广泛使用[59]。

图 3-47 是国内某公司为 400 km/h 速度等级高速列车设计的三级均载浮动结构闸片。该闸片结构为分体式，分为左片、右片，呈镜面对称，主要由粉末冶金摩擦块、三角托、钢背、卡簧组成。

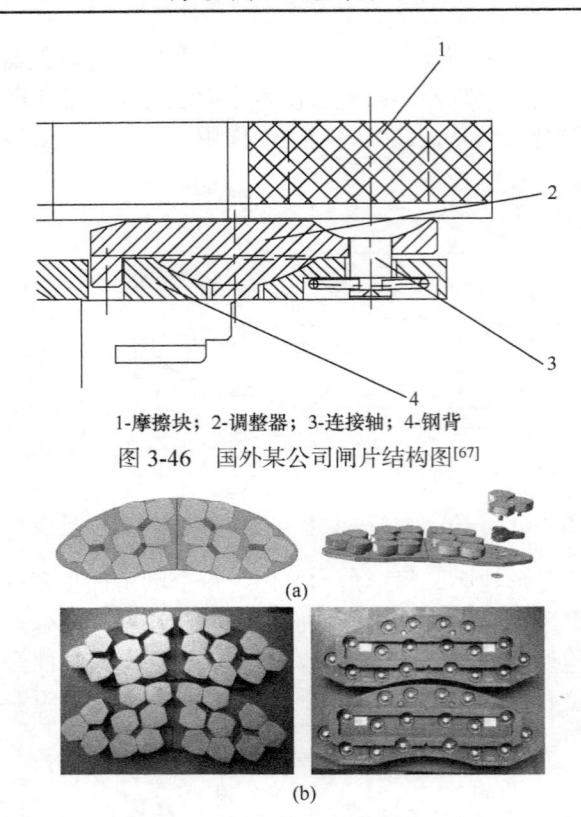

1-摩擦块；2-调整器；3-连接轴；4-钢背

图 3-46　国外某公司闸片结构图[67]

(a)

(b)

图 3-47　国内某公司为 400 km/h 速度等级高速列车设计的三级均载浮动结构闸片示意图及实物图
(a) 示意图；(b) 实物图

图 3-48 是图 3-47 所示闸片受力示意图。每个三角托上安装三个摩擦块，六个三角托将 18 个制动摩擦块分成上、下对称各三组，弹性安装在钢背上。制动夹钳提供的夹紧力，通过制动闸片作用点 S (S 为由 D_1、D_2、D_3 组成的三角形的重心) 传递到三角托与钢背安装球面 D_1、D_2、D_3 三个作用点上，再通过三角托上的三个角球面传递到每个制动闸片上，使闸片作用在制动盘上的制动力实现二级均载。左右片分体、三角托采用球面支撑，可实现作用在制动盘上的制动力三级均载，使得摩擦块体的摩擦工作面最大限度地与制动盘相接触，这样的动态自由调整过程既发生在制动开始的瞬间，也贯穿整个制动过程，可使制动过程获得最大有效接触摩擦面积，从而降低接触应力集中，避免异常磨损。

除使应力均载外，闸片各部件之间相互弹性连接，可以吸收制动时闸片产生的振动，有助于减少制动时所产生的噪声。摩擦块体与钢背间由三角托隔开，有利于散发掉摩擦块体与制动盘接触摩擦所产生的热量，有效提高制动盘的温度分布均匀性，闸片和制动盘经历的最高温度降低了 50℃，避免了由于过热而使制动盘出现发蓝及热裂现象，保证了制动盘的工作寿命。

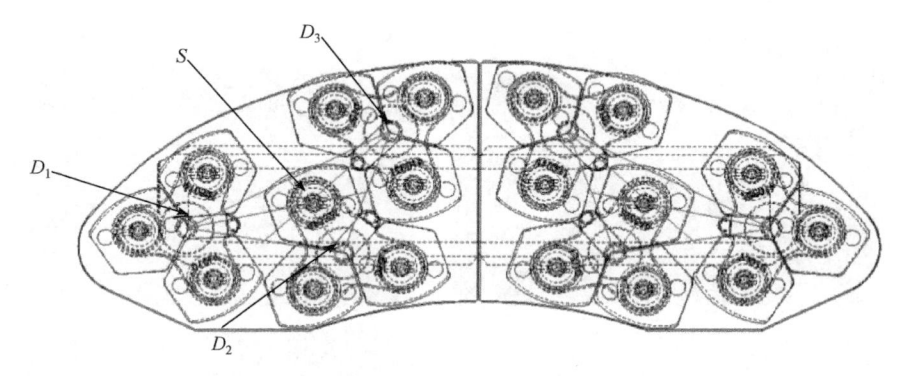

图 3-48　图 3-47 中三级均载浮动结构闸片受力示意图

3.7　闸片生产自动化生产线

图 3-49 是国内某公司建设的国内首条铜基粉末冶金闸片自动化生产线，大幅度提高了闸片产品的一致性和可靠性。该生产线设计出粉末冶金闸片专用自动配料系统，以及压制、烧结等关键工序，研发了专用自动化设备，创立了基于机器视觉的闸片产品尺寸和外观质量在线检测及监控、工业机器人动态抓取和分拣软硬件系统。该生产线实现了烧结和检测全过程自动化生产和高质量稳定性控制，避免了人为操作造成的产品性能不确定性，确保了产品的一致性、稳定性，提高了生产效率。

图 3-49　国内某公司铜基粉末冶金闸片自动化生产线
(a) 生产单元布置图；(b) 自动配料；(c) 自动压制；(d) 自动烧结；(e) 自动组装；(f) 自动检测；(g) 自动运输

参 考 文 献

[1] 曲选辉. 粉末冶金原理与工艺. 北京：冶金工业出版社, 2013.
[2] 韩委委. 高速制动铜基粉末冶金摩擦材料的设计及制备. 南昌：南昌大学, 2018.
[3] 苏桂花. 稀土镁合金的组织、性能及半固态组织演变规律. 长春：吉林大学, 2010.
[4] 曲选辉, 章林, 吴佩芳, 等. 现代轨道交通闸片材料的发展与应用. 材料科学与工艺, 2017, 25(2): 1-9.
[5] 曹海江. 新型铜基自润滑复合材料制备及其结构与性能的研究. 秦皇岛：燕山大学, 2011.
[6] 董瑞峰. 铜合金/石墨复合材料的研究. 天津：天津大学, 2012.
[7] 刘有德. 汽车同步器粉末冶金同步环用湿式铜基摩擦材料. 杭州：浙江大学, 2005.
[8] 韩凤麟. 粉末冶金零件生产用石墨粉的选择. 粉末冶金工业, 2014, 24(4): 1-10.
[9] Chen B, Bi Q, Yang J, et al. Tribological properties of solid lubricants (graphite, h-BN) for Cu-based P/M friction composites. Tribology International, 2008, 41(12): 1145-1152.
[10] 疏达, 王建彬, 陶峰. 复合摩擦材料配方的优化设计. 铜仁学院学报, 2015, 17(4):88-91.
[11] 沈洪娟. 铁在铜基粉末冶金摩擦材料中的作用. 大连：大连交通大学, 2009.
[12] 焦祥楠. 无铅铜铋滑动轴承材料力学性能及摩擦磨损特性研究. 合肥：合肥工业大学, 2012.
[13] 冯江, 宋克兴, 梁淑华, 等. 混杂增强铜基复合材料的设计与研究进展. 材料热处理学报, 2018, 39(5): 1-9.
[14] 陈淑娴, 凤仪, 李庶, 等. MoS$_2$ 含量对 Cu-MoS$_2$ 复合材料烧结过程的影响. 材料热处理学报, 2009, 30(1): 5-10.

[15] 王广达, 方玉诚, 罗锡裕. 粉末冶金摩擦材料在高速列车制动中的应用. 粉末冶金工业, 2007, (4): 38-42.
[16] 周海滨, 姚萍屏, 肖叶龙. SiC 颗粒强化铜基粉末冶金摩擦材料的表面形貌特征及磨损机理. 中国有色金属学报, 2014, 24(9): 2272-2279.
[17] 袁国洲, 汪琳, 谢剑峰, 等. 混料时间对航空摩擦材料性能的影响. 粉末冶金技术, 2004, (1): 26-28.
[18] 谢剑锋, 袁国洲, 汪琳, 等. 航空摩擦材料混料时间研究. 粉末冶金工业, 2003, (5): 20-24.
[19] 刘建秀, 郝源丰, 樊江磊, 等. 混料时间对含石墨的铜基摩擦材料性能的影响. 粉末冶金工业, 2020, 30(4): 37-41.
[20] 曲在纲, 黄月初. 粉末冶金摩擦材料. 北京: 冶金工业出版社, 2005.
[21] 吴佩芳, 释加才让, 孙志远, 等. 一种称重装置及压机: 中国, ZL201922139020.8. 2020.
[22] 方祖欣, 潘祺睿, 朱松, 等. 客运机车用制动闸片压粉模具研制. 轨道交通装备与技术, 2015(5): 19-21.
[23] 吴佩芳, 王春雨. 一种冲头组件及模压成型装置: 中国, ZL201611185029.7. 2019.
[24] 姚萍屏, 盛洪超, 熊翔, 等. 压制压力对铜基粉末冶金刹车材料组织和性能的影响. 粉末冶金材料科学与工程, 2006, (4): 239-243.
[25] 费多尔钦科. 粉末冶金原理. 北京: 冶金工业出版社, 1974.
[26] 赵翔. 高速列车粉末冶金制动闸片的制备与摩擦磨损性能研究. 北京: 北京科技大学, 2016.
[27] Coble R L, Ellis J S. Hot-pressing alumina-mechanisms of material transport. Journal of the American Ceramic Society, 1963, 46(9): 438-441.
[28] Rahaman M N. Sintering of Ceramics. New York: CRC Press, 2008.
[29] Langer J, Hoffmann M J, Guillon O. Direct comparison between hot pressing and electric field-assisted sintering of submicron alumina. Acta Materialia, 2009, 57(18): 5454-5465.
[30] Yann A, Vincent G, Elisabeth D. Spark plasma sintering kinetics of pure α-alumina. Journal of the American Ceramic Society, 2011, 94(9): 2825-2833.
[31] Kang S J L. Sintering: Densification, Grain Growth, and Microstructure. Oxford: Elsevier, 2005.
[32] Kang S J L, Jung Y I. Sintering kinetics at final stage sintering: Model calculation and map construction. Acta Materialia, 2004, 52(15): 4573-4578.
[33] Du X W, Zhang Z X, Wang Y, et al. Hot-pressing kinetics and densification mechanisms of boron carbide. Journal of the American Ceramic Society, 2015, 98(5): 1400-1406.
[34] 项铭禹. ZrC 陶瓷及其复合材料的制备过程与机理研究. 武汉: 武汉理工大学, 2018.
[35] 张光胜, 牛顿, 冯思庆. 压制次数对铜基粉末冶金摩擦材料物理性能的影响. 机械工程师, 2010, (1): 109-111.
[36] 栾大凯, 韩建民, 李荣华, 等. 高速列车铜基粉末冶金闸片材料力学性能研究//第十届全国青年材料科学技术研讨会论文集(C 辑), 长沙, 2005.
[37] 谭旭良. 基于模糊 PID 参数自整定算法的钟罩炉温度控制系统. 长沙: 中南大学, 2012.
[38] 张志龙. 烧结工艺对粉末冶金闸片性能影响的试验研究. 北京: 中国地质大学(北京), 2017.
[39] 王天国, 覃群. 烧结温度对铜基粉末冶金摩擦材料组织和性能的影响. 机械工程材料, 2016, 40(1): 39-42.

[40] Xiong X, Sheng H C, Chen J, et al. Effects of sintering pressure and temperature on microstructure and tribological characteristic of Cu-based aircraft brake material. Transactions of Nonferrous Metals Society of China, 2007, 17(4): 669-675.
[41] 毛凯. 烧结工艺对铜基粉末冶金摩擦材料性能的影响. 成都: 西南交通大学, 2011.
[42] 姚萍屏, 熊翔, 李世鹏, 等. 合金元素锌/镍对铜基粉末冶金闸材料的影响. 润滑与密封, 2006, (4): 1-3, 22.
[43] 栾大凯, 韩建民, 李荣华, 等. 高速列车铜基粉末冶金闸片材料力学性能研究. 中国有色金属学报, 2005, 15(2): 39-42.
[44] Xiao Y, Zhang Z, Yao P, et al. Mechanical and tribological behaviors of copper metal matrix composites for brake pads used in high-speed trains. Tribology International, 2018, 119: 585-592.
[45] 牛顿. 粉末冶金铜基摩擦材料制备及摩擦学性能研究. 芜湖: 安徽工程大学, 2010.
[46] 姚萍屏, 张忠义, 汪琳, 等. 烧结温度对铁基粉末冶金航空闸材料组织的影响. 粉末冶金材料科学与工程, 2007, (3): 160-166.
[47] 李凌云. $Zr_2Al_4C_5$-SiC 陶瓷的 SPS 制备及性能研究. 哈尔滨: 哈尔滨工业大学, 2015.
[48] 毛凯, 燕青芝, 葛昌纯, 等. 烧结气氛对铜基粉末冶金摩擦材料性能的影响. 粉末冶金工业, 2011, 21(2): 25-29.
[49] Rui Z, Lian G A, Jg A. Effect of Cu_2O on the fabrication of SiC_p/Cu nanocomposites using coated particles and conventional sintering. Composites Part A, 2004, 35(11): 1301-1305.
[50] 王晔. 高铁制动用粉末冶金摩擦材料的制备及性能研究. 北京: 北京科技大学, 2015.
[51] 吴佩芳, 龙波. 一种粉末冶金闸片加压烧结模具: 中国, ZL201020211803.9. 2011.
[52] 农万华. 基于闸片结构的列车盘形制动温度和应力的数值模拟及试验研究. 大连: 大连交通大学, 2012.
[53] 农万华, 符蓉, 韩晓明. 优化结构闸片对制动盘温度及热应力的影响. 大连交通大学学报, 2012, 33(4): 62-65.
[54] 孙超. 摩擦块排布对制动盘温度场及热应力场的影响. 大连: 大连交通大学, 2012.
[55] 胡金柱. 摩擦副形式与制动性能的关系. 大连: 大连交通大学, 2013.
[56] 罗继华, 杨美传. 动车组拖车制动盘有限元热分析. 铁道车辆, 2009, 47(4): 22-25, 48.
[57] Panier S, Dufrénoy P, Weichert D. An experimental investigation of hot spots in railway disc brakes. Wear, 2004, 256(7-8): 764-773.
[58] Gérard D, Philippe D, Jonathan W, et al. Failure mechanisms of TGV brake discs. Key Engineering Materials, 2007, 70(345-346): 697.
[59] Viet J J, Bumbieler F, Raison J, et al. Experimental and numerical study of disc brake cracking mechanisms. Revue Générale des Chemins de Fer, 2002, 12: 15-23.
[60] Tang B, Mo J L, Xu J W, et al. Effect of perforated structure of friction block on the wear, thermal distribution and noise characteristics of railway brake systems. Wear, 2019, 426: 1176-1186.
[61] Wu Y, Liu Y, Chen H, et al. An investigation into the failure mechanism of severe abrasion of high-speed train brake discs on snowy days. Engineering Failure Analysis, 2019, 101: 121-134.
[62] 孙超, 高飞, 符蓉, 等. 制动闸片结构特征的表征方法研究. 铁道机车车辆, 2012, 32(4):

49-54.

[63] 谢鑫林, 朱松, 潘祺睿. 一种列车制动闸片: 中国, ZL201621443770.4. 2017.

[64] 彭旭光. 一种新型弹性结构闸片: 中国, ZL201721282705.2. 2019.

[65] 王庚祥, 刘宏昭. 考虑球面副间隙的 4-SPS/CU 并联机构动力学分析. 机械工程学报, 2015, 51(1): 43-51.

[66] 吴佩芳. 浮动式制动闸片: 中国, CN201310047579.2. 2013.

[67] 刘国斐. 克诺尔车辆设备(苏州)有限公司在中国的营销战略研究. 兰州: 兰州大学, 2016.

第4章 摩擦系数衰退机理及闸片失效行为

高速列车在连续制动或在高速、大载荷下制动时,盘形制动器的温升过高,在化学、物理及机械三方面因素的共同作用下,闸片及制动盘的物理性能与力学性能发生极大的变化,制动器的摩擦系数会随之降低,并伴随着摩擦系数的剧烈波动和磨损量的增大,这一现象就称为热衰退现象。这是导致高速列车制动闸片失效的重要原因。摩擦系数衰退现象反映了闸片材料成分与速度、温度、载荷等制动条件之间的耦合作用,具体体现为发生实际接触的摩擦的性质。本章从摩擦膜性质出发,分析了摩擦表面物质的演变规律,建立了摩擦膜与闸片材料热衰退行为之间的关联,揭示了摩擦系数热衰退的机理,这为解决热衰退问题提供了理论指导。在此基础上,得出以下提高闸片材料抗热衰退性能的方法:提高基体的高温强度,防止因基体高温软化而导致的承载能力大幅下降;提高材料中弱相界面(如石墨/基体、陶瓷颗粒基体界面)的结合强度,抑制剥层裂纹在此处萌生;调控摩擦组元的类型、粒径及形貌,使表面能够形成保护性的摩擦膜,保护近表层区域不被严重破坏。

4.1 摩擦系数的衰退行为

摩擦系数的衰退是影响制动安全性和使用寿命的一个关键因素,但长期以来,人们并没有对造成铜基制动闸片摩擦系数衰退行为的原因进行全面且深入的研究。衰退行为一般出现在高速高压连续紧急制动情况下。为了加速闸片材料的摩擦系数衰退,设计了一种简单成分的铜基制动闸片材料(表4-1),并在高速重载条件(350 km/h和0.5 MPa)下进行连续紧急制动加速衰退。衰退试验后,基于摩擦膜成分以及形貌推测了整个过程摩擦表面摩擦膜的发展运动规律,进而解释了摩擦系数的衰退问题[1]。

在MM3000型摩擦磨损性能试验机上进行了18次重复的高速紧急制动试验,即B1~B18。第一次制动在室温下开始,随后每一次的制动时间间隔为1 min。图4-1为烧结样品的背散射电子(back scattered electron,BSE)形貌。如图4-1(a)所示,铜基体、Fe、石墨、CrFe、Cr和SiO_2均匀分布在铜基制动闸片中。此外,在铜基体和Cr颗粒中还出现了一些孔隙(图4-1(b))。

表 4-1 铜基制动闸片材料的成分(质量分数)　　　　　　(单位：%)

Cu	Fe	石墨	SiO$_2$	Cr	CrFe	Sn
54	26	10	2	3	4	1

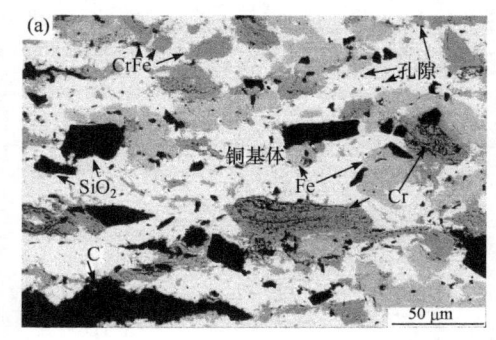

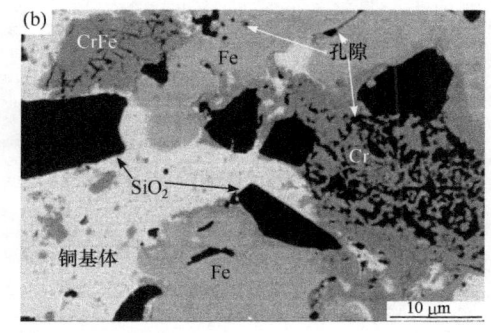

图 4-1 铜基制动闸片的 BSE 显微组织

图 4-2 为瞬时摩擦系数(μ_i)和温度随着制动时间的变化。插入的数值为按照式(2-7)计算得到的摩擦系数稳定性(FS)。B3 中 μ_i 的变化可分为两个阶段(图 4-2(a))：第一阶段(Ⅰ)主要是 μ_i 提高并保持稳定的阶段；第二阶段(Ⅱ)从 μ_i 丧失稳定性并且下降开始。在第一阶段，由于突然施加压力，制动闸片与制动盘之间的接触增加了制动盘旋转阻力，从而使摩擦系数在初始制动的 4 s 内增加。在短时间内，摩擦阻力增加到最大值，此后保持稳定。第一阶段的持续时间最多为 22 s。第二阶段，μ_i 从 22 s 时的 0.43 下降到 31 s 时的 0.35，而温度也在短时间内达到最大值，此后保持相对稳定。稳定期后温度下降，直到制动过程完成。温度变化的阶段与 μ_i 的变化相对应：当 μ_i 达到稳定值时，温度也达到稳定值；当 μ_i 开始下降时，温度也大致开始迅速下降。这些结果表明，μ_i 波动的趋势与摩擦接触面温度的变化密切相关，这取决于动能的转换、制动系统的散热效率和制动闸片的耐受程度。制动闸片的耐受程度由材料在制动过程中保持稳定摩擦系数的时间定义，即第一阶段的持续时间。在接触制动开始时，动能转换产生的热量超过了散热量，从而导致摩擦表面温度升高。随着制动盘转速的降低，动能转换产生热量的速率下降，制动系统的散热能力足以消耗，因此，温度保持在相对稳定的水平。在图 4-2(a)中，制动闸片的耐受程度约为 22 s。在 μ_i 和温度相对稳定的时期，摩擦膜在持续应力作用下出现疲劳裂纹的萌生和增长。同时，摩擦表面在高温下发生了微凸体断裂和软化现象[2]，摩擦膜的破坏加剧导致第二阶段 μ_i 下降。Fouvry 等[3]证实动能主要通过转换为摩擦热和驱动摩擦表面物质运动而消耗。因此，在摩擦表面上更快的物质转移也会降低温度和 μ_i，导致温度稳定的时间与 μ_i 稳定的时间相似。通过比较 B3~B18(图 4-2(b)~(f))可以发现，随着制动次数增加，μ_i 和温度变化出现以下规律。

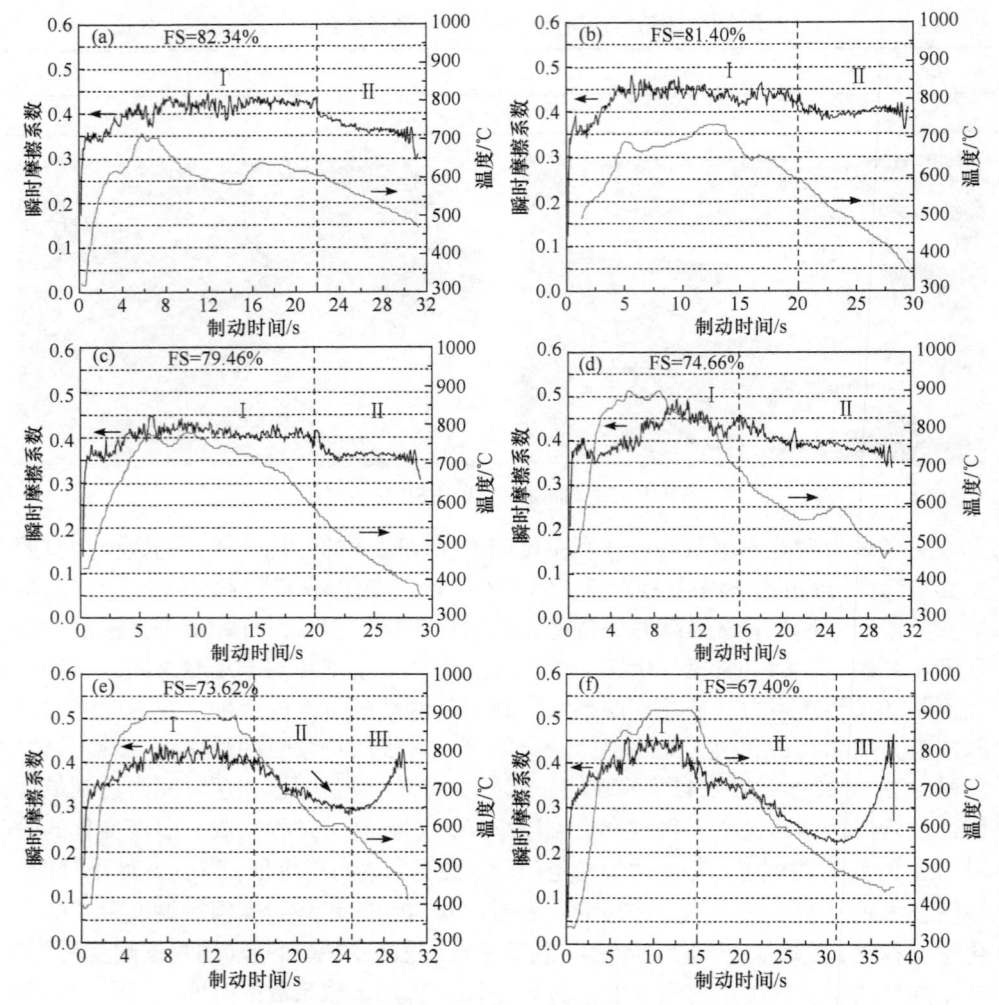

图 4-2 在不同制动次数下 μ_i 和温度随时间的变化

(a) B3；(b) B6；(c) B9；(d) B12；(e) B15；(f) B18

插入的数据是摩擦系数稳定性的值

(1) 第一阶段，随着制动次数的增加，μ_i 的波动越发明显。

(2) 第一阶段，制动闸片耐受程度减小。B3、B6、B9、B12、B15 和 B18 持续时间分别约为 22 s、20 s、20 s、16 s、16 s 和 15 s。

(3) 对于 B3 至 B18，第一阶段稳定的 μ_i 具有相似的大小，约为 0.45。

(4) B3、B6、B9、B12、B15、B18 的最高温度依次升高，分别为 715℃、733℃、783℃、895℃、904℃、905℃。这是因为每次制动后，1 min 的时间间隔不足以将制动闸片冷却至室温。

大的 μ_i 波动和差的制动闸片耐受能力可归因于高温和持续应力下摩擦表面的损伤累积。因此，B18 在第二阶段的衰退行为比 B15 严重。此外，在 B15 后存在 μ_i 变化的第三阶段，此阶段 μ_i 在表现出严重的衰退行为后恢复。随着制动盘转速和温度的降低，制动闸片的摩擦表面开始硬化，引起摩擦阻力的增大，从而导致第三阶段的出现。综合来说，随着制动次数的增加，制动闸片耐受能力降低，衰退行为更严重，表明铜基制动闸片逐渐失效。这一发现与持续紧急制动下摩擦稳定性(FS)的降低是一致的。

图 4-3 为平均摩擦系数(μ_m)和摩擦系数稳定性(FS)随制动次数增加而发生的变化。μ_m 曲线的变化可分为两部分：在制动前 12 次，μ_m 先保持相对稳定，数值分布在 0.338~0.410，直到第 12 次制动后出现明显的衰退现象，从 B12 的 0.402 下降到 B18 的 0.338。同时，FS 的波动趋势与 μ_m 相似，在第 11 次制动前 FS 相对较高(约 80%)，但随后从 B11 的 79.897%急剧下降到 B18 的 67.404%。从图 4-2 可知，随着制动次数的增加，每次制动过程中第一阶段 μ_i 的波动增大，第二阶段 μ_i 的衰退更加严重，这导致 FS 和 μ_m 降低。图 4-4 为不同制动次数下磨损量的变化。随着制动次数的增加，磨损量单调增加，增大的速率也随制动次数的增加而增大，这也表明随着制动次数的增加，摩擦表面上的物质迁移运动更加剧烈。

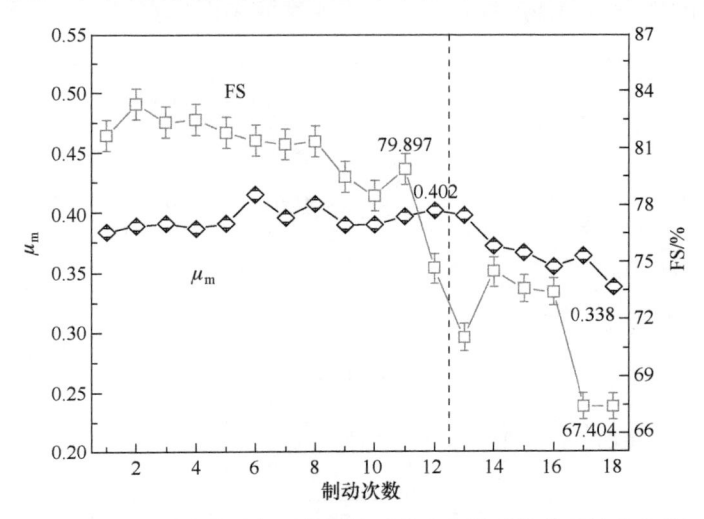

图 4-3 随制动次数增加平均摩擦系数和摩擦系数稳定性的变化

图 4-5 为多次制动后样品摩擦表面的 X 射线衍射(X-ray diffraction，XRD)谱图。摩擦表面主要由原始成分(铜、铁和碳)和各种氧化物(CuO、FeO、Fe_2O_3 和 Fe_3O_4)组成。在 B3 样品中，碳及铜的峰强度明显高于氧化产物，表明摩擦表面发生的氧化作用较弱。随着制动时间的延长(B6)，铁氧化物峰增强，而原始组元的峰强

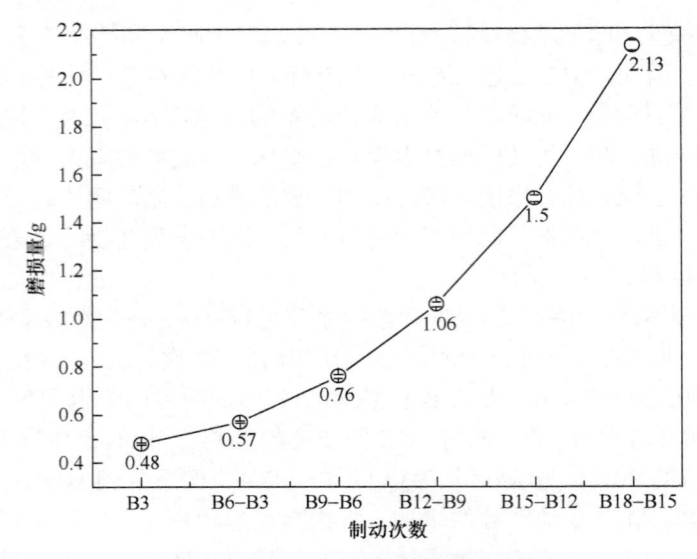

图 4-4 随制动次数增加磨损量的变化

度则减弱。至制动次数达到 9 次(B9)时,铜的氧化物峰略微增强。此外,B12、B15 及 B18 的峰类型和强度保持不变,表明摩擦表面的物相组成几乎保持不变。

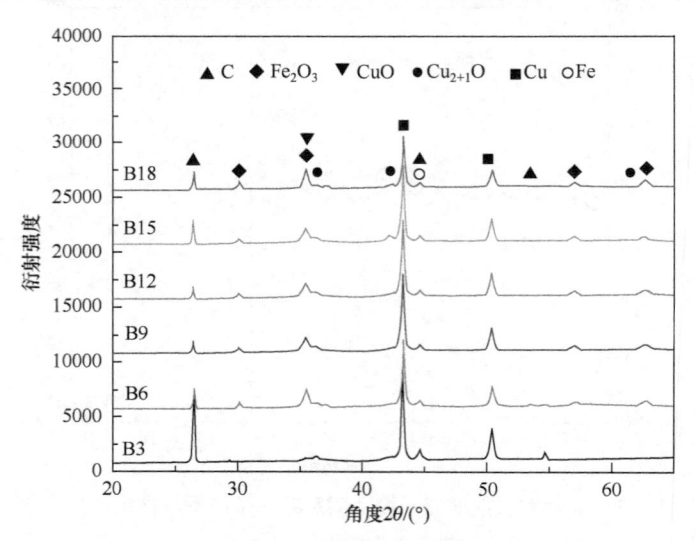

图 4-5 不同制动次数摩擦表面的 XRD 谱图

剥落坑是摩擦表面的显著特征之一。图 4-6 在激光扫描共聚焦显微镜下对剥落坑深度进行了分析。剥落坑的深度为 65~135 μm,并随着制动次数的增加而增加。经历的制动次数越多,摩擦表面的剥落坑有逐渐加深的趋势,说明持续紧急制动会加剧剥层磨损。

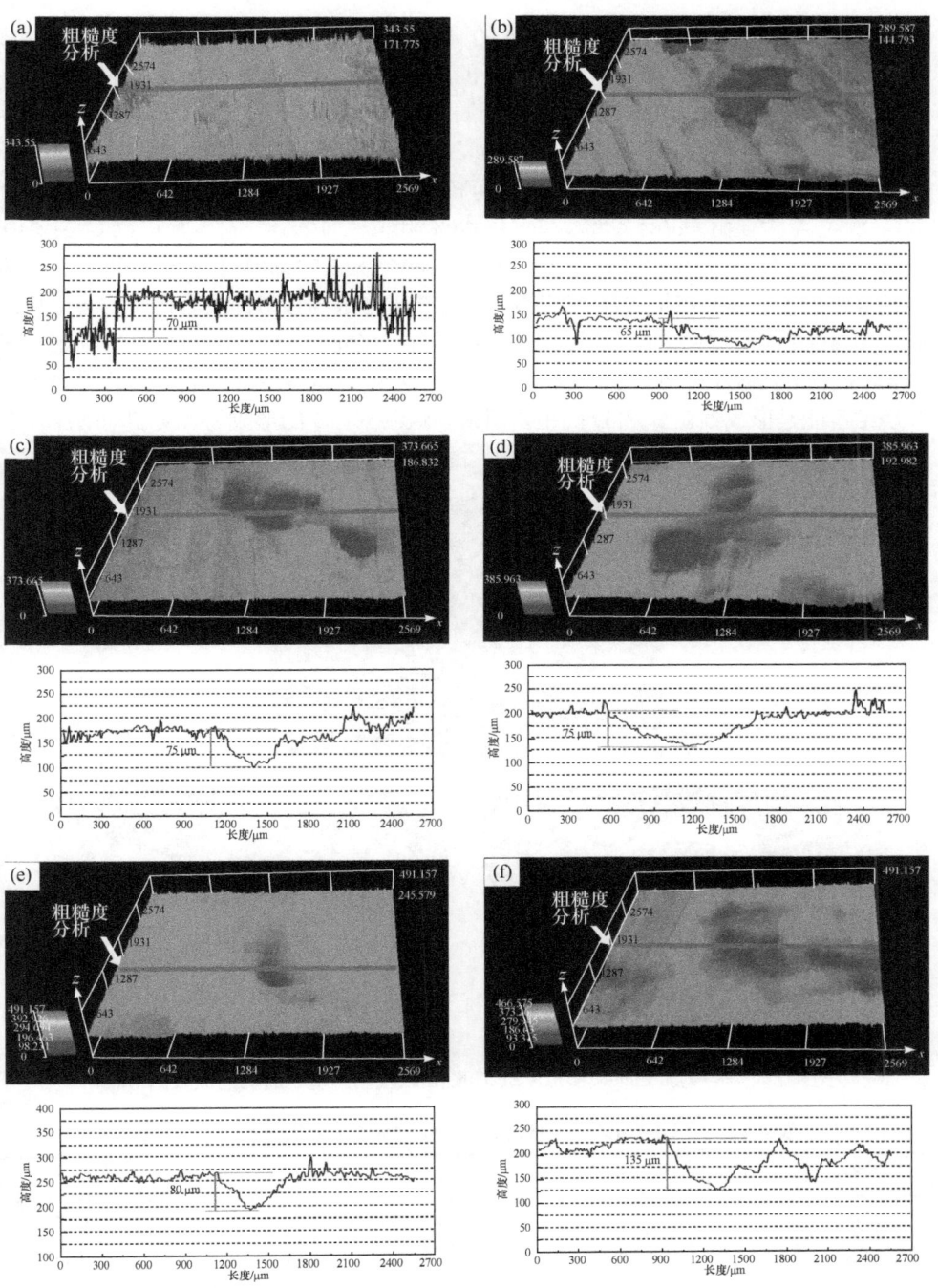

图 4-6 在不同制动次数后摩擦表面的三维形貌以及标记路径的高度波动分析
(a) B3；(b) B6；(c) B9；(d) B12；(e) B15；(f) B18

图 4-7 为 B18 摩擦表面剥落坑的典型扫描电子显微镜(scanning electron microscope, SEM)形貌和剥落坑中磨屑的放大图像。图 4-7(a)表明, 剥层磨损沿石墨发生, 剥落坑中存在少量颗粒状磨屑。图 4-7(b)和(c)为颗粒状磨屑(颗粒 A~D)的 SEM 形貌, 其呈规则球形, 直径为 5~10 μm。表 4-2 中的能量色散 X 射线谱(X-ray energy dispersive spectrum, EDS)分析表明, 这些颗粒具有不同的组成(原子分数): 颗粒 A 主要由 Cu(81.44%)、Fe(15.48%)和 Cr(2.12%)组成, 而颗粒 C 主要由 Fe(86.11%)、Cu(1.91%)和 Cr(11.98%)组成。两个颗粒中都没有检测到 O 元素, 其规则球形、光滑表面和组成都表明颗粒 A 和 C 的形成与接触面之间物质的熔化和凝固有关。颗粒 B 和 D 的表面粗糙, 成分相似, 主要为 Cu(44.6%~47.43%)、Fe(17.23%~19.44%)、Cr(1.36%~2.65%)和 O(32.39%~33.97%), 这表明细小氧化物磨屑的研磨和烧结可能是形成颗粒 B 和 D 的主要因素。颗粒 A~D 的形成都表明制动闸片和制动盘接触表面出现过局部高温, 这些颗粒的存在也会加剧摩擦表面的磨粒磨损。

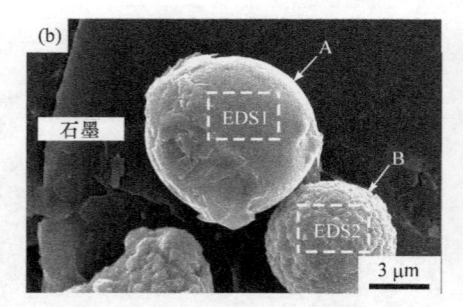

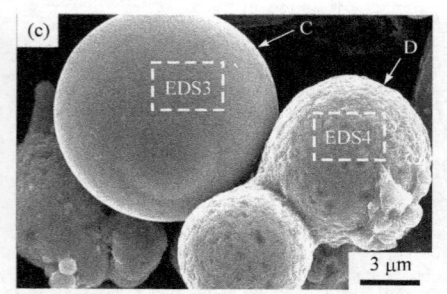

图 4-7 B18 摩擦表面剥落坑的 SEM 图(a)以及剥落坑中磨屑的放大图(b)(c)

表 4-2 在图 4-7(b)和(c)中标出区域的 EDS 分析(原子分数) (单位: %)

区域	Cu	Fe	Cr	O	Sn
EDS1	81.44	15.48	2.12	—	0.96
EDS2	47.43	17.23	2.65	32.39	0.30
EDS3	1.91	86.11	11.98	—	—
EDS4	44.60	19.44	1.36	33.97	0.63

图 4-8 和图 4-9 为有摩擦膜覆盖的摩擦表面 BSE 形貌以及元素组成。摩擦表面主要由浅灰色、深灰色和黑色区域组成。EDS 分析表明，深灰色区域(矩形 a)的铁含量约为 38%，铜含量约为 2%(图 4-9(a)，均为原子分数)，而浅灰色区域(矩形 b)铜含量约为 37%，铁含量约为 10%(图 4-9(b))，表明浅灰色和深灰色区域分别代表富铜相和富铁相(氧化膜)。此外，黑色区域代表 SiO_2 和石墨。图 4-8(a)中浅灰色区域的面积较大，表明摩擦表面未完全氧化。在图 4-8(b)所示的 B6 样品中，深灰色区域扩大并且连续性增加，表明摩擦表面氧化更严重。随着制动次数的增加，深灰色区域覆盖了更多的部分(图 4-8(c))，并且随后深灰色区域的覆盖范围几乎保持不变(图 4-8(d)~(f))。富铜相的覆盖率定义为摩擦膜覆盖区域中浅灰色区域所覆盖的面积除以整个面积，并用同一样品五个不同区域富铜相的平均覆盖率表示，如图 4-9(c)所示。B3 中富铜相的覆盖率达到 44.07%，但随着制动次数的增加，覆盖率迅速下降。在第九次制动后，覆盖率缓慢下降，保持在 15.53%~21.16%，表明摩擦表面的氧化在这一制动次数之后达到峰值。这一结果与图 4-5 所示的原始成分和金属氧化物的峰值强度随制动次数的变化一致。

此外，在周期性应力的作用下，摩擦膜上出现了许多垂直于滑动方向的裂纹。图 4-10 为多次制动后摩擦膜覆盖的摩擦表面 BSE 形貌，主要关注点为裂纹。如图 4-10(a)和(b)所示，B6 样品摩擦表面氧化膜上的裂纹很小，其形貌与 B9 样品中的裂纹相似。在图 4-10(c)所示的 B12 样品中，裂纹拓展并含有一些浅灰色相。在图 4-10(d)中，浅灰色相沿裂纹分布。根据图 4-9(b)可知，浅灰色相为富铜相，这意味着在第 12 次紧急制动期间，摩擦膜下方的铜基体软化并沿着扩大的裂纹溢出到摩擦表面。此外，摩擦表面上的犁沟开始变得密集，表明摩擦表面强度降低。

当制动达到 18 次时，流动的富铜相甚至覆盖了摩擦表面，填补了剥落坑，如图 4-11 所示。覆盖氧化膜的连续富铜层表现出明显的挤压和塑性变形特征(图 4-11(a))。图 4-11(a)右上角的图像为由黏着磨损引起的塑性变形特征[4]。图 4-11(b)所示富铜相填充剥落坑有助于减少磨损并增加富铜相在摩擦表面的覆盖率。

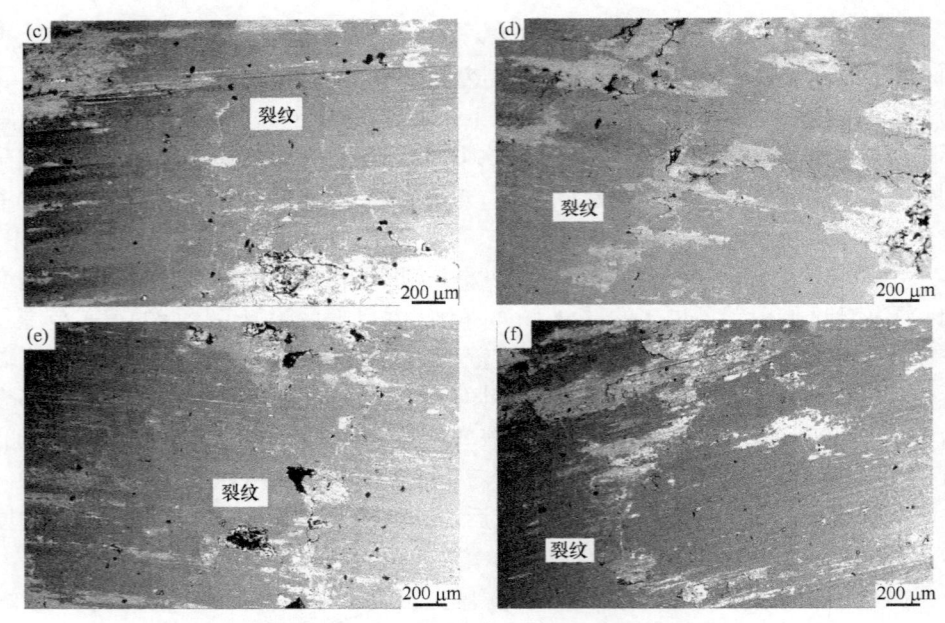

图 4-8 不同制动次数后，摩擦表面摩擦膜覆盖区域的 BSE 形貌

(a) B3；(b) B6；(c) B9；(d) B12；(e) B15；(f) B18

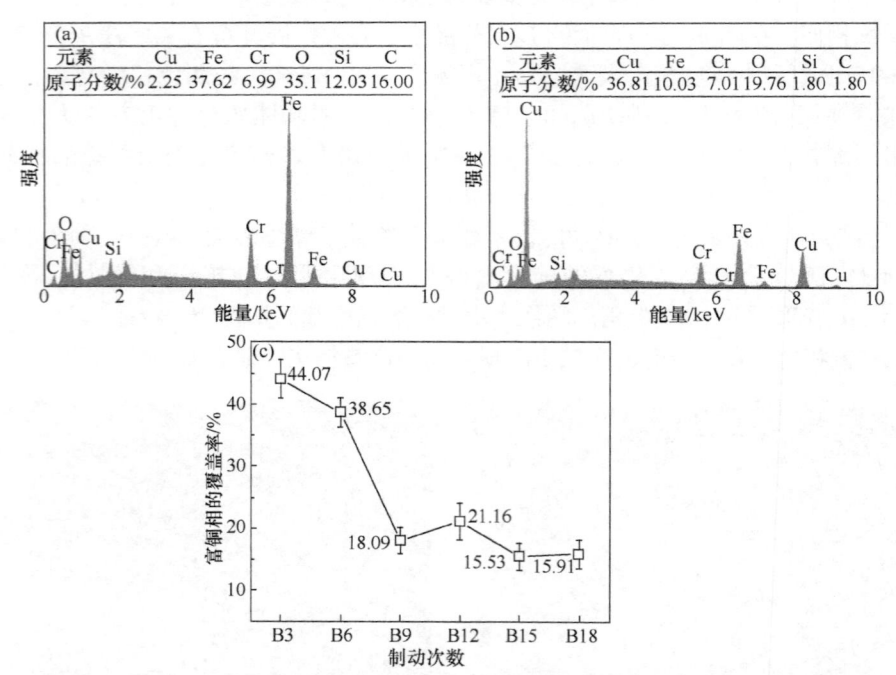

图 4-9 深灰色区域(a)和浅灰色区域(b)的 EDS 分析(分别在图 4-8(a)中用矩形 a 和 b 标记)以及不同制动次数下富铜相的覆盖率(c)

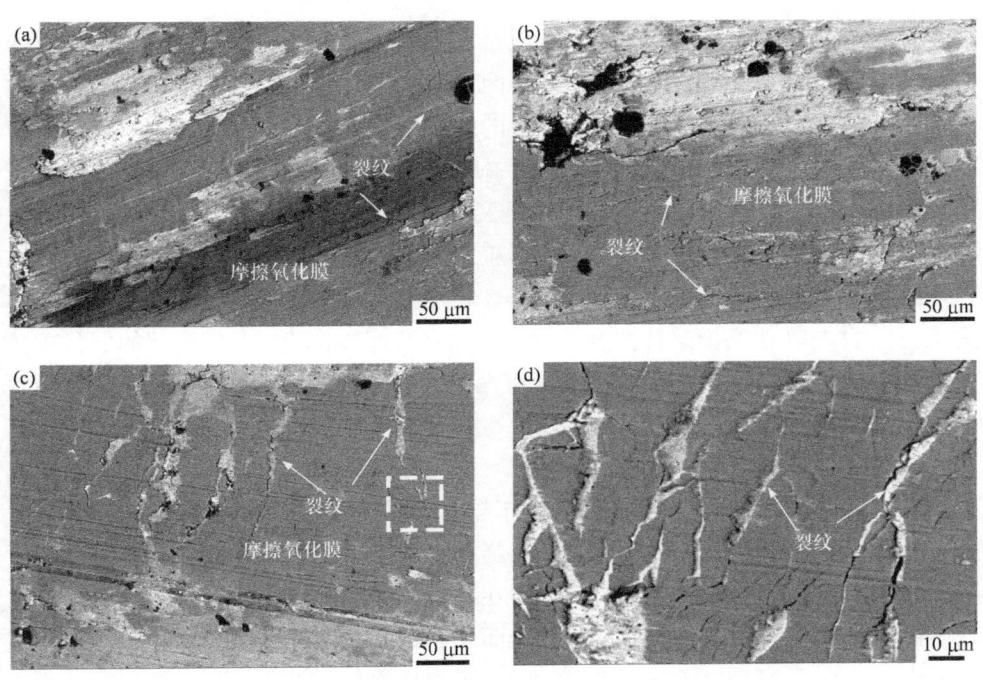

图 4-10 不同制动次数下摩擦表面摩擦膜的 BSE 形貌
(a) B6；(b) B9；(c)(d) B12

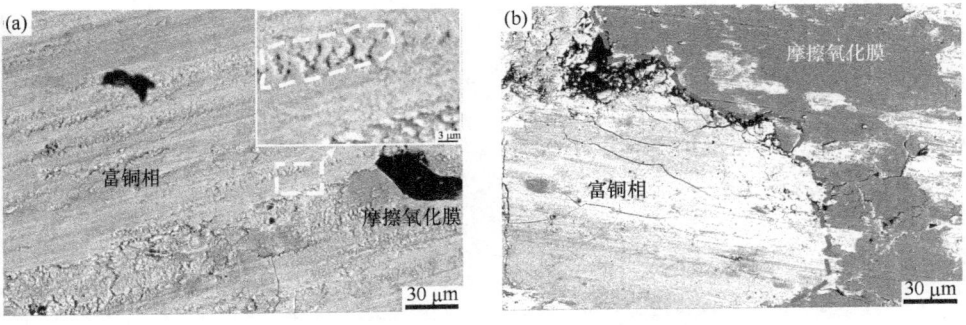

图 4-11 第 18 次制动后摩擦表面和剥落坑中的富铜相
(a)摩擦表面；(b)富铜相

  为研究摩擦膜的变化，图 4-12 分别观察 3 次、6 次、9 次、12 次、15 次和 18 次紧急制动后摩擦膜的横截面 BSE 形貌。图 4-12(a)表明，第 3 次制动后，摩擦膜较薄，由深灰色和浅灰色区域组成。浅灰色区域由富铜相组成，而深灰色区域不连续，主要由铁的氧化物和一些破碎的 SiO_2 或石墨组成，并且颗粒尺寸较大。当制动时间较短时，石墨、硬质颗粒和铜基体的协同作用保证了材料的良好性能，摩擦表面附近的铁颗粒为形成氧化膜提供了主要的氧化物。然而，产生一层覆盖摩擦表面的厚氧化膜需要更高的制动能量，这是在第 3 次制动后氧化物的衍射峰强度和氧化膜的覆盖范围较低的主要原因。随着制动次数的增加(B6)，如图 4-12(b)所示，氧化作用增强，摩擦表面被连续的摩擦氧化膜覆盖。在摩擦膜中的氧化物颗粒之间仍然夹杂着富铜相。在图 4-12(c)中，在新形成的摩擦膜(由富铜和富铁相的混合物组成)下面，摩擦氧化膜明显变形并开始破裂，并且向基体中凹陷。此时摩擦膜的整体呈现出向基体凸出的形貌。由于摩擦氧化膜的脆性，在反复制动的持续应力作用下，膜中出现疲劳裂纹，软化的富铜相沿着疲劳裂纹溢出(图 4-10、图 4-11)，并与其他磨损碎片混合，以覆盖原有摩擦氧化膜，形成局部的层状摩擦膜结构。图 4-12(d)中的 B12 摩擦表面有两个组成差异较大的摩擦膜区域。摩擦表面附近主要是浅灰色区域，成分主要为富铜相，厚度为 1~2 μm。富铜相中存在着许多细小并且分布均匀的颗粒。在其下部区域，这些深灰色的颗粒粒度更大，有的粒径甚至达到 3 μm 左右，这是由于越靠近基体位置的摩擦膜成形时间越早，远离接触界面，受到的碾磨程度更低。当制动次数达到 15 次时，如图 4-12(e)所示，摩擦膜的特征与图 4-12(d)相似，即在靠近摩擦表面的位置富铜相比例较大并且内部含有的深灰色氧化铁颗粒较小，而越靠近基体处的摩擦膜内颗粒越大。至制动次数达到第 18 次时(图 4-12(f))，摩擦膜内部深灰色氧化铁颗粒的粒径较为均匀，没有出现类似于图 4-12(d)和(e)所示的颗粒尺寸从靠近基体位置到摩擦表面的

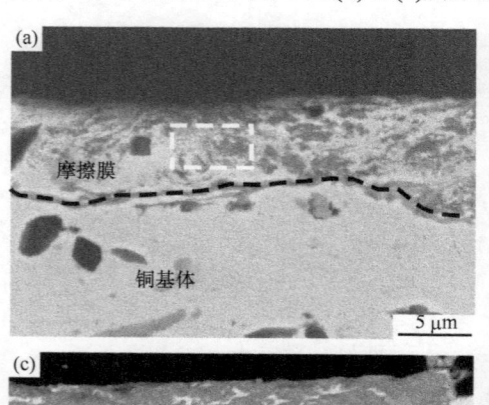

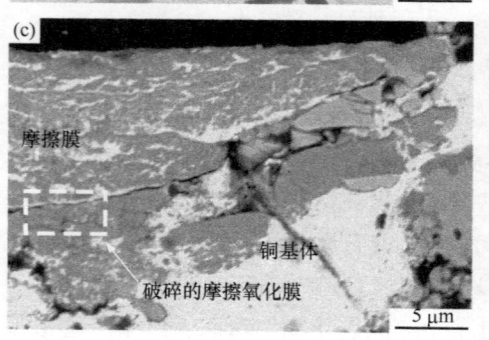

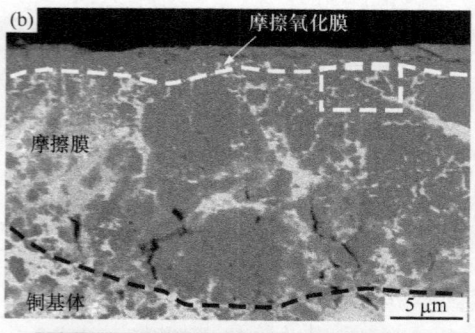

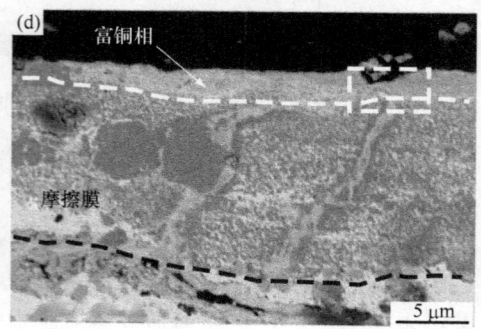

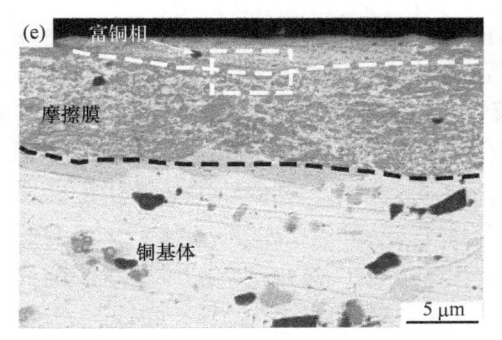

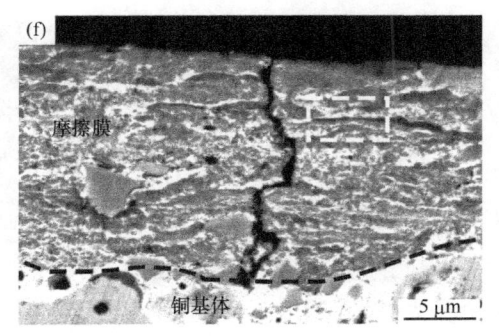

图 4-12 不同制动次数后摩擦膜的横截面 BSE 形貌
(a) B3；(b) B6；(c) B9；(d) B12；(e) B15；(f) B18

梯度分布，这可能是多次紧急制动造成的摩擦膜累积损伤，因而摩擦膜中各位置的氧化物颗粒经过充分的碾磨作用而变得颗粒尺寸均匀。此时深灰色氧化铁颗粒和浅灰色的富铜相大致呈现出交叠层状分布。摩擦膜中出现从摩擦表面向基体延伸的裂纹，预示着此阶段摩擦膜即将破坏。

图 4-13 显示了 B18 样品摩擦膜横截面 BSE 图像的详细元素线分析结果。在图 4-13(b)中可以看出，摩擦膜的成分以 Cu、Fe 元素为主，从铜基体到摩擦表面，Cu 含量开始下降而 Fe 含量增加；随后，Fe 和 Cu 含量交替增加或减少，这一结果与图 4-12(f)中富铜相和富铁相近似交替层状分布相似。O 含量开始缓慢增加，直到在摩擦表面附近，O 含量迅速增加，此时 Fe 含量高，Cu 含量迅速下降，这表明摩擦表面处于产生富铁氧化膜的状态。Cr 元素在摩擦膜中有较低且较为均匀的分布，这可能与其在摩擦过程生成富 Cr 氧化物分散在摩擦膜中有关。Si 及 C 元素在摩擦膜中的含量及分布则更低。关于摩擦膜成分的解释将会在 4.3 节中详细解释。

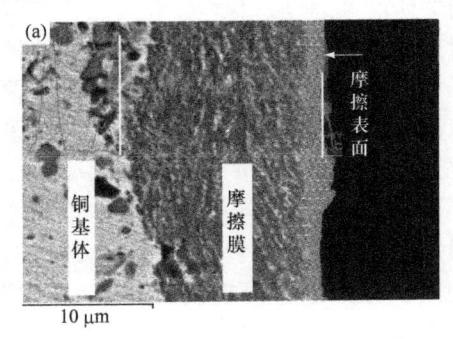

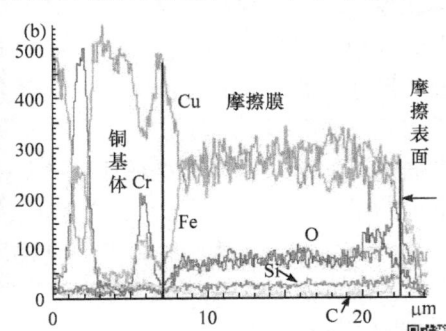

图 4-13 18 次制动之后摩擦膜横截面 BSE 图像(a)及元素线分析详细结果(b)

从上文可以推测，摩擦表面富铁摩擦氧化膜不断破坏与生成的过程和因铜软化生成的富铜相之间的交互作用决定了制动性能。其中，摩擦表面富铜相软化是摩擦表面不稳定和摩擦系数衰退的主要原因。当摩擦表面富铜相软化时，一方面其参与形成的摩擦膜在摩擦表面快速流动，起固体润滑剂作用；另一方面，脆性富铁摩擦氧化膜的破坏加剧，摩擦膜内部已经存在的大颗粒硬质相也因快速碾磨而细化，导致摩擦膜运动的阻力进一步降低，从而在更高的转速下迁移更快，这是导致第 15 次制动后闸片样品摩擦系数衰退行为更严重、耐受程度更低的主要原因。随着制动盘转速的降低，富铜软化相再次硬化，在硬化摩擦膜中的硬质颗粒也增加了摩擦阻力，这都导致 μ_i 上升。此外，FS 和 μ_m 都来源于 μ_i，它们的变化是由相同的因素引起的。随着制动次数增加，在 μ_i 变化的第一阶段闸片耐受力较弱，第二阶段的衰退行为更严重，直接导致第 12 次紧急制动后 FS 和 μ_m 减小。

结合图 4-12 中摩擦膜的发展过程，可以推测在制动过程中整个摩擦膜的形成与发展过程。图 4-14 为连续制动过程中摩擦膜的演化过程示意图。首先，当制动最初进行时，基体强度足够高，摩擦表面主要发生氧化作用。随着氧化程度加剧，富铁的摩擦氧化膜大面积覆盖在基体上，而氧化膜是脆性相，在持续应力下会出现裂纹，如图 4-14(a)所示。随后，闸片表面的铜软化，流动并最终覆盖摩擦氧化膜。这种覆盖并不是全面覆盖，仅仅是局部覆盖，并且形成向基体突出的凸形近似层状摩擦膜，如图 4-14(b)所示。这种局部向下突出的结构与摩擦表面的局部塑性变形有关，主要可能来源于两个方面：①摩擦表面温度分布不均产生不均匀的热变形；②盘表面的凸起和摩擦界面间的磨粒挤压作用。这些效应都使得原始生成的平坦并且连续的摩擦氧化膜向下凹陷，接着产生的富铜相以及其他的磨屑被对偶盘的转动所驱动，覆盖原有的摩擦氧化膜，导致局部层状摩擦膜的形成。然而，在开尔文-亥姆霍兹(Kelvin-Helmholtz)剪切不稳定性的影响下[5,6]，摩擦表面上的物质运动不是理想的层流，而是典型的涡流运动模式。在这种模式下，摩擦膜表面附近的富铁氧化物颗粒经过长时间的研磨及运动，颗粒细化严重，与摩擦膜中的其他物质混合均匀。相反，基体附近的破碎摩擦膜在早期形成，保持较大的颗粒尺寸，如图 4-14(c)所示。在涡流结构摩擦膜形成的后期，摩擦膜内的颗粒物质细化严重并且混合更加均匀，由于摩擦膜的成分与基体不同，并且此阶段摩擦膜强度低，裂纹在界面处萌生和扩展并最终导致摩擦膜的剥落(图 4-14(d))。需要指出的是，这里并不是表明摩擦膜必须严格地发展到图 4-14(d)所示阶段才能剥落，在高温高应力下影响摩擦膜剥落的因素很多，如 7.3 节中石墨剥落造成的摩擦表面物质剥落。这里是从摩擦表面物质运动的角度揭示摩擦膜演化发展的过程。在 4.1 节中图 4-12 之所以没有观察到如图 7-28 所示的大尺寸明显的涡流状摩擦膜的形成与剥落，是因为相对于 7.4 节，本节中闸片材料的性能相对较好，闸片所经历的制动次数不足，使得摩擦表面产生局部变形以及物质运动的深度不足。而在 7.4 节中，由于铜基制动闸片的组分进行了极大简化并缺少硬质相的强化，其性能较差，涡流结构摩擦膜的形成与剥落则更为明显，因而磨损量也更大。摩擦表面物质剧烈变形、软化以及快速的流动是摩擦膜演化和涡流结构出现的前提，而连续高能制动条件所提供的高应力、高摩擦热正是上述摩擦膜动态发展过程的强大驱动力。

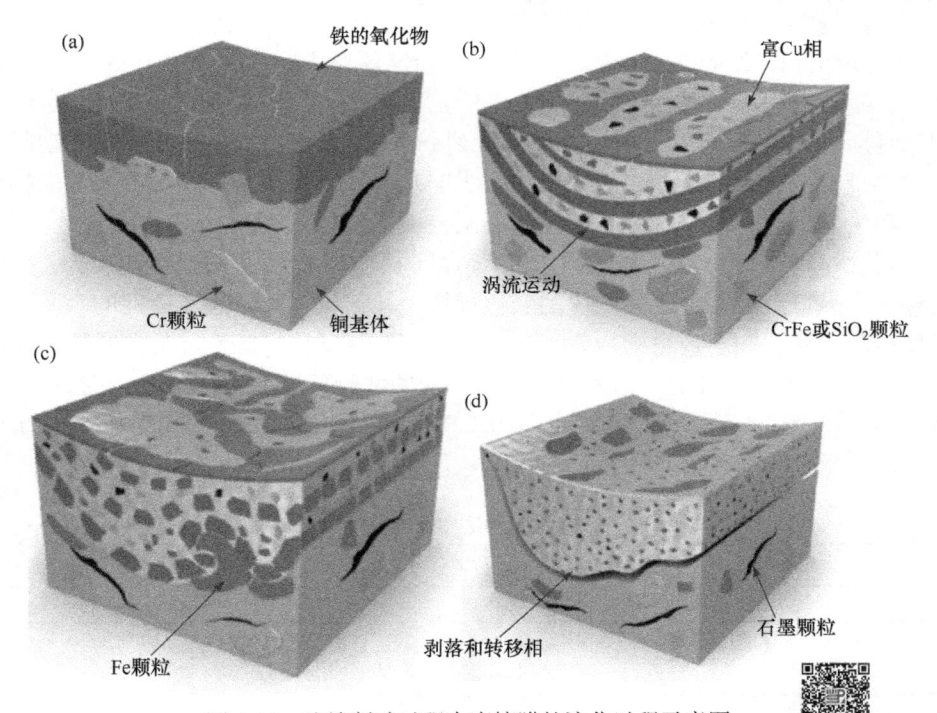

图 4-14　连续制动过程中摩擦膜的演化过程示意图
(a) 摩擦表面形成富铁氧化膜并出现疲劳裂纹；(b) 富铁氧化膜与富铜相组成的局部交替层状摩擦膜；(c) 富铁相破碎并从基体到表面呈现出粒径梯度分布；(d) 内部物质细化、混合均匀且将剥落的摩擦膜

4.2　摩擦膜在高温下的演变

高速紧急制动过程中摩擦界面的温升也是铜基制动闸片面临的最具挑战性的问题之一。4.1 节在 MM3000 试验机上进行 350 km/h 连续紧急制动时观察到瞬间超过 900℃高温的存在，在摩擦表面剥落坑中同时存在球形富铁和球形富铜磨屑颗粒，也证实摩擦表面经历了瞬间高温。高温除了影响制动闸片摩擦表面性质以外，制动盘摩擦接触表面也会发生物质转移及性质改变。然而，制动过程制造的高温环境通常通过输入高的制动能量来实现，但是这个过程中温度不是恒定的，制动闸片和制动盘也往往要经历从低温到高温再到低温的整个过程，这就使得准确讨论温度的影响变得困难。

在装有温度控制装置的销盘式摩擦磨损试验机上研究了铜基制动闸片和铸钢

盘组成的摩擦副的摩擦磨损性能。测试温度分别为 400℃、600℃和 800℃，测试时间持续 600 s。在 TM-Ⅰ型轨道列车用制动材料性能测试缩比试验台(TM-Ⅰ缩比试验台)上进行 380 km/h 的紧急制动模拟试验时，从制动开始到停止时间不到 80 s，而摩擦表面保持高温的时间更短。在 1∶1 台架试验上时，在 380 km/h 的制动速度下，制动盘表面最高温度仅为 566℃[7]。相比之下，本章的温度及时间条件对铜基制动闸片-铸钢盘摩擦副而言非常苛刻。通过对摩擦磨损性能及铜基制动闸片和制动盘摩擦表面特性的详细分析，阐明铜基闸片和制动盘在高温下的表面物质演变和失效机理，能够进一步指导组分调控以提高制动性能。

闸片材料成分如表 4-3 所示。低速销盘试验并不能真正反映制动性能，目的是探明高温恒温下闸片表面物质的变化规律及其与摩擦磨损性能之间的联系。为了使得摩擦系数和磨损量的变化具有参考性，在测试该样品性能的同时，利用商用 350 km/h 速度等级闸片作为对照组在相同的试验条件下进行测试。该自制样品被命名为 SDBP，对照组销样品命名为 CBP。对偶盘亦由商用对偶盘材料加工而来，测试条件见表 4-4[8,9]。

表 4-3 自制样品(SDBP)的成分(质量分数)　　　　　(单位：%)

Cu	Fe	CrFe	Cr	SiC	石墨	其他
56	18	4	3	2	10	7

表 4-4 测试条件

条件	温度/℃	滑动速度/(m/s)	压力/N	持续时间/s
400-1	400	1	40	600
600-1	600	1	40	600
800-1	800	1	40	600
600-2	600	2	40	600

4.2.1 摩擦系数及磨损量

四种不同试验条件下瞬时摩擦系数(μ_i)随时间的变化如图 4-15 所示。在不同条件下测试的样品在 600 s 内表现出相似的 μ_i 波动行为，即 μ_i 在摩擦初期经历一个不稳定阶段，然后保持相对稳定。失稳阶段主要是由于转速的突然升高以及销-盘失配引起的。该过程也称为磨合期，其持续时间与摩擦条件和表面接触条件有关。在 μ_i 进入稳定阶段后，可以判断不同试验条件对 μ_i 的影响。从图 4-15(b)、(d)、(g)、(h)可知，磨合期持续的时间约为 200 s，随后 μ_i 进入稳定阶段。因此，主要通过 200 s 后 μ_i 的波动范围和 200~600 s 时间范围的 μ_m 来评估 μ_i 的差异。μ_i 的波动范围大致由剔除一些异常高或异常低的数据点后的最大值与最小值之差来定义。表 4-5 为 200~600 s 的时间内 μ_m 及 μ_i 的波动范围。表 4-5 中的数据进一步绘制在图 4-16 中，以便比较不同条件下的摩擦性能。随着温度的升高和滑动速度的增加，SDBP 和 CBP 的 μ_i 波动范围都增大。SDBP 的 μ_m 随温度从 400℃升高到 600℃略有增加，当温度进一步从 600℃升高到 800℃时，其从 0.41 剧烈降低到 0.22。而 CBP 的 μ_m 随温度的升高而降低。此外，在 600-2 条件下，SDBP 和 CBP 的 μ_m 均不低于 600-1 条件下的 μ_m，这表明在 600℃恒温时，滑动速度的增加并不显著影响 μ_m 的大小。SDBP 和 CBP 的线磨损量如图 4-17 所示。SDBP 和 CBP 在 400-1 和 600-1 试验条件下均表现出较低的线磨损量，但随着温度或滑动速度的继续升高(800-1 和 600-2)，线磨损量急剧增加。SDBP 的线磨损量高于 CBP。

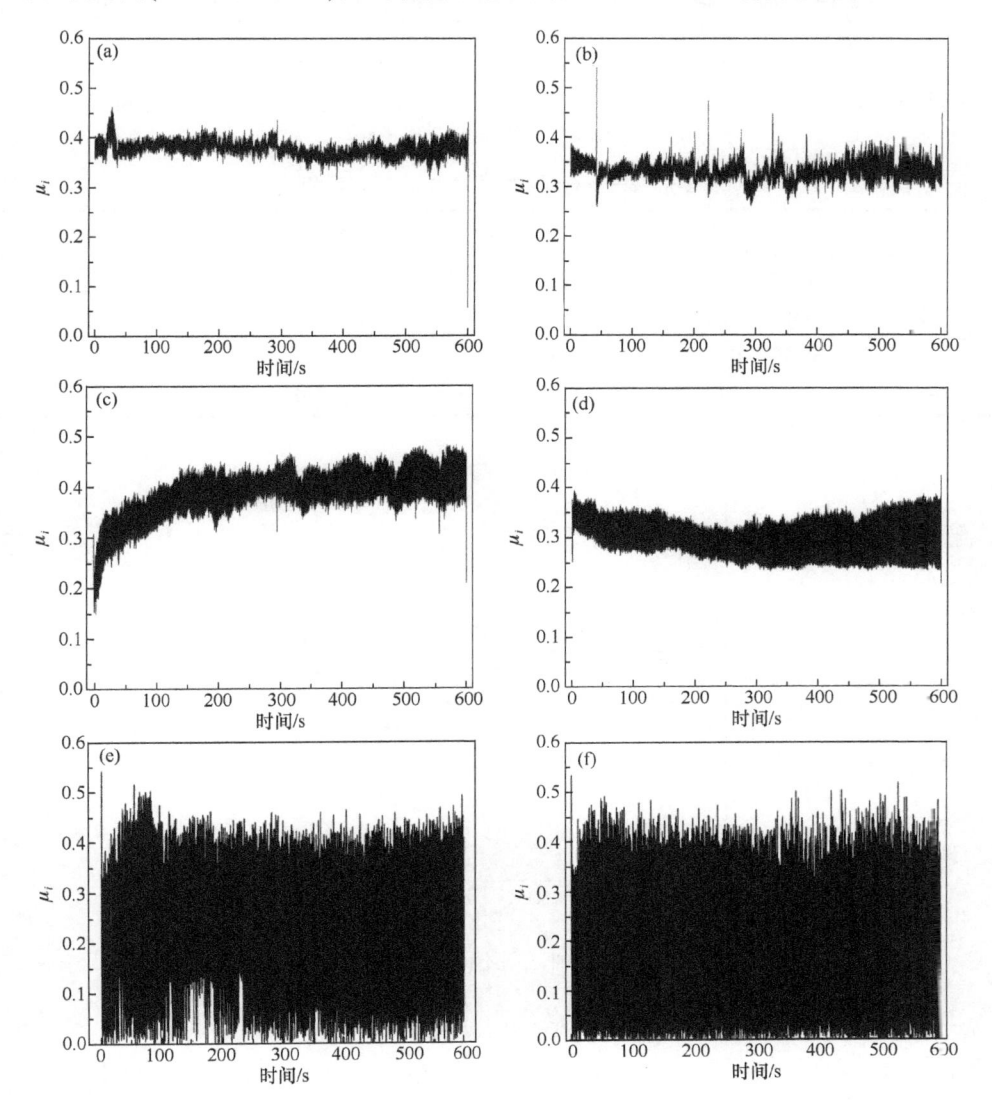

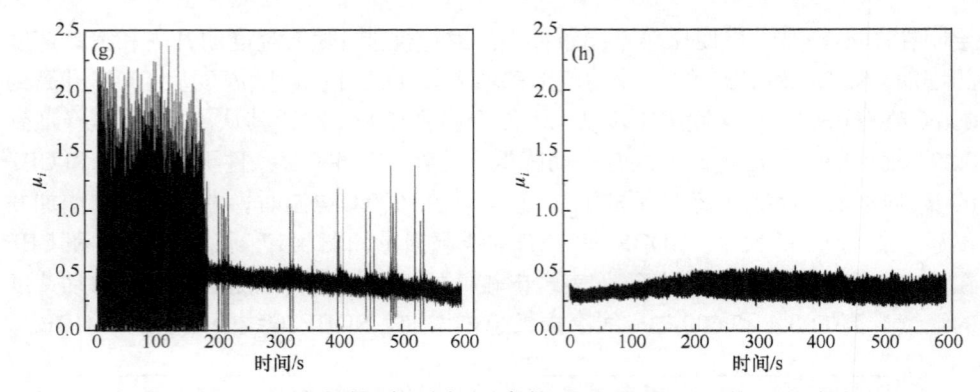

图 4-15 600 s 测试时间内不同测试条件下 SDBP 和 CBP 的 μ_i 的波动

(a) SDBP, 400-1; (b) CBP, 400-1; (c) SDBP, 600-1; (d) CBP, 600-1; (e) SDBP, 800-1; (f) CBP, 800-1; (g) SDBP, 600-2; (h) CBP, 600-2

表 4-5　200～600 s 的时间内 μ_i 的波动和 μ_m

条件	SDBP μ_i 的波动	CBP μ_i 的波动	SDBP μ_m	CBP μ_m
400-1	0.35～0.40	0.27～0.37	0.37	0.32
600-1	0.35～0.45	0.24～0.38	0.41	0.29
800-1	0.00～0.45	0.00～0.46	0.22	0.16
600-2	0.25～0.55	0.23～0.50	0.41	0.36

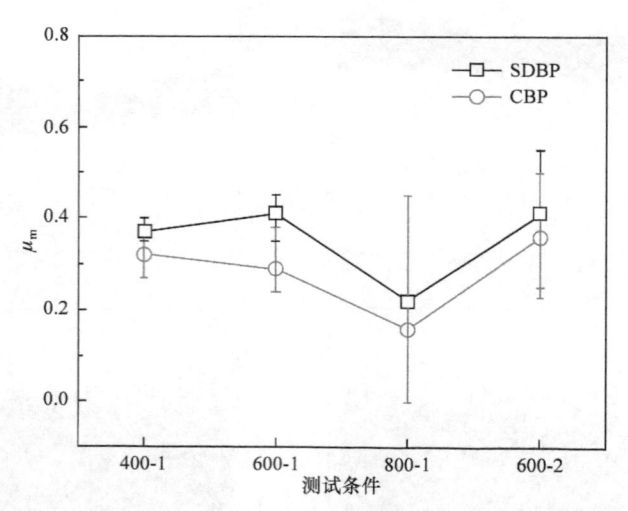

图 4-16　200～600 s 的测试时间内不同测试条件下 SDBP 和 CBP 的 μ_m

4.2.2　铜基制动闸片表面的物质变化

如上所述，当温度不高于 600℃时，铜基制动闸片能保持良好的摩擦磨损性能。

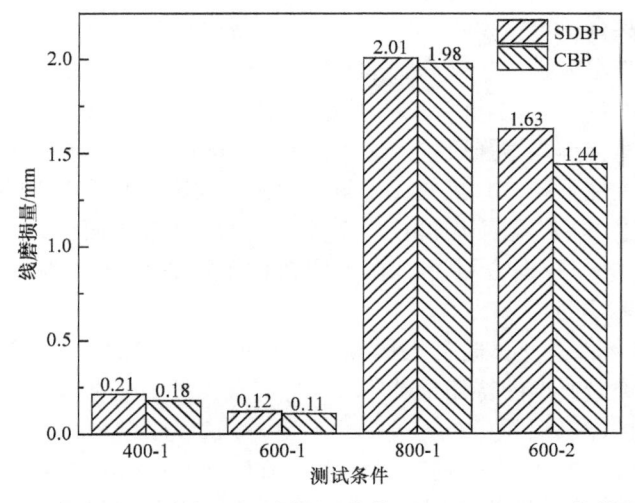

图 4-17 在 600 s 测试时间内不同测试条件下 SDBP 和 CBP 的线磨损量

当温度达到 800℃时，μ_i 波动增大，μ_m 显著下降并且磨损量增大，这表明铜基制动闸片摩擦磨损性能失效。滑动速度的增加也使得磨损量以及 μ_i 波动增加，但是对 μ_m 大小影响不大。以 SDBP 的摩擦表面为对象研究铜基制动闸片在高温下长时间工作时摩擦表面的物质变化，并且以此探讨在不同温度下摩擦磨损性能的变化原因。

图 4-18 通过 XRD 揭示了 SDBP 销摩擦表面的相组成。摩擦表面的反应产物使得摩擦表面的成分非常复杂，因此在图 4-18 中仅标记主要的峰。在 400-1 的试验条件下，摩擦表面的主要相为 C、Cu、Fe 和少量的铜及铁的氧化物。

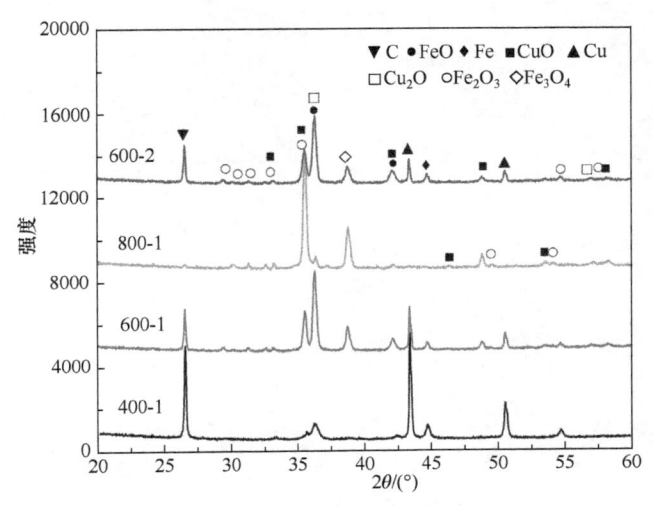

图 4-18 在不同测试条件下测试后摩擦表面的 XRD 谱图

当试验温度升高到 600℃(600-1)时，C、Cu、Fe 的峰值强度降低，而氧化物的峰值强度增加。当温度进一步升高到 800℃时，Cu、C、Fe 和低价氧化物的特征峰基本消失，而主要由 CuO 和 Fe_2O_3 的衍射峰组成。峰类型和强度随温度的升高而发生的变化是氧化作用增强所致。然而，当在 600-2 条件下测试时，特征峰的类型与在 600-1 条件下测试时相似，表明滑动速度的增加几乎不影响摩擦表面的相组成。综上所述，随着温度从 400℃升高到 800℃，摩擦表面相组成的差异主要体现在氧化物含量和石墨含量上。在不同条件下测试后摩擦表面的详细形貌如图 4-19～图 4-22 所示。

在 400-1 条件下测试时，根据颜色和形貌区分，摩擦表面有多种物质，如图 4-19(a)所示。最典型的特征是剥落坑中储存大量碎屑。图 4-19(b)中磨屑放大后的 BSE 形貌表明，磨屑粒径较大且尺寸不均匀，这说明在 400-1 试验条件下 600 s 的持续摩擦时间内磨屑不能得到充分研磨。在图 4-19(c)中还进一步观察到浅灰色和深灰色的区域。浅灰色区域代表铜基体，而深灰色区域则是在铜基体的阻挡作用下磨屑压实形成的，这是摩擦过程中磨屑常见的运动，即在第一平台的阻碍下，磨屑逐渐堆积挤压形成第二平台[10]。图 4-19(d)中磨屑的 EDS 分析结果表明，这些磨屑主要由铁、铜及其氧化物组成。图 4-19 所示摩擦表面的形貌与在室温下不控温进行销-盘试验后观察到的摩擦表面一致[11]。可以推断，400℃的测试温度不能达到 SDBP 的工作极限。

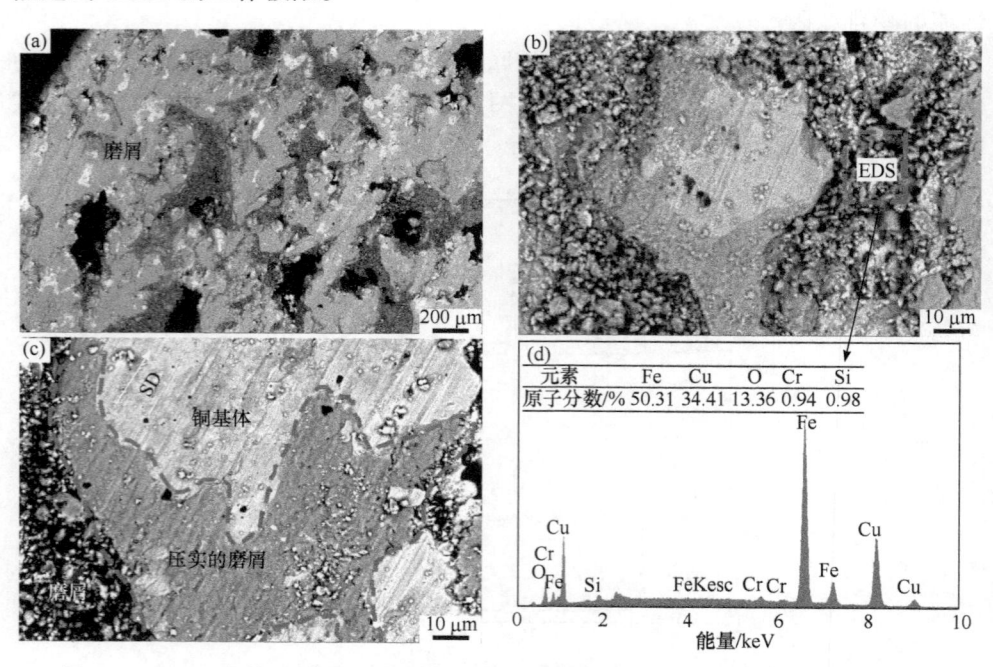

图 4-19 400-1 条件下测试后摩擦表面的 BSE 形貌(a)～(c)，以及磨屑的 EDS 分析(d)

当温度上升到 600℃(600-1)时，摩擦表面的 BSE 形貌如图 4-20 所示。在图 4-20(a)和(b)中，类似于图 4-19 所示储存磨屑的区域消失。除明显可以看到较大尺寸 CrFe 和石墨颗粒外，摩擦表面还覆盖着大面积的浅灰色区域和一些斑点状的深灰色区域。这两个区域的 EDS 分析表明，浅灰色区域代表富铜相，而深灰色区域代表富铁相，如图 4-20(c)和(d)所示。

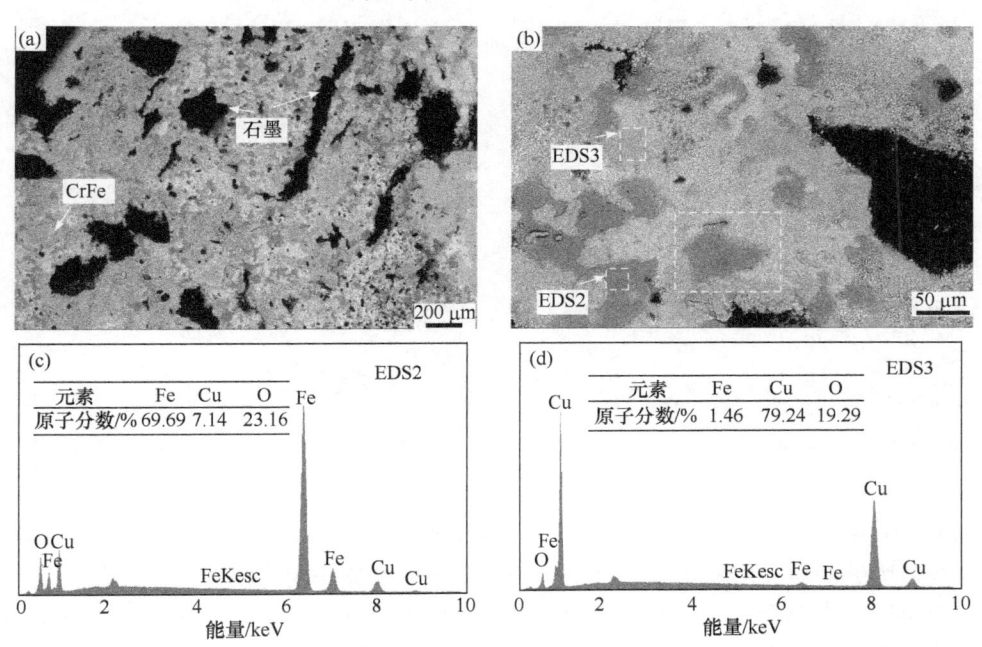

图 4-20 600-1 条件下测试后摩擦表面的 BSE 图像(a)和(b)，以及(b)中标记区域的 EDS 分析(c)和(d)

为了观察富铜相和富铁相的 SEM 形貌，图 4-20(b)中标记区域被放大，如图 4-21 所示。图 4-21(a)显示富铁相存在于富铜相包围的凹陷中。图 4-21(b)和(c)表明富铁相由许多纳米尺寸的薄片颗粒组成，而富铜相则由纳米颗粒烧结而成。此外，这种烧结现象在富铜相所在区域的内部更为明显，以至于纳米颗粒边界都无法被区分，如图 4-21(d)所示。纳米尺寸的薄片状氧化铁颗粒由氧化膜破碎而成。铜和氧化铜的纳米颗粒是由铜在高温下于摩擦表面经过反复碾磨和氧化形成的。因此，当温度从 400℃(图 4-19)升高到 600℃(图 4-20)时，摩擦表面的转变由以下两个因素引起：①高温下固化烧结效应增强，摩擦表面产生的颗粒形成连续的氧化膜；②随着温度的升高，摩擦表面的氧化作用增强，导致铁和铜氧化形成氧化物。这也是氧化物衍射峰在 600℃时的强度大于 400℃时的原因(图 4-18)。在摩擦表面烧结致密的摩擦氧化膜有助于保持摩擦稳定性和减少磨损(图 4-17)。

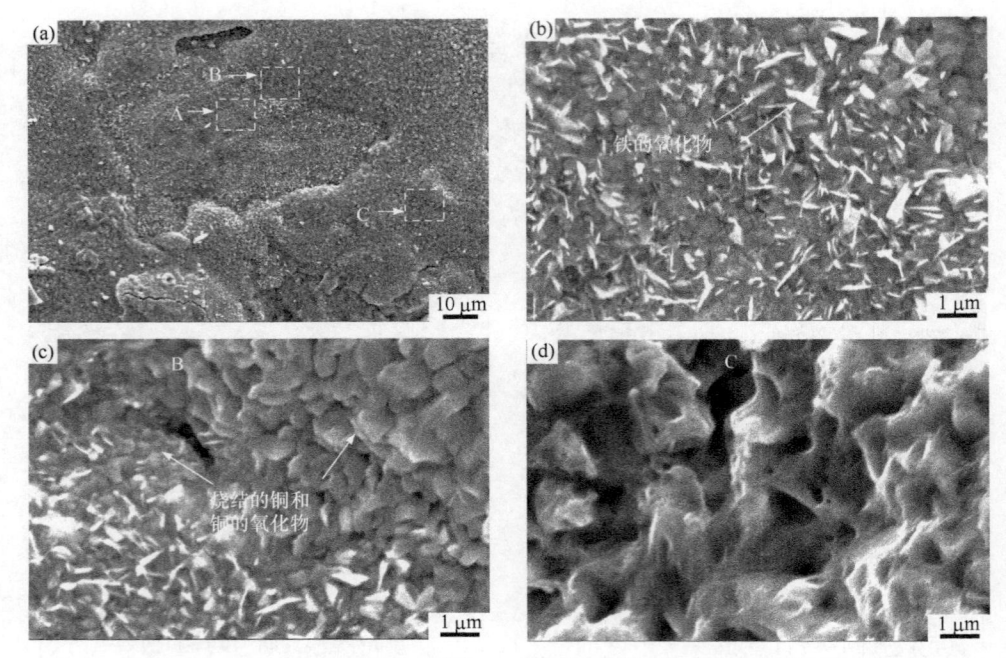

图 4-21 图 4-20(b)中标注区域的 SEM 图像(a),以及图(a)中标注区域放大的 SEM 图像(b)～(d)

在 800-1 和 600-2 条件下进行试验时,摩擦表面的特征如图 4-22 所示。当在 800-1 条件下进行试验时(图 4-22(a)),与在 600-1 条件下试验相比,摩擦表面上的深灰色区域的覆盖面积增加,这是由于高温下的氧化作用增强。然而,深灰色区域也出现了许多裂纹。图 4-22(a)中的黑色区域不再是石墨,SEM 图像(图 4-22(b))表明其是许多较深的孔洞。这些孔的尺寸与石墨相似,在孔洞周围还有残余石墨,说明孔洞的形成与石墨的损失有关,这与图 4-18 中 800-1 试验后无石墨衍射峰的结果一致。在图 4-22(c)中,当滑动速度从 1 m/s 增加到 2 m/s(600-2)时,摩擦表面与在 600-1 测试的摩擦表面相比没有显著变化,这也与图 4-18 中衍射峰的类型和强度一致。在图 4-22(d)中,当在 600-2 条件下进行试验时,摩擦表面上的石墨仍然保持完整的形貌。

在 800-1 和 600-1 或 600-2 试验条件下,摩擦表面最大差异与石墨有关。在高温干摩擦过程中,石墨的破坏主要由两个因素引起:一是机械力的作用,主要包括剪切力和压力。在机械力的作用下,裂纹开始萌生和扩展,从而导致石墨破坏,典型的现象是石墨发生剥层磨损。二是石墨与空气中氧气发生化学反应。石墨在高温下氧化,产生逸出的气体,留下大约等于石墨大小的孔。图 4-22(b)所示的孔出现的原因更接近第二个因素。Sliney[12]指出,石墨在 400℃左右开始氧化,Allam[13]进一步认为石墨能够以气体氧化产物的形式在超过 450℃时提供优异润滑性。图 4-18 和图 4-22 直接证明石墨在不超过 600℃的摩擦表面上可以长时间稳

第 4 章 摩擦系数衰退机理及闸片失效行为 ·133·

定存在。当温度达到 800℃时，石墨发生严重氧化而消失，这是在 800-1 试验时摩擦系数剧烈波动和磨损量异常增大的原因之一。当然，这并不意味着石墨在 600℃时不会氧化，这与石墨的氧化速率有关。由于粉末冶金技术的优点，石墨在铜基体中分布均匀。一旦摩擦表面的石墨被消耗掉，亚表面的石墨能接续起到润滑剂的作用。当氧化速率不足时，亚表层石墨的供给可以弥补摩擦表面石墨的消耗。在 600℃时，石墨在摩擦表面的稳定存在是 SDBP 具有优异摩擦性能的重要原因之一。

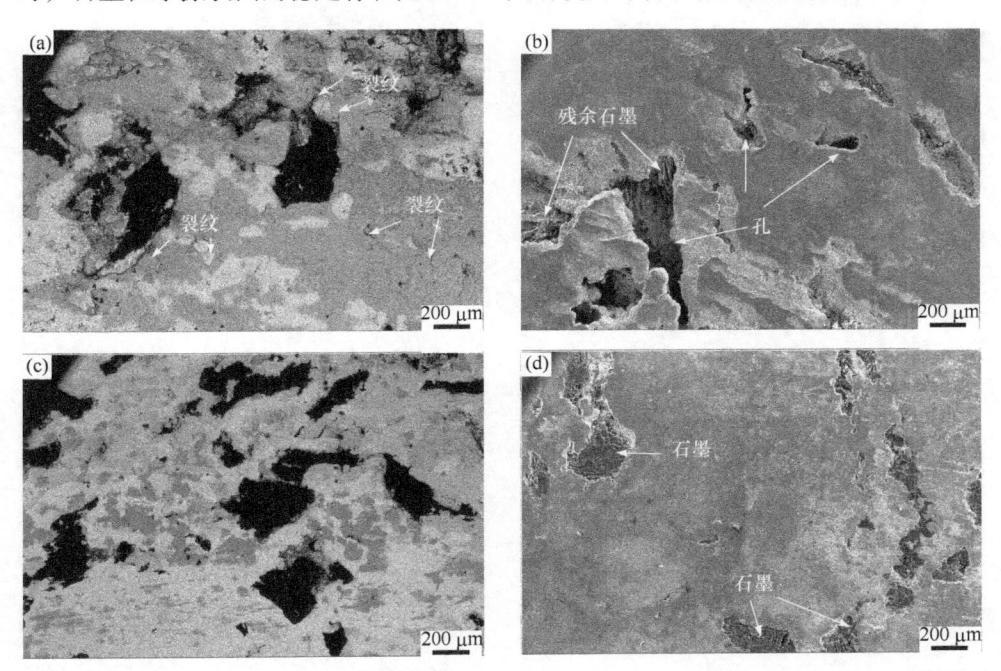

图 4-22 在 800-1 条件下试验后摩擦表面的 BSE 图像(a)和 SEM 图像(b)，以及在 600-2 条件下测试后摩擦表面的 BSE 图像(c)和 SEM 图像(d)

图 4-23 为 SDBP 摩擦表面横截面 BSE 图像，该图有助于进一步了解摩擦膜的结构和组成。在 400-1(图 4-23(a))条件下进行试验时，摩擦表面没有形成连续且致密的摩擦膜。由于硬质颗粒的阻碍作用，许多磨屑颗粒储存在剥落坑中。这些粒度分布不均匀且形貌不规则的磨屑颗粒如图 4-23(b)所示。当温度上升到 600℃(600-1)时，摩擦表面覆盖一层致密稳定的氧化膜(图 4-23(c))，这与图 4-20 和图 4-21 中观察一致。一些富铜相混合在氧化膜中，并表现出塑性变形的特征(图 4-23(d))。铜在形成致密光滑的摩擦膜和增加摩擦膜与摩擦表面的附着力方面起重要作用。摩擦表面上存在的铜也会导致摩擦系数略微增加[14,15]。摩擦表面致密的摩擦膜也表明铜基体能够保持足够的强度来支撑摩擦膜。在图 4-23(e)中，随着温度进一步升高(800-1)，摩擦表面出现大裂纹且呈现剥落的趋势。在摩擦表面下方的基体中，

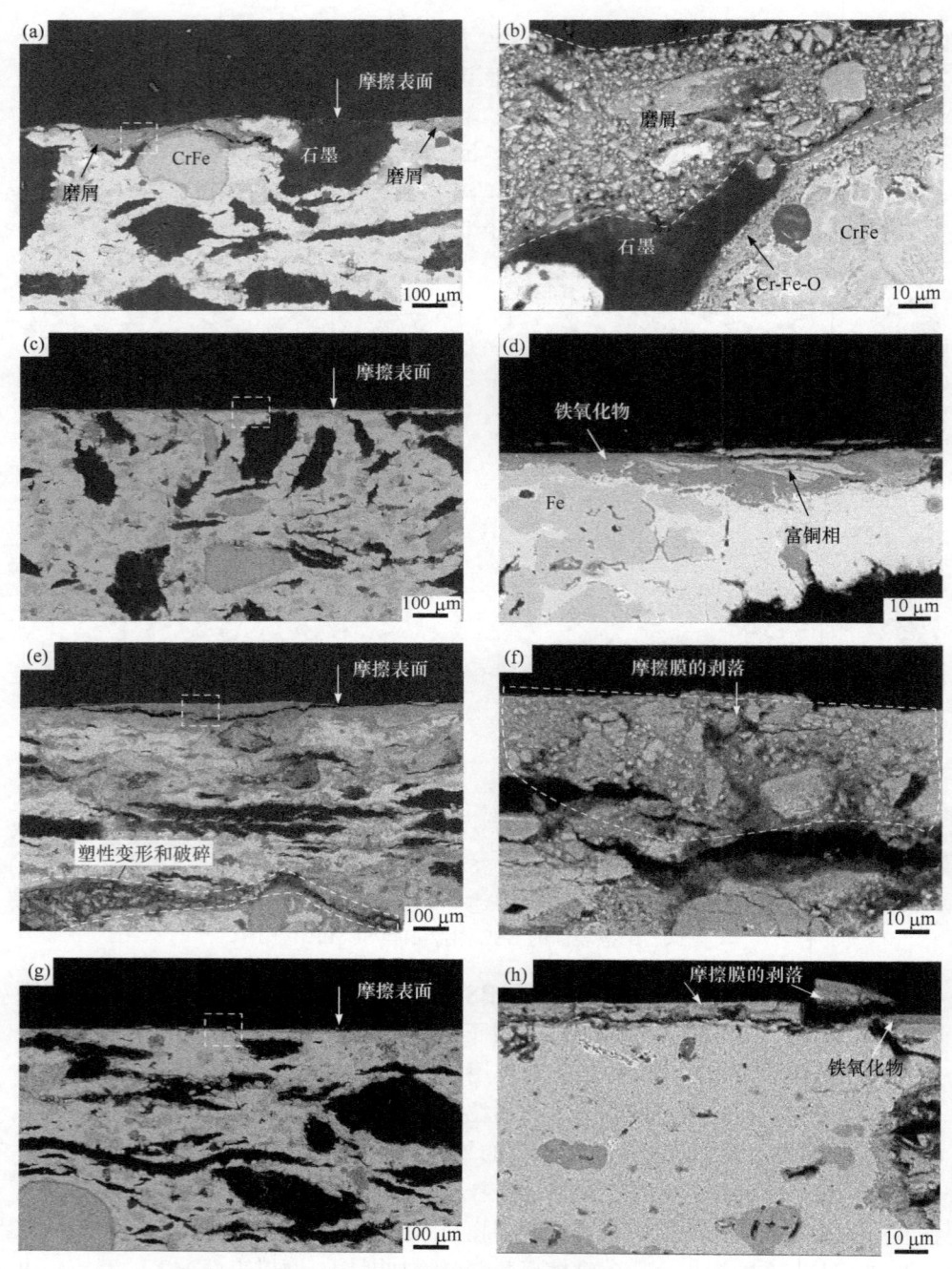

图 4-23 不同试验条件下测试后摩擦表面横截面的 BSE 图像

(a)(b)400-1；(c)(d)600-1；(e)(f)800-1；(g)(h)600-2；图(b)(d)(f)(h)为图(a)(c)(e)(g)中矩形标注区域的放大

石墨的长度方向与摩擦表面平行,这是石墨在垂直于摩擦表面的力作用下运动造成的。基体中还观察到由碎裂产生的粒状物质。在 800℃时,铜的软化效应在摩擦过程中起主要作用。铜一旦软化,外界压力主要由基体中的硬质颗粒承担,这使这些颗粒运动、变形甚至破碎,而低强度铜基体也不能维持摩擦表面的稳定。在图 4-23(f)中,摩擦表面上几乎所有的物质都是灰色氧化物,这些氧化物不易压实形成致密的氧化膜,特别是当铜因氧化而失去塑性时。这种非致密低强度的摩擦膜在摩擦过程中易剥落,使摩擦系数的波动范围和磨损量急剧增大。当滑动速度在 600℃从 1 m/s 增加到 2 m/s 时,图 4-23(g)基体中的石墨排列也比图 4-23(c)中的石墨排列向滑动方向偏转了一定程度。在图 4-23(h)中,摩擦表面上的摩擦膜厚度小于在 600-1 试验的厚度。摩擦膜中及摩擦膜与基体之间存在大量裂纹,这是摩擦膜即将剥落的特征。高滑动速度导致摩擦表面变形和硬化速率增加,引起疲劳裂纹的形成,从而加剧摩擦膜的破裂。此外,与 600-1 试验条件相比,滑动速度的增加(600-2)所引起的另一个影响是增大了摩擦表面的离心力,加速了磨粒的掉落,减少了磨粒留在摩擦表面形成厚摩擦膜的概率,这也会导致磨损量迅速增加。

4.2.3 制动盘表面的物质变化

4-24 为在不同条件下测试后制动盘磨损区域的 XRD 谱图。在低温(400-1)下试验时,衍射峰主要由 Fe 峰和少量弱氧化物峰组成,表明磨损区域的氧化程度较低。在 600-1 条件下测试时,氧化峰的数量和强度都增加。此外,铜氧化物衍射峰的出现表明,铜从销表面转移到盘的磨损区域。随着温度进一步升高到 800℃(800-1),

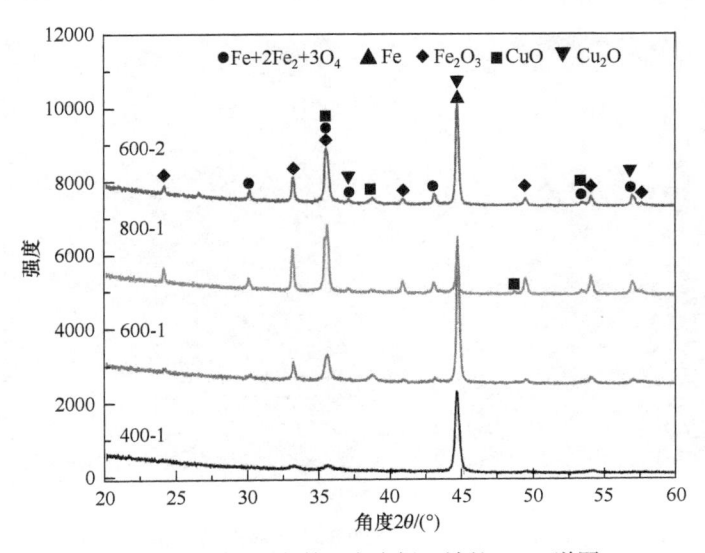

图 4-24 在不同条件下盘磨损区域的 XRD 谱图

铁基体的衍射峰降低严重，主要衍射峰为 Cu 和 Fe 的氧化物峰，这表明磨损区域被氧化物覆盖。由于氧化程度随温度的升高而增加，当温度超过一定值时，磨损区将被完全氧化。对比 600-1 和 600-2 条件下的 XRD 谱图，滑动速度的增加对氧化物衍射峰的类型影响不大，但可以提高氧化物衍射峰的强度。

在不同条件下试验的对偶盘上整个磨损区域的激光扫描共聚焦形貌如图 4-25 所示。磨损区域有一些典型的特征，以 400-1 试验条件下产生的磨损区域为例描述这些特性，如图 4-25(a)所示。一部分灰色物质覆盖磨损区域，起到摩擦膜的作用。对偶盘是利用电火花加工方法从实际制动盘上切下的，然后利用硬质合金刀具抛光，因此表面不可避免地存在加工槽。当滑动方向与这些原始沟槽的方向不一致时，这些原始沟槽会阻碍物质在摩擦界面上的运动，从而在盘的磨损区域形成摩擦膜。此外，销中存在的硬颗粒和摩擦过程中产生的磨粒也会在盘的表面留下与滑动方向一致的划痕。以磨粒磨损为主的磨损机制提供了更大的摩擦阻力，从而增大了摩擦系数。在 600-1 条件下进行试验时，如图 4-25(b)所示，划痕数量显著减少，附着在磨损区域上的摩擦膜面积增大。磨损区域的磨损机制由磨粒磨损逐渐转变为黏着磨损。这种黏着磨损主要发生在盘上的摩擦膜和销上的摩擦膜之间。在图 4-25(c)中，随着温度进一步升高到 800℃(800-1)，盘上磨损区域沿滑动方向没有明显的划痕，并且附着在磨损区域的摩擦膜具有覆盖面积大和连续性好的特点。在 600-2 条件下试验时，磨损区域的划痕数量很少，摩擦膜不连续(图 4-25(d))。下面将进一步分析在不同滑动速度(600-1 和 600-2)下产生的摩擦膜之间的差异。

图 4-25 在不同测试条件下盘表面磨损区域的激光扫描共聚焦全貌
(a) 400-1；(b) 600-1；(c) 800-1；(d) 600-2

磨损区域的 SEM 显微组织如图 4-26 所。在图 4-26(a)中，当在 400℃(400-1)下进行试验时，附着在制动盘上的摩擦膜沿滑动方向(SD 及对应箭头标注所示)呈现不连续的分布，在摩擦膜分布的间隙留下盘表面原始的加工沟槽。此外，沿滑动方向有大量的划痕，这与图 4-25(a)中的划痕一致。当在 600℃(600-1)下进行试验时，分散的摩擦膜之间的连续性增强，沿滑动方向出现大面积的连续摩擦膜，并且划痕的数量相比于 400℃减少，如图 4-26(b)所示。在图 4-26(c)中，在更高的温度(800-1)下，摩擦膜的覆盖面积进一步扩大并且划痕基本消失。然而，当滑动速度从 1 m/s 增大到 2 m/s(图 4-26(d))时，磨损区域上摩擦膜的覆盖面积和连续性都降低。

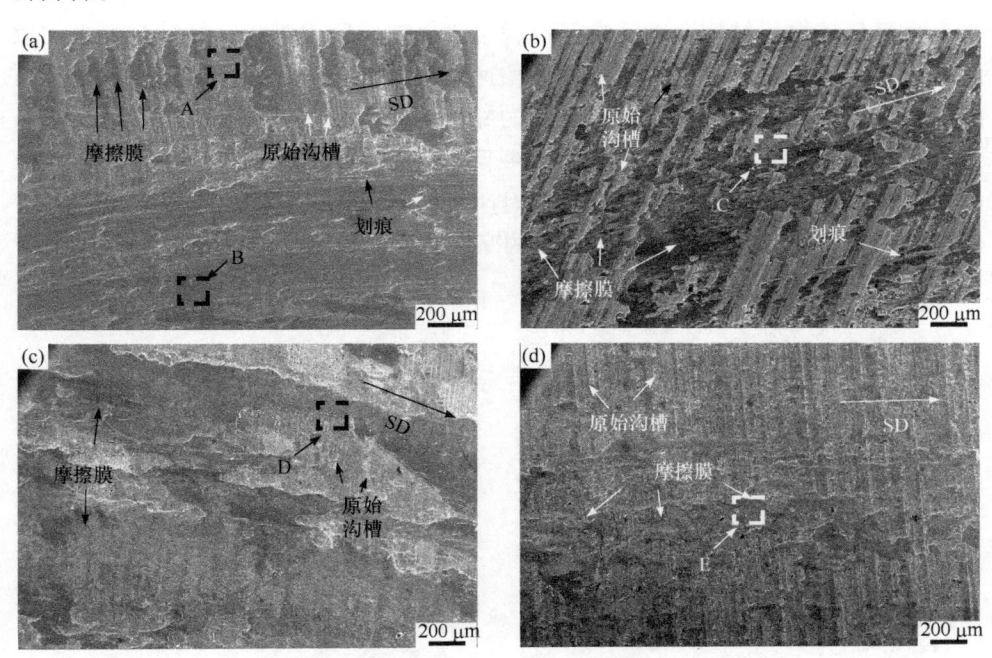

图 4-26 在不同测试条件下磨损区域的 SEM 图像
(a) 400-1；(b) 600-1；(c) 800-1；(d) 600-2

图 4-26 中典型区域(A～E)的放大 SEM 图像和相应的 EDS 分析如图 4-27 和表 4-6 所示。区域 A 的放大 SEM 图像(图 4-27(a))为图 4-26(a)中附着在磨损区域上两个相邻摩擦膜的连接区域。EDS1 和 EDS2 的结果表明，摩擦膜主要含有 Fe、Cu 和 O，而两个摩擦膜结合处的 Cu 含量很高(>70%(原子分数))，这表明 Cu 是促进盘磨损区形成连续摩擦膜的重要因素。在摩擦膜的形成过程中，Cu 不断地从销转移到制动盘表面，然后与其他磨粒混合形成连续的摩擦膜。随着氧化过程的进行，摩擦膜中铁氧化物的含量增加。区域 B(图 4-27(b))为沿滑动方向的划痕形貌。

EDS3 结果表明，元素成分为 Fe、Cr、Mn、Si，与钢盘原始成分一致，表明在 400-1 试验条件下，摩擦界面上的硬质颗粒使摩擦盘产生直接的划痕，磨损机制以磨粒磨损为主。区域 C(图 4-27(c))为在 600-1 条件下产生的摩擦膜形貌。摩擦膜表面不平整，意味着摩擦膜正在经历物质的积累或破坏。摩擦膜表面无划痕，说明磨粒磨损的作用减弱。EDS4 的结果表明，其成分为 O、Cr、Fe 和 Cu。然而，与 EDS2 结果相比，EDS4 中的 Cu 含量较低，Fe 含量较高，说明图 4-27(c)中摩擦膜的形成早于图 4-27(a)，摩擦表面经历了更加长久的氧化。图 4-27(d)中的放大图像直接表明，在 600-1 条件下形成的摩擦膜源于众多纳米颗粒的固化烧结。图 4-27(e)中的区域 D 显示了在 800-1 条件下产生的摩擦膜形貌。摩擦膜表面非常平整且呈现多层结构，即一层摩擦膜覆盖另一层摩擦膜。这种结构是由物质的堆积引起的，也是物质在摩擦界面快速转移的标志。此外，磨损区域的主要磨损机制已转变为发生在摩擦膜之间的黏着磨损，而不是直接发生在制动盘与制动闸片之间的磨损。当在 600-2 条件下进行试验时，如图 4-27(g)所示，摩擦膜比图 4-27(c)所示的更平坦。图 4-27(f)和(h)再次证实，当温度达到 600℃时，纳米颗粒固化烧结在一起形成了致密的摩擦膜，但与图 4-27(d)相比，增加的滑动速度可使摩擦膜更加致密。

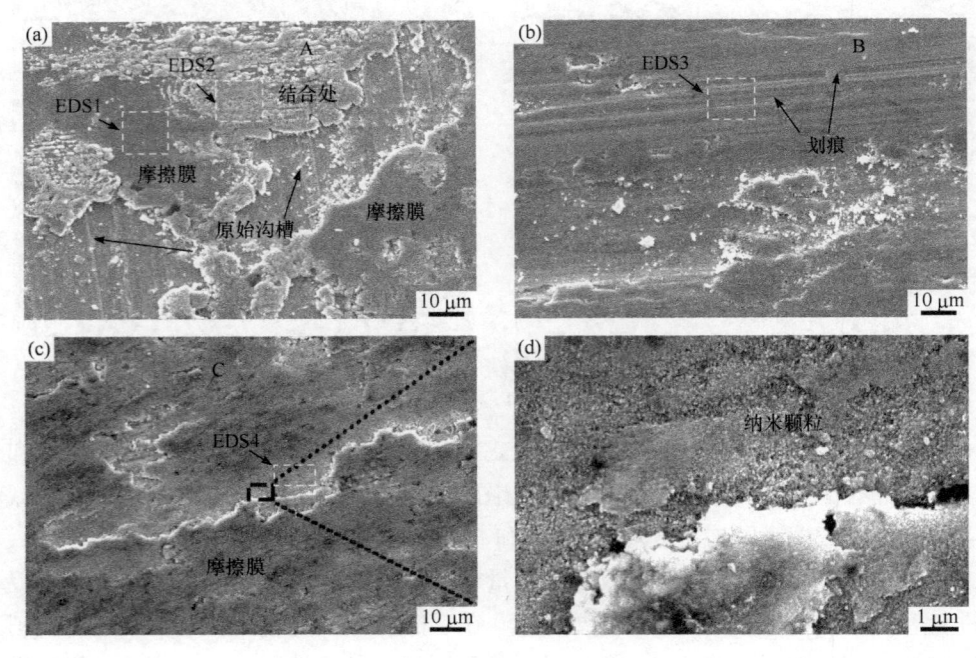

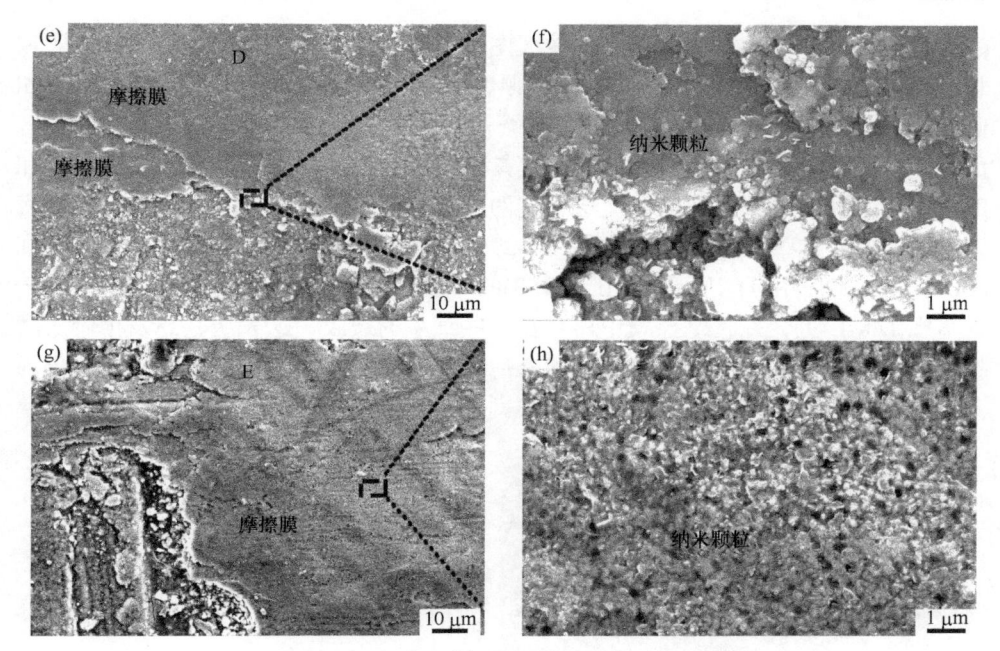

图 4-27 图 4-26 中标记区域的放大 SEM 图像
(a) 区域 A；(b) 区域 B；(c)(d) 区域 C；(e)(f) 区域 D；(g)(h) 区域 E

表 4-6 图 4-27 中 EDS1~EDS4 的分析结果(原子分数)　　　　(单位：%)

区域	O	S	Cr	Fe	Cu	Si	Mn
EDS1	20.35	1.89	12.63	39.90	25.22	—	—
EDS2	12.45	—	0.95	15.04	71.55	—	—
EDS3	—	—	1.27	96.05	—	1.15	1.52
EDS4	15.04	—	4.46	45.38	35.13		

图 4-28 利用激光扫描共聚焦图像检测了磨损区域的高度波动。磨损区域的高度差由色差反映，如图 4-28(a)、(c)、(e)和(g)所示，相应的高度变化如图 4-28(b)、(d)、(f)和(h)所示。高度差的大小顺序为：11.38 μm(400-1)＞10.21 μm(800-1)＞5.64 μm(600-1)＞3.20 μm(600-2)，即随着测试温度的升高，磨损区域高差呈先减小后增大的趋势。滑动速度的增加也会略微减小盘表面磨损区域的高度差。

此外，附着在盘磨损区域的摩擦膜横截面 BSE 图像可以揭示摩擦膜的详细结构与成分，如图 4-29 所示。其中一些典型区域的能谱分析如表 4-7 所示。EDS5 和 EDS7 结果中发现了异常高的碳含量，这可能源自两个原因：①EDS 分析对轻元素的分析不准确；②由于样品是嵌入树脂中然后经过金相处理后观察其截面，树脂可能会影响碳元素的含量。在 400-1 测试时，均匀的摩擦膜覆盖在磨损区域

(图 4-29(a))。图 4-29(b)中摩擦膜的放大图像表明,摩擦膜是由尺寸较大的陶瓷颗粒、氧化物(EDS5)和从盘基体剥离的颗粒(EDS6)组成的机械混合层(mechanical mixed layer,MML)。当在 600-1 条件下测试(图 4-29(c)和(d))时,摩擦膜在磨损区的厚度分布不均匀。厚度较大的摩擦膜具有双层结构,即摩擦膜底部的 MML 和摩擦膜顶部相对连续致密的氧化层,这两层的厚度相似。在 MML 中也有许多陶瓷颗粒,但是这些颗粒的尺寸小于图 4-29(b)所示的尺寸。随着温度进一步升高到 800℃(图 4-29(e)和(f)),底部 MML(EDS8)的厚度变得非常薄。较厚的氧化层(EDS7)覆盖在 MML 上,并且摩擦膜中还存在一些细小的裂纹,这表明其易发生剥层磨损(图 4-29(e))。在 600-2 测试时(图 4-29(g)和(h))时,摩擦膜的厚度最小,但仍为双层结构,存在许多裂纹,这是摩擦膜剥层磨损发生的特征。

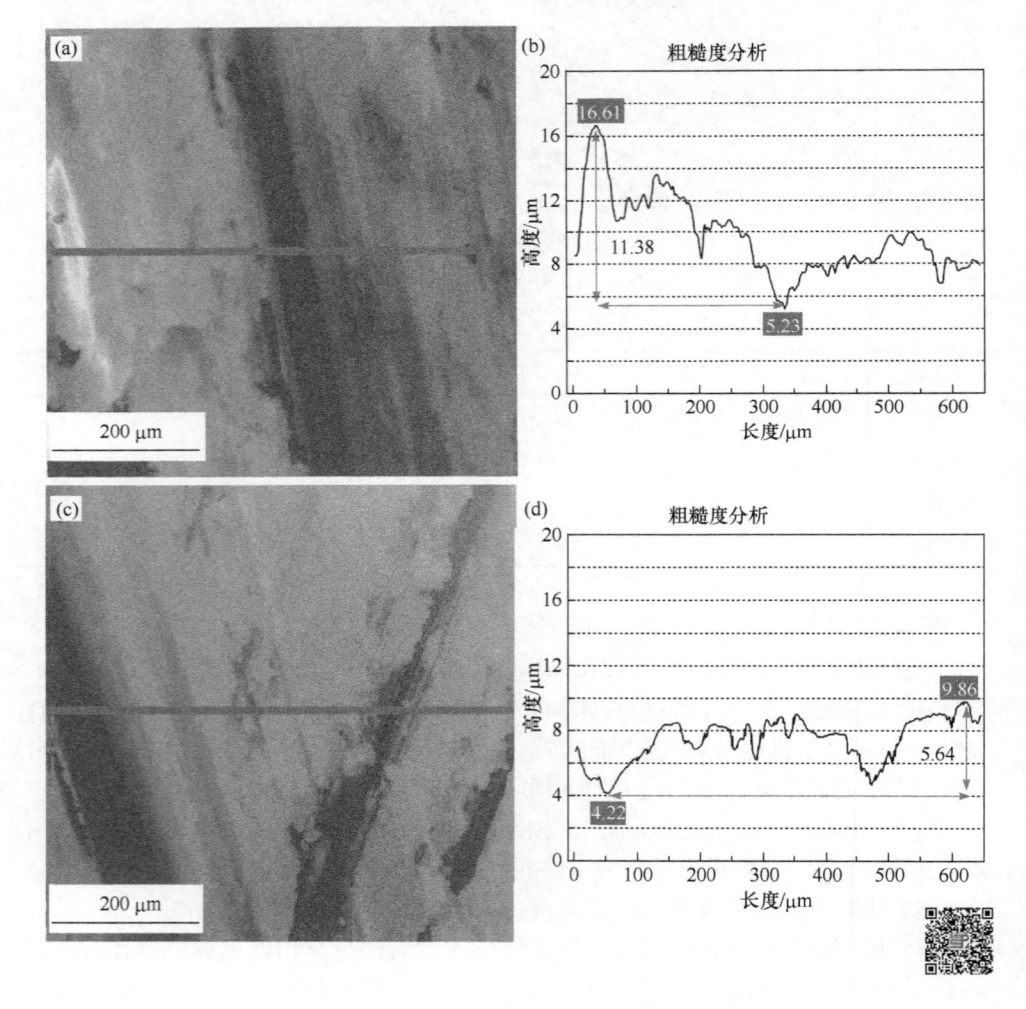

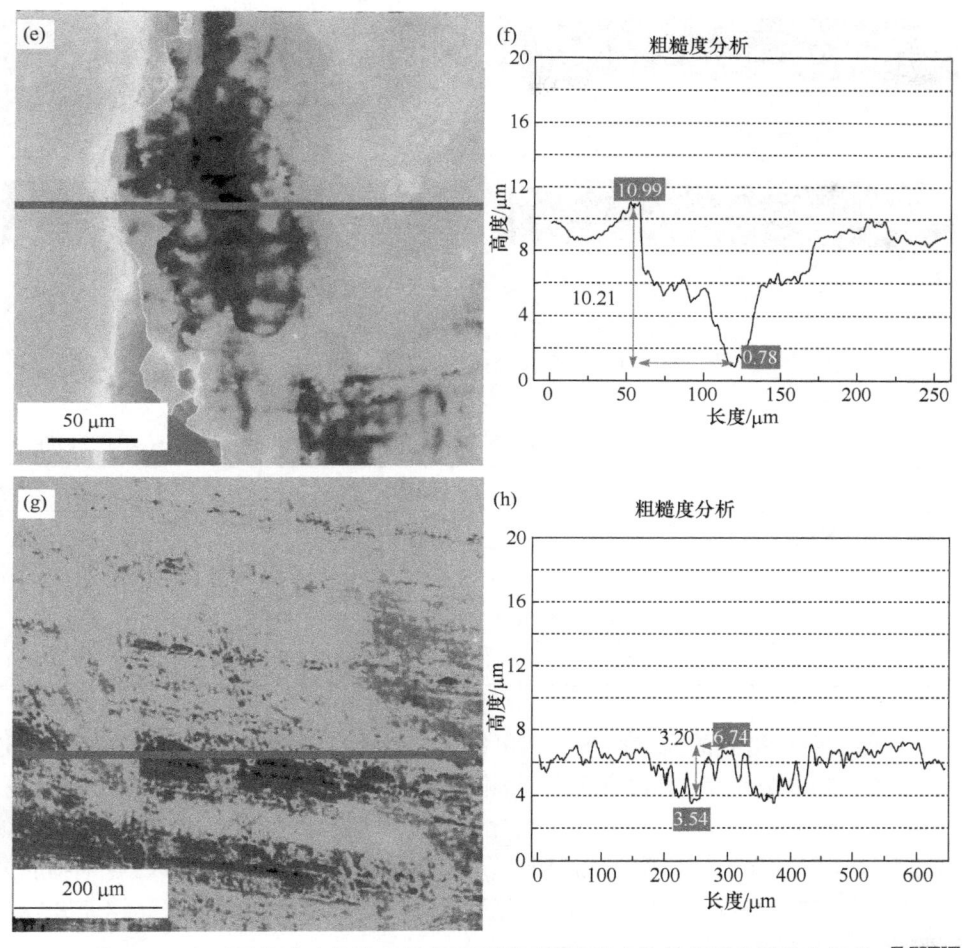

图 4-28　在不同的试验条件下盘表面磨损区域的激光扫描共聚焦图片和标注
路径的高度分析

(a)(b)400-1；(c)(d)600-1；(e)(f)800-1；(g)(h)600-2

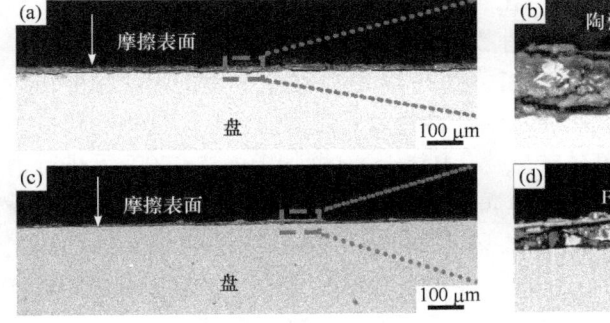

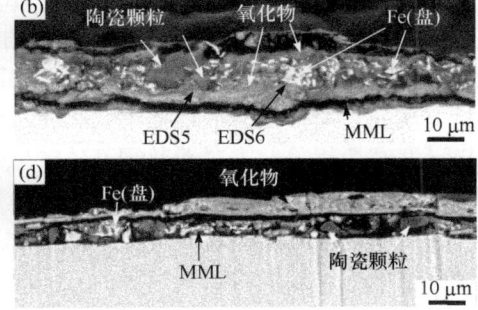

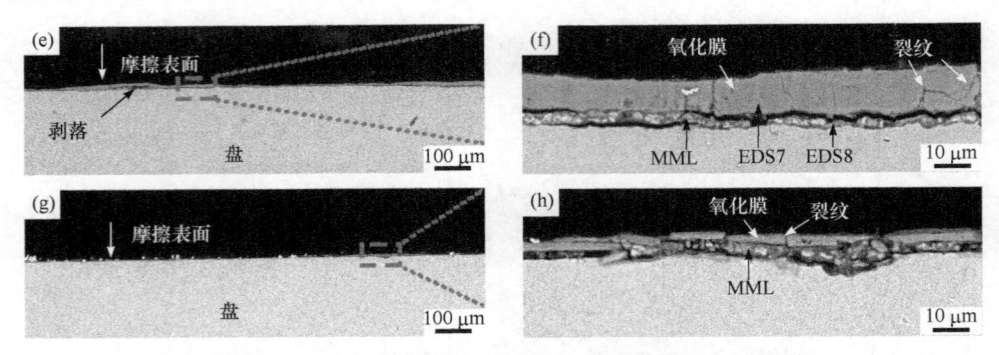

图 4-29　在不同测试条件下盘磨损区域的横截面 BSE 形貌
(a)(b)400-1；(c)(d)600-1；(e)(f)800-1；(g)(h)600-2

表 4-7　在图 4-29 中标记区域(EDS5～EDS8)能谱分析结果(原子分数) (单位：%)

区域	O	Mo	Cr	Fe	Cu	Si	Mn	C	Cl	Ca
EDS5	22.60	—	0.30	28.01	—	0.62	—	46.86	1.10	0.52
EDS6	—	—	0.99	96.10	—	0.99	1.31	—	0.60	—
EDS7	5.52	—	0.19	14.66	0.50	—	0.23	78.90	—	—
EDS8	13.63	0.84	3.22	74.97	—	5.63	1.10	—	—	0.61

从能谱分析得到的元素面积分布可以更清楚地看到摩擦膜的构成，如图 4-30 所示。图 4-30(a)显示了在 800-1 条件下测试的盘磨损区域典型横截面的 BSE 形貌。图 4-30(c)和(d)证实 MML 上部厚的氧化层主要由铁的氧化物组成，在氧化层的顶部还有一层薄的铜层，厚度为几微米(图 4-30(b))，这表明在 800℃时含铜物质处于持续较强的迁移过程。此外，在氧化层下有少量的硅和碳的富集，这是在摩擦试验早期产生的磨屑碎片堆积造成的。

由此可以推断在不同温度试验条件下物质在盘磨损区域的演化及其对摩擦磨损性能的影响。对于 C11000(ASTM)纯铜，在 400℃、600℃和 800℃下的抗拉强度分别为 80 MPa、30 MPa 和 6 MPa，在 400℃和 600℃下的硬度分别为 17 HB 和 7 HB。吴丹[16]基于 28CrMoV 设计的高速铁路制动盘用钢在 400℃、600℃和 700℃下的抗拉强度分别为 1050 MPa、700 MPa 和 390 MPa。由于钢盘的力学强度在高温下远高于销，在摩擦过程中，物质从销迁移到对偶盘磨损区域。这种迁移行为与温度密切相关，主要涉及铜基体的软化。Rodrigues 等[2]指出在 400℃下进行销盘摩擦试验时，摩擦表面的铜作为固体润滑剂会软化。但在本试验中，当试验条件为 400-1 时，摩擦表面上的铜软化现象不明显，这可能是因为 Rodrigues 等的试验中使用的外加铜粉是纳米级的。同时，磨损区域单一 MML 的存在表明 400-1 的试验条件不能使磨粒被充分挤压和烧结以形成致密的摩擦膜(图 4-29(a)和(b))。

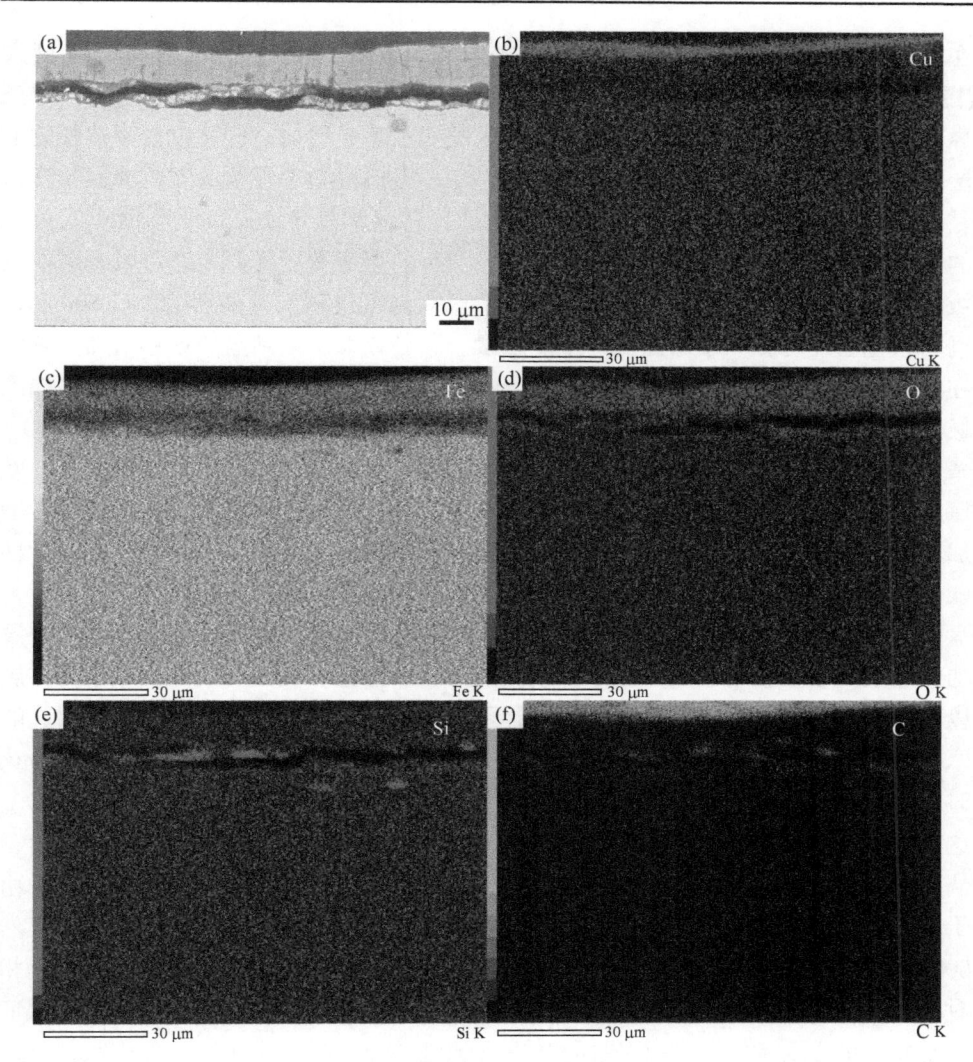

图4-30 在800-1条件下测试后磨损区域横截面的BSE图像(a)和通过能谱分析得到的Cu、Fe、O、Si、C元素面分布(b)~(f)

因此，由于磨粒存在，磨损区域会出现磨粒磨损(图 4-27(b))。此外，铜在盘磨损区域形成连续摩擦膜(图 4-27(a))的过程中起着重要作用。400℃时，铜的软化作用不强，销往盘摩擦表面转移铜的速率较慢，缺少铜的参与导致盘表面未能形成连续致密摩擦膜。在 400-1 条件下，高且稳定的 μ_i 和低的线磨损量表明，在磨损区形成单一的 MML 对提高摩擦磨损性能起着积极的作用。一方面，MML 提供更大的摩擦力，导致较高的 μ_i。另一方面，由于铜基体的软化作用较弱，摩擦界面间的物质转移较少，使摩擦界面变得更加稳定，有利于 μ_i 的稳定和线磨损量降低。

在磨粒磨损引起的划痕和磨屑堆积的双重作用下，磨损区域的高度差较大(图 4-28(a)和(b))。当温度升高到 600℃(600-1)时，由于铜的软化作用增强，摩擦界面间的物质转移速率增加，铜在磨损区域的黏附量增加，这导致在摩擦膜的上层形成连续且致密的氧化层(图 4-29(c)和(d))，磨损机制也开始从磨粒磨损转变为黏着磨损。在软化铜的参与下，加速的物质迁移速率也导致 μ_i 的平均值降低和 μ_i 的不稳定性。另外，磨粒磨损程度降低，引起的划痕程度降低，这可减少磨损区域的高度差(图 4-28(c)和(d))和线磨损量。随着温度进一步升高到 800℃(800-1)，铜的软化已成为影响摩擦性能的主要因素。它导致铜从销到盘的迁移增加，从而在盘的磨损区域形成大面积致密但易于转移的摩擦膜，这也可以从黏附在磨损区域的较厚摩擦膜中得到证实(图 4-29(e)和(f))。此外，摩擦膜底部的 MML 在 800-1 条件下非常薄并且 MML 中几乎没有大颗粒，对上部摩擦膜的强化作用较小。摩擦膜的不稳定和快速转移导致在 800-1 条件下低且不稳定的摩擦系数以及异常增加的线磨损量。因此，从不同温度下摩擦膜与摩擦磨损性能的关系可以推断，性能优异的制动系统不会在制动盘表面追求厚的摩擦膜，以避免磨损损伤。相反，盘的表面应允许一定程度的磨粒磨损，以增加摩擦系数。因此，在制动闸片中添加尺寸大的硬质颗粒，以加剧摩擦表面的第三体磨损，从而从表面去除第三体层以限制表面层厚度，特别是在高温下，可以缓解因富铜相转移物快速迁移引起的摩擦系数严重衰退现象。在 600℃(600-2)条件下，当滑动速度从 1 m/s 增加到 2 m/s 时，附着在磨损区域上的摩擦膜面积和厚度相对较小(图 4-28(g)和(h)、4-29(g)和(h))。这是由于高速滑动时，摩擦表面的离心力增大，加速了磨粒在摩擦过程中的掉落，从而抑制了摩擦膜的形成，这一过程也增加了线磨损量。因此，在 600-2 条件下，由于缺少摩擦膜，圆盘表面与销表面保持直接接触，使 μ_i 较高。值得注意的是，虽然 600-2 条件下形成的摩擦膜比 800-1 条件下形成的摩擦膜薄，但摩擦过程中 μ_i 反而相对稳定，μ_m 较高。这与前面的讨论是一致的，高温下形成较厚的摩擦膜并不是保证 μ_i 稳定性的必要条件，而摩擦界面间的物质迁移率是影响摩擦副摩擦稳定性的关键。

此外，纳米颗粒的出现是高温摩擦下摩擦膜的另一个重要特征。当摩擦界面温度达到600℃时，圆盘表面的摩擦膜主要由纳米颗粒固化烧结而成(图4-21和图4-27)，这可能与磨屑的研磨有关，甚至与磨屑在摩擦过程中的破碎、动态再结晶和晶粒长大行为有关。Gottstein 等[17]认为铜在 530℃以上发生动态再结晶。因此，高温能有效促进铜的再结晶过程，摩擦膜中的再结晶铜颗粒也能起到类似石墨的润滑作用[18]。

4.3 摩擦膜的成分和结构

摩擦膜的性能取决于摩擦膜的具体组成和结构，许多研究者对此也进行了研究。Österle 等[19,20]较早利用离子束聚焦(focused ion beam，FIB)-透射电子显微镜(transmission electron microscope，TEM)技术观察了处于摩擦稳定阶段的有机闸片表面摩擦膜结构，发现摩擦膜由三层组成，即底部塑性变形严重的起支撑作用的金属颗粒/纤维、其上方的纳米颗粒致密层以及表层的纳米晶金属氧化物层和非晶相。Wirth 等[21]通过对摩擦片与盘的摩擦表面进行详细的分析，认为在多次制动过程中平均摩擦系数一旦不发生显著的波动，摩擦膜必须达到化学成分平衡状态。Severin 等[22]更倾向于将磨合后制动达到稳定时的状态称为准稳态。在这种状态下，摩擦膜的组成和结构处于动态平衡状态，平均摩擦系数和温度也因此在一个有限的范围内振荡[23]。铜基制动闸片先在不同制动条件下进行一系列的紧急制动，并且最终实现准稳态制动状态。随后在微观尺度(微米-纳米)对经历了长时间制动并处于准稳态制动状态下铜基制动闸片表面的摩擦膜进行表征，使我们对摩擦膜的微观组成及结构有更清晰的认识。

所使用的铜基制动闸片材料为 7.2 节中 GG4.6，成分如表 7-2 所示，对偶材料为商用 350 km/h 速度等级制动盘材料。在 TM-Ⅰ 缩比试验台上进行测试，不同模拟制动条件下的平均摩擦系数(μ_m)如图 4-31 所示。在 Ⅰ、Ⅱ、Ⅲ 阶段，μ_m 首先随模拟制动速度的增加而增加，然后在模拟制动速度为 300~380 km/h 的范围内保持相对稳定。在 TM-Ⅰ 缩比试验台上测试后 μ_m 随制动条件的变化将在 6.5 节详细解释，此处不再赘述。在 Ⅰ、Ⅱ、Ⅲ 阶段，μ_m 分布在 0.35~0.50。即使经过一系列严苛条件下的制动操作，在第Ⅳ阶段，μ_m 仍保持在 0.35 左右，表明制动处于准稳态。这种状态下的摩擦膜将从平行于摩擦表面和垂直于摩擦表面两个角度进行分析表征，如图 4-32 所示。

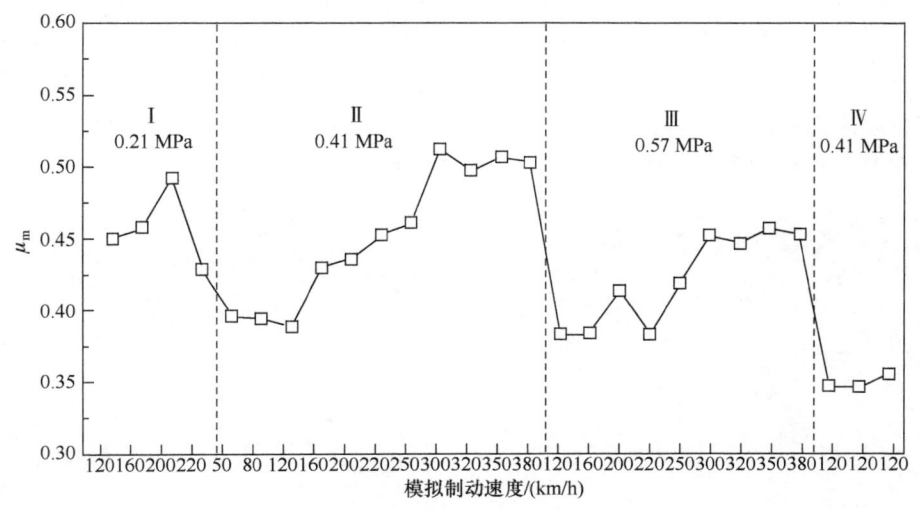

图 4-31 不同制动条件下的平均摩擦系数

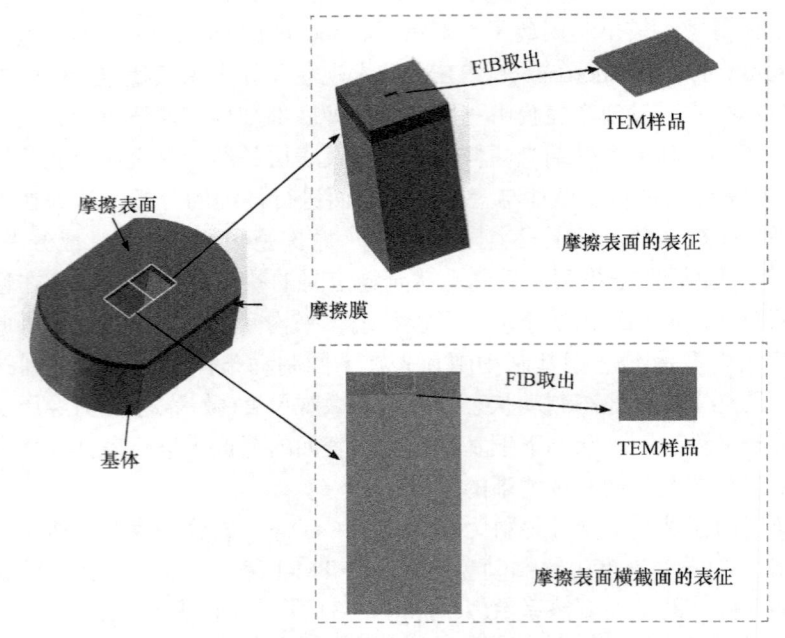

图 4-32　平行于摩擦表面和垂直于摩擦表面表征方式示意图

图 4-33 首先对表面摩擦膜进行了表征。摩擦表面区域包括摩擦膜覆盖区域、石墨区域和磨屑储存区域(图 4-33(a))。图 4-33(b)表明，摩擦膜主要由深灰色富铁相和浅灰色富铜相组成。一些细小颗粒如深色二氧化硅颗粒，钉扎在摩擦表面可以强化摩擦膜。图 4-33(c)所示为摩擦膜和磨屑之间相邻区域的 BSE 图像，表明摩擦膜处于磨粒挤压的形成阶段或磨粒释放的破碎阶段。无论此时摩擦膜处于哪个阶段，都可知光滑连续摩擦膜的基本组成单元是颗粒状磨粒。此外，这些颗粒不仅被压实，而且牢固地粘在表面上，因为即使在 SEM 观察之前在无水乙醇中进行超声波清洗，这些颗粒仍然稳定地存在于摩擦表面。一些破碎的石墨片也混合在磨屑颗粒中参与了摩擦膜的形成(图 4-33(d))。

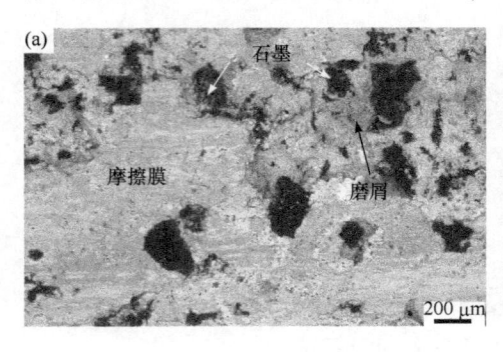

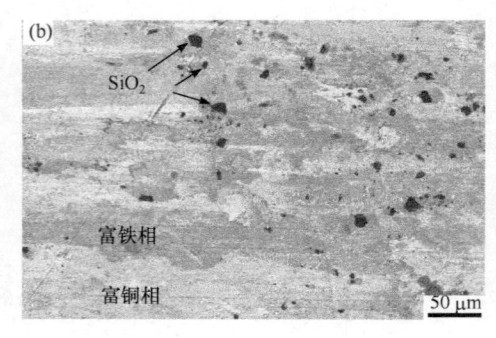

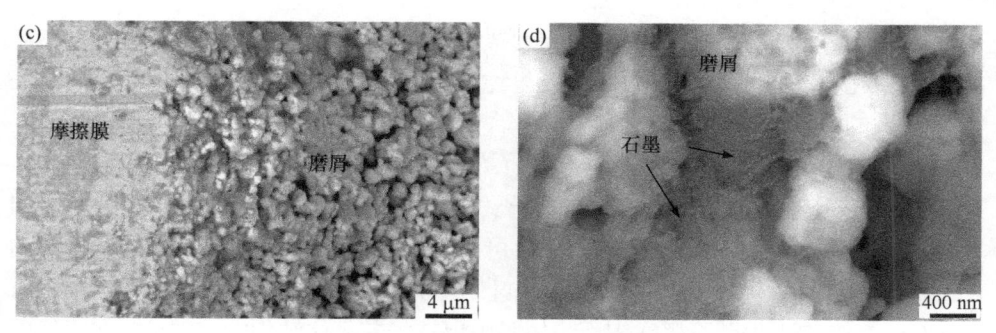

图 4-33 表面摩擦膜 BSE 显微组织
(a) 摩擦表面；(b) 摩擦膜覆盖的区域；(c) 具有摩擦膜和磨屑的区域；(d) 磨屑区域

利用 FIB 技术进一步剥离表面摩擦膜，在 TEM 下观察，如图 4-34 所示。图 4-34(a)中摩擦膜的低倍 TEM 图像表明，表面摩擦膜中纳米颗粒与少量微米粒径的颗粒共存。纳米颗粒的放大明场像如图 4-34(b)所示。图 4-34(c)中的选区电子衍射(selected area electron diffraction, SAED)花样证实表面摩擦膜中的纳米颗粒是纳米铁氧化物、铜及铜氧化物。一些纳米颗粒的高分辨 TEM(high resolution TEM, HRTEM)形貌如图 4-34(d)~(f)所示，这些纳米颗粒之间不直接接触，而是以非晶相

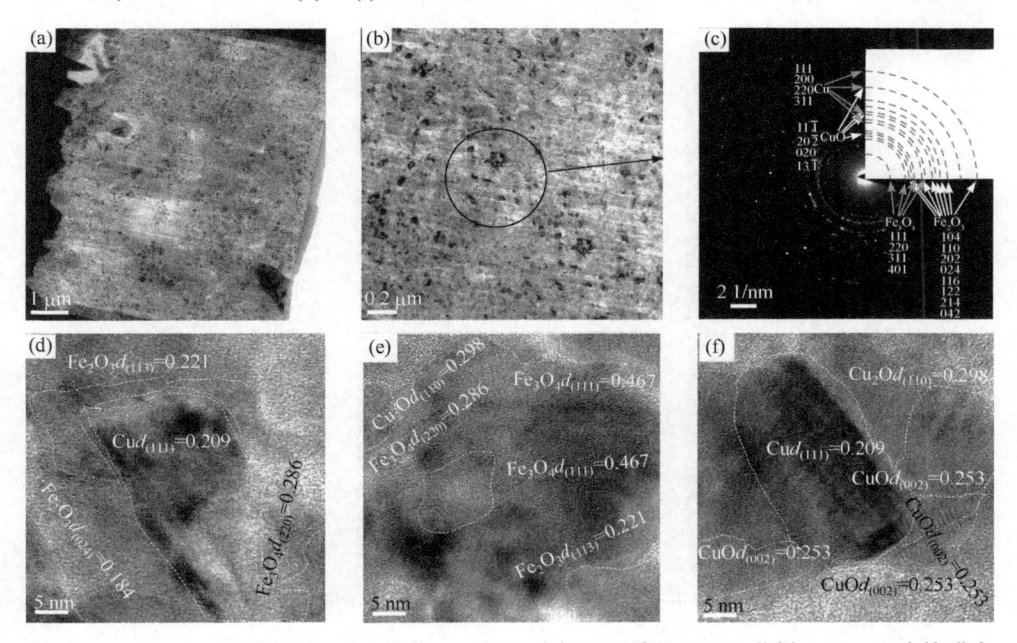

图 4-34 (a)(b)表面摩擦膜的 TEM 图像；(c)图(b)中标记区域的 SAED 花样；(d)~(f)摩擦膜中纳米颗粒的 HRTEM 形貌(单位：nm)

充当连接颗粒的介质。纳米颗粒的大致范围用白色虚线表示，这些颗粒的大小从几纳米到几十纳米不等。铜和铁的氧化物在摩擦膜中占主导地位，并且铜颗粒表现出较大的粒度。

石墨也是摩擦膜中的重要组分之一(图 4-33)，在 TEM 下也可直接观察到表面摩擦膜中的石墨，如图 4-35(a)所示。石墨被进一步放大以观察特定的形态，如图 4-35(b)~(d)所示。在图 4-35(b)中，可以看到大面积具有完整层状晶格结构的石墨，晶格层间距为 0.341 nm。在右上角插入的快速傅里叶变换(fast Fourier transform，FFT)也表明石墨在表面摩擦膜中保持了其晶体结构的完整性。在图像的左下角，有一个与石墨存在明显界面的非晶相。此外，石墨在摩擦膜的某些部位也经历了不同形式的损伤。在图 4-35(c)中，石墨从内部被破坏，这可能是由石墨上的颗粒挤压引起的。在图 4-35(d)中，石墨的一部分完好无损，而另一部分则明显撕裂。进一步对图 4-35(d)中矩形标记的区域(A 和 B)进行观察，图 4-35(e)和(f)分别清晰地显示出石墨在摩擦膜中经历的撕裂和弯折，这两种方式都将导致晶体结构的畸变，甚至使得润滑性丧失。

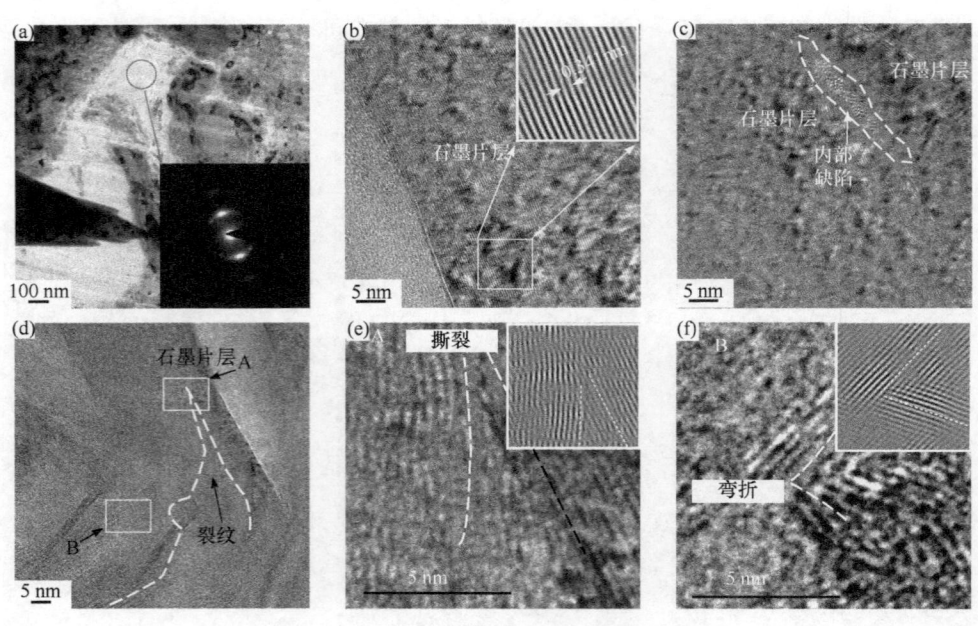

图 4-35 表面摩擦膜中石墨的 TEM 形貌
(a) 石墨的低倍率 TEM 图像；(b) 石墨完整的晶格结构，右上角插入的图像是标记区域的 FFT；(c)(d) 破坏状态下的石墨形貌；(e) 区域 A 及(f) 区域 B 放大图像，右上角的插入图像是相应的 FFT

在摩擦表面形成的摩擦膜具有一定的厚度，因此从横截面的角度对摩擦膜进行表征。图 4-36(a)为摩擦膜的横截面形貌，其呈现出向基体方向的凸形。将摩擦膜中靠近摩擦表面的区域和基体附近的区域分别放大观察，如图 4-36(b)和(c)所示。靠近基体的灰色铁氧化物颗粒尺寸较大，在这些富铁氧化物颗粒之间有一些浅灰色富铜相(图 4-36(b))。然而，当该区域靠近摩擦表面时，灰色富铁氧化物的颗粒尺寸明显减小，并且几乎均匀地与浅灰色富铜相混合(图 4-36(c))。这种状态的摩擦膜与图 4-14(c)与所描述的摩擦膜处于同一阶段。图 4-36(d)为从摩擦表面到摩擦膜底部的元素线分析结果，线扫描路径如图 4-36(a)中的白色虚线所示。Cr、Si、C、S 元素浓度随距离变化不明显，说明这些元素在摩擦膜中含量较低。Fe 和 O 的变化趋势相似。基体附近 O 和 Fe 浓度的增加表明富铁氧化物颗粒增加，这与图 4-36(b)中的观察结果一致。从摩擦表面到基体的 Cu 浓度变化与 Fe 和 O 相反，这是由富铁氧化物相和富铜相在摩擦膜中交错分布引起的。

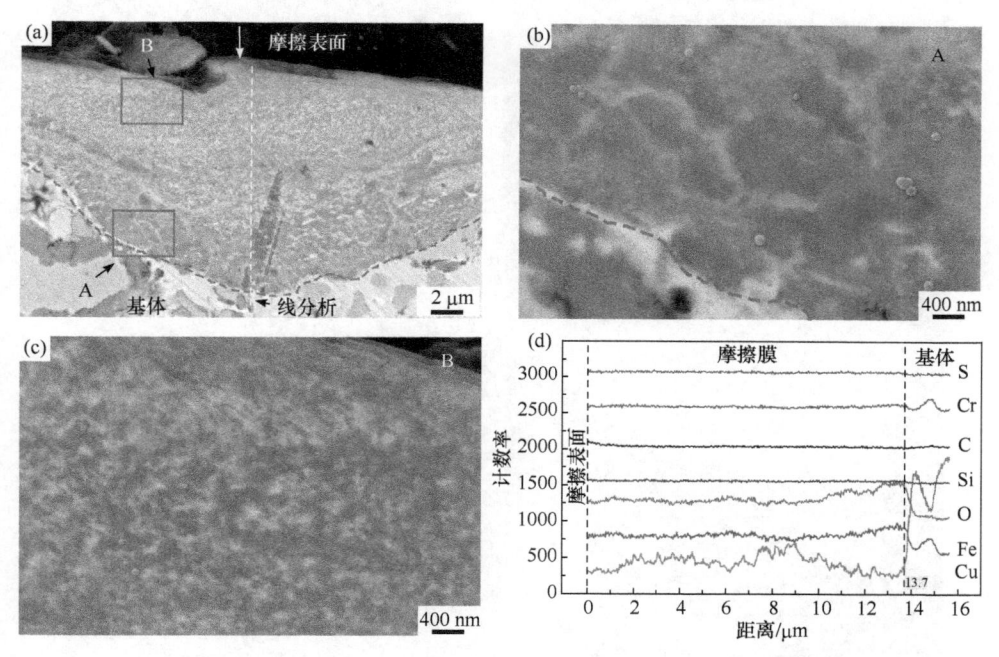

图 4-36 (a)摩擦膜横截面 BSE 图像；(b)(c)区域 A 和区域 B 的放大 BSE 图像；(d)摩擦膜的元素线分析(路径如图(a)中的白色虚线表示)

在摩擦膜横截面处，利用 FIB 技术将 TEM 样品取出，如图 4-37(a)和(b)所示。图 4-37(a)为摩擦膜和相邻基体的 BSE 形貌，向基体突出的摩擦膜厚度减小与摩擦膜底部铁颗粒的阻碍作用有关。摩擦表面的变形、软化以及物质的快速迁移促进了涡流状结构摩擦膜的运动，而此处强度高的铁颗粒则阻碍这种运动。图 4-37(c)为铁颗粒及其上摩擦膜的高角环形暗场(high-angle annular dark-field, HAADF)像。图 4-37(d)为界面的放大 HAADF 像和从铁颗粒到摩擦膜的相应 EDS

线分析。界面上存在大量孔隙，说明摩擦膜与铁颗粒结合较差。Fe 和 Cu 含量仍呈交替变化，而 O 和 Fe 的变化趋势相似，这与图 4-36(d)一致。然而，从铁颗粒到摩擦膜的氧含量增加表明，虽然铁是一种易氧化元素，但在高能制动过程中，位于摩擦膜下的铁颗粒没有发生严重的氧化，这可能是在其经受剧烈氧化之前被摩擦膜覆盖所致。

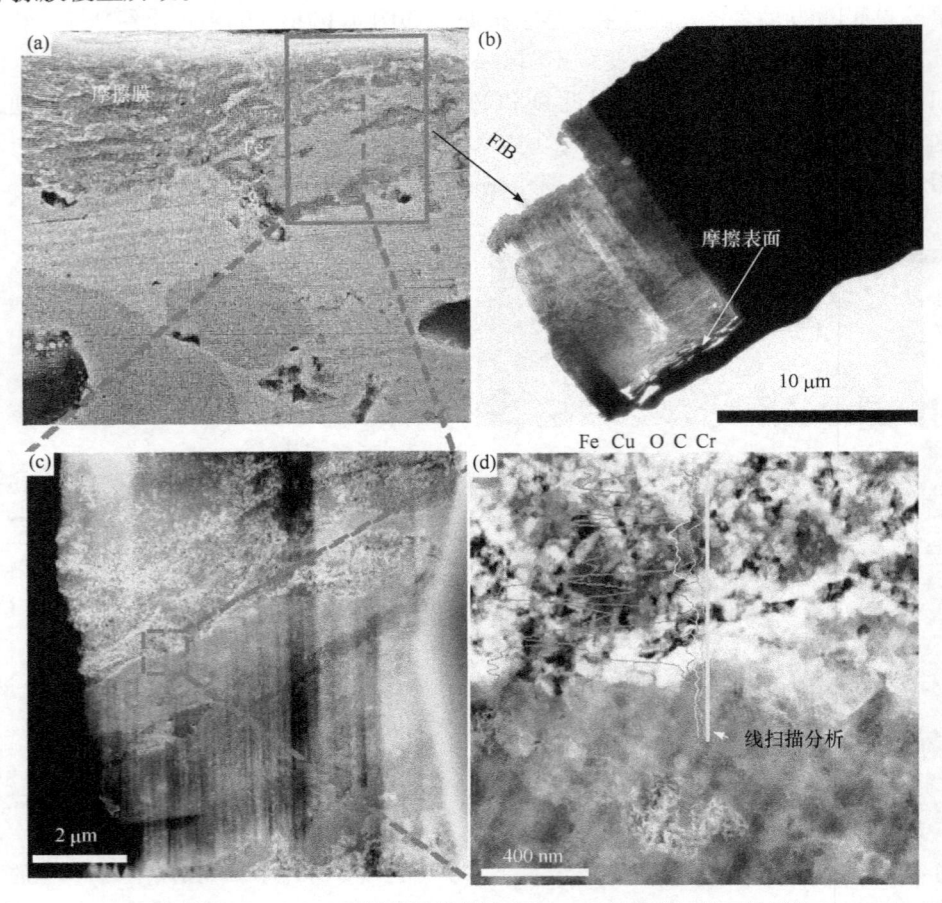

图 4-37 (a)FIB 取样位置；(b)TEM 样品的低倍放大像；(c)摩擦膜与其下铁颗粒的 HAADF 形貌；(d)摩擦膜与其下铁颗粒的界面 HAADF 形貌及元素线扫描分析

图 4-38 进一步对摩擦膜和相邻变形铁颗粒进行分析。在图 4-38(a)中，可以看到摩擦膜由大量的纳米颗粒组成，此外还观察到了数百纳米的 CrFe 颗粒。图 4-38(a)中插入的 HAADF 像表明纳米颗粒主要是深灰色富铁颗粒，而浅灰色富铜颗粒则混合在其中。在图 4-38(b)中，一些颗粒的尺寸小于 50 nm。图 4-38(c)中的选区电子衍射(SEAD)花样表明，纳米颗粒主要由随机取向的铁和铜的氧化物

组成。在摩擦膜下变形的铁颗粒中，含有许多长条状物质，它们在一定范围内相互平行，并沿摩擦膜流动的方向排列(图 4-38(d)和(e))。图 4-38(f)中的 SEAD 花样表明，长条状物质为渗碳体，分布在铁素体基体中。另一个显著的特点是渗碳体区域常伴有暗衬度，这可能是由于渗碳体与周围铁素体的硬度不匹配，导致铁颗粒变形过程中应力集中和高密度位错。长条状渗碳体和铁素体之间的清晰边界如图 4-38(g)所示。图 4-38(h)和(i)利用 HRTEM 图像和 FFT 对铁素体边界附近的区域进行表征，可以清楚地观察到渗碳体附近的铁素体晶格发生了明显的畸变，并存在大量的位错。

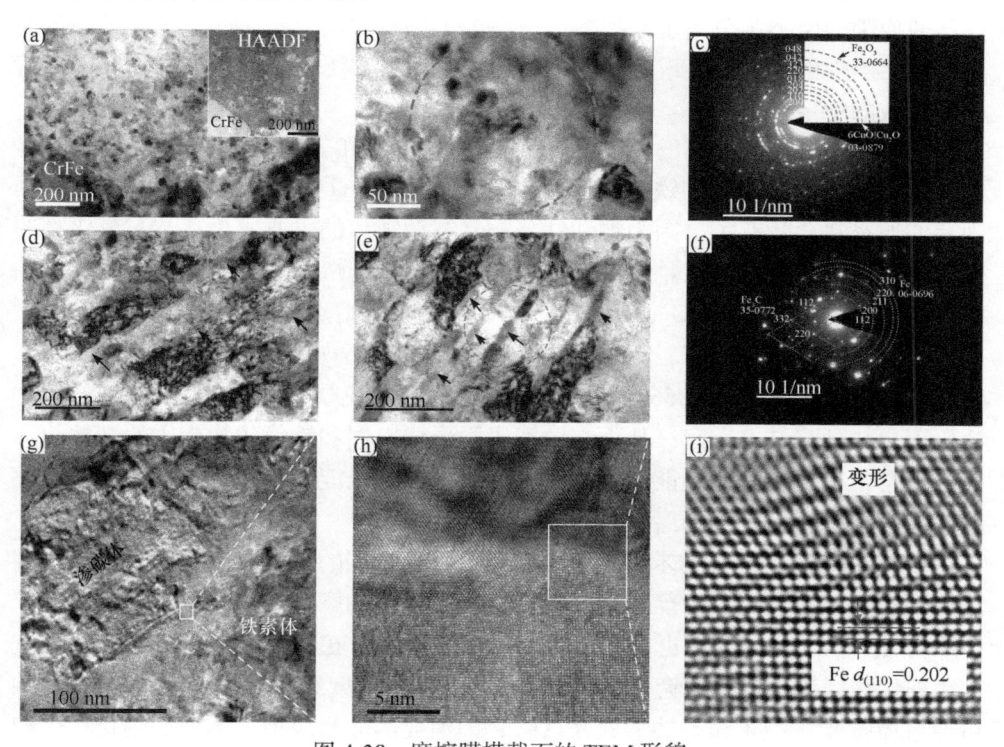

图 4-38 摩擦膜横截面的 TEM 形貌
(a) 摩擦膜横截面的低倍放大图像，在右上角插入相应的 HAADF 图像；(b) 纳米尺寸的氧化物颗粒；(c) 图(b)中标记区域的 SEAD 图案，摩擦膜下变形铁颗粒横截面的 TEM 形貌；(d)(e) 铁颗粒中箭头标记的渗碳体；(f) 图(e)中标记区域的 SEAD 图案；(g) 渗碳体的 HAADF 图像；(h) 图(g)中标记边界的 HRTEM 图像；(i) 图(h)中矩形标记区域的 FFT

通过对表面摩擦膜和摩擦膜横截面的综合分析，可以推断本节描述的摩擦膜与图 4-14(c)所描述的摩擦膜处于同一阶段。下面将从成分和结构的角度来探究其形成原因。

1. 摩擦膜的成分

在摩擦过程中产生的摩擦膜是铜基制动闸片原始成分和各种摩擦产物的混合物。在摩擦过程中，尽管大颗粒磨屑容易从摩擦界面逸出，从而导致闸片的直接磨损[24]，但大多数小颗粒磨屑仍留在摩擦界面上，随后受摩擦表面上运动速率较低的组元(通常称为第一平台)阻碍而积聚，并通过固化和烧结作用形成致密的摩擦膜(图4-33)。由于在空气中应力和高温的持续作用下，细小的金属磨屑不可避免地被氧化，因此氧化物成为致密摩擦膜的重要组成部分。由于氧化物的大量存在，摩擦膜通常比铜基体具有更高的硬度和更低的塑性，这也是摩擦膜称为"釉层"的原因。摩擦膜分离了摩擦界面，减少了黏着磨损，最终促进了摩擦系数的减小和耐磨性的提高。因此，"釉层"的形成对闸片经历一系列高能制动后仍维持摩擦系数的稳定至关重要。

"釉层"主要由铜和铁的氧化物、未氧化铜和非晶相等纳米相组成的理由如下。

(1) "釉层"中以铜和铁氧化物为主的原因如下：①这种现象可能与铜基制动闸片的原材料含量有关，因为铜和铁是铜基制动闸片的主要成分；②与氧化物的烧结性能密切相关。磨屑颗粒的烧结取决于氧化物的熔点。对于摩擦膜中检测到的可能氧化物，FeO、Fe_2O_3、Fe_3O_4、CuO 和 Cu_2O 的熔点分别为 1420℃、1560℃、1594℃、1326℃和 1235℃。对于其他常见的氧化物，如 SiO_2、Cr_2O_3 和 Al_2O_3，其熔点分别为 1650℃、2266℃和 2050℃。这意味着在摩擦过程中，铜和铁的氧化物可以更快地烧结在一起，从而在摩擦表面形成以铜和铁氧化物为主的摩擦膜。而其他常见的氧化物则不能在摩擦膜中牢固烧结，只能钉扎在摩擦面上强化摩擦膜或作为摩擦界面之间的磨屑剥落。

(2) "釉层"中出现纳米相、非晶相和未氧化物铜的原因主要与制动能量及制动时长有关。制动过程中能量消耗的主要方式是驱动摩擦表面物质的运动以及产生摩擦热[3]。因此，磨屑也要经过持续的机械研磨，在运动过程中产生变形、破碎、细化和氧化。制动试验中，闸片的总能量吸收密度约为 968.3 kJ/cm^2，其影响可通过摩擦膜中纳米颗粒的形成来反映，即消耗的能量越多，磨屑的细化程度越高。图 4-34 显示，表面摩擦膜中颗粒的最小尺寸甚至可以小于 10 nm。在有关制动排放磨屑的研究中经常能观察到如此小粒径的纳米颗粒，准稳态摩擦膜的化学成分和结构处于动态平衡状态，即破坏速率大致等于形成速率[25]，一些破坏的摩擦膜逸出到空气中，成为非内燃空气颗粒物的重要来源[24]。从图 4-34 中还可以看出，氧化物颗粒彼此不直接连接，而是通过非晶相作为介质连接。随着制动过程的进行，摩擦表面上运动的碎片发生反复变形，导致系统高密度位错和自由能的增加，最终导致晶体结构的不稳定和无序结构的出现[26]。如果这些无序结构的尺寸接近临界值，就会发生非晶化[27]。氧化行为也促进了非晶化过程。当磨屑颗粒中出现裂纹时，裂纹尖端的高密度位错和晶格畸变为氧原子的扩散提供通道，而裂纹尖端附近的高自由能和摩擦热为氧原子的扩散提供驱动力，这种扩散降低了晶格刚度，促进了非晶化过程[28,29]。因此，在机械力和氧化的共同作用下，摩擦膜中的纳米颗粒周围会出现许多非晶相。无论哪种方式，由非晶相和纳米氧化物颗粒组成的摩擦膜都具有较高的脆性，使得摩擦膜容易破碎并细化。此外，由于铜具有较强的抗氧化能力，部分铜颗粒保持非氧化状态，具有完整的晶格形态(图 4-34)；同时，它的粒径比周围的氧化物大得多。这间接表明氧化和非晶态促进了颗粒的细化。

除"釉层"外，摩擦表面石墨(图 4-35)在高剪应力和摩擦热的相互作用下，受到撕裂、弯折和来自其他颗粒的挤压等形式破坏，这导致晶格畸变、无序，甚至形成非晶相。在连续高能紧急制动过程中，一旦石墨晶体结构被破坏，润滑性就会丧失，这是持续制动过程中摩擦膜失效的原因之一。

2. 摩擦膜的结构

除摩擦膜的组成之外，摩擦膜的结构也会影响其性能。从图 4-36 和图 4-37 可以看出，此时摩擦膜结构与图 4-14(c)描述的相似，灰色的铁氧化物颗粒在摩擦膜中的粒径呈梯度变化规律，越靠近基体位置的颗粒尺寸越大。与图 4-14(d)所描述的混合物更均匀、硬质氧化物颗粒细小的摩擦膜相比，颗粒尺寸较大的硬质氧化物相具有更高的强度，能够支撑摩擦膜表面的"釉层"，减缓摩擦膜的快速流动迁移，使得摩擦膜具有较低的破坏速率，从而保持摩擦表面的稳定性，这也是保持摩擦系数稳定在准稳态的另一个因素。

此外，另一个观察到的现象是摩擦膜的运动通常伴随着底部铁颗粒的塑性变形(图 4-37)。铁颗粒作为铜基制动闸片的重要强化相，对防止摩擦膜的变形和流动起关键作用。图 4-38 显示了铁颗粒内部长条状渗碳体在变形过程中发生的变化，具体如下：①铁颗粒中长条状渗碳体的长度方向沿摩擦膜的流动方向排列。渗碳体硬度较高，可达 860 HV。因此，铁颗粒中的渗碳体可以强化铁颗粒，防止铁颗粒的塑性变形。渗碳体形成时，其在铁颗粒中的取向是不规则的。在应力作用下，渗碳体沿摩擦膜流动方向的重排降低了铁颗粒在该方向的塑性变形抗力，从而降低了摩擦膜的运动阻力。②长条状渗碳体在铁颗粒中分解。由于渗碳体与周围铁素体的硬度差异较大，在铁颗粒变形过程中，渗碳体附近的铁素体晶格发生畸变，出现大量位错。铁素体中碳原子与位错的结合焓约为 0.8 eV，而铁素体中渗碳体的固溶热约为 0.5 eV，这种差异是变形过程中渗碳体分解的驱动力[30]。无论是渗碳体在铁颗粒中的重排还是分解，都会降低铁颗粒在摩擦膜流动方向上的塑性变形抗力，从而加速摩擦膜的涡流运动，促进摩擦膜向内部物质混合更加均匀的结构转变并最终剥落(图 4-14(d))。而摩擦表面摩擦膜的快速迁移也将最终导致磨损量的异常增大和摩擦系数的衰退现象。

参 考 文 献

[1] Zhang P, Zhang L, Fu K X, et al. Fade behaviour of copper-based brake pad during cyclic emergency braking at high speed and overload condition. Wear, 2019, 428-429: 10-23.

[2] Rodrigues A C P, Österle W, Gradt T, et al. Impact of copper nanoparticles on tribofilm formation determined by pin-on-disc tests with powder supply: Addition of artificial third body consisting of Fe_3O_4, Cu and graphite. Tribology International, 2017, 110: 103-112.

[3] Fouvry S, Liskiewicz T, Kapsa P, et al. An energy description of wear mechanisms and its applications to oscillating sliding contacts. Wear, 2003, 255(1-6): 287-298.

[4] Sun W T, Zhou W L, Liu J F, et al. the size effect of SiO_2 particles on friction mechanisms of a composite friction material. Tribology Letters, 2018, 66(1): 35.

[5] Kelvin W. Hydrokinetic solutions and observations. Philosophical Magazine, 1871, 42(281): 362-377.

[6] Helmholtz H. On discontinuous movements of fluids. Philosophical Magazine, 1868, 36(244): 337-346.

[7] Xiao Y L, Zhang Z Y, Yao P P, et al. Mechanical and tribological behaviors of copper metal matrix composites for brake pads used in high-speed trains. Tribology International, 2018, 119: 585-592.

[8] Zhang P, Zhang L, Wei D B, et al. A high-performance copper-based brake pad for high-speed railway trains and its surface substance evolution and wear mechanism at high temperature. Wear, 2020, 444-445: 203182.

[9] Zhang P, Zhang L, Wei D B, et al. Substance evolution and wear mechanism on friction contact area of brake disc for high-speed railway trains at high temperature. Engineering Failure Analysis, 2020, 111: 104472.

[10] Eriksson M, Bergman F, Jacobson S. On the nature of tribological contact in automotive brakes. Wear, 2002, 252: 26-36.

[11] Zhang P, Zhang L, Wei D B, et al. Effect of graphite type on the contact plateaus and friction properties of copper-based friction material for high-speed railway train. Wear, 2019, 432-433: 202927.

[12] Sliney H E. Solid lubricant materials for high temperatures—A review. Tribology International, 1982, 15(5): 303-315.

[13] Allam I M. Solid lubricants for applications at elevated temperatures. Journal of Materials Science, 1991, 26: 3977-3984.

[14] Su L L, Gao F, Han X M, et al. Effect of copper powder third body on tribological property of copper-based friction materials. Tribology International, 2015, 90: 420-425.

[15] Rodrigues A C P, Yonamine t, Sinatora A, et al. Pin-on-disc tribotests with the addition of Cu particles as an interfacial media: Characterization of disc tribosurfaces using SEM-FIB techniques. Tribology International, 2016, 100: 351-359.

[16] 吴丹. 时速 300 km 以上高铁制动盘用钢的成分、组织与性能研究. 北京: 北京科技大学,

2018.
- [17] Gottstein G, Zabardjadi D, Mecking H. Dynamic recrystallization in tension-deformed copper single crystals. Metal Science, 1979, 13(3-4): 223-227.
- [18] Österle W, Prietzel C, Kloß H, et al. On the role of copper in brake friction material. Tribology International, 2010, 43(12): 2317-2326.
- [19] Österle W, Urban I. Third body formation on brake pads and rotors. Tribology International, 2006, 39(5): 401-408.
- [20] Österle W, Urban I. Friction layers and friction films on PMC brake pads. Wear, 2004, 257(1-2): 215-226.
- [21] Wirth A, Stone K, Whitaker R. A Study of the relationship between transfer film chemistry and friction performance in automotive braking systems. Colloquium on Brakes & Engineering Display, Arlington, 1992.
- [22] Severin D, Dörsch S. Friction mechanism in industrial brakes. Wear, 2001, 249(9): 771-779.
- [23] Ostermeyer G P. On the dynamics of the friction coefficient. Wear, 2003, 254(9): 852-858.
- [24] Liati A, Schreiber D, Lugovyy D, et al. Airborne particulate matter emissions from vehicle brakes in micro- and nano-scales: Morphology and chemistry by electron microscopy. Atmospheric Environment, 2019, 212: 281-289.
- [25] Verma P C, Menapace L, Bonfanti A, et al. Braking pad-disc system: Wear mechanisms and formation of wear fragments. Wear, 2015, 322-323: 251-258.
- [26] Wu X, Tao N, Hong Y, et al. Localized solid-state amorphization at grain boundaries in a nanocrystalline Al solid solution subjected to surface mechanical attrition. Journal of Physics D, 2005, 38(22): 4140-4143.
- [27] Zheng G P, Li M. Crystal instability in nanocrystalline materials. Acta Materialia, 2007, 55(16): 5464-5472.
- [28] Kuang W, Song M, Was G S. Insights into the stress corrosion cracking of solution annealed alloy 690 in simulated pressurized water reactor primary water under dynamic straining. Acta Materialia, 2018, 151: 321-333.
- [29] Matsukawa Y, Kitayama S, Murakami K, et al. Reassessment of oxidation-induced amorphization and dissolution of Nb precipitates in Zr-Nb nuclear fuel cladding tubes. Acta Materialia, 2017, 127: 153-164.
- [30] Gavriljuk V G. Decomposition of cementite in pearlitic steel due to plastic deformation. Materials Science and Engineering A, 2003, 345(1-2): 81-89.

第 5 章 基体组元对摩擦制动性能的影响

铜基体将摩擦组元和润滑组元保持其中而成为一体，为载荷和制动能量的主要载体，其结构和性能较大程度上决定了铜基制动材料的热物理性能和摩擦磨损性能。基体组元的优化设计要综合考虑其压制性能、耐热性能和导热性能等。通常认为，通过基体合金化和第二相强化的方法能够有效提高基体的强度、硬度，有利于提高闸片材料的耐磨性，但是这不能忽略合金元素及第二相对铜基体热导率和压制性能的不利影响。本章研究铜粉类型、合金元素(Ni、Ti、Fe、Cr)闸片材料摩擦磨损性能的影响规律。

5.1 预合金铜粉对铜基制动闸片性能的影响

三种预合金铜粉和电解铜粉的 SEM 形貌如图 5-1 所示。其中，Cu-Fe 预合金粉末呈现较为规则的球形或者椭球形形貌(图 5-1(a))。Cu-Cr 和 Cu-Fe-Ti 预合

图 5-1 预合金铜粉及电解铜粉的 SEM 形貌
(a) Cu-Fe；(b) Cu-Cr；(c) Cu-Fe -Ti；(d) 电解铜粉

金粉则呈现出不规则形状(图 5-1(b)和(c))。图 5-1(d)是树枝状的电解铜粉。Cu-Fe-Ti 预合金粉中 Fe 的质量分数约为 2%，Ti 的质量分数约为 1.5%，而粒度分布在 10～210 μm，D_{90}=142.8 μm；Cu-Fe 预合金粉中 Fe 的质量分数约为 5%，而粒度分布在 10～210 μm，D_{90}=164.7 μm；Cu-Cr 预合金粉中 Cr 的质量分数约为 2%，而粒度分布在 10～200 μm，D_{90}=112.5 μm。

氩气雾化制备的预合金铜粉为过饱和的铜合金粉末，在高温烧结过程中会出现析出现象。为了直接探究预合金铜粉在烧结时的析出特性，分别利用纯的预合金铜粉进行压制烧结然后进行显微组织观察，压制烧结过程与铜基制动闸片的制备过程一致。

图 5-2 分别是三种预合金铜粉压制烧结后基体的 SEM 形貌和相应的元素面分布图。从图 5-2(a)～(c)可以看到铜基体中出现明显的烧结缺陷，缺陷大致沿着颗粒界面分布。这是由于在烧结的过程中，固溶在基体中的元素偏析在颗粒界面阻碍烧结。其中，图 5-2(a)中的缺陷较为连续，这也与前面 Cu-Fe 预合金粉形貌相一致，图 5-2(b)出现的缺陷较少，呈点状分布，而图 5-2(c)中缺陷也较为连续。图 5-2(d)～(f)分别是三种预合金铜粉烧结基体的元素面分布。其中 Fe 呈连续网状分布，而 Cr 和 Ti 也在缺陷处富集，但是呈离散点状分布，这表明 Cr 对烧结的阻碍作用没有 Fe 强。这种析出的差异还可能与固溶元素的含量及析出温度有关。另外，在基体中也发现少量元素的弥散分布，这能够使铜基体得到强化。但是在缺陷处的偏析聚集会阻碍材料烧结致密化，降低材料的力学性能。

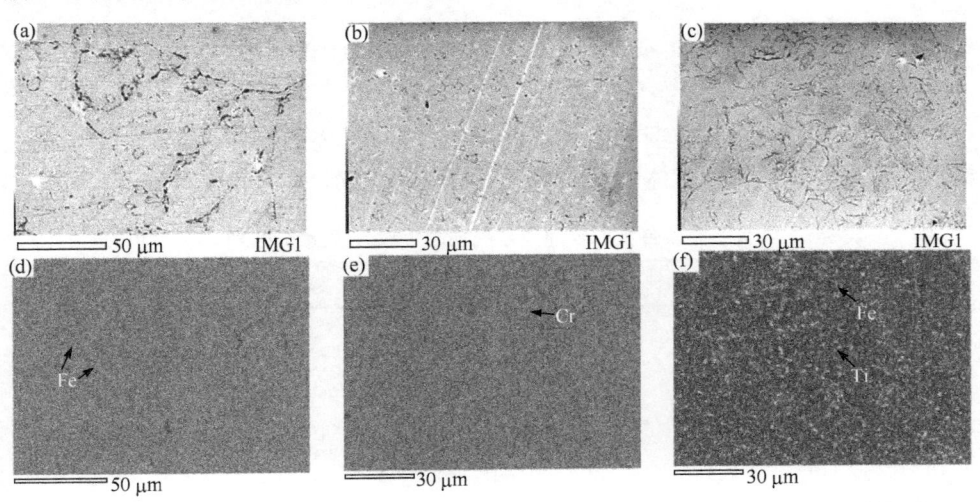

图 5-2 烧结基体 SEM 形貌和相应的元素面分布
(a)(d) Cu-Fe 基体；(b)(e) Cu-Cr 基体；(c)(f) Cu-Fe-Ti 基体

图 5-3 是三种基体烧结材料在 TEM 下的显微组织形貌。三种材料的显微

组织类似，在基体中较大尺寸的析出物与细小弥散的析出物并存。其中，较大尺寸的析出物出现在晶界处，而在晶内则是细小弥散的析出物。另外，Cu-Fe、Cu-Fe-Ti 基体中在晶内弥散析出物的数量较多(图 5-3(a)和(f))，在晶界析出的物质更大(图 5-3(c)和(d))。与之相反，Cu-Cr 基体中析出物颗粒数量和尺寸都较小(图 5-3(b)和(e))，这与图 5-2 的观察一致。

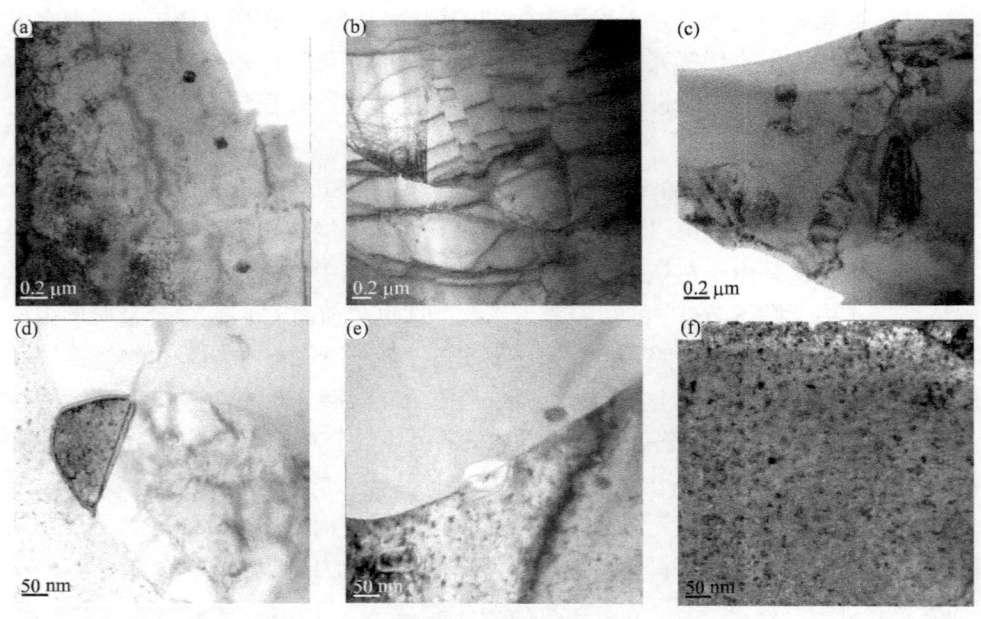

图 5-3 不同烧结基体内部析出物的 TEM 形貌
(a)(d) Cu-Fe 基体；(b)(e) Cu-Cr 基体；(c)(f) Cu-Fe-Ti 基体

为了探究三种预合金铜粉含量对制动闸片制动性能的影响，分别利用预合金铜粉替换电解铜粉作为基体制备出铜基制动闸片，成分如表 5-1 所示。

表 5-1 含有不同预合金铜粉的铜基制动闸片成分(质量分数)　　　(单位：%)

样品编号	Cu	Cu-Fe	石墨	Fe	SiO$_2$	CrFe	Cr	其他
CF10	44	10	10	18	2	4	3	9
CF20	34	20	10	18	2	4	3	9
CF30	24	30	10	18	2	4	3	9
CF40	14	40	10	18	2	4	3	9
CF54	0	54	10	18	2	4	3	9
		Cu-Cr						
CC10	44	10	10	18	2	4	3	9
CC20	34	20	10	18	2	4	3	9

续表

样品编号	Cu	Cu-Cr	石墨	Fe	SiO$_2$	CrFe	Cr	其他
CC30	24	30	10	18	2	4	3	9
CC40	14	40	10	18	2	4	3	9
CC54	0	54	10	18	2	4	3	9
		Cu-Fe-Ti						
CFT10	44	10	10	18	2	4	3	9
CFT20	34	20	10	18	2	4	3	9
CFT30	24	30	10	18	2	4	3	9
CFT40	14	40	10	18	2	4	3	9
CFT54	0	54	10	18	2	4	3	9

  图 5-4 为铜基制动闸片材料的相对密度与布氏硬度随添加的预合金铜粉含量的变化。对于 CF10～CF54(图 5-4(a))，闸片材料的相对密度为 77%～80%，布氏硬度为 10～16 HB。在较小的数值变化区间，闸片材料的相对密度先降后升，布氏硬度先升后降，这种复杂变化规律可能与粉末形态以及析出特性有关。对于 CC10～CC54 以及 CFT10～CFT54(图 5-4(b)和(c))，闸片材料的相对密度大致随预合金铜粉含量的升高而降低，而 CC10～CC54 的布氏硬度则随 Cu-Cr 预合金粉含量的升高先下降后保持不变，CFT10～CFT54 的布氏硬度则随 Cu-Fe-Ti 预合金粉含量的升高而下降。可以看出，预合金铜粉对闸片材料相对密度和布氏硬度的影响非常复杂。对于 Cu-Fe 预合金粉，其呈现出球形或椭球形，并且粒度大小分布较广。虽然其可压缩性不好，但是在压制过程中容易出现粒度极差配比，导致相对密度升高。而 Cu-Cr 和 Cu-Fe-Ti 预合金粉呈现出不规则的形状，粉末的流动性较差，并且由于预合金化，硬度高，可压缩性较纯树枝状电解铜粉差，会导致相对密度下降。另外，由于合金元素在界面析出阻碍烧结也会使材料的相对密度下降(图 5-4)，而析出的元素还会与闸片材料中的组分反应，例如，对于含 Fe 的预合金粉，析出的 Fe 会与 C 反应生成珠光体，这会提高闸片材料的硬度。因此，下面会有一个专门的部分详细探讨 Cu-Fe 预合金粉对闸片组织及性能的影响。

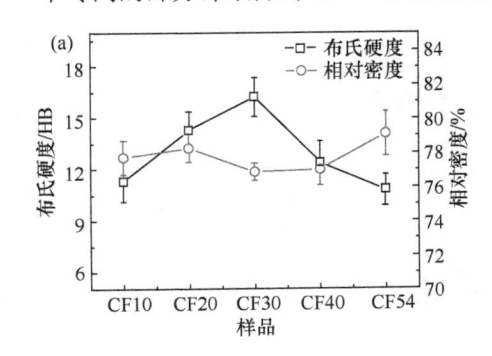

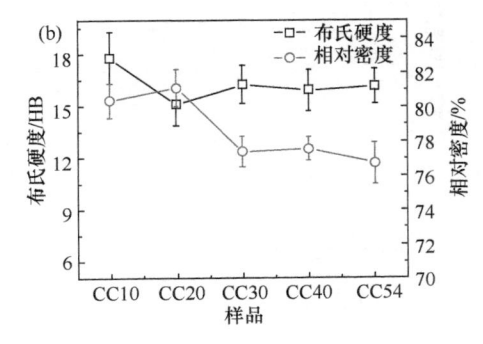

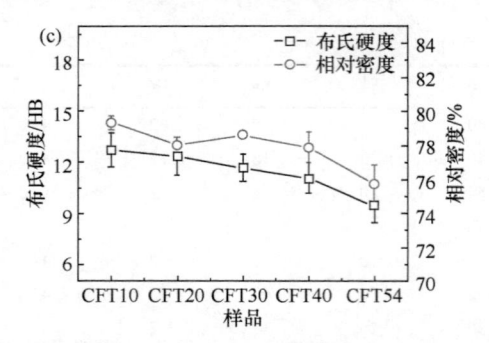

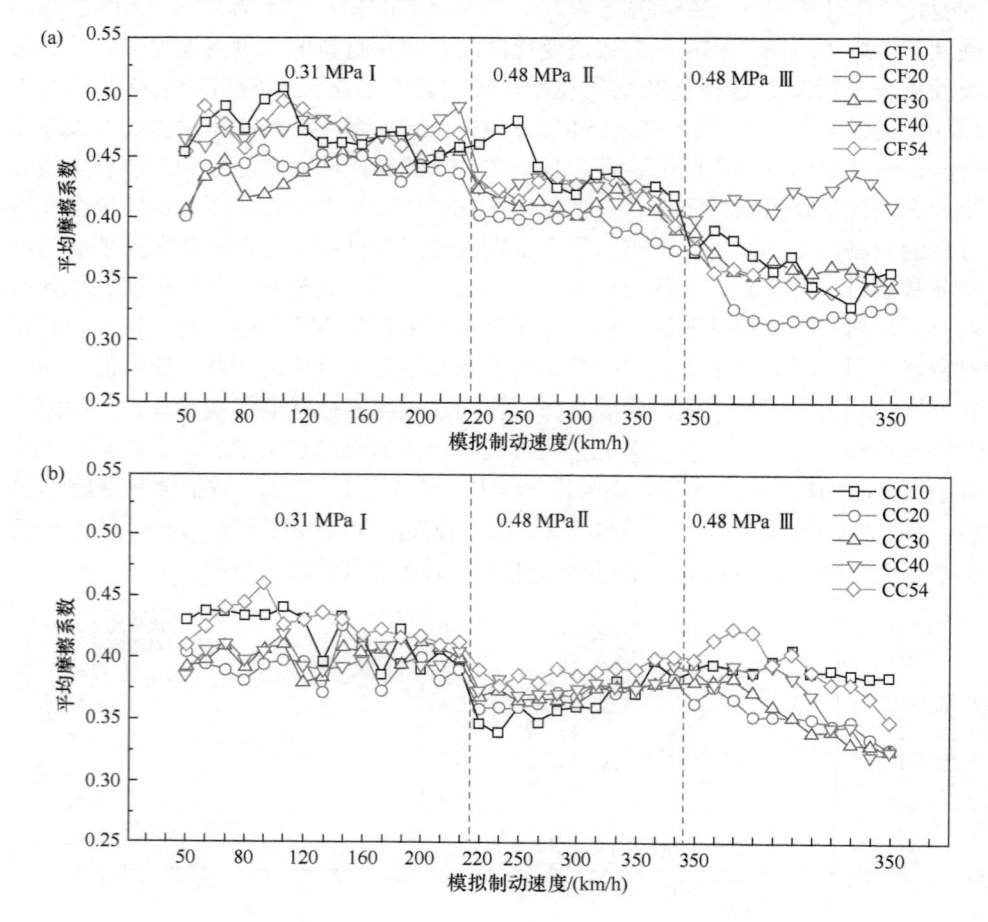

图 5-4 含有不同类型及含量预合金铜粉的闸片材料布氏硬度和相对密度
(a) CF10～CF54；(b) CC10～CC54；(c) CFT10～CFT54

图 5-5 为制备的铜基制动闸片在 MM3000 试验机上试验后得到的平均摩擦系数(μ_m)。如图 5-5(a)所示，在制动的第一阶段(低速低压下)，闸片材料的 μ_m 随 Cu-Fe

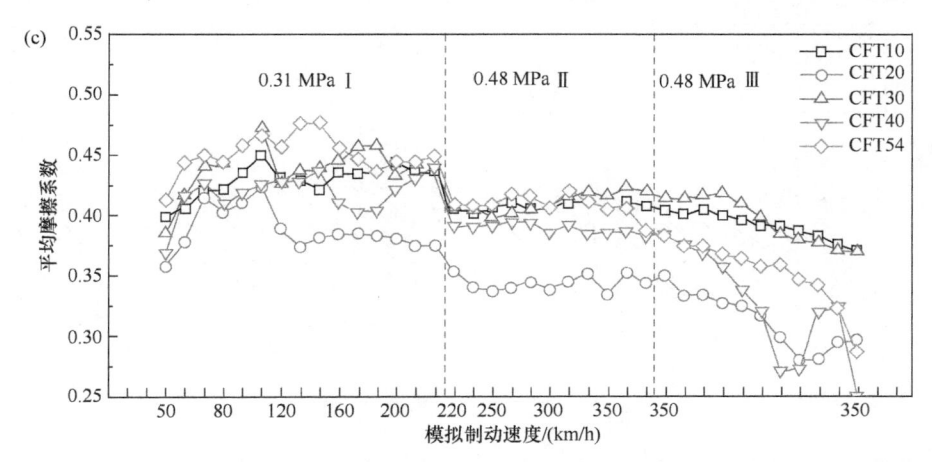

图 5-5 含有不同类型及含量预合金铜粉的铜基制动闸片材料在不同制动条件下的平均摩擦系数
(a) CF10~CF54；(b) CC10~CC54；(c) CFT10~CFT54

预合金粉含量增加呈先下降后上升趋势，CF30 体现出最低的 μ_m。各材料 μ_m 的波动范围在第一阶段都较小，位于 0.4~0.5。随着模拟制动到达第二阶段，制动速度和制动压力升高，含有 Cu-Fe 预合金粉样品的 μ_m 都降低且差异减小，基本分布在 0.4~0.45。在最后连续制动阶段，除了 CF40，其余闸片材料的 μ_m 出现明显的衰退。在图 5-5(b) 和(c)中，含不同含量 Cu-Cr 和 Cu-Fe-Ti 预合金粉的闸片材料 μ_m 随着制动条件变化与不同含量 Cu-Fe 预合金粉的闸片材料类似：第一阶段的 μ_m 都较高，并且波动较大。当制动到达第二阶段时，μ_m 的波动减小并趋于平稳。当在第三阶段连续紧急制动时，连续高速的紧急制动使得所制备闸片的 μ_m 均出现不同程度的衰退。其中，含 10% Cu-Cr 预合金粉的闸片材料(CC10)的 μ_m 衰退程度较低。然而，从图 5-6 中各闸片在试验完成后的磨损量可以看出，含 Cu-Cr 预合金粉的闸片材料体现出较高的磨损量，含 Cu-Fe-Ti 预合金粉的闸片材料虽然出现磨损量较低的材料(如样品 CFT20)，但是 μ_m 均产生较为显著的衰退现象。综合来看，含有 40% Cu-Fe 预合金粉的闸片材料(CF40)在所有样品中体现出相对较好的性能，整个测试阶段 μ_m 分布在 0.4~0.48。

通过上文探究，预合金铜粉中的固溶原子会在烧结时析出，从而对闸片材料性能产生影响。下面以 Cu-Fe 预合金粉为例，为了能够更加清楚地观察组织形貌，单独设计一组简易成分试样来探究 Fe 析出后的具体影响，按照表 5-2 制备样品，分别命名为预混合样品和预合金化样品[1]。

表 5-2 预混合样品与预合金化样品的成分组成(质量分数)　　　　　　(单位：%)

样品	Cu	Cu-Fe	Sn	Fe	石墨	SiO$_2$
预混合样品	55.1	—	4	2.9	22	16
预合金化样品	—	58	4	—	22	16

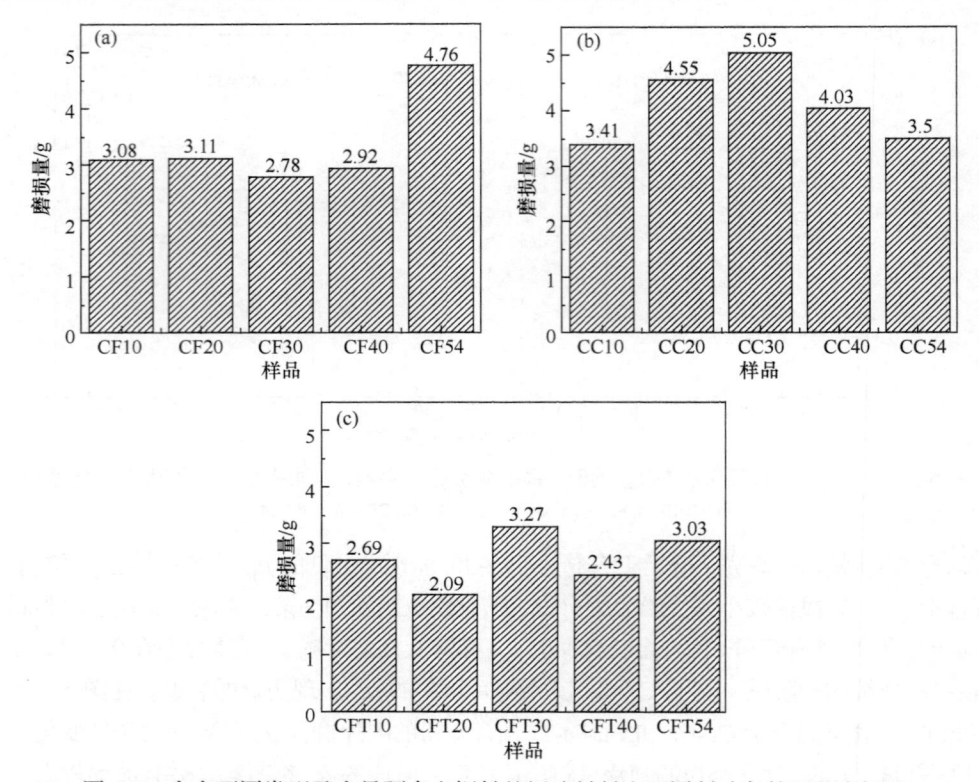

图 5-6　含有不同类型及含量预合金铜粉的闸片材料在不同制动条件下的磨损量
(a) CF10～CF54；(b) CC10～CC54；(c) CFT10～CFT54

烧结过程中 Fe 在晶内以及界面等缺陷处析出，其对 SiO₂-基体和石墨-基体界面结构的影响如图 5-7 所示。对于 SiO₂ 与基体的界面，从图 5-7(a)和(b)可以清楚地观察到沿 SiO₂ 颗粒边界析出的富铁相，并且析出层的厚度在不同区域不均匀，主要与 Cu-Fe 预合金粉的聚集程度有关。图 5-7(c)表明，由于界面反应，铜基体与石墨颗粒之间形成了具有层状结构的区域。图 5-7(d)中的 EDS 分析表明除铜元素外，层状结构主要含有铁和碳，因此推测层状结构为珠光体并且具有较高的硬

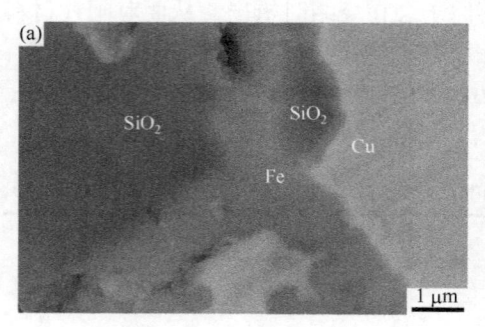

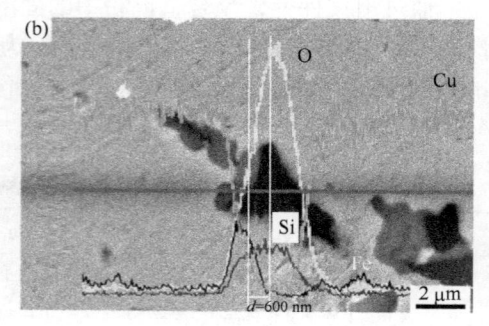

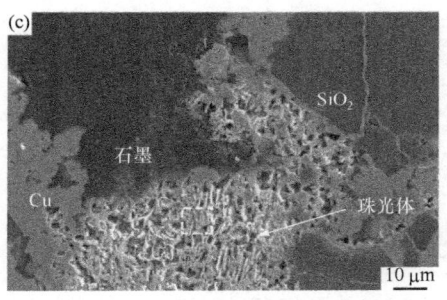

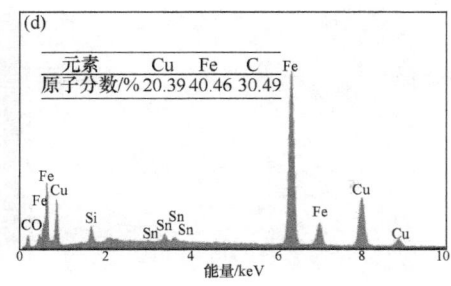

图 5-7 预合金化样品界面结构的显微组织和成分分析
(a) SiO$_2$-基体界面；(b) SiO$_2$ 与基体界面处元素线扫描分析；
(c) 石墨基体；(d) 标记区域的 EDS 能谱

度。珠光体区域能够提高基体在高温下的塑性变形抗力以及基体-石墨的界面结合强度。在制动试验中，界面中的硬质产物可以作为预合金化样品中的摩擦组元。因此，富铁界面相的形成对闸片材料的界面结构和摩擦磨损性能有显著的影响。

为了评价预混合样品和预合金化样品的界面结合强度，在显微硬度计上进行了相同载荷下的显微压痕试验，并对产生的压痕裂纹进行了分析。金刚石压头在 SiO$_2$ 颗粒表面形成了十字压痕。对于预混合样品(图 5-8(a)和(b))，在施加的力作用下，界面发生错位，SiO$_2$ 粒子下沉到铜基体表面以下。此外，十字压痕尖端也出现了一些裂纹。对于预合金化样品，图 5-8(c)显示了 SiO$_2$ 与基体有较好的界面结合。进一步观察，铜基体与 SiO$_2$ 颗粒之间铁相清晰存在，界面层未受损伤。裂纹通过铜基体(图 5-8(d)中的箭头所示)扩展，这说明析出 Fe 相的聚集有利于提高 SiO$_2$ 颗粒与铜基体之间的润湿性，从而提高界面结合强度。图 5-8(e)显示了预混合样品断裂后断口处存在 SiO$_2$ 颗粒的光滑形态，表明断裂发生在铜基体-SiO$_2$ 界

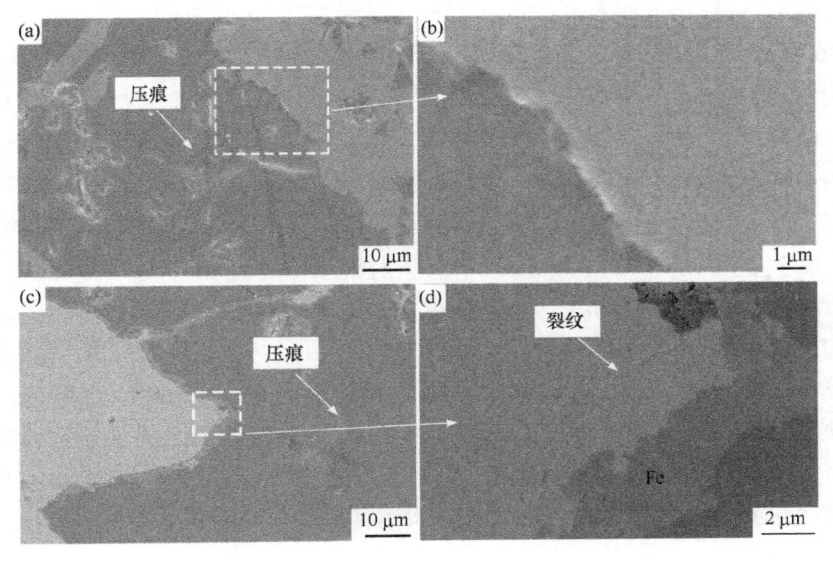

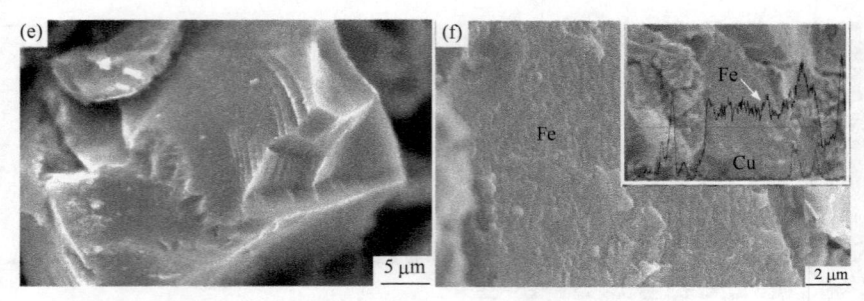

图 5-8 (a)(b)预混合样品和(c)(d)预合金化样品中的 SiO$_2$-基体界面形貌，以及(e)预混合样品和(f)预合金化样品断口处的 SiO$_2$ 形貌

面上。对于预合金化样品，SiO$_2$ 颗粒表面覆盖细小的铁颗粒(图 5-8(f)标出的区域)，表明在 Fe 相和铜基体之间发生界面分离，而残留的 Fe 相仍然附着在 SiO$_2$ 颗粒表面。

此样品的成分简单，因此仅选取四个较低的速度进行测试，压力为 0.5 MPa。此样品在测试之前利用砂纸打磨摩擦表面，没有经过磨合过程，因此在每个制动速度下重复进行 10 次制动试验，取后五次试验平均摩擦系数的算术平均值。图 5-9(a)为后五次试验的平均摩擦系数(μ_m)算术平均值随制动速度增加而变化的情况。两个样品在 50 km/h 的制动速度下均表现出相对较高的 μ_m(约 0.45)，其中预混合样品的 μ_m 略高于预合金化样品的 μ_m，这是由于 50 km/h 制动速度下的摩擦热不足以引起铁的氧化，而预混合样品中均匀分布的铁粉与接触面之间的相互作用导致了较高的 μ_m。随着制动速度的提高，预混合样品在 120 km/h 和 200 km/h 的制动速度范围内表现出较低的 μ_m，并且预合金化样品 μ_m 因速度升高造成的下降(从 50 km/h 时的 0.438 下降到 200 km/h 时的 0.424)是预混合样品的 26%(从 50 km/h 时的 0.452 下降到 200 km/h 时的 0.398)。硬质强化相(铁相和珠光体)能够承受荷载，起到微凸体的作用，导致 μ_m 增加。因此，预合金化样品中的硬质相是 μ_m 保持相对较高且稳定(约 0.42)的主要原因。预混合样品的摩擦表面在高制动速度下被氧化，摩擦表面形成光滑的氧化层，从而使得 μ_m 降低。但当制动速度为 250 km/h 时，预合金化样品的 μ_m 从 200 km/h 时的 0.424 迅速下降到 250 km/h 时的 0.38。为了清楚地揭示 250 km/h 下测试时 μ_m 的变化，图 5-9(b)中显示了 250 km/h 下最后五次制动试验的平均摩擦系数。预混合样品的平均摩擦系数始终保持稳定，而预合金化样品平均摩擦系数随制动次数的增加而急剧下降，这表明在 250 km/h 的制动速度下，预合金化样品已经失效。此外，预混合样品的 μ_m 在 250 km/h 时异常增加到 0.433，这与高速制动时大的热应力引起氧化膜的破裂有关。氧化膜破裂产生的氧化物颗粒阻碍了制动盘和制动闸片之间的滑动并且摩擦膜破裂后的粗糙摩擦面也不利于制动盘的平稳滑动，这都会导致 μ_m 的增加。

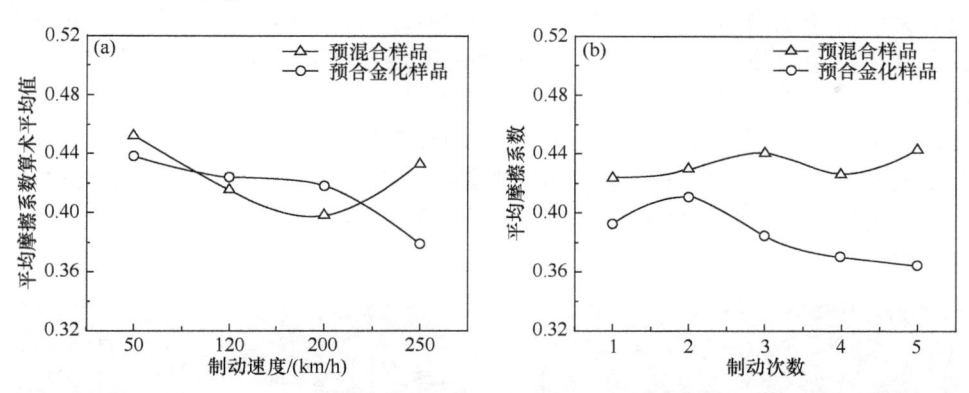

图 5-9　不同制动速度下平均摩擦系数算术平均值(a)及 250 km/h 制动时后五次的平均摩擦系数(b)

图 5-10 为不同制动速度下试样的总磨损量。在制动速度 200 km/h 内，预合金化样品的磨损量略低于预混合样品。当制动速度达到 250 km/h 时，预合金化样品和预混合样品的磨损量都急剧增加，并且预合金化样品的磨损量更是其在 200 km/h 时的十倍以上。摩擦系数与磨损量变化的一致性表明摩擦系数的稳定性与摩擦表面材料的转移密切相关。

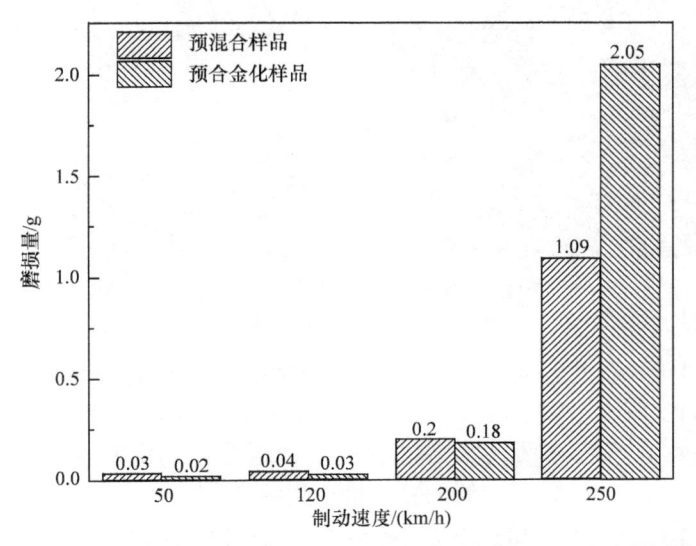

图 5-10　预混合样品和预合金化样品在不同制动速度下的总磨损量

图 5-11 显示了低制动速度(120 km/h)下样品的摩擦表面。在图 5-11(a)中，预混合样品的摩擦表面粗糙，主要由白色和深灰色的物质组成。白色区域为小颗粒磨屑，主要成分为铜，来源于基体。灰色区富铁和氧，面积大并且连续，

能够降低摩擦系数[2]。摩擦表面上出现一些划痕，表明摩擦表面经历磨粒磨损。预混合样品摩擦表面的横截面图像如图 5-11(c)所示。基体上覆盖着完整的摩擦膜，其中夹杂着发生变形的磨损碎片。在图 5-11(b)中，观察到光滑的摩擦表面，没有出现严重的黏着磨损，只有轻微磨粒磨损。小的磨损碎片重新被挤压在基体上，增加了摩擦表面的耐磨性。从图 5-11(d)可以看出，摩擦表面没有产生剧烈变形，这是基体中硬质相的强化作用造成的。因此，在 120 km/h 的制动速度下，预合金化样品具有较好的摩擦稳定性、略低的磨损量和较高的摩擦系数。

图 5-11 在 120 km/h 制动速度下摩擦表面和横截面的 SEM 形貌
(a) 预混合样品摩擦表面；(b) 预合金化样品摩擦表面；(c) 预混合样品横截面；(d) 预合金化样品横截面

在 250 km/h 制动速度下测试的预混合样品和预合金化样品摩擦表面的 SEM 图像如图 5-12 所示。图 5-12(a)显示了预混合样品的摩擦表面，除了犁沟外，摩擦表面上还存在垂直于滑动方向的裂纹。覆盖基体的深灰色区域是铁氧化膜(EDS1，表 5-3)。此外，铁和氧的总含量达到约 67%，这表明主要的磨损机制是氧化磨损。摩擦表面剥落坑的存在(图 5-12(c))表明摩擦时存在剥层磨损。而预合金化试样摩擦表面第三体的形状呈现出岛状，其间夹杂着大缝隙(图 5-12(b))。区域 2 铜含量为 21.48%(EDS2)，明显高于区域 1 的铜含量(1.53%，EDS1)。而区域 2 铁含量只有 8.3%(EDS2)，这表明预合金化样品摩擦表面没有生成连续致密的氧化膜，而是发生了大量富铜物质的迁移，这与铜基体的剥离、流动和挤压过程有关，这是摩擦系数低的主要原因[3,4]。此外，当铜基体在高温下强度降低之后，不能有效承载载荷，摩擦表面失稳导致摩擦稳定性低，磨损量高[5]。图 5-12(c)和(d)对应于 250 km/h 制动速度试验后摩擦表面出现的剥落坑。对于预混合样品(图 5-12(c))，剥落坑中存在完整的石墨，而图 5-12(d)中预合金化样品的剥落坑中有许多磨损碎片和 SiO_2 颗粒。区域 3 的能谱分析(EDS3)表明，磨屑主要由 C(48.6%)、Cu(16.84%)、Fe(7.18%)和 O(19.75%)组成，即磨屑中主要含有碳化物，部分氧化物和铜，这也表明磨屑主要来源于基体与 SiO_2 之间的铁相和基体与石墨之间的碳化物。预混合样品和预合金化样品摩擦表面横截面形貌如图 5-12(e)和(f)所示。图 5-12(e)表明，摩擦膜由变形、破碎的磨屑碎片和氧化膜组成。与图 5-11(c)相比，250 km/h 制动速度下的摩擦膜含有更多的磨屑碎片，并且氧化膜不连续性增加，

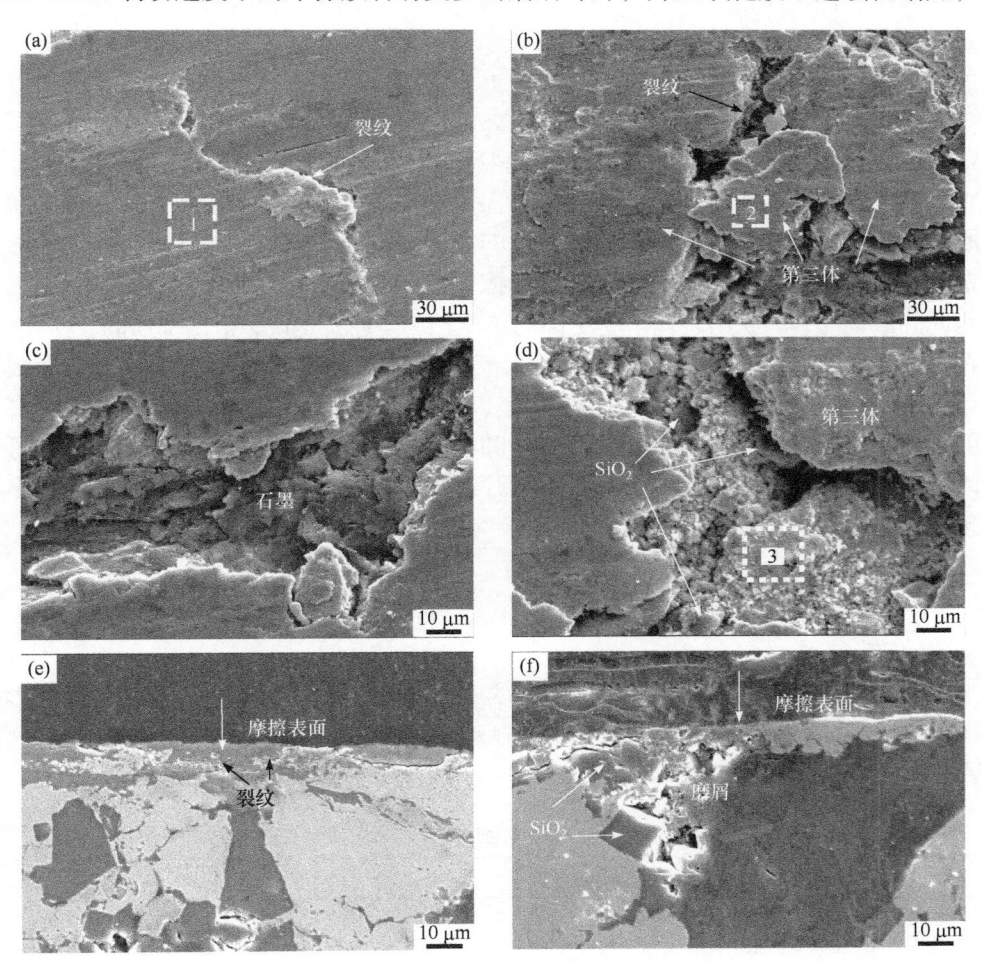

图 5-12 在 250 km/h 制动速度下测试后摩擦表面和横截面 SEM 图像
(a)(c) 预混合样品摩擦表面；(b)(d) 预合金化样品摩擦表面；(e) 预混合样品横截面；(f) 预合金化样品横截面

这表明在 250 km/h 制动速度下预混样品摩擦表面上的摩擦氧化膜发生了破碎。而在循环热应力下，预合金化样品的摩擦表面和铜与石墨的界面间储存着许多的磨屑碎片(图 5-12(f))，这是破碎的硬质铁相和珠光体仍保留在它们之前生成的界面上所致。

表 5-3　图 5-12(a)、(b)、(d)中标记区域 EDS 分析结果(原子分数)　(单位：%)

区域	Cu	C	Fe	Si	O
EDS1	1.53	18.15	25.48	13.62	41.23
EDS2	21.48	16.45	8.3	18.1	35.66
EDS3	16.84	48.60	7.18	7.11	19.75

摩擦表面的热应力随转速的增加而增大，巨大的热应力导致连续裂纹的形成。对预混合样品而言，铜和石墨之间塑性变形能力不同导致两者之间的界面开裂，而铁氧化膜本身是脆性相，易在持续应力下破裂。由于缺乏光滑的摩擦膜，所以预混合样品在 250 km/h 时摩擦系数较高。对于预合金化样品，在 250 km/h 的制动速度下，紧急制动产生的巨大热应力超过了图 5-7 所示界面硬质相的承载能力。当铁相和珠光体发生破裂时，裂纹在界面中萌生并沿界面快速扩展，这导致岛状摩擦膜的形成。而摩擦材料与对偶盘之间产生的富铜磨屑碎片被挤压，并再次覆盖在摩擦表面，这导致预合金化样品摩擦表面铜含量较高。此外，当对材料施加相同的载荷时，岛状第三体承受更高的单位压力。也就是说，相比于预混合样品，在 250 km/h 制动时，预合金化样品的摩擦表面更容易软化，诱发摩擦膜的快速破坏，同时在滑动界面处磨屑碎片的剧烈转移造成摩擦表面不稳定。因此，在更高的制动速度下，预合金化样品的磨损量和摩擦系数不稳定性会大大增加。这也可能是不同含量不同类型铜合金粉末的闸片材料在连续高速紧急制动过程中往往出现摩擦系数衰退的原因(图 5-5)。

5.2　基体镍合金化对闸片性能的影响

通过 Ni 元素对铜基体进行合金化，并研究了它对铜基制动闸片制动性能的影响，按照表 5-4 所示的成分制备了铜基制动闸片材料[6]。三组试样按照所含 Ni 含量分别命名为 N0、N3 及 N6。

表 5-4　不同 Ni 含量的铜基制动闸片成分(质量分数)　(单位：%)

样品编号	Cu	Fe	石墨	MoS$_2$	CrFe	Cr	Ni	其他
N0	56	18	10	2	4	3	0	7
N3	53	18	10	2	4	3	3	7
N6	50	18	10	2	4	3	6	7

图 5-13 显示了不同 Ni 含量的闸片样品在背散射电子作用下的显微结构。Fe、Cu、CrFe 和石墨等原始成分以及孔隙都可从图像中看到。图 5-13(d)表明，大量的孔隙呈长条形，这是由烧结过程不充分造成的。从表 5-5 可以看出，镍的加入增加了铜基制动闸片的密度，这是因为镍可以改善铜和石墨的界面结合，从而促进界面结合和闸片的致密化[7]。

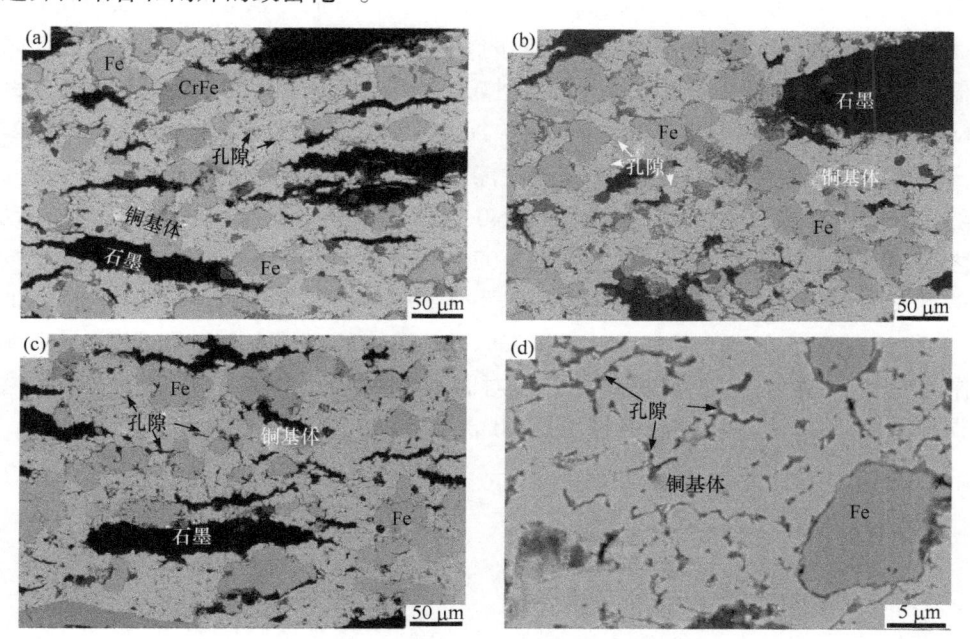

图 5-13 含有不同 Ni 含量的样品 BSE 形貌
(a)(d) N0；(b) N3；(c) N6

表 5-5 不同 Ni 含量样品的密度和相对密度

样品	N0	N3	N6
密度/(g/cm^3)	5.08±0.03	5.21±0.05	5.28±0.03
相对密度/%	81.8±0.4	83.9±0.8	85.0±0.4

图 5-14 为在不同制动条件下 N0、N3 和 N6 的平均摩擦系数(μ_m)。在第一阶段低速低压下，随着模拟制动速度的增加，μ_m 波动很大，特别是最初的几次制动。三种样品之间的 μ_m 也没有随着 Ni 含量的变化表现出显著的变化趋势。由于试样在初始制动状态下摩擦表面没有形成致密稳定的摩擦膜，摩擦界面间的匹配并不是很稳定，并且低速低压下 μ_m 主要由摩擦表面的微凸体决定。因此，在第一阶段，基体性能的微小差异可能不会对 μ_m 产生强烈影响。随着制动压力和制

动速度的增加(第二阶段)，N0、N3 及 N6 的 μ_m 都减小。这是由于制动压力和制动速度的增加，摩擦表面微凸体的破坏加剧，提高了表面的平整度[8]。此外，高速下摩擦表面上摩擦氧化膜的形成也使得 μ_m 降低。也正是摩擦氧化膜的稳定作用，使得制动速度不超过 250 km/h 时，三种试样的 μ_m 都保持在 0.36 左右。当制动速度在 0.43 MPa 下进一步提高到 350 km/h 时，N0 的 μ_m 从 0.356 增加到 0.372，而 N3 的 μ_m 从 0.359 减少到 0.345。N6 的 μ_m 变化趋势与 N3 相似，但 N6 的 μ_m 略低于 N3。随着第三阶段制动压力增加到 0.48 MPa，三个试样的 μ_m 急剧上升。N0、N3、N6 的 μ_m 分别从 0.372 增加到 0.439、0.345 增加到 0.391、0.346 增加到 0.372。高制动压力导致接触面积增加，促进摩擦表面之间的黏着，导致 μ_m 增加。随后，随着制动次数的增加，μ_m 迅速减小。N0、N3 和 N6 从第一次制动到第十次制动之间的下降量分别为 0.054、0.030 和 0.026。此外，三种样品之间的 μ_m 差异也变得更大。从模拟制动第一阶段到第三阶段，随着制动压力或制动速度的增加，N0、N3 和 N6 的 μ_m 大致分布在 0.345~0.439、0.345~0.391 和 0.345~0.372，这表明闸片中 Ni 含量的增加有助于降低 μ_m 对制动条件变化的敏感性。N0~N6 的磨损量如图 5-15 所示，闸片磨损量随 Ni 含量的增加而增加。

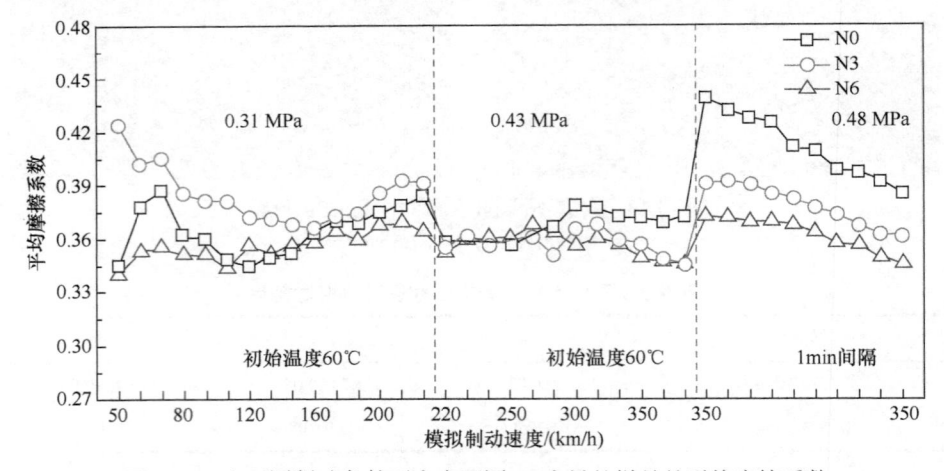

图 5-14 在不同制动条件下含有不同 Ni 含量的样品的平均摩擦系数

图 5-16 为 N6 摩擦表面典型的 BSE 图像。在背散射电子的作用下有黑色区域、深灰色区域和浅灰色区域，分别大致代表石墨、富铁相和富铜相。一些细小的颗粒也分布在富铜相中。两条长的疲劳裂纹穿过摩擦面，这是导致摩擦表面将出现破坏的原因，如图 5-16(b)所示。相组成的分析如图 5-17 所示，不同样品 XRD 衍射峰的主要区别是在 35°~45°峰强度的变化。随着 Ni 含量的增加，Cu 和 Fe_2O_3 的峰强度略微增大，而 CuO 和 Fe 的峰值强度减小，这表明 Ni 的加入有助于提高摩擦表面铜的抗氧化性。

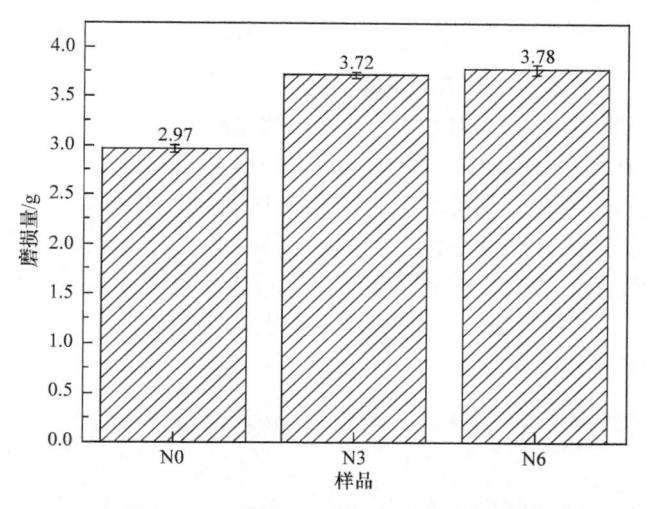

第 5 章 基体组元对摩擦制动性能的影响 ·171·

图 5-15 不同 Ni 含量的样品的磨损量

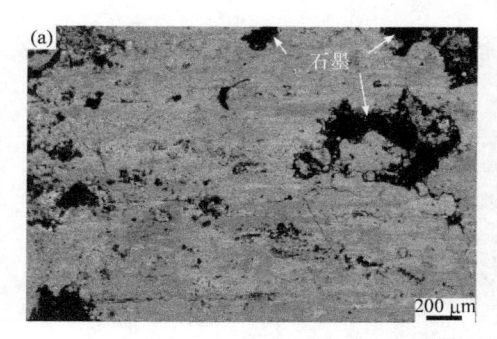

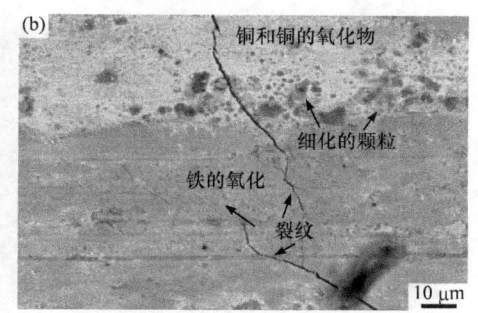

图 5-16 N6 摩擦表面的 BSE 形貌(a)(b)

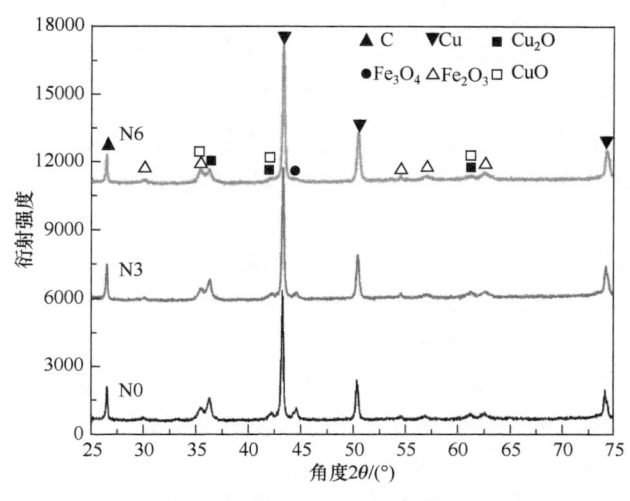

图 5-17 不同 Ni 含量的制动闸片摩擦表面的 XRD 谱图

摩擦表面的整体形貌如图 5-18 所示，观察区域的尺寸约为 8.6 mm×1.7 mm。在图 5-18(a)中，摩擦表面存在许多剥落坑。同时，摩擦表面沿滑动方向出现较多划痕。N3 的摩擦表面上划痕和剥落坑的数量减少，而剥落坑的面积显著增加（图 5-18(b)）。在图 5-18(c)中，摩擦表面的剥落坑和划痕的情况与 N3 相似，即以少量的划痕和大面积的剥落坑为主。图 5-19 显示了含有不同 Ni 含量样品摩擦表面的三维形貌，关注重点是存在于摩擦表面上的沟槽，它的形成与摩擦过程中摩擦表面的塑性变形密切相关。沟槽的深度可以反映摩擦表面的塑性变形抗力。从图 5-19(d)可以发现，沟槽的深度随 Ni 含量的增加而减小，表明 Ni 的加入增强了摩擦表面的塑性变形抗力。

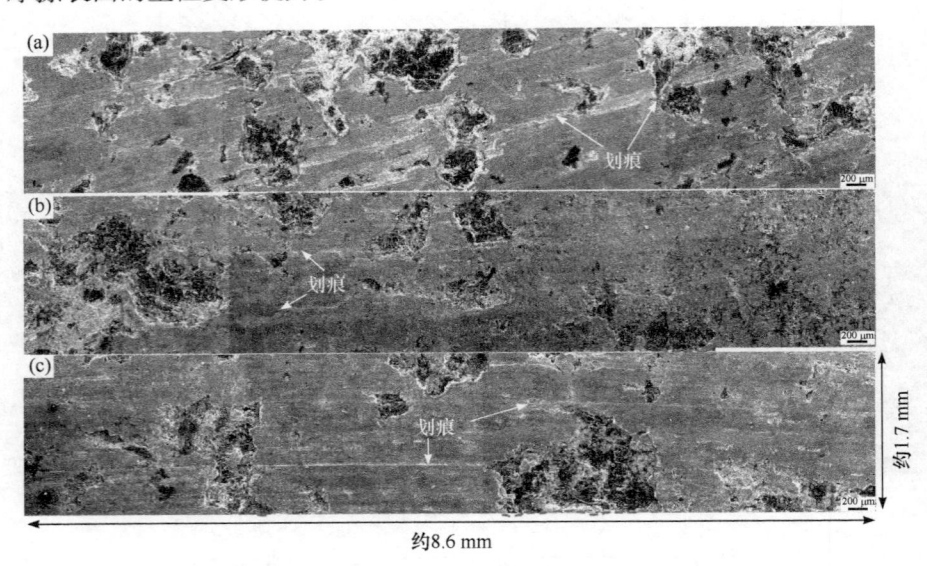

图 5-18　含有不同 Ni 含量样品摩擦表面的 SEM 形貌
(a)N0；(b)N3；(c)N6

摩擦表面的变形程度与基体和摩擦表面的硬度密切相关。基体和摩擦膜的显微硬度如图 5-20(a)所示。图 5-20(b)和(c)为显微硬度测试后在摩擦膜和基体上留下的十字形压痕。摩擦膜和基体的显微硬度测试分别在不同的位置重复了八次和五次。摩擦膜和基体的显微硬度均随 Ni 含量的增加而增加，其中摩擦膜的显微硬度平均值约为基体的 4 倍。在高温烧结过程中，Ni 与 Cu 互溶形成 Cu-Ni 合金，使得铜基体强度提高。对于摩擦膜，其主要成分来自闸片原始成分和摩擦产物。因此，摩擦膜中存在许多细小的陶瓷颗粒和氧化物颗粒，以及在高温和高应力下发生晶粒细化的铜颗粒，都会导致摩擦膜的显微硬度高于基体。另外，摩擦膜的显微硬度也随着 Ni 含量的增加而增加。当含 Cu-Ni 合金的磨屑参与摩擦膜的形成时，摩擦膜也表现出较高的显微硬度。具有较高显微硬度的 Cu-Ni 合金基体也可

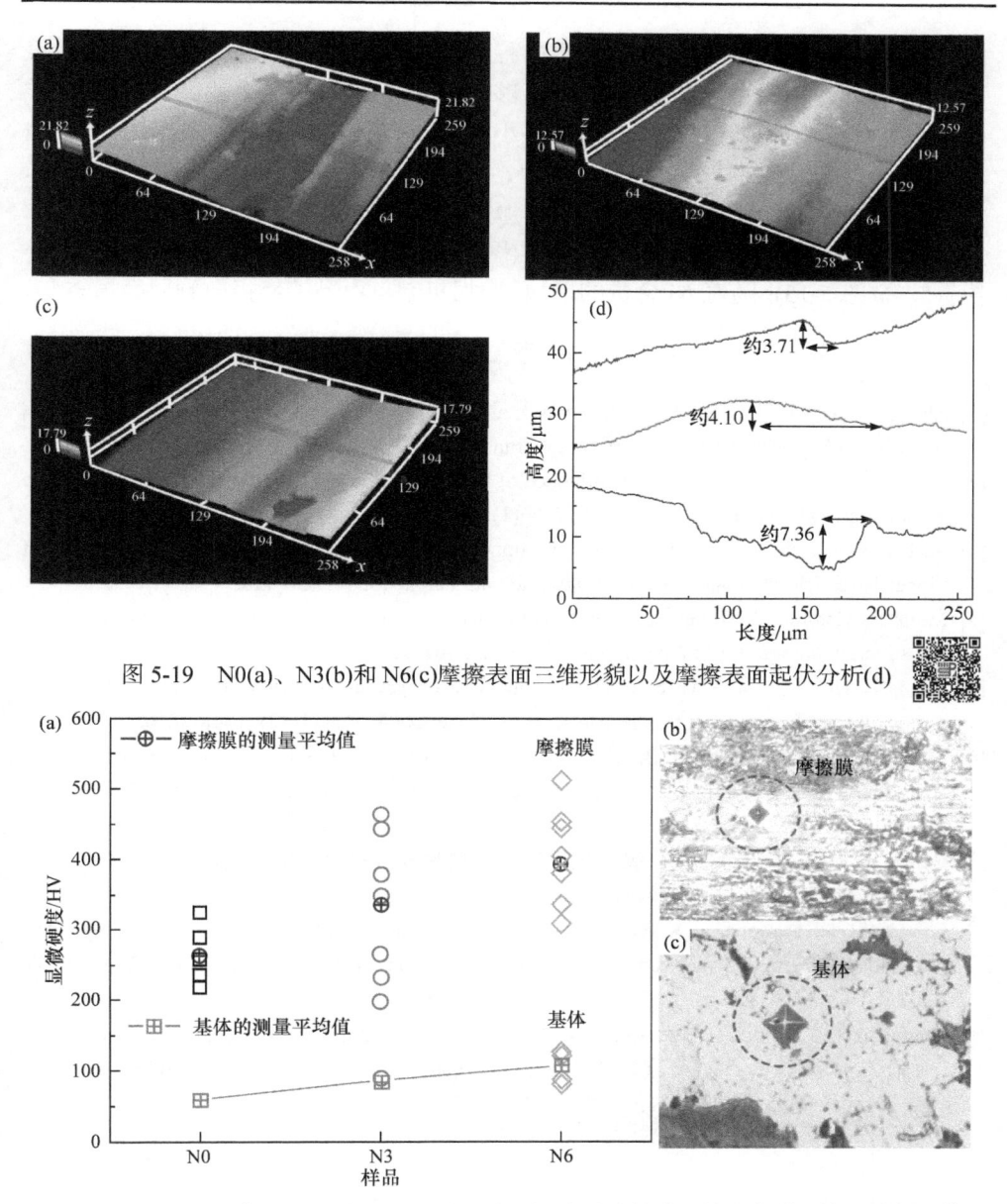

图 5-19　N0(a)、N3(b)和 N6(c)摩擦表面三维形貌以及摩擦表面起伏分析(d)

图 5-20　摩擦膜和基体的显微硬度(a),显微硬度测试之后摩擦膜上的十字形压痕(b)和铜基体上的十字形压痕(c)

以强化覆盖于其表面的摩擦膜。总之,高显微硬度意味着摩擦表面具有高的塑性变形抗力,这反映在摩擦表面上小的沟槽深度以及少的划痕数量(图 5-18 和图 5-19),这种平坦的摩擦表面使得样品表现出较低的摩擦系数(图 5-14)。此外,摩擦表面的强度越高,摩擦界面之间黏着磨损的程度越低,这也有助于降低摩擦系数。表面存在的高强度并且稳定的摩擦膜也能够促进摩擦系数的稳定,使高 Ni 含量试样的摩擦系数在整个试验过程中分布在很小的波动范围内(图 5-14)。然而,Ni 的固溶强化不仅提高了铜基制动闸片的强度,也降低了铜的塑性[9]。铜基体的塑性降低后,在高应力和高温的循环作用下,摩擦表面会出现许多疲劳裂纹(图 5-16),这会导致摩擦表面上出现较大的剥落坑(图 5-18),从而导致 Ni 含量较高的样品磨损量较高(图 5-15)。随着 Ni 含量的增加,磨损机制也由黏着磨损向剥层磨损转变。

参 考 文 献

[1] Zhang P, Zhang L, Ren S B, et al. Effect of matrix alloying of Fe on friction and wear properties of Cu-based brake pad materials. Tribology Transactions, 2019, 62(4): 701-711.

[2] Peng T, Yan Q Z, Li G, et al. The influence of Cu/Fe ratio on the tribological behavior of brake friction materials. Tribology Letters, 2017, 66(1): 18.

[3] Su L L, Gao F, Han X M, et al. Effect of copper powder third body on tribological property of copper-based friction materials. Tribology International, 2015, 90: 420-425.

[4] Mann R, Magnier V, Brunel J F, et al. Relation between mechanical behavior and microstructure of a sintered material for braking application. Wear, 2017, 386-387: 1-16.

[5] Zhang L, He X B, Qu X H, et al. Dry sliding wear properties of high volume fraction SiC_p/Cu composites produced by pressureless infiltration. Wear, 2008, 265(11-12): 1848-1856.

[6] Zhang P, Zhang L, Wei D B, et al. Effect of matrix alloying on braking performance of copper-based brake pad under continuous emergency braking. Journal of Tribology, 2020, 142(8): 081703.

[7] 刘朋, 朱恩福, 闫翠霞, 等. 镍含量对铜基石墨烯复合材料力电性能的影响. 稀有金属, 2018, 42(7): 735-742.

[8] Uyyuru R K, Surappa M K, Brusethaug S. Tribological behavior of Al-Si-SiC_p composites/automobile brake pad system under dry sliding conditions. Tribology International, 2007, 40(2): 365-373.

[9] Bhattacharya S, Dinda G P, Dasgupta A K, et al. Microstructural evolution and mechanical, and corrosion property evaluation of Cu-30Ni alloy formed by direct metal deposition process. Journal of Alloys and Compounds, 2011, 509(22): 6364-6373.

第 6 章 摩擦组元对摩擦制动性能的影响

摩擦组元具有较高的强度和硬度，可以通过对制动盘表面犁削产生塑性变形来增大摩擦力，是提供机械啮合力的主体。铜基制动材料中的摩擦组元能够调节摩擦系数，起着增摩、耐磨和抗卡滞等作用，而且能够消除制动材料向制动盘表面的转移。在制动过程中，摩擦组元通过磨粒磨损来提高摩擦阻力，从而提高了摩擦系数。硬质组元能够承载载荷，阻止摩擦界面间的直接接触，减缓黏着磨损。摩擦组元的选择通常取决于它们的硬度、粒径、形状及其与基体的界面结合状态。适当含量和粒径的摩擦组元才能有效提高材料的摩擦系数、降低磨损。此外，摩擦组元对摩擦磨损性能的影响还具有显著的制动条件依赖性。本章重点研究金属摩擦组元(铁、铬和铬铁)和陶瓷摩擦组元(SiO_2、SiC)的含量、粒径、表面改性等因素对铜基制动闸片材料摩擦磨损性能的影响规律，这对深入理解摩擦组元在不同制动条件下对摩擦磨损行为的影响规律、解决摩擦系数热衰退的问题及控制闸片磨耗都具有重要的意义。

6.1 铁粉类型及含量对铜基制动闸片性能的影响

铁粉强度高、价格低廉且来源广，在摩擦过程中能在摩擦表面被氧化生成能够稳定摩擦系数、降低磨损量的摩擦氧化膜。这一系列优势使得铁粉被大量添加进铜基制动闸片中，其含量一般仅次于作为基体的铜粉含量。但是目前存在的铁粉种类多样，不同铁粉种类及含量对摩擦系数的影响不同。因此，需要研究铁粉形貌及含量对铜基制动闸片摩擦磨损性能的影响规律，以得出选择铁粉种类的原则并得到最适宜的铁粉种类和含量[1]。

选取了四种不同形貌不同工艺制备的典型铁粉，其形貌如图 6-1 所示。雾化铁(WAF)粉和铜包铁(CCF)粉具有不规则的形貌(图 6-1(a)和(b))，粒度为 200 目。从图 6-1(b)中右上角 CCF 粉的横截面形貌可以看出粉末表面镀铜层的厚度大约为 1 μm，并且粉末内部还存在一些孔隙。羰基铁(CBF)粉(图 6-1(c))呈现出规则的球形，粒度为2000目。片状铁(PF)粉长度小于 20 μm，宽度小于 10 μm，如图 6-1(d)所示。设计的闸片材料成分如表 6-1 所示，由于 CCF 粉表层的镀铜层质量分数为 15%，在添加 CCF 粉时需要进行含量调整，制备出样品后在 MM3000 试验机上检测制动性能。

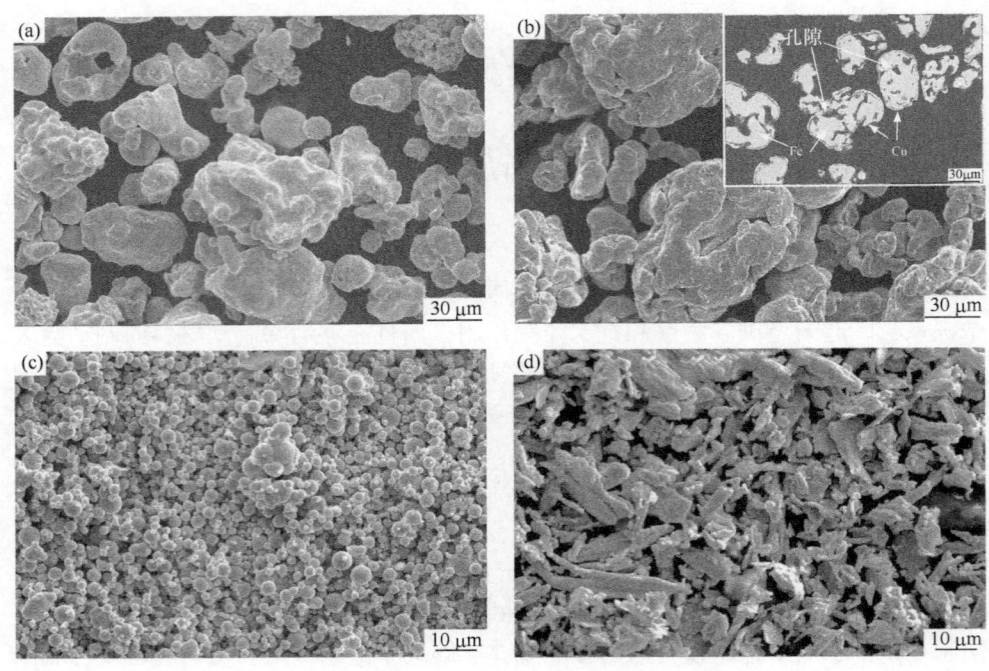

图 6-1 原料粉末的形貌

(a) 雾化铁粉；(b) 铜包铁粉；(c) 羰基铁粉；(d) 片状铁粉

表 6-1 含有不同类型及含量铁粉的铜基制动闸片成分(质量分数)   (单位：%)

铁粉类型	Cu	石墨	WAF	CCF	CBF	PF	SiO$_2$	MoS$_2$	CrFe	Cr	其他
WAF22	52	10	22				2	2	4	3	5
WAF26	48	10	26				2	2	4	3	5
WAF30	44	10	30				2	2	4	3	5
CCF22	48.1	10		25.9			2	2	4	3	5
CCF26	43.4	10		30.6			2	2	4	3	5
CCF30	38.7	10		35.3			2	2	4	3	5
CBF22	52	10			22		2	2	4	3	5
CBF26	48	10			26		2	2	4	3	5
CBF30	44	10			30		2	2	4	3	5
PF22	52	10				22	2	2	4	3	5
PF26	48	10				26	2	2	4	3	5
PF30	44	10				30	2	2	4	3	5

按照表 6-1 制备出的含有 30%铁粉的闸片材料 BSE 形貌，如图 6-2 所示。其中，大片浅灰色区域为铜基体，较大的深灰色区域为基体中分布的铁粉。由图 6-2(a)和

(b)可以看出，WAF 粉和 CCF 粉在基体中基本保持原始形态，其中 CCF 粉经历了轻微的变形，这可能与其内部有孔隙有关(图 6-2(b))。CBF 粉则较为均匀地分布在铜基体中，保持较小的粒径(图 6-2(c))。然而，图 6-2(d)中 PF 粉的变形严重，以至于无法分辨其原始外观。

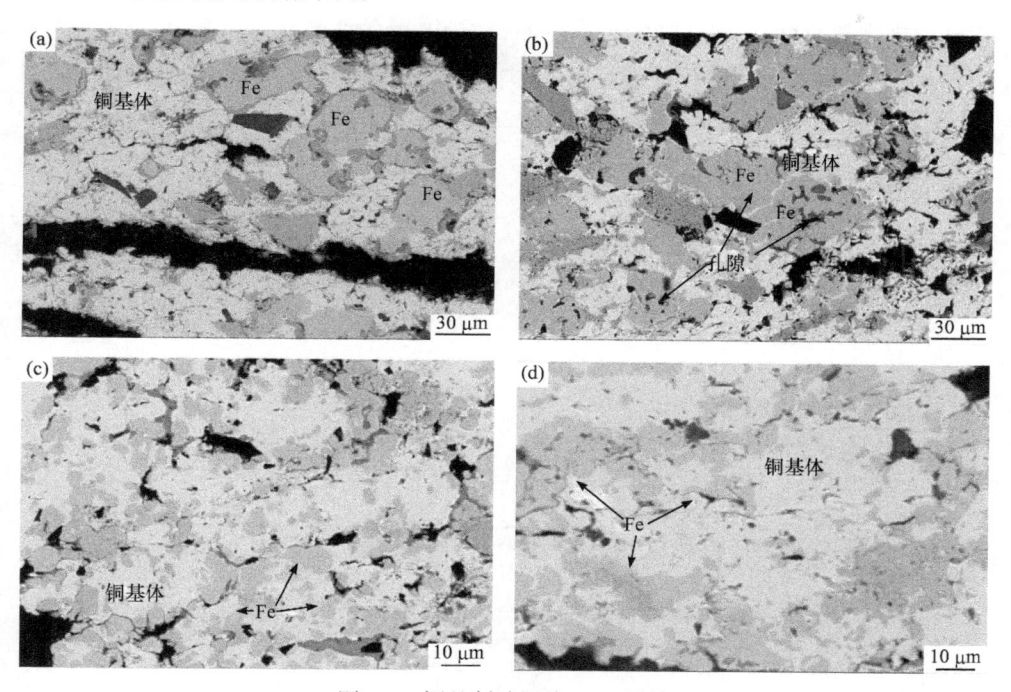

图 6-2 铜基制动闸片 BSE 形貌
(a) WAF30；(b) CCF30；(c) CBF30；(d) PF30

图 6-3 是闸片材料孔隙率及布氏硬度随铁粉含量的变化。对于同一类铁粉，除含有 CBF 粉的闸片材料相对密度随铁粉含量升高而略微下降外，其余闸片材料相对密度波动范围很小，这说明加入的铁粉与铜基体在烧结过程中产生的结合均较好。闸片材料的布氏硬度随铁含量的升高而升高，这是铁的高硬度所致。对于不同类铁粉，当有相同的铁含量时，含 WAF 粉样品的相对密度和布氏硬度都较高。

图 6-4 为在整个制动操作过程中不同制动条件下平均摩擦系数(μ_m)的变化。在 0.31 MPa 下(Ⅰ阶段)，所有样品的 μ_m 相对稳定在 0.32～0.52。对于含有相同铁粉种类的样品，WAF22 和 CBF22 的 μ_m 在所有含 WAF 粉和 CBF 粉的样品中最高(图 6-4(a)和(c))，而 CCF30 在含 CCF 粉的样品中体现出最高的 μ_m。PF22、PF26 及 PF30 在第一阶段表现出相似的 μ_m。除 WAF30 外，含有同种铁粉和不同铁粉含量样品的 μ_m 在第一阶段差异非常小，这是由于各样品在试验前进行了磨合，而低

速低压不足以大面积完全改变磨合留下的表面，这使得磨合后的表面决定了 μ_m，导致 μ_m 的差异较小。当压力达到 0.48 MPa(Ⅱ阶段)时，所有样品的 μ_m 都经历了大幅下降，压力的增大是导致 μ_m 下降的主要因素。此外，各种因素之间的关系(μ_m、铁粉的类型和铁含量)是非常明显的。对于相同含量铁粉的样品，含有 WAF 粉的样品表现出最高的 μ_m (WAF30 除外)，而含有 PF 粉的样品表现出最低的 μ_m，这表明 WAF 粉在提升 μ_m 方面效果最好。对于相同种类的铁粉，μ_m 随着铁含量的增加

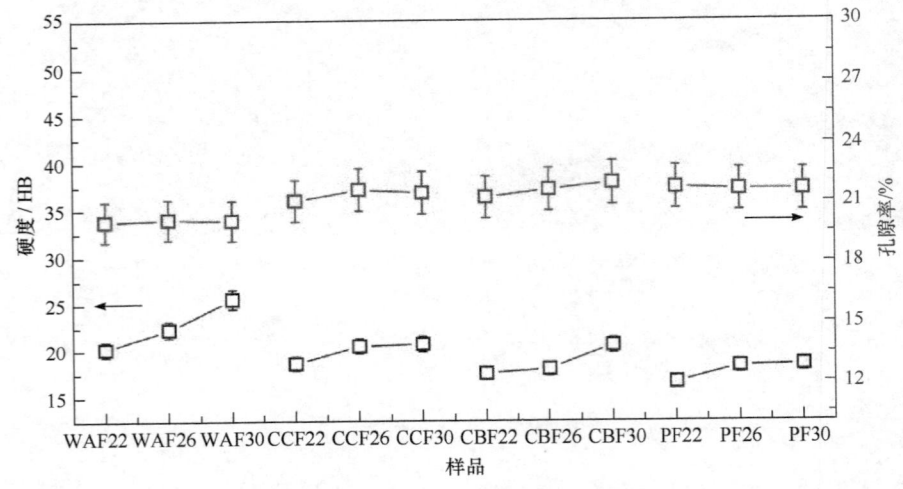

图 6-3 不同铁含量闸片材料的孔隙率和布氏硬度

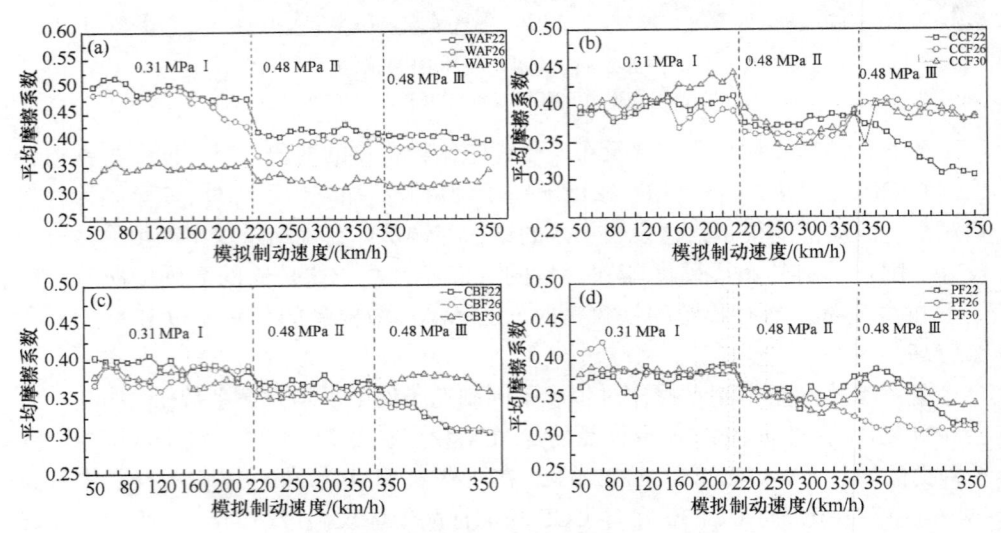

图 6-4 闸片材料在不同制动条件下的平均摩擦系数
(a) 含有 WAF 粉的样品；(b) 含有 CCF 粉的样品；
(c) 含有 CBF 粉的样品；(d) 含有 PF 粉的样品

而降低,这是由于高的铁含量能促进高速下表面摩擦膜的生成,从而使得μ_m随铁含量升高而下降。当制动速度为 350 km/h 时,CCF26、CCF30、CBF30、WAF22、WAF26 和 WAF30 的μ_m上升或保持相对稳定而其他样品的μ_m出现明显的衰退。在最后 10 次紧急制动(III 阶段),μ_m有两种完全不同的变化趋势,分别是保持稳定和衰退。WAF22、WAF26、WAF30、CCF26 和 CCF30 的μ_m在整个制动阶段保持相对稳定,这表明它们具有更好的抗摩擦系数衰退的能力。而 CBF30 和 PF30 在第三阶段最后几次出现衰退。对于其他样品,随着制动次数的增加,μ_m经历了严重衰退。例如,PF22 的μ_m从 0.386 降低到 0.311。在所有的闸片样品中,WAF22 表现出最高且最稳定的μ_m(0.40~0.42),其次是 CCF26 和 CCF30,也体现出较为稳定的μ_m,稳定分布在 0.38~0.40。

图 6-5 为闸片试验之后的磨损量。含有相同类型铁粉的闸片磨损量都随铁含量的增加而减小。在铁含量相同的试样中,含 WAF 粉的样品磨损量略好于其他试样。在连续高速制动过程中,在闸片材料表面生成了一层致密的铁氧化膜,随着铁含量的升高,氧化膜的生成速率提高,摩擦表面润滑性越好,对基体的保护也越好,从而使得材料的磨损量随铁含量上升呈现降低的趋势。

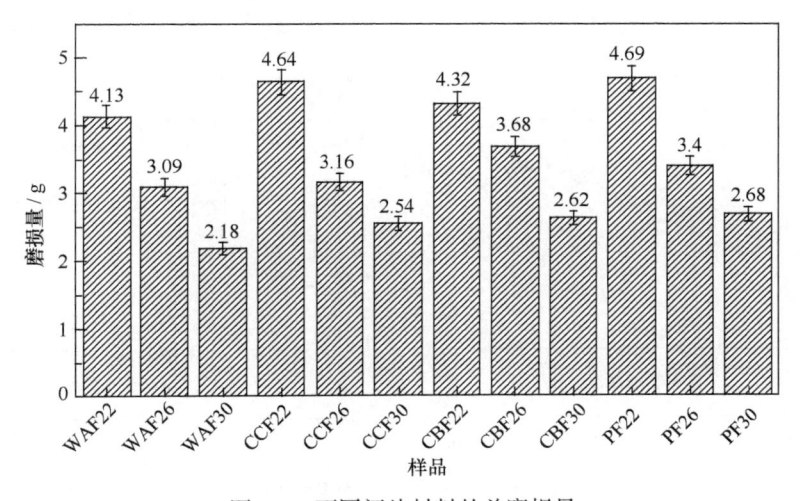

图 6-5 不同闸片材料的总磨损量

μ_m的稳定性对评价制动稳定具有重要意义,因此引入摩擦系数的稳定性(FS),定义为[2]

$$FS = \frac{\mu_m}{\mu_{max}}$$

式中,μ_m为单次制动中的平均摩擦系数;μ_{max}为单次制动中的最大摩擦系数。

FS 的计算值如图 6-6 所示。在第一阶段和第二阶段的某一个制动速度下,FS

值为该速度下三个重复试验值的平均值。FS 值越大,表明在一次制动过程中瞬时摩擦系数偏离平均摩擦系数越小,即制动越平稳。从图 6-6 可以看出,含有相同类型铁粉的制动闸片样品在整个制动过程中 FS 值的变化基本相同,即从第一阶段到第二阶段,FS 值随着制动速度和压力的提高而升高。此外,对于含 WAF 粉的样品(图 6-6(a)),在第一阶段和第二阶段 FS 值没有明显的大小规律。第三阶段用于模拟高速铁路列车连续紧急制动操作,FS 值在 0.82~0.9 波动。其中,WAF22 和 WAF26 始终保持相对稳定,而 WAF30 在最后两次制动时 FS 值下降,这表明 WAF30 经历长时间制动之后制动过程逐渐失稳。含 CCF 粉样品的 FS 值如图 6-6(b) 所示。在 0.31 MPa(Ⅰ阶段),CCF26 表现出最高的 FS 值(0.75~0.78),而 CCF30 表现出最低的 FS 值(0.69)。当压力达到 0.48 MPa(Ⅱ阶段),三种样品的 FS 值相近,约为 0.84。此外,当制动速度从 300 km/h 提高到 350 km/h 时,FS 值略有下降,这与 μ_m 在同一阶段的变化一致。在连续紧急制动第三阶段,CCF22 和 CCF26 的 FS 值保持稳定,分别约为 0.77 和 0.81。对于 CCF30,在连续制动过程开始时,FS 值稳定且较高,然后从 0.81 下降到 0.75。对于含有 CBF 粉或 PF 粉的样品(图 6-6(c)和(d)),它们的 FS 值在第一阶段和第二阶段表现出相似的变化。在第三阶段,CBF30 显示出高且稳定的 FS 值,而 CBF22 和 CBF26 的 FS 值相对较低,

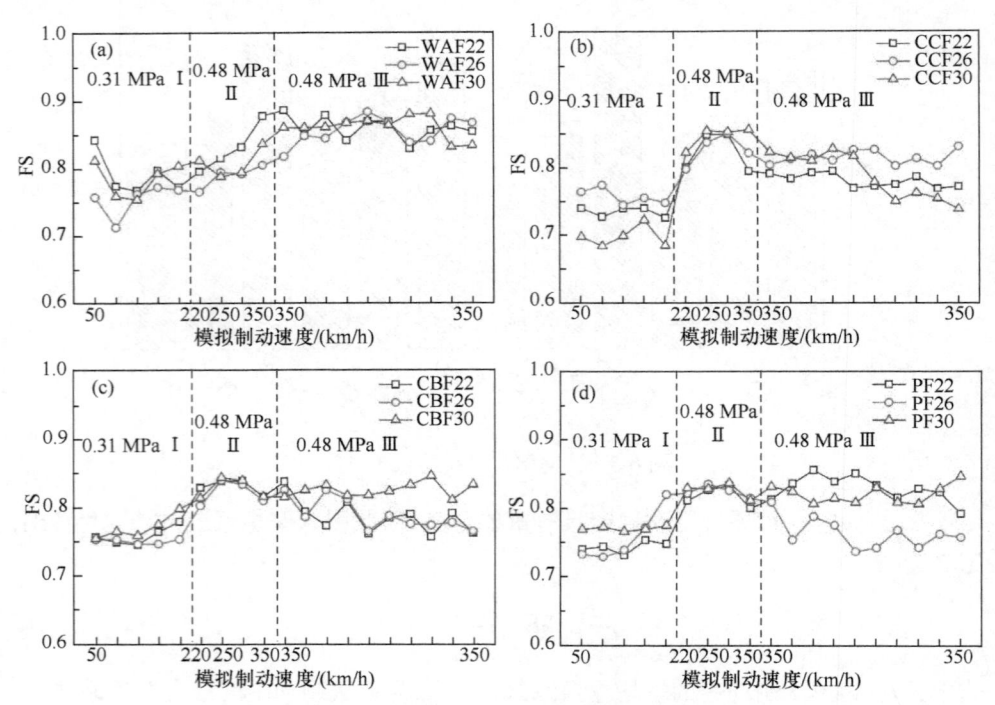

图 6-6 闸片材料在不同制动条件下的摩擦系数稳定性
(a) 含有 WAF 粉的样品;(b) 含有 CCF 粉的样品;(c) 含有 CBF 粉的样品;(d) 含有 PF 粉的样品

并且随着制动次数的增加显示锯齿状变化趋势。图 6-6(d)的第三阶段也观察到类似的现象。虽然 PF22 在制动初期的 FS 值总体高于 PF30,但随着制动次数的增加 FS 值逐渐减小,最终低于 PF30。

摩擦系数稳定性与摩擦膜的形成与破坏状态有关。在低速低压下,制动闸片与制动盘之间剪应力小,不足以使表面微凸体变形断裂,同时连续完整的接触平台不能形成,这是导致本阶段 FS 值低的主要原因。在第二阶段(0.48 MPa,<350 km/h),较高的外加压力导致微凸体变形或断裂,并且较多磨屑的产生对接触平台的形成具有促进作用。较高的制动速度也提供了更多的能量,导致在空气中大面积富铁氧化摩擦膜的生成,这导致在第二阶段 FS 值较高。而在第二阶段,含有同类型、不同铁含量的样品,FS 值相差很小并且随着制动速度升高的变化也较小,因此当制动速度小于 300 km/h 时,22%的铁含量足以提供稳定的摩擦氧化膜。随着第三阶段温度的持续升高,FS 值表现出明显的差异,这主要是由于摩擦表面上摩擦膜的动态变化。由于热及应力的累积,由剪应力和压应力引起的裂纹迅速扩展,直至发生剥层磨损。破碎的摩擦膜一方面可能成为磨屑逸出,另一方面可能重新被挤压至摩擦表面生成新的摩擦膜。对于第三阶段性能较好的样品,摩擦膜的形成速度不低于摩擦膜的破坏速度,这也可以保证摩擦系数的稳定性。较高的铁含量意味着铜基体受到铁的强化程度更高,摩擦表面氧化膜的生成速率也更高。然而,对于 μ_m 严重衰退的样品,摩擦表面高强度摩擦膜的生成速率不足。摩擦膜的快速形成与破坏过程也是导致 FS 值在第三阶段制动后期呈现出锯齿状变化的主要原因。

以含 CCF 粉样品的摩擦表面来探究铁粉含量的影响,如图 6-7 所示。对于 CCF22,摩擦表面主要由不完整的摩擦膜、大量石墨颗粒和剥落坑组成。剥落坑的出现是由裂纹扩展导致摩擦表面剥落造成的。此外,从基体中剥落出来的硬颗粒也导致犁沟的产生,如图 6-7(a)所示。由于剪应力的作用,剥落坑和裂纹的扩展方向与滑动方向垂直。图 6-7(b)为 CCF22 的横截面 BSE 形貌,表现出带有剥落坑且不完整的摩擦膜。当 CCF 粉的含量增加时,摩擦膜变得更加完整,可以更好地覆盖摩擦表面,并且只有少量的颗粒石墨出现在摩擦表面,如图 6-7(c)所示。此外,随着铁含量的增加,由于强化效果较强,犁沟量明显减少。在图 6-7(d)中,

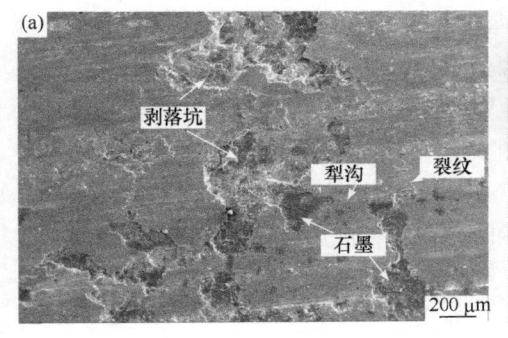

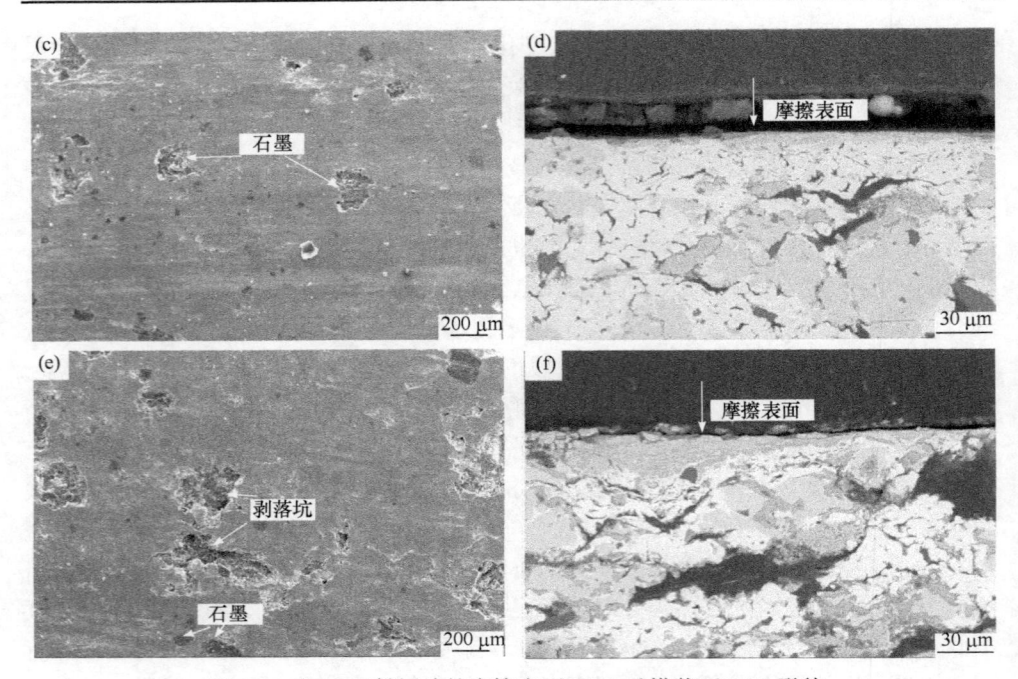

图 6-7 含 CCF 粉闸片的摩擦表面 SEM 及横截面 BSE 形貌
(a)(b) CCF22；(c)(d) CCF26；(e)(f) CCF30

CCF26 的横截面 BSE 形貌也表明一个较为完整的摩擦膜覆盖在摩擦表面，并且摩擦表面附近基体变形很小。对于 CCF30，摩擦表面较为平坦，但大面积剥落坑重新出现，从横截面形貌可以看出，CCF30 的摩擦膜(约 30μm)比 CCF26(约 10μm)厚。此外，高的铁含量意味着在基体中存在更多的界面，这会加剧裂纹的产生，降低基体的强度，导致更严重的摩擦表面变形，如图 6-7(f)所示，这与 CCF30 的 FS 值在第三阶段制动后期降低一致。

图 6-8 为 WAF26、CCF26、CBF26 和 PF26 的摩擦表面 SEM 形貌以及横截面 BSE 形貌，用于比较相同铁含量、不同铁粉类型对闸片摩擦表面的影响。WAF26 和 CCF26 的摩擦表面较平整，剥落坑和犁沟较少并且有一些石墨颗粒突出于摩擦表面(图 6-8(a)和(c))。从横截面 BSE 形貌(图 6-8(b))还可以看出，在 WAF26 的表面有完整的摩擦氧化膜存在，在 CCF26 摩擦表面(图 6-8(d))的摩擦膜存在轻微的变形。对于 CBF26(图 6-8(e))，摩擦表面的剥落坑和犁沟表明出现严重的剥层和磨粒磨损。从图 6-8(f)可以清楚地看出，CBF26 的摩擦膜致密性较差，容易剥离。此时 CBF26 摩擦膜状态对应μ_m的衰退和 FS 值较低的摩擦状态。对于 PF26，摩擦表面虽然比 CBF26 表面好，但也出现了许多剥落坑和犁沟。摩擦面还出现了一

些垂直于滑动方向的裂纹，如图 6-8(g)所示。在图 6-8(h)中，虽然 PF26 摩擦表面覆盖着完整的摩擦膜，但产生了严重的变形。

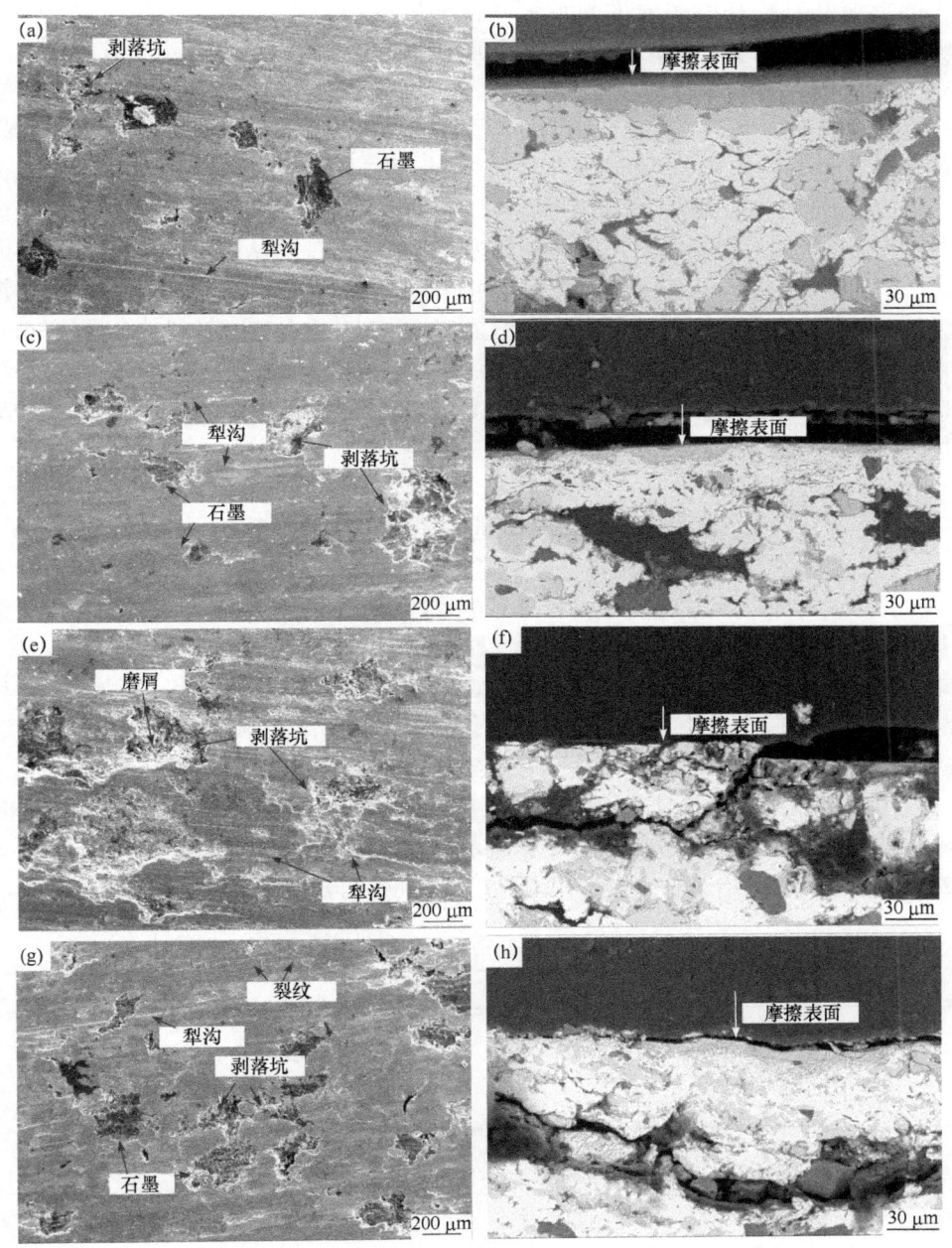

图 6-8 含不同铁粉闸片的摩擦表面 SEM 及横截面 BSE 形貌
(a)(b) WAF26；(c)(d) CCF26；(e)(f) CBF26；(g)(h) PF26

通过以上探究可以发现，WAF26 和 CCF26 表面生成了完整且强度高的摩擦膜，这是由于这两种铁粉具有大的粒度，能够较好地钉扎在摩擦表面，促进摩擦膜的形成并且提高摩擦表面附近铜基体的抗变形能力，这也是含有 WAF 粉(WAF22，WAF26)以及 CCF 粉(CCF26)能够保持较高并且稳定摩擦系数的原因。对于含有 CBF 粉的样品，由于 CBF 粉尺寸较小，相同的铁粉添加量会在基体中产生多的界面。因此，裂纹在热循环应力作用下更容易沿界面扩展。此外，小的粒度也不利于 CBF 粉作为硬质相阻碍摩擦表面磨屑的运动，因此磨屑也很难被挤压形成摩擦膜，这对闸片的摩擦磨损性能不利。而 PF 粉由于特殊的形状，其在摩擦表面抵抗变形的能力较低，对基体的强化作用最弱，这从图 6-2 也可以看出。因此，制动闸片中铁粉的最佳含量取决于铁粉的形状和力学性能。WAF 粉的最佳含量为 22%，CCF 粉的最佳含量为 30.6%。但是，对于 CBF 粉和 PF 粉，最佳含量是 30%。含有 22%WAF 粉和 30.6%CCF 粉的铜基闸片，即使经过一系列紧急制动，摩擦系数也较高且最稳定，体现出优异的抗衰退性能。而含 30%CBF 粉和 30%PF 粉的制动闸片，在第三阶段表现出相似的低且下降的摩擦系数。

6.2 铬粉对铜基制动闸片性能的影响

铬作为添加进闸片材料中一种常见的摩擦组元，对材料的摩擦磨损性能有重要的影响。铬与铜基体的界面结合强，质硬而脆，温度高于 600℃时铬和水、氮、碳、硫反应生成相应的 Cr_2O_3、Cr_2N 和 CrN、Cr_7C_3 和 Cr_3C_2、Cr_2S_3 等物质。铬和氧反应时开始速度较快，当表面生成氧化薄膜之后速度急剧减慢。以上这些性质决定了铬在闸片经历高温时依然能够起到承载载荷及增加摩擦的作用。

由于铬和铬铁粉末具有相似性，均为需要探索的硬质金属粉末，设计成分时不包括铬铁粉末，试样成分如表 6-2 所示。其中铬粉形貌如图 6-9 所示，粒度为 200 目。采用粉末冶金方法制备出样品后在 MM3000 试验机上检测制动性能。

表 6-2 不同 Cr 含量的铜基制动闸片材料成分(质量分数)　　(单位：%)

铬粉含量	Cu	Fe	SiO$_2$	MoS$_2$	石墨	Cr	其他
1%Cr	54	18	2	2	10	1	13
3%Cr	52	18	2	2	10	3	13
5%Cr	50	18	2	2	10	5	13
7%Cr	48	18	2	2	10	7	13

图 6-10 是闸片材料的相对密度与布氏硬度随 Cr 含量的变化。随着 Cr 含量从 1%上升到 5%，闸片材料的相对密度略微上升，这是由于 Cr 具有改善 Cu 和石墨界面润湿性的作用，从而增加了合金基体与非金属组元的结合程度。此外，Cr 与 Cu 之间的焊合性良好，有利于烧结颈的长大，提高材料的烧结性能，这都起到了

增加相对密度的作用。至于在含 7%Cr 时闸片材料的相对密度下降，这可能与铬粉对压制性能的影响有关。铬粉较硬，并且形貌不规则，所以可能会使压制坯体的相对密度下降。在铬粉含量较高时，这种作用超过了铬粉对相对密度的提高作用，从而使相对密度下降。闸片材料的布氏硬度则随着 Cr 含量的升高而升高，从含 1%Cr 时的 22.5 HB 上升到含 7%Cr 时的 33.5 HB。这主要是由于铬起到了硬质强化相的作用。

图 6-9 铬粉的 SEM 形貌

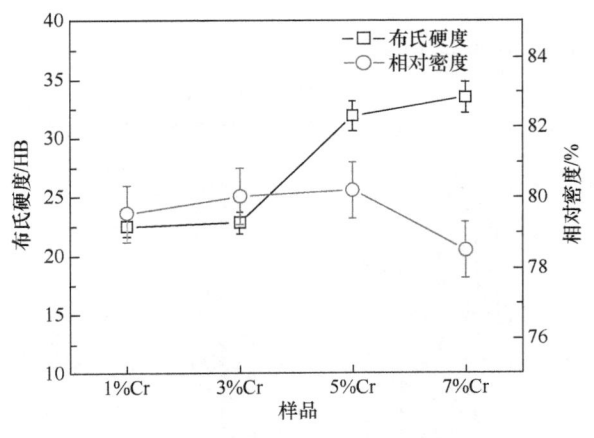

图 6-10 闸片材料的相对密度和布氏硬度随 Cr 含量的变化

图 6-11 是闸片材料的平均摩擦系数(μ_m)随 Cr 含量的变化。μ_m 的变化规律大致分为三个阶段：第一阶段为制动速度不超过 200 km/h 时，μ_m 从 1%Cr 时的 0.43 左右下降到 5%Cr 时的 0.38 左右。随着 Cr 含量增加，材料的硬度明显提高。同时，Cr 提高了材料的相对密度，这均有利于提高材料的塑性变形抗力和犁削能力，降低了摩擦表面的损伤程度并增加了表面的平坦性，从而使材料摩擦系数和磨损量降低[3]。而随着闸片材料中 Cr 含量升高到 7%时，μ_m 又上

升到 0.41 左右，这可能与突出于摩擦表面的硬质颗粒增多有关。当制动速度超过 200 km/h（Ⅱ阶段）时，含 7%Cr 闸片材料的 μ_m 相对于第一阶段下降，并最终维持在 0.37 左右。而含 1%Cr 闸片的 μ_m 下降至 0.33 左右，下降量较大。含 3%Cr 与含 5%Cr 闸片材料的 μ_m 则处于两者之间，基本趋势为随着 Cr 含量的增加闸片材料的 μ_m 也升高。在随后的第三阶段连续紧急制动过程中，较高 Cr 含量的样品仍然表现出较高的 μ_m，然而除含 1%Cr 闸片材料的 μ_m 相对稳定以外，其他样品的 μ_m 都在制动后期出现衰退。在高速下，铜基体会出现软化，而基体内部的 Cr 及摩擦表面的 Cr_2O_3 晶体极硬并且稳定，其具有承载载荷和增加摩擦的作用，因此可以维持较高的 μ_m。闸片材料的磨损量则随着 Cr 含量的升高而降低，从含 1%Cr 时的 3.8 g 下降到含 7%Cr 时的 2.6 g，降幅达 1/3，证明提高铜基制动闸片材料中 Cr 的添加有助于减小磨损量（图 6-12）。

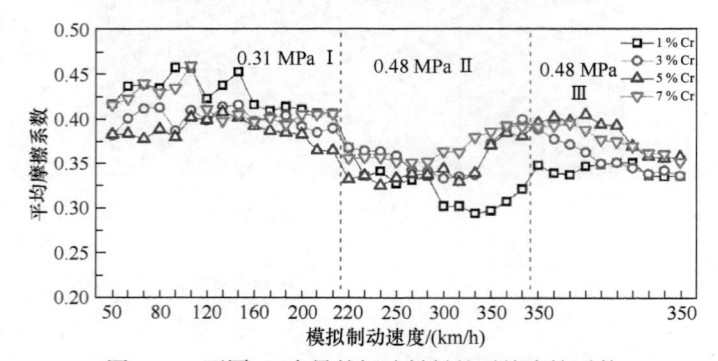

图 6-11 不同 Cr 含量的闸片材料的平均摩擦系数

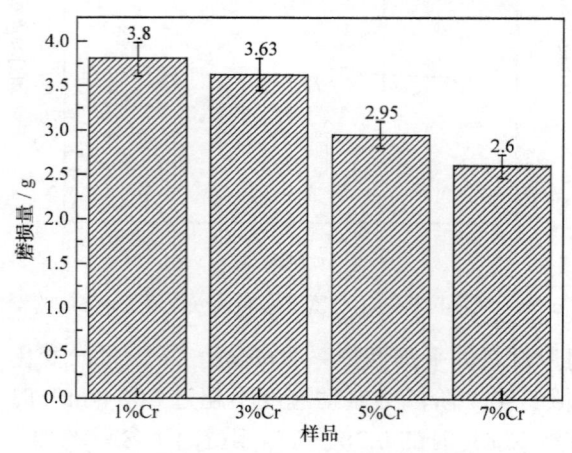

图 6-12 含不同 Cr 含量的闸片材料的磨损量

图 6-13 为不同 Cr 含量闸片材料摩擦表面的 SEM 形貌。在含 1%Cr 的闸片材料摩擦表面出现较深并且宽的犁沟，这是由于在高温高压下，硬质相使摩擦表

面产生塑性变形,这种变形在基体硬度不高的闸片摩擦表面较容易发生,如图 6-13(a)所示。除犁沟外,材料表面还有较多的剥落坑,这是由于表面形成的摩擦膜缺乏硬质相的钉扎作用而脱落,因此在含 1%Cr 闸片材料的摩擦表面剥落坑较多,这也与此材料的磨损量较大的结果相一致。对于含 3%Cr 的闸片材料摩擦表面(图 6-13(b)),犁沟数量明显减少,但是摩擦表面依旧剥落严重,摩擦膜覆盖的区域较少。随着 Cr 含量的增加,摩擦表面剥落坑的面积减小,犁沟深度以及宽度变小,这是 Cr 提高基体强度带来的效果(图 6-13(c)),但是在摩擦表面出现了较宽的垂直于摩擦方向的剥落坑(虚线标注的灰色区域),这是由较小的垂直于摩擦方向的裂纹扩展而产生的。可以推测,随着此裂纹的继续扩展,剥落坑的面积将会增大。当 Cr 含量增至 7%时,材料表面出现较少的剥落坑以及犁沟,表面摩擦膜的连续性最好,这使得该材料的磨损量最小(图 6-13(d))。

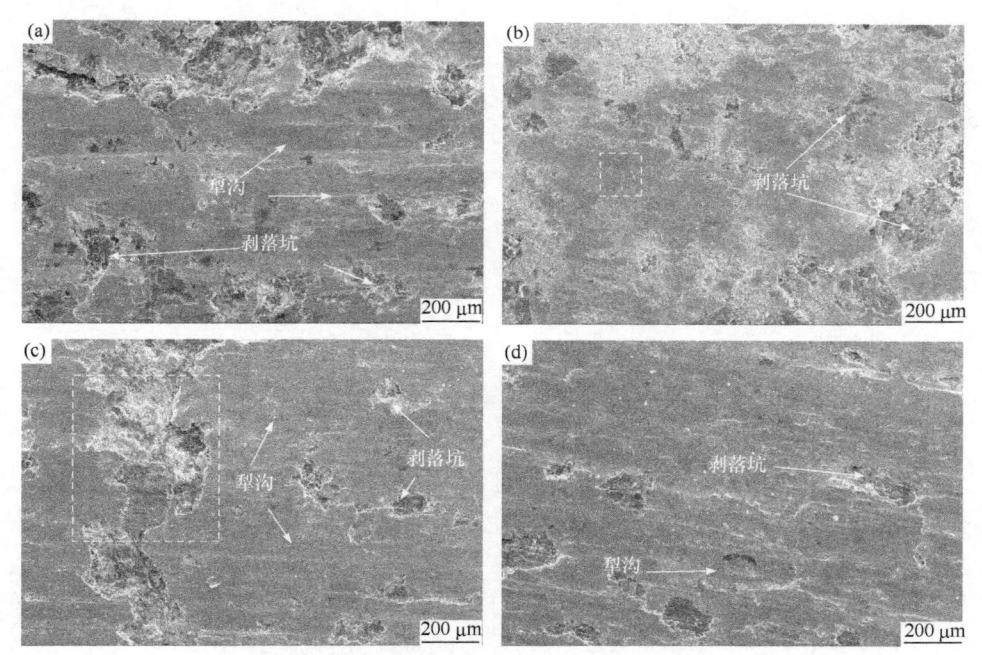

图 6-13 不同 Cr 含量样品摩擦表面的 SEM 形貌
(a) 1%Cr;(b) 3%Cr;(c) 5%Cr;(d) 7%Cr

图 6-14 为制动试验后不同 Cr 含量闸片材料摩擦表面横截面的 SEM 形貌。如图 6-14(a)所示,在摩擦表面出现较大的塑性变形并且明显存在剥落坑的情况下,表面没有形成完整的摩擦膜。磨屑储存在剥落坑中,这与材料中 Cr 含量较少、缺少硬质相的钉扎有关。当 Cr 含量增加时,如图 6-14(b)所示,Cr 对磨屑的钉扎作用使得材料表面形成明显的第三体,但是挤压形成的第三体层同样较为松散。如图 6-14(c)所示,材料表面的第三体层变得较为完整,没有出现明显的剥落坑,

这意味着材料的摩擦表面较好。然而，在摩擦表面以下约 20 μm 的变形层中出现了较多破碎的小颗粒 Cr，这说明在此条件下的制动试验已经能够使基体中的 Cr 颗粒破碎。如图 6-14(d)所示，随着 Cr 含量增加至 7%，材料表面更加完好，基本上不出现塑性变形与剥落坑，这是闸片具有较小磨损量的原因。

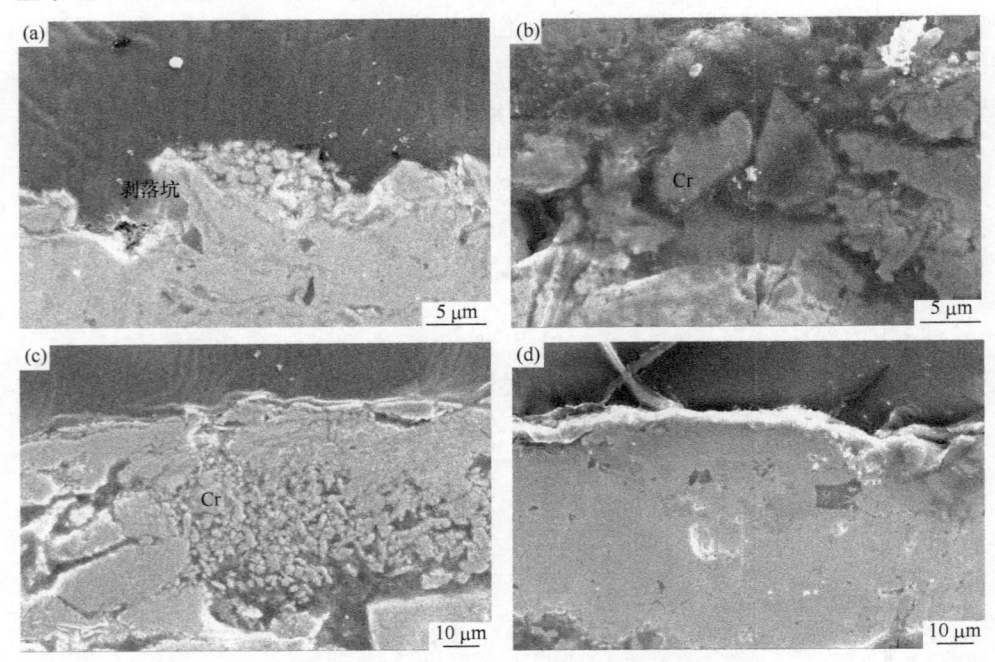

图 6-14　不同 Cr 含量样品摩擦表面横截面的 SEM 形貌
(a) 1%Cr；(b) 3%Cr；(c) 5%Cr；(d) 7%Cr

在图 6-14(c)中发现处于摩擦亚表面的 Cr 颗粒出现破碎，为了进一步了解其在基体中的情况，进行了元素面分布分析。如图 6-15(b)所示，Cr 元素在基体中不是呈现

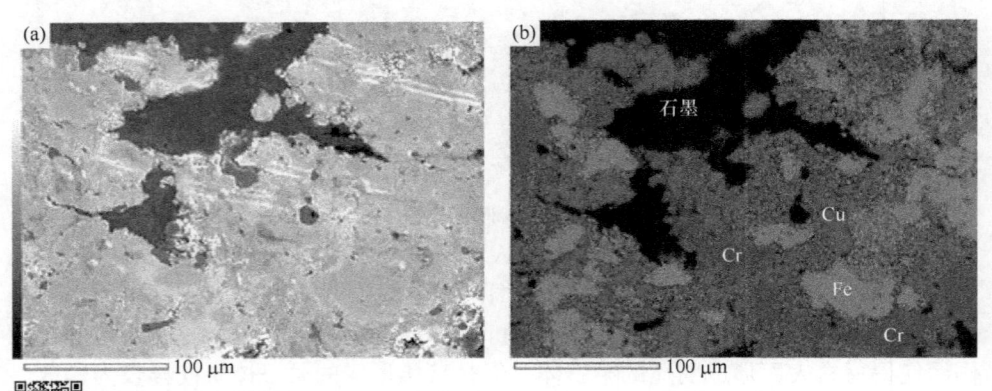

图 6-15　7%Cr 样品的基体 SEM 形貌(a)和 C、Cr、Fe、Cu 的元素面分布(b)

明显的原始粒状形貌分布，而是已经明显地破碎成细小的颗粒并聚集在一起，与图 6-14(c)一致。这说明在紧急制动时闸片受到的应力较大，基体中的 Cr 已经破碎，这种破碎对于闸片的影响将会在 6.4 节的工作中探究。

6.3 铬铁粉末对铜基制动闸片性能的影响

选用高碳 CrFe 粉(CF 粉)研究其含量对制动闸片性能的影响。相比于 Cr 粉，CF 粉具有高的硬度、抗腐蚀及耐磨等特性。此外，CF 粉与铜或铜合金的界面润湿性也较好，即使在高温下使用时也具有更加稳定的物理化学性能，这意味其在铜基制动闸片中能够更加持续稳定地起摩擦组元的作用。这也使得 CF 粉成为铜基制动闸片中常用的金属摩擦组元之一。

由于 CF 粉和 Cr 粉具有相似性，均为需要探索的硬质金属粉末，设计成分时不包括 Cr 粉。其中，CF 粉形貌如图 6-16 所示，棱角分明，呈现出不规则的块状结构，粒度为 200 目。在 CF 粉中 C 含量为 4%～8%，Cr 含量为 62%～72%，其余为 Fe。设计的闸片材料成分如表 6-3 所示。采用粉末冶金方法制备出样品后在 MM3000 试验机上检测制动性能。

图 6-16 CF 粉的 SEM 形貌

表 6-3 不同 CF 粉含量的铜基制动闸片材料成分(质量分数) (单位：%)

CF 粉含量	Cu	Fe	SiO$_2$	MoS$_2$	石墨	CrFe	其他
1%CrFe	54	18	2	2	10	1	13
3%CrFe	52	18	2	2	10	3	13
5%CrFe	50	18	2	2	10	5	13
7%CrFe	48	18	2	2	10	7	13

图 6-17 是不同 CF 粉含量闸片材料的相对密度以及布氏硬度。从结果来看，材料的相对密度随 CF 粉含量的升高而升高，但是升高幅度较小。Cr 元素改善铜和石墨界面润湿性以及提高闸片的烧结性能都能提高闸片的相对密度。而布氏硬度随着 CF 粉含量的增加而显著上升，这是由于 CF 粉本身具有高硬度。

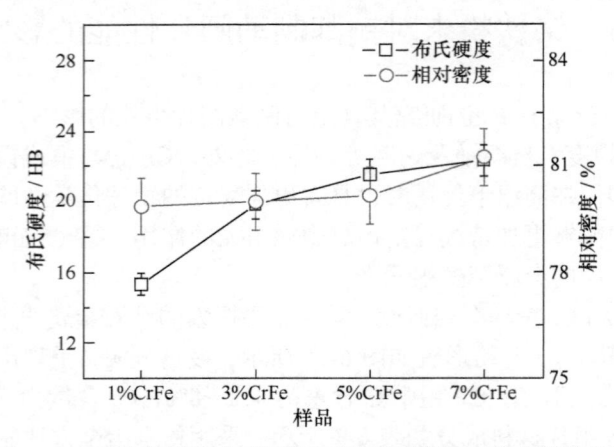

图 6-17 闸片材料的相对密度和布氏硬度随 CF 粉含量的变化

图 6-18 是闸片材料的平均摩擦系数(μ_m)随 CF 粉含量的变化。μ_m 的变化大致分为三个阶段：第一阶段为制动速度不超过 200 km/h 时，μ_m 随 CF 粉含量的增加而降低。1%CrFe 样品的 μ_m 分布在 0.4~0.45，而 7%CrFe 样品的 μ_m 分布在 0.35~0.375。此外，CF 粉含量高的样品在低速下摩擦系数更加平稳，这种高 CF 粉含量导致较低 μ_m 的原因与 6.2 节 Cr 含量的影响一致。当制动速度超过 200 km/h 时，

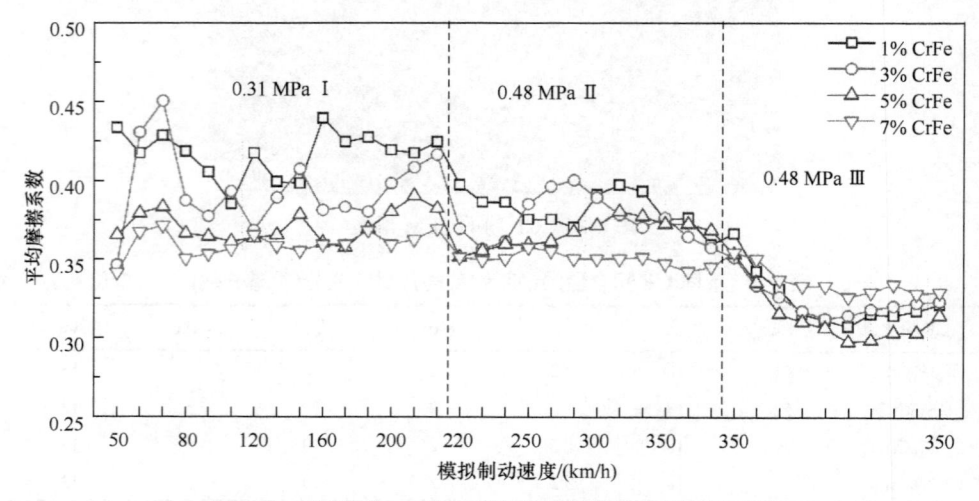

图 6-18 含不同 CF 粉含量的闸片材料的平均摩擦系数

7%CrFe 样品的摩擦系数相对于低速低压下出现略微下降，维持在 0.35 左右。而其他三组样品的 μ_m 则在 0.35~0.4 波动。直到制动到达第三阶段，在高速下连续紧急制动时，除 7%CrFe 样品以外，其他样品的 μ_m 都出现较严重的衰退，而 7%CrFe 样品在经历较小的衰退以后，μ_m 稳定在 0.33 左右，这表明相对于 Cr 粉，CF 粉含量的增加虽然对摩擦系数提升作用较小，但是有助于抵抗 μ_m 的热衰退，维持 μ_m 在不同制动条件下的稳定。在制动产生的高温环境下，铜基体会出现软化，而突出于摩擦表面的 CF 粉极硬并且稳定，起承载载荷和增加摩擦的作用。此外，其钉扎于摩擦表面促进稳定摩擦膜的形成，因此可以维持 μ_m 的稳定并且降低磨损量。从图 6-19 可以看出，闸片材料的磨损量随着 CF 粉含量的增加而降低。闸片材料的磨损量从 1%CrFe 的 6.03 g 下降到 7%CrFe 时的 3.78 g，降幅达 1/3 以上，证明提高 CF 粉的含量有助于减小磨损量。

图 6-20 是不同 CF 粉含量的闸片制动试验后表面的 SEM 形貌，其最显著的特征就是在摩擦表面存在剥落坑，如箭头所示。这种剥落坑的出现是黏着磨

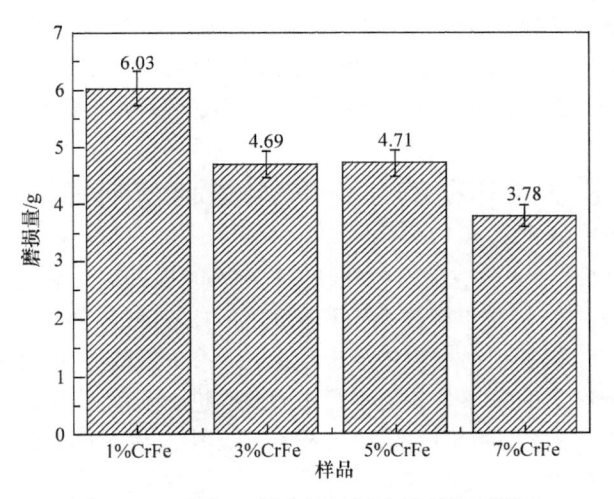

图 6-19 不同 CF 粉含量的闸片材料的磨损量

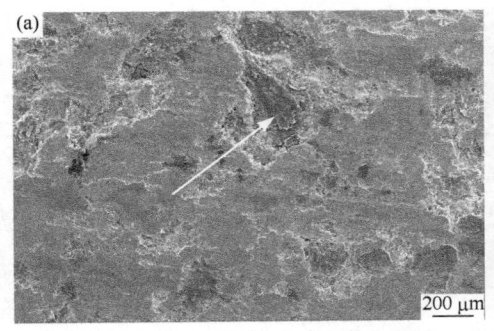

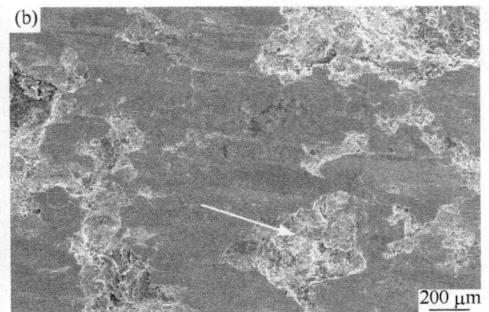

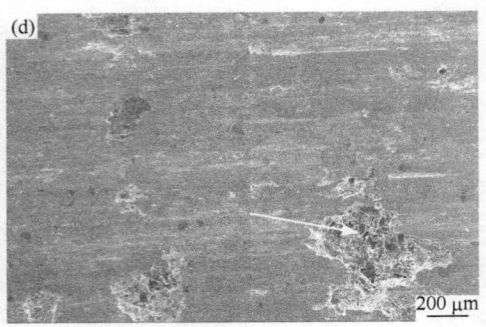

图 6-20　不同样品摩擦表面的 SEM 形貌
(a) 1%CrFe；(b) 3%CrFe；(c) 5%CrFe；(d) 7%CrFe

损或摩擦表面经历反复的塑形变形，疲劳裂纹萌生并拓展的结果。在图 6-20(a)中，剥落坑的面积较大，随着 CF 粉含量的增加，表面剥落坑的数量逐渐较少，表面摩擦膜也越来越平整。剥落坑的减少说明磨损量小，并且摩擦表面存在完整的摩擦膜也有助于稳定摩擦系数。然而，在图 6-20(d)中，CF 粉含量增多，摩擦表面细小的划痕也较多，这是 CF 粉破碎后在摩擦界面起磨粒磨损作用造成的，这种磨粒磨损可能与 7%CrFe 样品在连续紧急制动第三阶段维持较高的摩擦系数密切相关。

6.4　Cr 粉和 CF 粉的比例对铜基制动闸片性能的影响

由 6.2 节和 6.3 节可知，Cr 粉和高碳 CF 粉均能提升闸片耐磨性以及在高速高压下的摩擦系数。Cr 粉对于摩擦系数和耐磨性的提升效果强于 CF 粉，但是高 Cr 含量的闸片在连续紧急制动过程中会出现摩擦系数的衰退，而高 CF 粉含量的闸片在不同制动条件下的摩擦系数更平稳。因此，进一步将 Cr 粉和 CF 粉共同加入铜基制动闸片中。由图 6-15 可知，Cr 粉在基体中发生了明显的变化。为了研究烧结后基体的显微组织变化更方便，对铜基制动闸片的配方进行了简化，如表 6-4 所示。根据各闸片含有的 Cr 粉和 CF 粉比例，样品分别命名为 C10CF0、C8CF2、C6CF4、C4CF6、C2CF8、C0CF10。采用粉末冶金方法制备出样品后在 MM3000 试验机上检测制动性能[4]。

表 6-4　含有不同比例 Cr 粉和 CF 粉的铜基制动闸片材料的成分(质量分数)　(单位：%)

样品	Cu	Fe	石墨	Cr	CrFe
C10CF0	50	26	14	10	0
C8CF2	50	26	14	8	2
C6CF4	50	26	14	6	4
C4CF6	50	26	14	4	6

续表

样品	Cu	Fe	石墨	Cr	CrFe
C2CF8	50	26	14	2	8
C0CF10	50	26	14	0	10

图 6-21 为含有不同 Cr 粉和 CF 粉比例样品的相对密度和布氏硬度变化。随着 CF 粉含量的增加，材料的相对密度和布氏硬度呈上升趋势。当 CF 粉含量超过 4%（C6CF4）时，材料的相对密度保持相对稳定，在 80%~81%波动。布氏硬度也没有出现较大的波动，维持在 21 HB 左右。因为 Cr 粉和 CF 粉的总量并没有变化，这导致不同样品的相对密度和布氏硬度并没有产生大的波动。

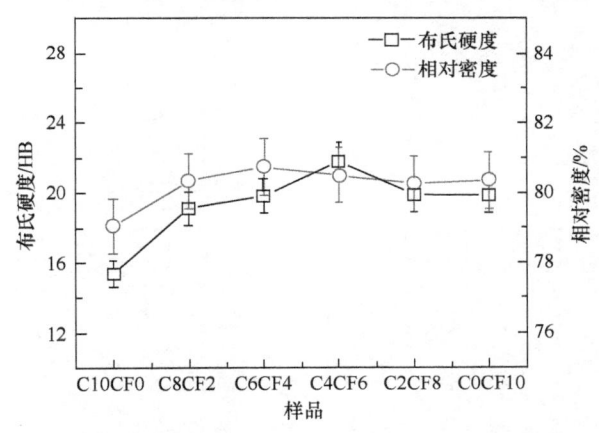

图 6-21 含有不同比例 Cr 粉和 CF 粉样品的相对密度和布氏硬度

为了揭示 Cr 粉和 CF 粉对烧结后铜基制动闸片组织的影响，观察 C6CF4 的显微组织 BSE 形貌，重点在于基体中的 Cr 和 CF 颗粒，如图 6-22 所示。在图 6-22(a)中，黑色区域表示石墨，深灰色区域代表 Fe、Cr、CF 等硬质颗粒，浅灰色区域为铜基体，所有成分均在 C6CF4 中均匀分布。高倍的 BSE 形貌(图 6-22(b))表明 CF 和 Fe 颗粒均保持其原始形状，而在 Cr 颗粒内部观察到许多孔隙，如图 6-22(c)所示。孔隙主要集中在 Cr 颗粒的中心区(A 区)。EDS 分析表明，A 区主要由 Cr(50.02%)、Fe(24.15%)和 O(25.83%)组成。而在 Cr 颗粒边缘(B 区)，Fe 含量较高(51.53%)，O 含量(2.64%)较低，如表 6-5 所示。图 6-22(e)中 Cr 颗粒区域的线扫描图像显示，从 Cr 颗粒边缘到中心，Fe 含量逐渐降低，而 Cr 含量与 Fe 含量表现出相反的特征，这些结果与表 6-5 中的 EDS 结果一致。此外，在靠近 Cr 颗粒的基体中检测到较高的 Fe 含量。图 6-22(d)表明，烧结前后的 CF 颗粒没有明显变化，并与铜基体结合良好。此外，元素线扫描结果显示，CF 粉和铜基体之间的扩散可以忽略不计，如图 6-22(f)所示。

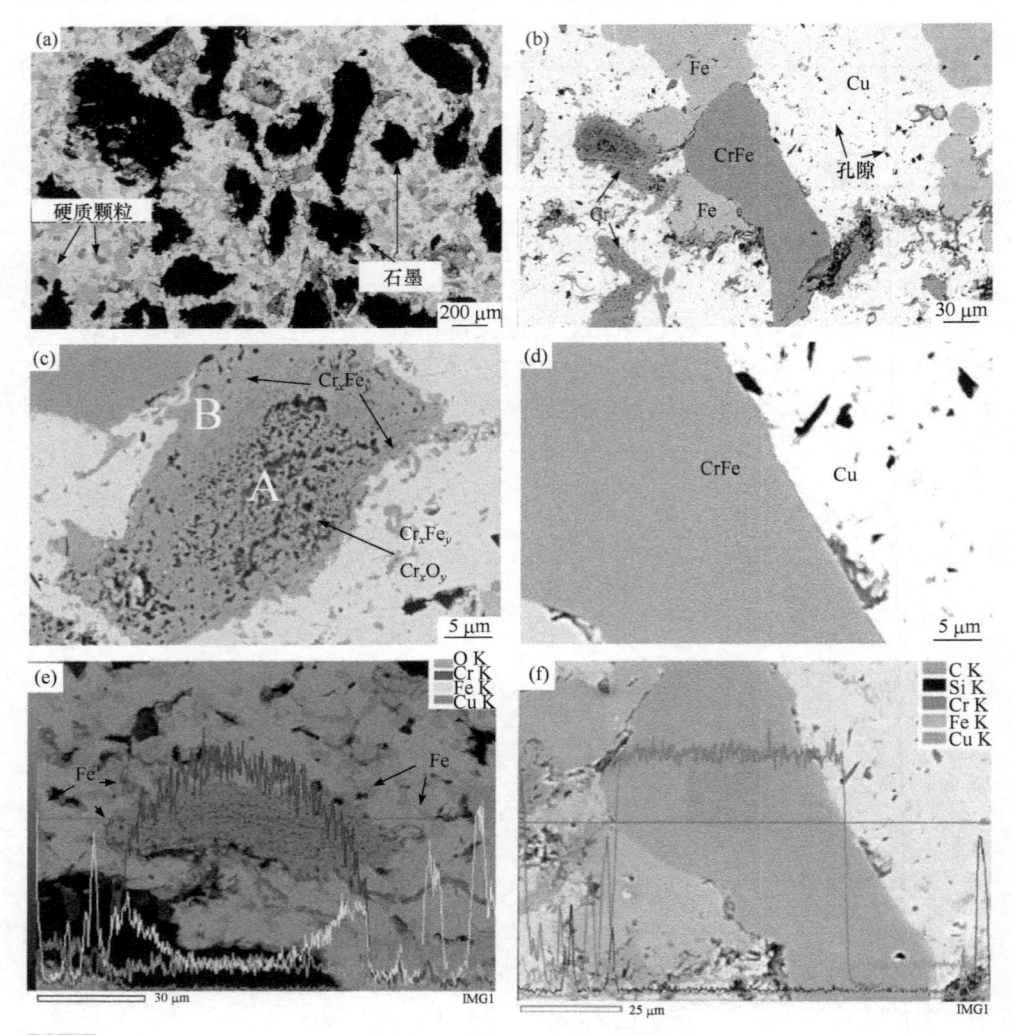

图 6-22 烧结样品 BSE 显微组织 EDS 成分分析
(a) 低倍组织；(b) 基体中的硬质相；(c) Cr 颗粒；
(d) CF 颗粒；(e) Cr 颗粒及 EDS 分析；(f) CF 颗粒及 EDS 分析

样品在测试之前利用砂纸打磨摩擦表面，没有经过磨合过程，因此在每个制动速度下重复进行 10 次制动试验，取最后五次试验平均摩擦系数(μ_m)的算术平均值，结果如图 6-23 所示。在较低的制动速度(200 km/h)下，Cr 粉比例高的试样表现出相对高的 μ_m，C10CF0、C8CF2 和 C6CF4 的 μ_m 约为 0.42，而 C2CF8 和 C0CF10 的 μ_m 约为 0.39，这与 6.2 节和 6.3 节的结果一致，即 Cr 粉更能保证制动过程中高的 μ_m。当制动速度增加到 250 km/h 时，μ_m 的大小为：C10CF0 > C8CF2 > C6CF4 > C4CF6 > C0CF10 > C2CF8，这表明高 Cr 粉比例仍然促进了

μ_m 的提高。当制动速度达到 300 km/h 时，不同样品间 μ_m 的变化存在显著差异。相较于在 200 km/h 和 250 km/h 时的 μ_m，在 300 km/h 时，C10CF0 和 C8CF2 的 μ_m 表现出明显的下降，C8CF2 的 μ_m 甚至从 0.422(250 km/h)下降到 0.396(300 km/h)。C6CF4 和 C4CF6 则表现出稳定的 μ_m，C4CF6 的 μ_m 一直低于 C6CF4。而 C2CF8 和 C0CF10 表现出较低的 μ_m，分别约为 0.38 和 0.39。在 200 km/h、250 km/h 和 300 km/h 下紧急制动时，C6CF4 的 μ_m 分别为 0.419、0.42 和 0.421，这表明当制动速度从 200 km/h 增加至 300 km/h 时，C6CF4 具有较高且稳定的 μ_m。当制动速度为 350 km/h 时，所有试样的 μ_m 都会出现衰退现象。然而，C6CF4 的 μ_m 衰退最小(0.01)，而 C10CF0 和 C0CF10 的衰退约为 0.03。这表明，添加 Cr 和 CF 混合粉可以提高材料摩擦系数的抗衰退性能。

表 6-5　Cr 颗粒中心区域和边缘区域的 EDS 分析结果(原子分数)　　(单位：%)

区域	Fe	Cr	O
A	24.15	50.02	25.83
B	51.53	45.83	2.64

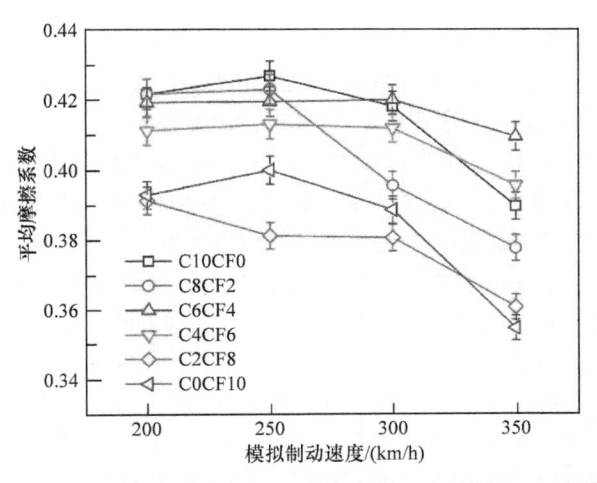

图 6-23　不同样品的平均摩擦系数算术平均值随制动速度的变化

摩擦系数与磨损行为密切相关。随着制动速度的增加，不同试样的磨损量如图 6-24 所示，表明随着制动速度的增加，所有样品的磨损量都增加。在 200 km/h 时，闸片材料磨损量随着 Cr 粉比例的增加而增加，这意味着在低制动速度下，CF 粉能更有效地减少磨损量，但所有样品的磨损量差异都很小。即使制动速度增加到 250 km/h，不同样品之间的磨损量也没有太大差异，分布在 0.15~0.2 g。但当制动速度从 250 km/h 提高到 300 km/h 时，与在 300 km/h 时 C0CF10(0.53 g)和

C10CF0(0.41 g)的磨损量相比，C6CF4(0.36 g)的磨损量分别减少了32%和12%。在350 km/h时不同样品磨损量的差异与300 km/h时的相似。μ_m和磨损量的结果表明，当制动速度大于300 km/h时，C6CF4具有更加良好的制动性能。

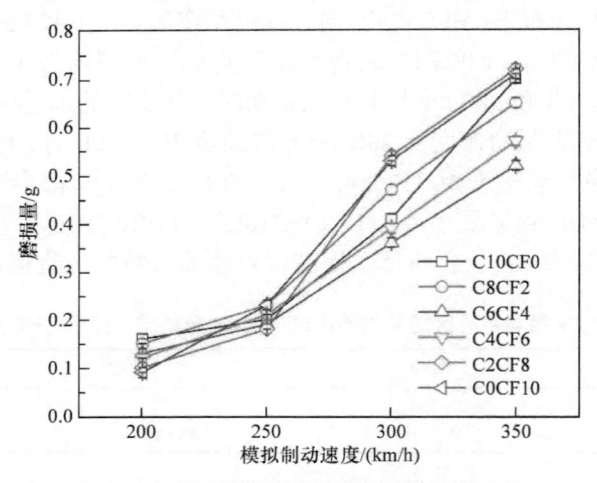

图6-24 不同样品磨损量随制动速度的变化

摩擦系数和磨损量的变化与摩擦表面的变化有关。图6-25为不同样品摩擦表面的SEM形貌，其中黑色区域为石墨，灰色区域为摩擦膜。在图6-25(a)中200 km/h下，C10CF0摩擦表面上的摩擦膜是不连续的，有许多垂直于滑动方向的剥落坑，表明在摩擦过程中制动闸片与制动盘之间发生了强烈的黏附和撕裂[5]，这也与C10CF0体现出的最高的μ_m(0.42)和磨损量(0.16 g)一致。图6-25(a)右上方图像显示，由于制动速度较低，摩擦表面没有被压平。随着制动速度增加到300 km/h(图6-25(b))，摩擦表面被连续的摩擦膜覆盖，更加平滑。然而，在摩擦表面上也观察到犁削和许多垂直于滑动方向的裂纹，这表明C10CF0在持续剪应力作用下，摩擦膜强度低，易剥落。在图6-25(c)中，当CF粉比例升高后，C6CF4的摩擦表面被摩擦膜较好地覆盖，犁削和裂纹较少。当在更高的制动速度(300 km/h)下进行试验时，由于摩擦膜覆盖的区域增加，摩擦表面更光滑(图6-25(d))，而完整的摩擦膜能确保闸片具有稳定的摩擦系数和更好的耐磨性。如图6-25(e)所示，在不添加Cr的情况下，C0CF10摩擦表面的破裂再次严重。在图6-25(f)中，300 km/h时摩擦表面氧化更严重，摩擦膜覆盖面积增加。然而，摩擦表面上出现了许多剥落坑，剥落坑的尺寸甚至大于C10CF0摩擦表面出现的剥落坑，这也导致其更高的磨损量(0.53 g)。此外，在摩擦表面还观察到了大量的犁削现象，表明CF粉含量过高会强化磨粒磨损过程。

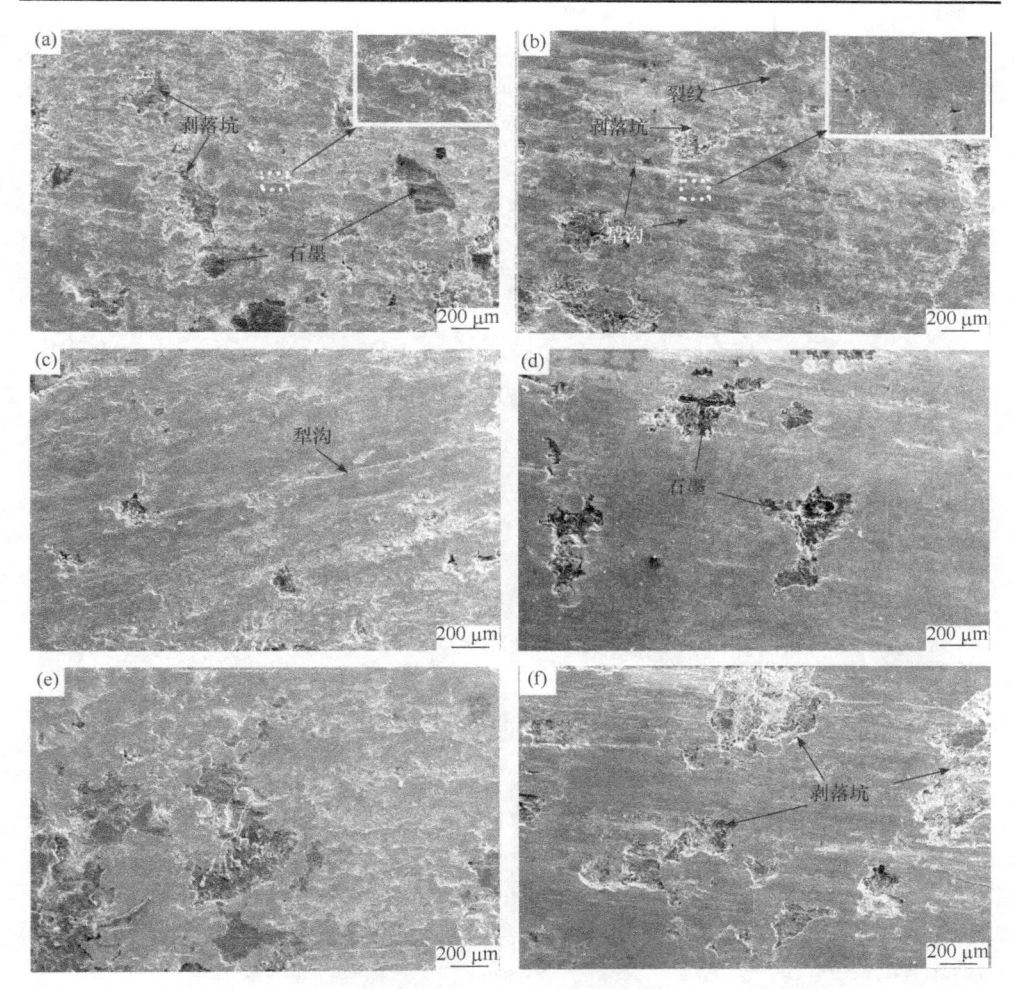

图 6-25 在不同测试条件下不同样品摩擦表面的 SEM 形貌
(a) C10CF0, 200 km/h; (b) C10CF0, 300 km/h; (c) C6CF4, 200 km/h;
(d) C6CF4, 300 km/h; (e) C0CF10, 200 km/h; (f) C0CF10, 300 km/h

为了更深入地了解 Cr 粉和 CF 粉比例对摩擦表面特性的影响，在不同制动速度下不同样品的摩擦表面横截面 BSE 形貌如图 6-26 所示。在 200 km/h 的制动速度下，C10CF0 上的摩擦膜表现出明显的塑性变形，容易发生剥层磨损。此外，Cr 粉在基体中发生了变形，表明样品的强度不足以抵抗高压和热应力下的塑性变形，如图 6-26(a)所示。在图 6-26(b)中，裂纹在 Cr 破碎的位置扩展，并延伸至摩擦表面，这与图 6-25(b)中观察到的裂纹形态一致。在图 6-26(c)中，当 Cr 含量降低到 6%时，Cr 粉和 CF 粉都会在摩擦表面出现，但 Cr 颗粒的损伤不如图 6-25(b)中的 C10CF0 严重，这与 Cr 和 CF 颗粒的共同作用密切相关。CF 粉的高硬度强化了摩擦膜,从而减少了摩擦膜的变形。当制动速度达到 300 km/h 时,摩擦表面有一层厚度约为 2μm 的薄摩擦膜,在摩擦膜下观察到氧化膜的主要来源是 Fe 和 Cr 颗粒。此外,在亚表面 CF 颗粒中的裂纹表明,CF 颗粒在制动过程中承受高应力,如图 6-26(d)所示。在图 6-26(e)中,CF 颗粒在亚表面被严重破坏,而摩擦膜发生剥层磨损。制动速度越高,摩擦膜变形和氧化越严重,如图 6-26(f)所示。CF 颗粒一旦发生破裂,摩擦膜就会发生剥层磨损,形成大剥落坑。脱落的硬质颗粒造成异常磨粒磨损,这与图 6-25(f)中观察到的形貌一致。

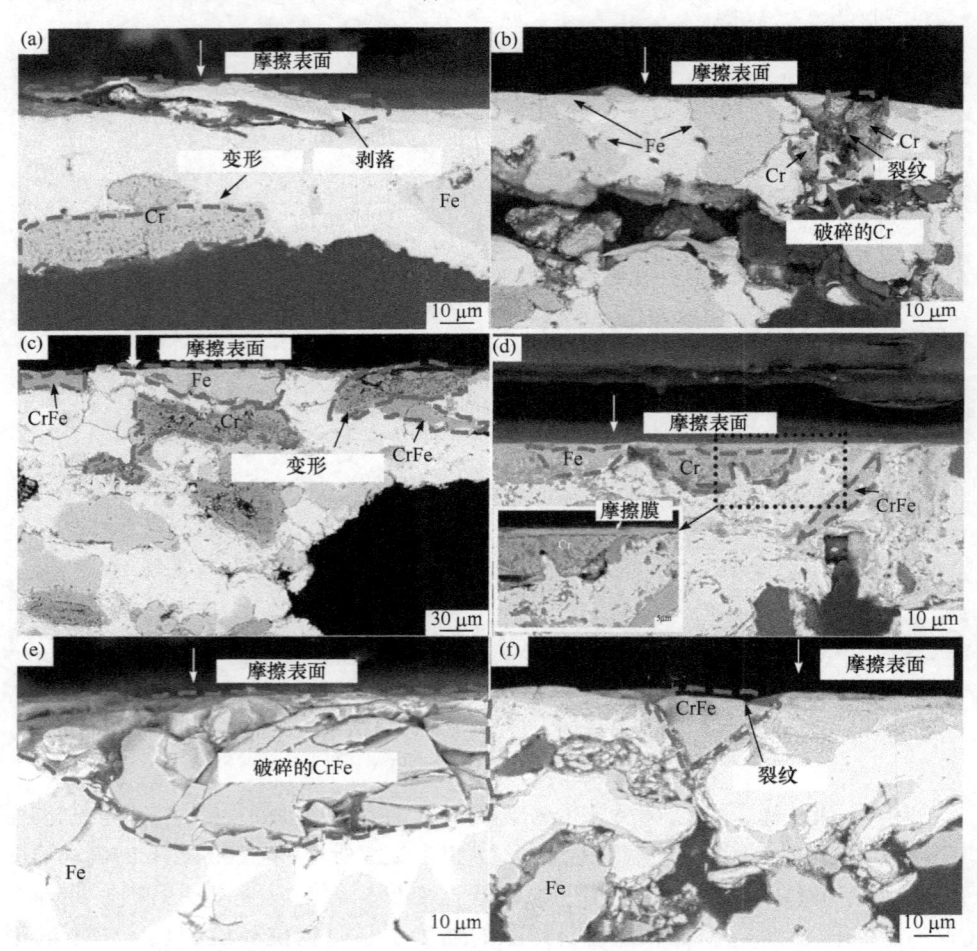

图 6-26 在不同条件下不同测试样品摩擦表面的横截面 BSE 形貌
(a) C10CF0,200 km/h；(b) C10CF0,300 km/h；(c) C6CF4,200 km/h；
(d) C6CF4,300 km/h；(e) C0CF10,200 km/h；(f) C0CF10,300 km/h

为了研究 Cr 在摩擦膜中的分布,Cr 和 O 的元素面扫描分析如图 6-27 所示，元素面扫描分析区域为具有摩擦膜覆盖的区域。在图 6-27(a1)所示的 C10CF0 的摩擦膜中，Cr 元素含量较高且分布相对集中。随着 CF 粉比例增加，Cr 元素在摩擦膜上的分布减小，但更均匀，如图 6-27(b1)所示。与其他样品相比，Cr 元素在 C0CF10 上摩擦膜中的分布最少(图 6-27(c1))，这也说明虽然 Cr 粉和 CF 粉均为硬质粉末，但是对摩擦表面造成的影响有较大的区别。此外，图 6-27(a2)(b2)(c2)表明 O 分布均匀，氧化作用在摩擦表面很普遍。

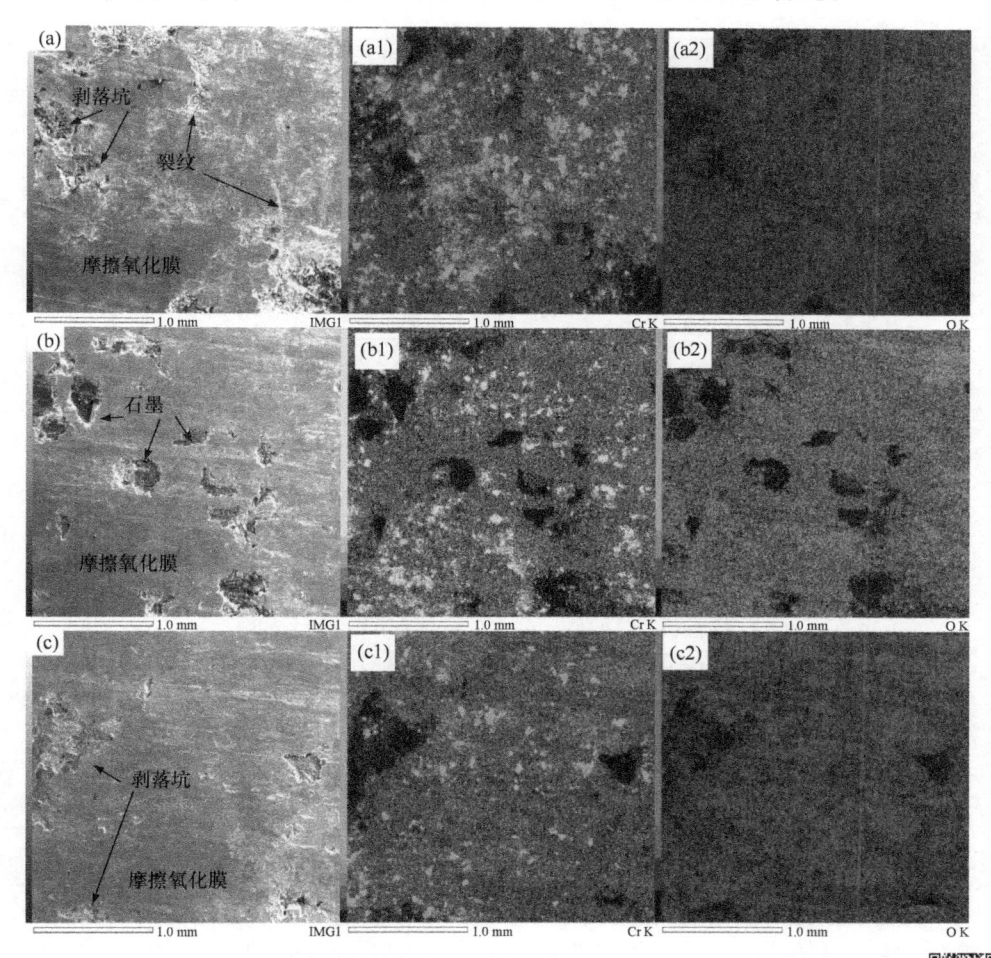

图 6-27 在 300 km/h 制动后摩擦表面氧化膜的 SEM 形貌以及 Cr、O 元素面分布
(a)(a1)(a2) C10CF0；(b)(b1)(b2) C6CF4；(c)(c1)(c2) C0CF10

在 300 km/h 下分别对测试后的 C0CF10、C6CF4 和 C10CF0 摩擦表面进行 X 射线光电子能谱(X-ray photoelectron spectroscopy，XPS)分析，分析区域为具有摩擦膜覆盖的区域。Cr2p 的 XPS 通常用来确定 0、+2、+3、+4 和+6 价的 Cr 在氧

化物中的相对百分比,图 6-28 给出了 Cr2p 的 XPS。从图 6-28(a)和(b)中可以看出,Cr2p$_{3/2}$ 信号在 575.41 eV 处为主峰,在 576.45 eV 处出现次峰,这两个 Cr2p$_{3/2}$ 信号都是由于 Cr$_2$O$_3$ 的存在[6]。结果表明,在 C10CF0 和 C6CF4 的摩擦膜中都含有 Cr$_2$O$_3$ 硬质颗粒。在图 6-28(c)中,575.9 eV 处唯一的峰为 FeCr$_2$O$_4$[6],并且该峰的面积很小,表明 CF 粉即使在高温下也不易被氧化为 Cr$_2$O$_3$ 硬质颗粒并提供给摩擦膜。

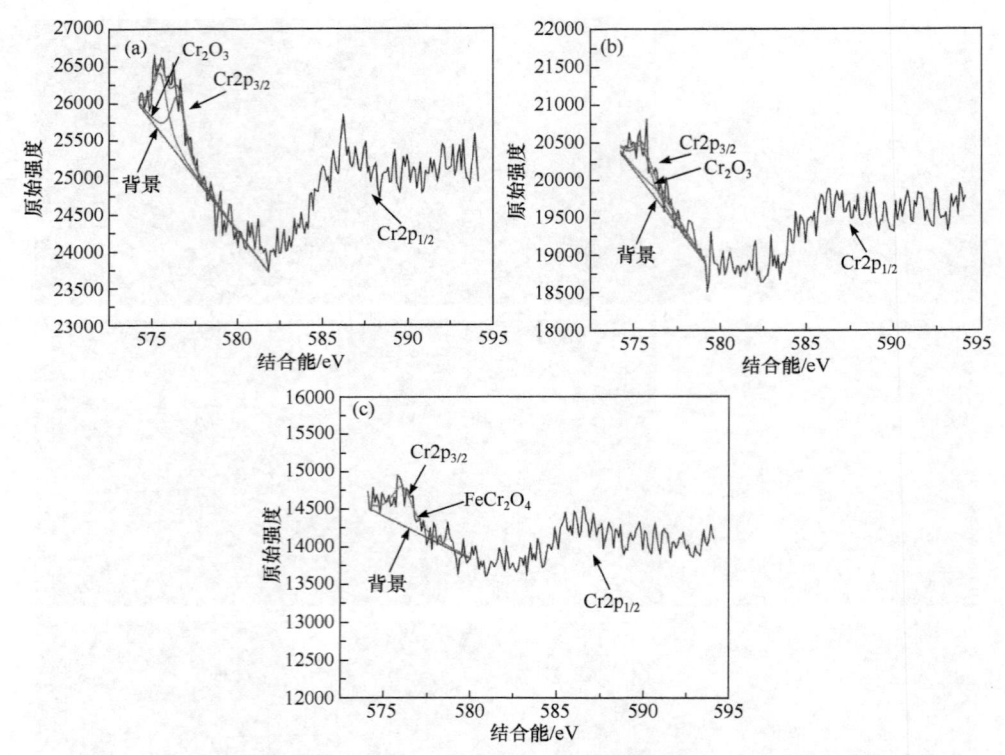

图 6-28 在 300 km/h 制动后不同样品摩擦表面铬氧化物的 Cr2p 谱
(a) C10CF0;(b) C6CF4;(c) C0CF10

综上所述,此次试验中 Cr 粉与 CF 粉的比例影响了闸片表面摩擦膜,从而进一步决定了摩擦磨损性能。稳定的摩擦膜有助于制动过程的稳定和耐磨性的提高。然而,由于摩擦膜与基体的物理性质不同,摩擦膜在高的热及应力作用下会发生破坏,而细小的硬质颗粒在摩擦膜中能够起强化作用,这些细化硬质相一般包括陶瓷和金属氧化物颗粒。由于成分的简化,摩擦膜的硬质强化相颗粒来自 Cr 粉和 CF 粉。

由于 Cr 与 Fe 和 O 的反应,烧结后不存在纯 Cr 颗粒。根据 Cr-Fe 相图,Cr 和 Fe 可以以任何比例相互溶解。在高烧结温度(950℃)和相对长的保温时间(2h)

下，Cr 原子从中心向边缘相互扩散，而 Fe 原子则相反。因此，在 Cr 颗粒的中心形成孔隙而在 Cr 颗粒的边缘产生 Fe 的富集。此外，Cr 与 Fe 的扩散引起的气孔有利于 O 的聚集。从氧势图可以看出，在 1000 K(<950℃)下生成 Cr_2O_3 时，氧分压只需要 10^{-30} Pa，并且即使在纯 H_2 气氛中 Cr_2O_3 也很难被还原。与 Cr 粉相反，CF 粉在烧结和制动过程中不易被氧化。因此，在铜基制动闸片中，Cr 粉和 CF 粉之间具有显著的差异。依据含有不同比例 Cr 粉和 CF 粉的制动闸片微观组织和摩擦表面的分析，推测在制动过程中，Cr 粉和 CF 粉的混合颗粒起协同作用。图 6-29 为 Cr 粉和 CF 粉在铜基制动闸片中协同作用的示意图。在图 6-29(a)中，Cr 颗粒中形成的扩散孔使得 Cr 颗粒硬度降低，在高应力情况下 Cr 颗粒会变形甚至破碎，如图 6-29(b)所示。在制动过程中，一旦 Cr 颗粒暴露在摩擦表面上，随着磨屑的转移，Cr 颗粒就会逐渐破碎成小块，氧化并均匀地分布在摩擦膜中。同时，CF 颗粒在高温下也具有高硬度和高化学稳定性，因此在摩擦面附近，CF 粉的主要作用是提高制动闸片的承载力以及阻碍磨屑转移并维持摩擦表面稳定。最后，在 Cr 和 CrFe 的协同作用下形成稳定的摩擦膜。

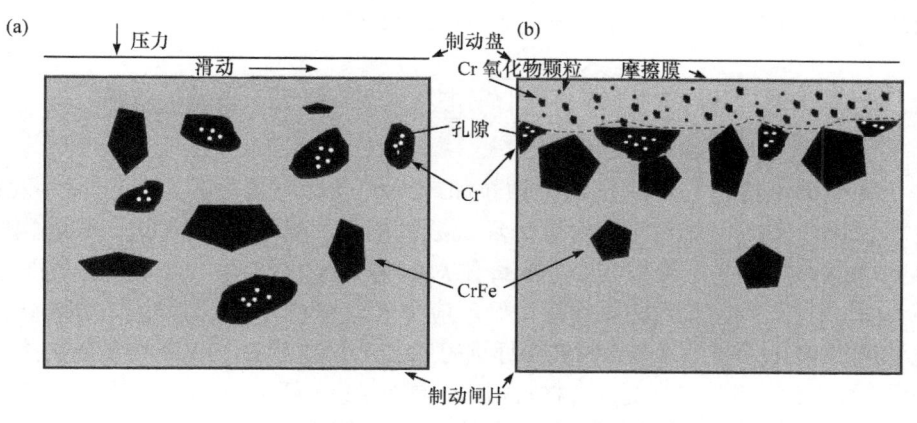

图 6-29　Cr 粉与 CF 粉在铜基制动闸片中的协同作用示意图
(a)制动前；(b)制动后

据此，可以解释不同样品在不同制动速度下的摩擦磨损行为。对于含 Cr 粉的样品，更多的富孔 Cr 颗粒暴露在摩擦表面。当在低速(<300 km/h)下紧急制动时，Cr 颗粒很容易破碎，引起摩擦表面的破碎并导致不连续摩擦膜形成。当以更高的速度(≥300 km/h)紧急制动时，伴随着摩擦表面高温下磨屑的挤压烧结作用增强，摩擦表面被摩擦膜覆盖的区域增大。对于 C10CF0，尽管摩擦膜中含有更多的 Cr_2O_3，但 Cr_2O_3 的集中分布降低了其对摩擦膜的强化效果。另外，由于缺少高硬度 CF 粉的支撑与钉扎作用，摩擦膜的强度较弱。因此，可以观察到摩擦表面上有许多剥落坑和裂纹(图 6-25(b))。对于 C0CF10，在摩擦膜中不存在 Cr_2O_3(仅

少量 FeCr$_2$O$_4$，来源于小的破碎 CF 颗粒)。摩擦表面附近的 CF 颗粒在应力作用下一旦破裂，摩擦表面也会出现剥落坑。掉落的富 CF 颗粒的磨屑在接触面之间产生强烈的磨粒磨损，在摩擦膜上产生划痕(图 6-25(f))。对于 C6CF4，Cr$_2$O$_3$ 含量高，细小的 Cr$_2$O$_3$ 颗粒均匀分布在摩擦膜中能显著提高摩擦膜的强度，而高强度的 CF 颗粒则增强了基体和摩擦膜的强度。Cr 和 CF 颗粒的协同作用促进了完整且稳定摩擦膜的形成，这使得摩擦界面间的实际接触面积增大，从而导致高摩擦系数和低的磨损量。另外，由于该协同作用与 Cr 和 Fe 反应生成多孔 Cr 有关，在不同配方中 Cr 和 CF 的最佳比例可能略有不同。

除了颗粒状组元以外，纤维状的组元也是有机闸片材料中常用的一类强化组元，其应用是为了弥补有机物基体在热物理性能上的不足。铜基制动闸片面临的制动条件日益苛刻，铜基体在高温下强度的降低也是铜基制动闸片面临的挑战之一。从形状上推测，相比于颗粒状的组元，纤维状的组元更具有优势，因为其在受力状态下不容易破碎，能够更加持久地强化基体以及钉扎在摩擦表面阻碍物质的运动。因此，本章将两种常见的纤维(氧化铝纤维和碳纤维)分别引入铜基制动闸片中，以探究纤维组元对铜基制动闸片性能的影响。

6.5 氧化铝纤维对铜基制动闸片性能的影响

氧化铝纤维是一种兼具陶瓷颗粒和纤维优点的增强材料。Kang 等[7]发现，在非对称循环应力作用下，随着循环次数的增加，基体分担的部分载荷逐渐转移到 Al$_2$O$_3$ 纤维上，增强了 Al$_2$O$_3$ 纤维对基体的强化作用。此外，定向排列的短 Al$_2$O$_3$ 纤维还提高了复合材料在循环应力和应变作用下的棘轮效应和应力松弛性能。Wang 等[8]发现复合材料中纤维的三维分布能够阻止 Al$_2$O$_3$ 颗粒的脱落。与相同含量 Al$_2$O$_3$ 颗粒增强的复合材料相比，具有 Al$_2$O$_3$ 纤维和 Al$_2$O$_3$ 颗粒复合增强的金属基复合材料具有更好的耐磨性。此外，Wang 等[9]进一步指出，含 20% Al$_2$O$_3$ 纤维复合材料的耐磨性均优于混合添加 Al$_2$O$_3$ 纤维和 SiC 颗粒的材料。因此，本节将 Al$_2$O$_3$ 纤维引入铜基制动闸片中，在 TM-I 缩比试验台上检测制动性能后，研究添加 Al$_2$O$_3$ 纤维后摩擦系数、磨损量、温度和摩擦膜的变化。按照表 6-6 所示的成分制备闸片材料，根据是否含有 Al$_2$O$_3$ 纤维将材料分别命名为 AF 和 0F。采用的 Al$_2$O$_3$ 纤维如图 6-30 所示，直径为 5~10μm，长度为 50~100μm[10]。

表 6-6 铜基制动闸片的成分组成(质量分数)　　　　(单位：%)

样品	Cu	Fe	CrFe	Cr	石墨	MoS$_2$	Al$_2$O$_3$ 纤维	其他
AF	53	18	4	3	10	2	3	7
0F	56	18	4	3	10	2	—	7

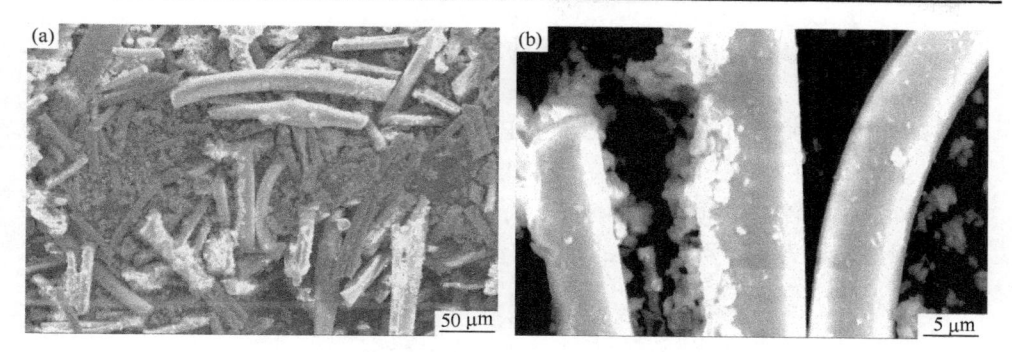

图 6-30 Al$_2$O$_3$ 的 SEM 图像

图 6-31 为制备出样品的 BSE 图像。在图 6-31(a)中可以清楚地看到，AF 中存在 Al$_2$O$_3$ 纤维。除 Al$_2$O$_3$ 纤维外，图 6-31(b)中 0F 的微观结构与 AF 相似。表 6-7 为闸片的密度、相对密度和布氏硬度。加入 Al$_2$O$_3$ 纤维之后，样品的相对密度和布氏硬度均降低，这是由于 Al$_2$O$_3$ 纤维与铜基体界面结合差，导致更多的界面使得基体连续性下降。

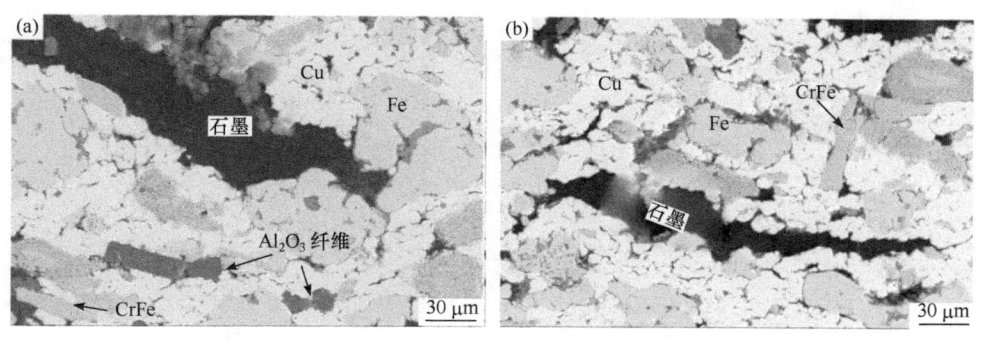

图 6-31 添加 Al$_2$O$_3$ 纤维的铜基制动闸片 BSE 图像
(a) AF；(b) 0F

表 6-7 AF 和 0F 的密度、相对密度和布氏硬度

样品	密度/(g/cm^3)	相对密度/%	布氏硬度/HB
AF	5.00 ± 0.07	80.5 ± 1.1	22.7 ± 2.1
0F	5.26 ± 0.09	83.1 ± 1.4	27.3 ± 1.7

为了揭示制动速度和压力对制动性能的影响，图 6-32 和图 6-33 分别给出了不同制动压力和速度下 AF 的瞬时摩擦系数(μ_i)和温度(T_i)随制动时间的变化。图 6-32 显示了不同制动速度下制动压力的影响。如图 6-32(a)所示，当制动速度为 200 km/h 时，在制动前 20 s，μ_i 在三种不同的压力下彼此相似。随后

在较高的制动压力下 μ_i 略低。在制动的最后时刻，μ_i 急剧增加。从整个过程来看，制动压力增大，制动时间缩短。在不同压力下 T_i 的变化如图 6-32(b) 所示。在制动压力分别为 0.21 MPa、0.41 MPa 和 0.57 MPa 时，T_i 的最大值分别为 120℃、125℃ 和 130℃，这说明在 200 km/h 时制动压力对 T_i 最大值的影响是有限的，而通过比较 T_i-时间曲线的斜率，T_i 的增加率随压力的增加而明显增加，这是由于闸片在高压力下需要在更短的时间内消耗制动产生的热量。此外，在 200 km/h、

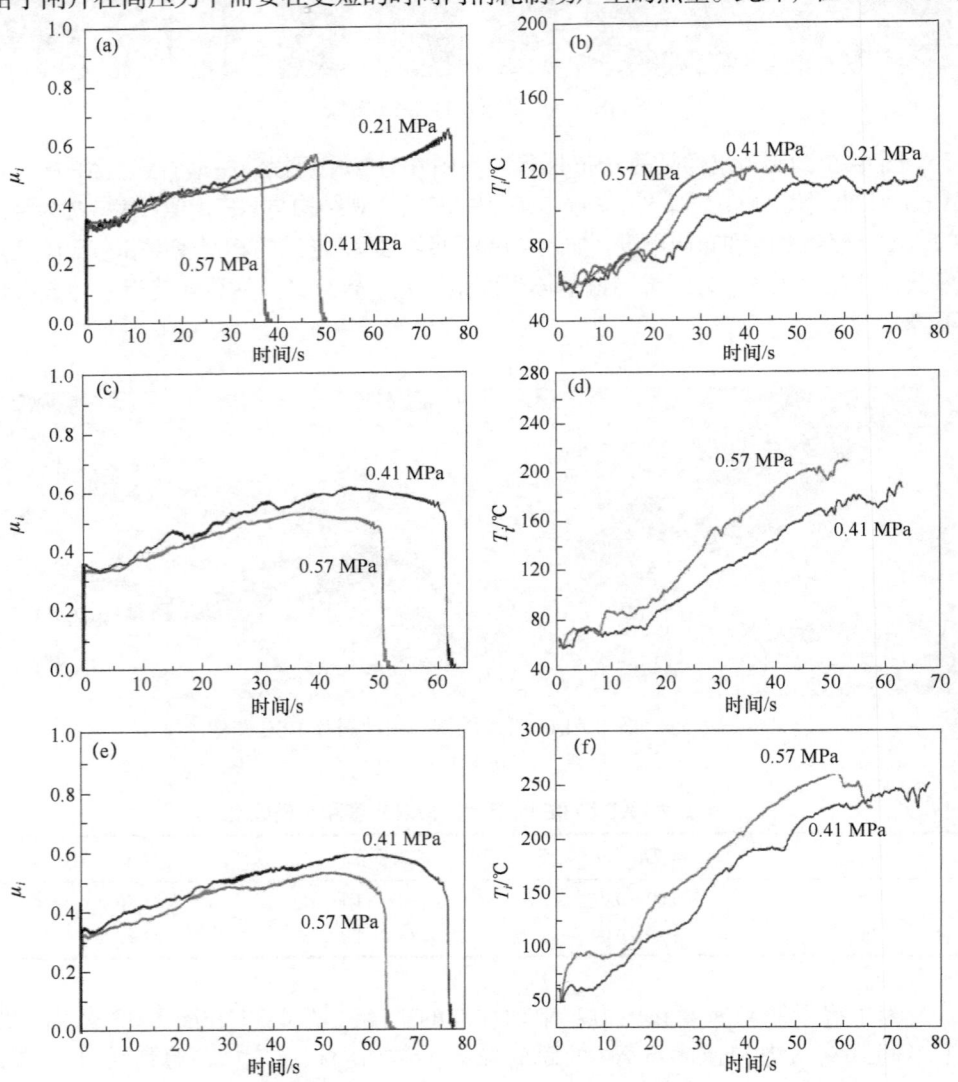

图 6-32 在不同制动速度和压力下，AF 的 μ_i 和 T_i 随时间的变化
(a)(b) 200 km/h，0.21～0.57 MPa；(c)(d) 300 km/h，0.41～0.57 MPa；(e)(f) 380 km/h，0.41～0.57 MPa

第 6 章 摩擦组元对摩擦制动性能的影响

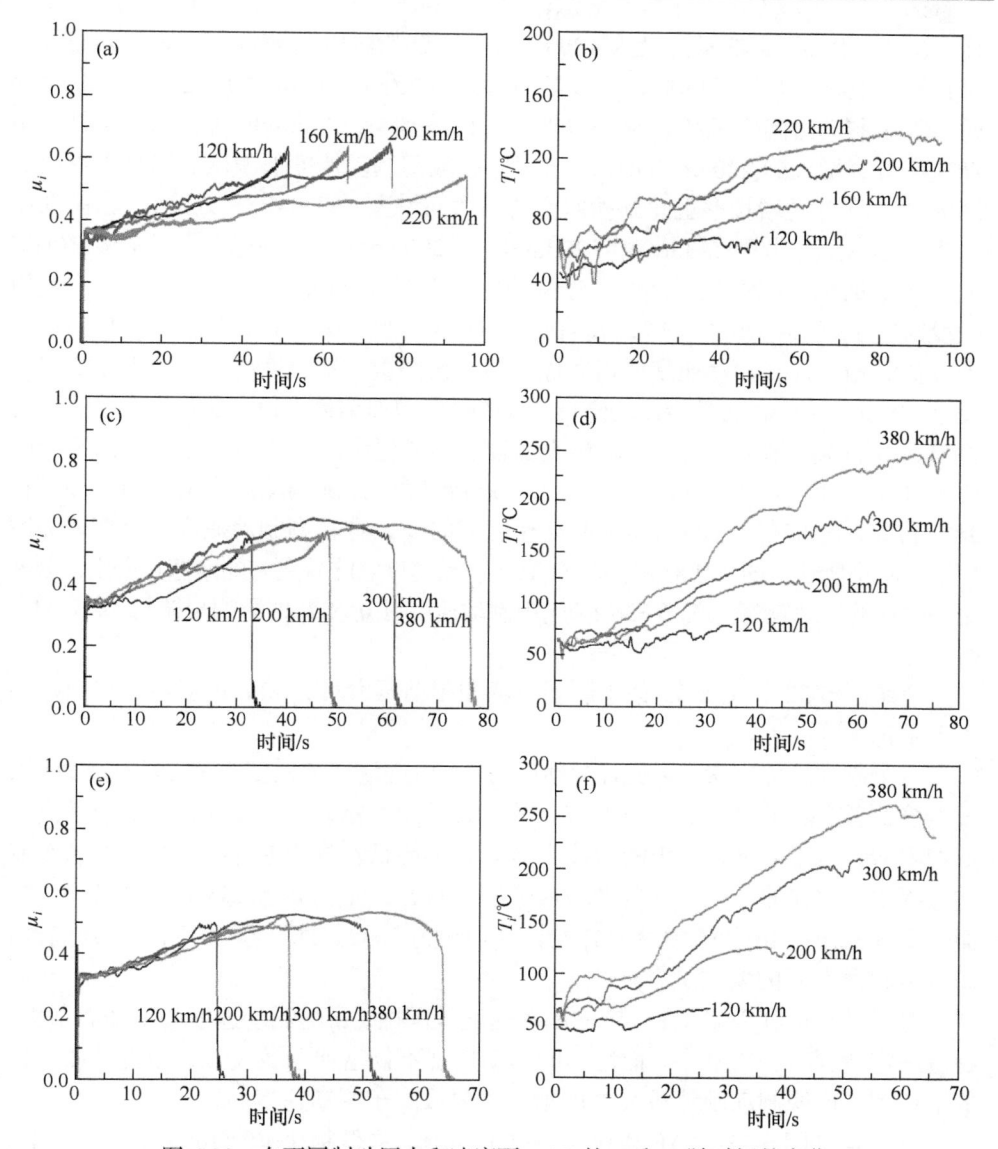

图 6-33 在不同制动压力和速度下，AF 的 μ_i 和 T_i 随时间的变化
(a)(b) 0.21 MPa，120~220 km/h；(c)(d) 0.41 MPa，120~380 km/h；(e)(f) 0.57 MPa，120~380 km/h

300 km/h 和 380 km/h 时，压力对 μ_i 和 T_i 的影响规律相似。对比图 6-32(a)、(c)和(e)，随着制动压力的增加，制动持续时间缩短，摩擦系数降低。对比图 6-32(b)、(d)和(f)，在相同的制动速度和较高的制动压力下，T_i 的最大值略高，T_i 的增加率也显著增大。

图 6-33 旨在揭示不同制动压力下制动速度的影响。在图 6-33(a)所示的最低

压力(0.21 MPa)下，制动速度为120 km/h时，初始阶段μ_i较低，随着制动的不断进行以及制动盘转速的降低，μ_i逐渐增大到最大值。当制动速度增加到200 km/h时，除了制动时间较长和μ_i略高以外，T_i的波动与120 km/h时相似，但是当制动速度继续增大到220 km/h时，μ_i最小。在较高制动速度下测试的样品表现出更高的T_i，并且T_i的增长率也随制动速度的增大而增大，如图6-33(b)所示。当制动压力为0.41 MPa时(图6-33(c))，120 km/h和200 km/h时的μ_i波动与图6-33(a)中0.21 MPa时的情况相似。然而，当制动速度为300 km/h和380 km/h时，在经历一段时间μ_i的持续增长以后，μ_i-制动时间曲线上出现一个平台阶段。与制动速度较低时相比，高制动速度使得摩擦表面损伤严重，平整度高，这使得摩擦阻力变小。因此，随着制动盘转速的降低，摩擦阻力增加到最大值，在平台阶段导致μ_i稳定，直到制动结束。此外，摩擦表面较强的氧化作用也有助于形成μ_i的平台阶段。制动速度从120 km/h增加到300 km/h时，μ_i随制动速度增加而增加。在380 km/h时μ_i略低于300 km/h制动速度下的μ_i，这是高制动速度下摩擦表面摩擦阻力减小所致。图6-33(d)表明，较高的制动速度意味着更多的摩擦热产生，因此制动闸片的温度较高。图6-33(e)和(f)中制动速度对μ_i和T_i的影响规律与0.41 MPa时相似。

总结图6-32和图6-33关于制动速度和制动压力对μ_i和T_i的影响，可以得出以下结论。

对于制动压力因素，μ_i随着制动压力的增加而减小。根据摩擦二项式定理[11]，μ_i与实际接触面积成正比。虽然较高的压力会产生较大的接触面积而导致较高的剪切阻力，但高压下较平坦的摩擦表面对μ_i的降低在这里起主导作用。在整个制动过程中，增加的压力不仅略微增加了最大的T_i，而且显著加速T_i的增长率。然而，图6-32(b)、(d)和(f)中最大T_i差异分别约为10℃、20℃和10℃，这意味着由高压引起最大T_i的增加是有限的。

对于制动速度因素，在一定的制动速度范围内，μ_i随制动速度的增加而增大，超过一定范围时，μ_i减小。而增加的制动速度不仅增加了最大T_i，而且增加了T_i的增长率，说明制动闸片最大T_i的增加主要取决于制动速度。

图6-34和图6-35为AF和0F μ_i和T_i的对比。在低制动速度(160 km/h)和不同压力下，AF和0F的μ_i和T_i随制动时间的变化如图6-34所示。μ_i和T_i在0.21 MPa下的变化如图6-34(a)和(b)所示。从图6-34(a)中可以看出，AF和0F的μ_i在制动前50 s内有相似的波动和大小，但在制动的最后阶段，AF的μ_i和T_i的上升明显高于0F，这表明AF的摩擦表面可以为其提供更大的摩擦阻力。从图6-34(b)可以看出，0F的T_i略高于AF，但AF与0F的T_i差异不大。当压力为0.41 MPa时(图6-34(c)和(d))，AF和0F的μ_i和T_i波动与0.21 MPa相似，但μ_i略低，与上文压力影响规律的描述一致。当压力增加到0.57 MPa时，整个制动过程中，AF的μ_i明

显低于 0F。总体来看，在三种不同的压力下，AF 和 0F 的 μ_i 为 0.35～0.6。Ilo 等[12]和 So 等[13]研究发现，当摩擦发生在氧化摩擦膜之间时，μ_i 为 0.4～0.6，并且 μ_i 随着石墨的加入而减小。Rodrigues 等[14]还指出，接触表面之间为纯 Fe_3O_4 时产生的摩擦系数为 0.4～0.45，并且在室温下测试的二元 $Cu-Fe_3O_4$ 混合物能够促进产生更高的 μ_i(0.47～0.71)。从中可以大致分析 160 km/h 时摩擦表面摩擦膜成分

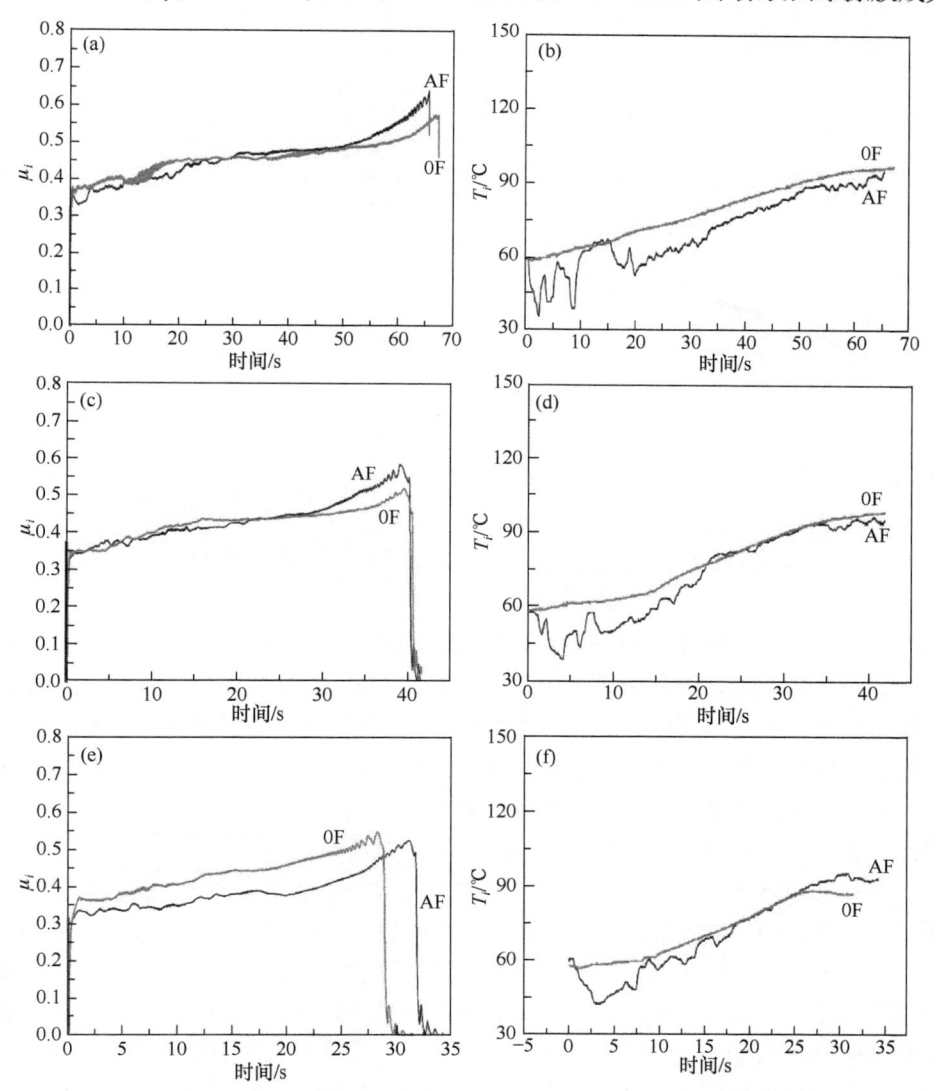

图 6-34 在 160 km/h 紧急制动时不同压力下，AF 和 0F 的 μ_i 和 T_i 随时间的变化
(a)(b) 0.21 MPa；(c)(d) 0.41 MPa；(e)(f) 0.57 MPa

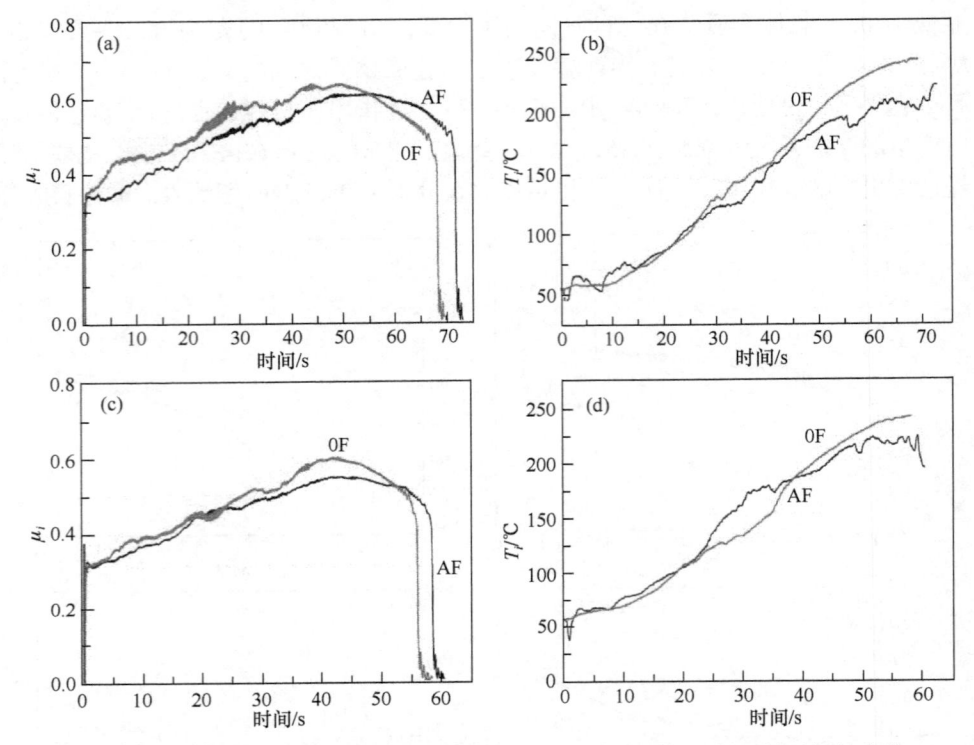

图 6-35 在 350 km/h 紧急制动时不同压力下，AF 和 0F 的 μ_i 和 T_i 随时间的变化
(a)(b) 0.41 MPa；(c)(d) 0.57 MPa

的变化。在制动开始时，虽然摩擦表面硬质颗粒和微凸体的摩擦阻力较大，但接触表面的石墨量较大，因此诱导产生较低的 μ_i (0.35)。随着制动的不断进行，铜等磨屑被重新挤压在摩擦表面，石墨也被逐渐形成的铁氧化物薄膜覆盖，这促进了 μ_i 的增加。而摩擦膜中仍存在一些破碎的石墨，导致 μ_i (0.35～0.6)比使用二元 Cu-Fe$_3$O$_4$ 混合物作为接触摩擦物质时的摩擦系数(0.47～0.71)低。从图 6-34(b)、(d)、(f)可以看出，在 0.21 MPa 和 0.41 MPa 时，0F 的 T_i 略高于 AF，但 T_i 的差异不显著。

在高制动速度(350 km/h)和不同压力下，AF 和 0F 的 μ_i 和 T_i 的变化如图 6-35 所示。图 6-35(a)和(b)为在严苛制动条件下 μ_i 和 T_i 的变化(0.41 MPa，350 km/h)。

在图 6-35(a)中，在 0～50 s 的制动期间，0F 的 μ_i 增加，随后迅速降低，直到制动程序结束。对于 AF，μ_i 在 0～50 s 的制动时间内也会上升，然后在 50～70 s 的制动时间保持稳定(比 0F 的制动更稳定)。平台阶段的出现与摩擦膜的稳定有关，这归因于 Al$_2$O$_3$ 纤维强化组元的作用。在图 6-35(b)中，AF 的最大 T_i 比 0F 低约 30℃，表明 AF 比 0F 更适用于高速制动，当压力增加到 0.57 MPa 时，图 6-35(c) 和(d)所示 μ_i 和 T_i 的变化与 0.41 MPa 时相似。

图 6-36 为不同制动速度和压力下的平均摩擦系数(μ_m)。第一阶段(Ⅰ)(0.21 MPa，120~220 km/h)，当制动速度从 120 km/h 增加到 200 km/h 时，μ_m 增加。制动速度达到 200 km/h 后，μ_m 降低，且 AF 的 μ_m 高于 0F。第二阶段(Ⅱ)制动压力增加到 0.41 MPa，0F 和 AF 的 μ_m 随着制动速度的增加逐渐增加。在此阶段，主要是由磨屑和摩擦氧化物压实形成的接触平台开始分解，然后在接触界面起硬颗粒的作用，阻碍制动盘的运动，导致 μ_m 增加。同时，当制动速度小于 300 km/h 时，AF 的 μ_m 一直高于 0F。在第一阶段(Ⅰ)和第二阶段(Ⅱ)时，μ_m 的范围为 0.35~0.55。而在第三阶段(Ⅲ)时，压力增加至 0.57 MPa，μ_m 的波动范围变小(0.35~0.48)，并且在制动速度小于 300 km/h 时，μ_m 较第二阶段的增加速度更加缓慢。当制动速度超过 300 km/h，μ_m 保持相对稳定。经过试验阶段Ⅰ~Ⅲ，第四阶段(Ⅳ)两个样品的 μ_m 明显低于在相同制动条件下第二阶段(Ⅱ)的 μ_m。然而，即使经过一系列紧急制动，第四阶段的 μ_m 仍在 0.35~0.36 的范围内，适用于高速铁路列车制动。总体而言，第一阶段和第二阶段的 AF 表现出略高的 μ_m，而第三阶段和第四阶段的两个样品的 μ_m 相似。这是由于 Al_2O_3 纤维在较低的压力和制动速度下有助于表面粗糙度提高，而在较高的制动速度和压力下，较平整的摩擦表面可以消除 Al_2O_3 纤维的这种影响。表 6-8 为试验结束时 AF 和 0F 的磨损量。添加 Al_2O_3 纤维可以显著降低材料的磨损。相较于 0F，AF 的磨损量降低了 45.6%。

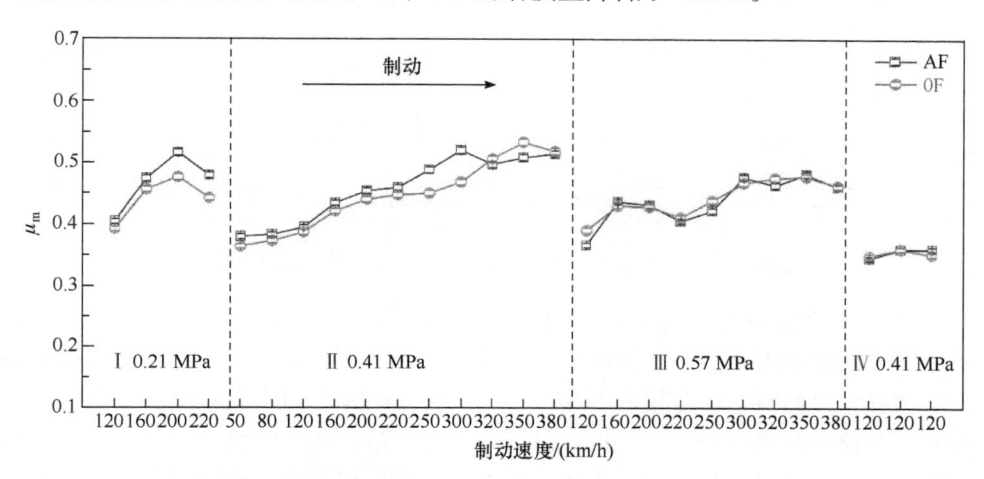

图 6-36 在不同制动条件下 AF 和 0F 的平均摩擦系数

表 6-8 AF 和 0F 的磨损量

样品	磨损量/g
AF	8.1 ± 0.03
0F	14.9 ± 0.02

按照式(2-7)计算的摩擦系数稳定性(FS)结果如图6-37所示。FS值越高,摩擦系数越稳定。在第一阶段,随着制动速度的增加,AF的FS值从0.7增加到0.78,而0F的FS值为0.72~0.8。随着第二阶段制动压力的增加,当制动速度小于300 km/h时,0F依然表现出比AF更高的FS值(0.8~0.9)。当制动速度超过300 km/h时,0F的FS值从0.9降至0.82,而AF保持FS值稳定(0.82~0.83)。在最高压力(0.57 MPa)的第三阶段中,FS值的波动与第二阶段相似:当制动速度小于300 km/h时,稳定性大小为0F>AF;随着运营速度的提高(>300 km/h),0F的FS值迅速下降,而AF维持在0.84左右。在第四阶段,0F的FS值明显下降(从0.72下降到0.68),显著低于第二阶段120 km/h时的0.8。然而,对于AF,第四阶段的FS值没有显著低于第二阶段相同条件下的FS值。总体来说,当制动速度小于300 km/h时,0F表现出更高的FS值,当制动速度超过300 km/h时,AF在更恶劣的运营条件(高载荷和高制动速度)下表现出更稳定的μ_m。

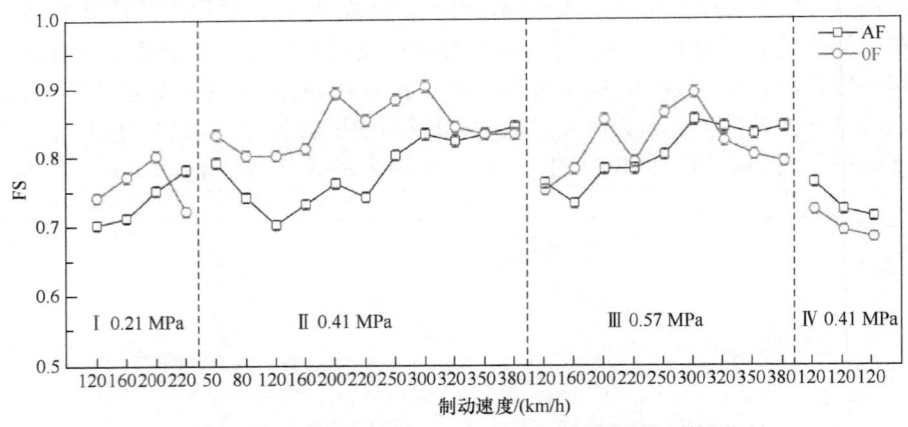

图6-37 在不同制动条件下AF和0F的平均摩擦系数稳定性

图6-38为试验结束后AF和0F摩擦表面的BSE形貌。图6-38(a)表明,AF的摩擦表面主要由石墨和不连续的摩擦膜组成。图6-38(b)表明,0F的摩擦表面上仍然存在更光滑的摩擦膜和石墨。但是,与AF相比,0F上摩擦膜覆盖的面积更大,材料在摩擦表面发生了更大范围的转移,这会降低摩擦稳定性,与图6-37后期0F的FS迅速降低一致。此外,因摩擦膜物质覆盖而导致摩擦表面较少的石墨含量会引起摩擦系数失稳和更高的T_i。为了详细观察摩擦表面的特征,分别放大了AF(A1和A2)和0F(B1和B2)摩擦表面上的两个不同区域,如图6-38(c)~(f)所示。从图6-38(c)中放大的A1区域来看,虽然AF的摩擦表面不平坦,但磨屑在摩擦面上被充分压实。摩擦表面未出现犁削现象,表明发生的磨粒磨损程度较弱。图6-38(d)中B1放大后的图像显示,松散的磨损碎片存储在剥落坑中,这也表明材料在摩擦表面上发生快速转移。球形磨屑(箭头所指)的存在与熔化和凝固

过程有关，表明摩擦表面的闪点温度很高。从图 6-38(e)中 A2 的放大图像，可以在摩擦膜中观察到 Al_2O_3 纤维，纤维周围存在大量的磨损碎片。Al_2O_3 纤维起第一平台的作用，阻碍了磨屑的运动，降低了磨损量。图 6-38(f)中 B2 的放大图像表现出明显的摩擦膜剥落，这是由于在摩擦界面间高压下的持续高温及应力加速剥层磨损，造成摩擦表面大面积剥落并增加磨损量。

图 6-39 显示了 AF 和 0F 摩擦表面横截面 BSE 形貌。从图 6-39(a)可以看出，Al_2O_3 纤维既存在于摩擦表面，又存在于基体中。摩擦表面的 Al_2O_3 纤维阻碍了表面软化物质的运动，促进了第二平台的形成，而基体中的 Al_2O_3 纤维也起承担载荷，增强了基体的作用。从图 6-39(b)可以看出，0F 摩擦表面的摩擦膜较厚，变形严重，呈现出流动特征。

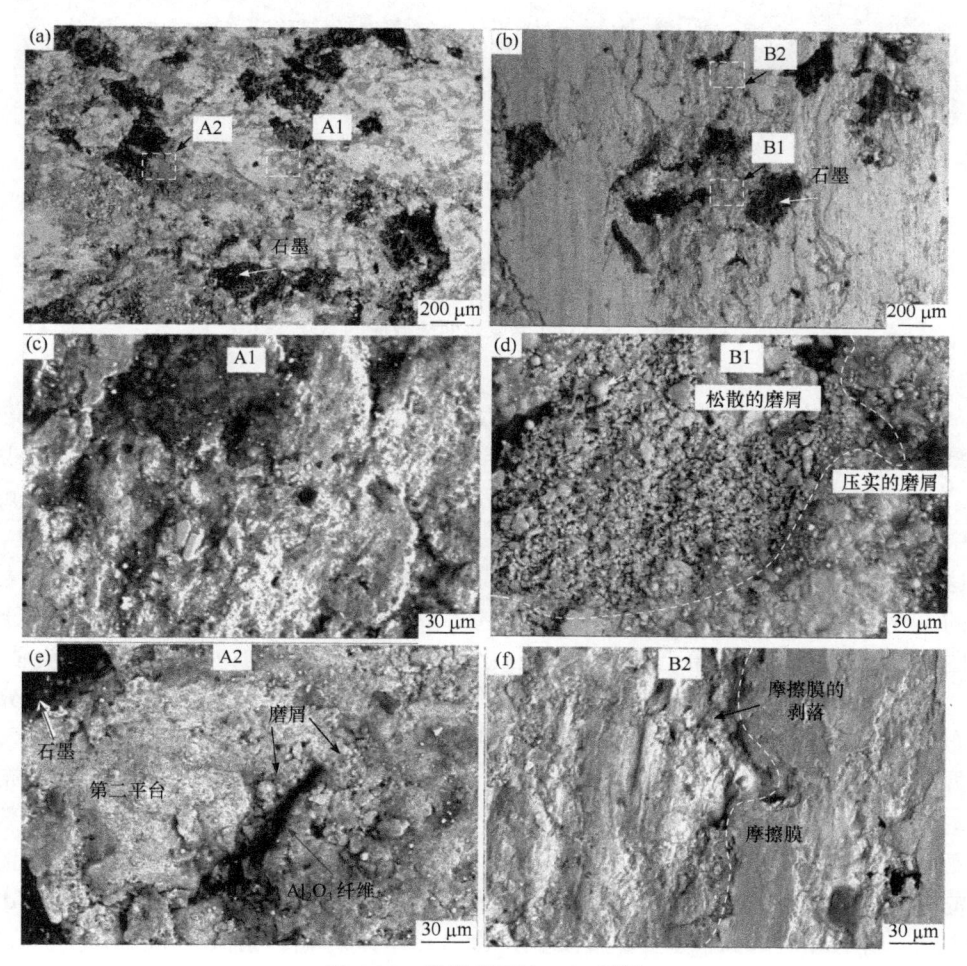

图 6-38 摩擦表面的 BSE 图像

(a) AF；(b) 0F；(c)(e) 图(a)中 A1 和 A2 区域的放大 BSE 图像；(d)(f) 图(b)中 B1 和 B2 区域的放大 BSE 图像

为了直观地揭示摩擦表面高度的变化,采用激光扫描共聚焦显微镜对摩擦膜覆盖的摩擦表面进行分析,如图6-40所示。在图6-40(a)中,亮部代表覆盖摩擦表面的不连续摩擦膜。与黑色区域相比,摩擦膜显示出更高的高度。从图6-40(b)中的三维形貌来看,除一些深的剥落坑外,黑区和亮区的高度差约为24 μm (126～150 μm)。摩擦表面还存在一些异常高的区域,高度约为22 μm (150～172 μm)。这些区域属于"弹性平台",不会对摩擦力产生显著影响[15]。从图6-40(c)可以看出,0F亮区的面积大于AF,并且在图片左下角发生了摩擦膜的剥离。图6-40(d)中的三维形貌显示摩擦表面上有一个深度为22 μm (68～90 μm)的沟槽。通过对比图6-40(b)和图6-40(d)的表面起伏程度发现,0F的摩擦膜比AF的摩擦膜光滑。

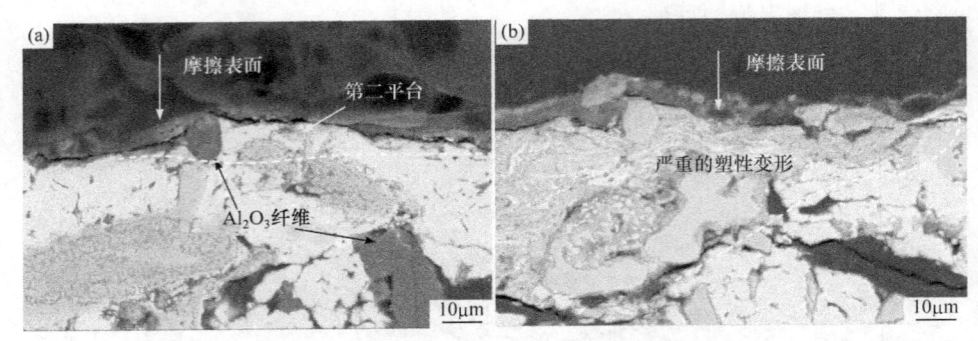

图6-39 AF和0F摩擦表面横截面的BSE形貌
(a) AF; (b) 0F

图6-41为无摩擦膜覆盖的摩擦表面高度变化。对于图6-41(a)中的AF,有许多高平台(用虚线标记),平台的尺寸大于100 μm。从图6-41(b)中相应的三维形貌来看,虚线区域的平台是非常明显的,高度约27 μm (58～85 μm)。对于图6-41(c)中的0F,在没有摩擦膜覆盖的区域有一些不太明显的平台(用虚线标记)。此外,这些平台的尺寸比图6-41(a)所示小得多。从图6-41(d)中的三维形貌来看,一个大的亮色区域覆盖了这个区域。平台高度差仅为7 μm左右(28～35 μm),远小于图6-41(b)中的高度差。正是这种高度上微小的差异使得三维形貌中颜色差异不明显。

为了清楚地揭示AF和0F摩擦表面第二平台的差异,分析第二平台的尺寸分布,如图6-42所示。通过调整对比度,利用软件提取图像中代表高度较高的亮区,处理后的示例图像如图6-42(a)和(c)所示。图6-42(b)和(d)是对单个亮区的面积分布进行的统计分析。对于图6-42(b)中的AF,在小于400 μm^2的范围内,第二平台的数量分布较低,累积百分比仅约为30%。第二平台的面积大部分分布在400 μm^2以上的范围内,特别是面积1000 μm^2以上的第二平台,数量占30%以上。然而,对于图6-42(d)中0F,第二平台的面积主要分布在小于200 μm^2的范围内,累积百分比超过90%,这表明0F摩擦表面第二平台的尺寸远小于AF摩擦表面上第二平台的尺寸。

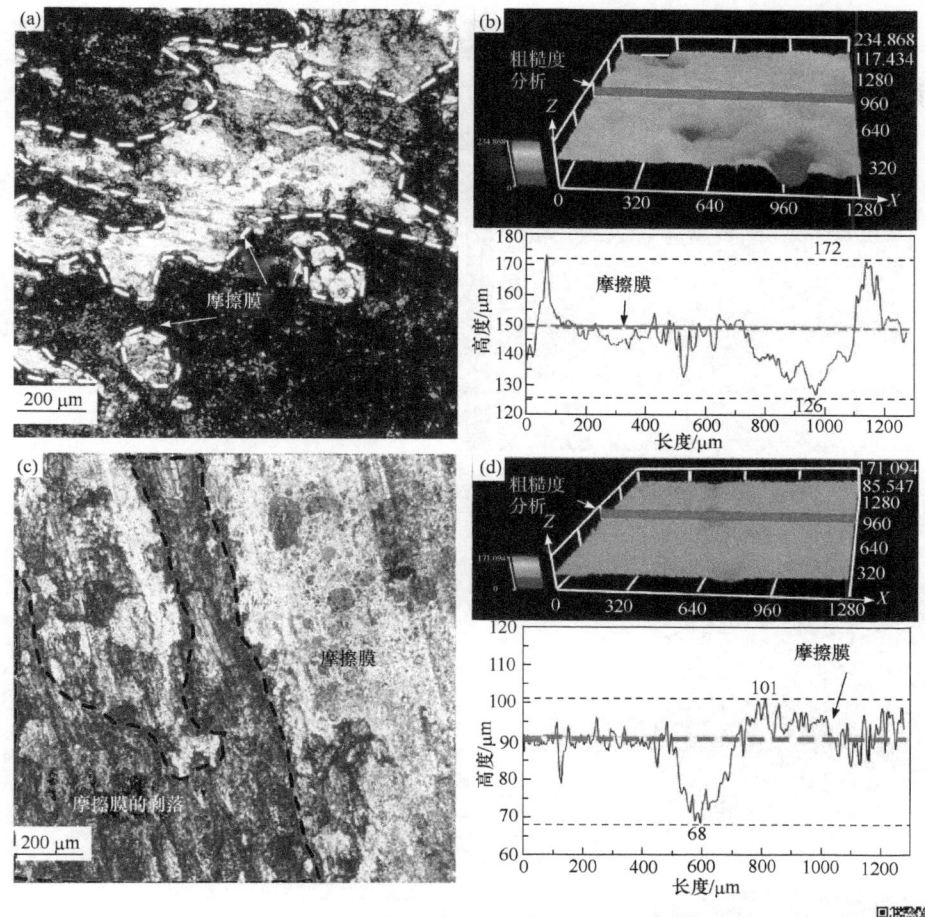

第 6 章 摩擦组元对摩擦制动性能的影响 ·213·

图 6-40 摩擦膜覆盖的摩擦表面及其相应的三维形貌和粗糙度
(a)(b) AF；(c)(d) 0F

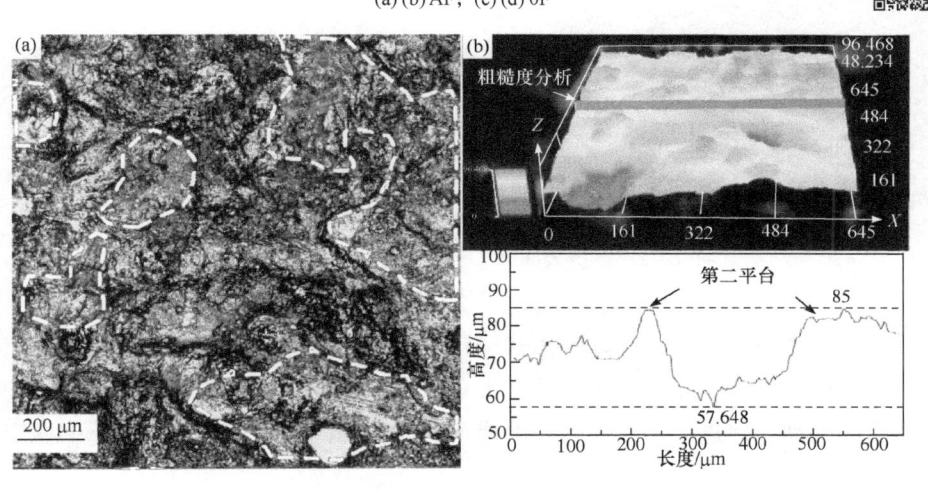

图 6-41 未覆盖摩擦膜的摩擦表面及相应的三维形貌和粗糙度
(a)(b) AF; (c)(d) 0F

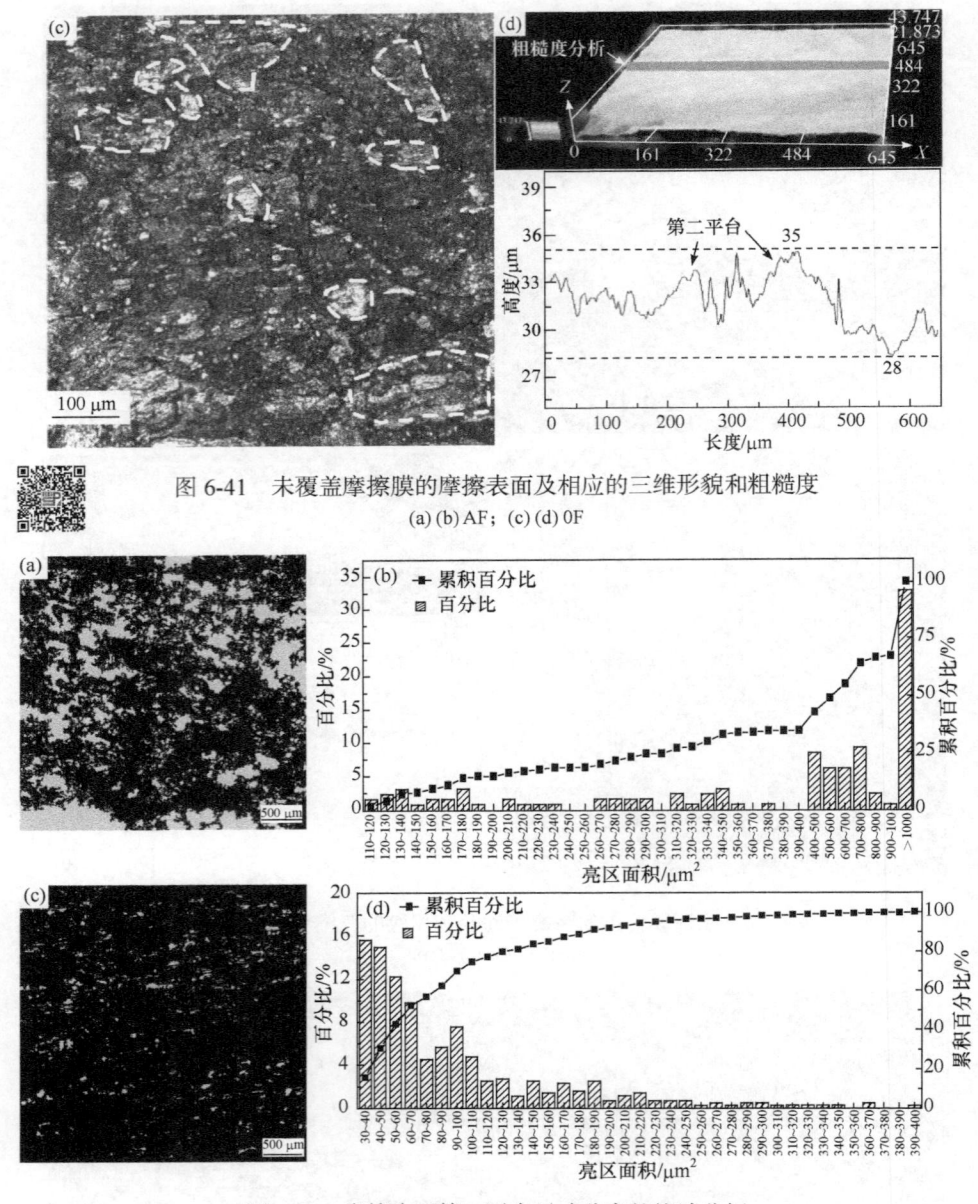

图 6-42 摩擦表面第二平台尺寸分布的统计分析
(a)(b) AF; (c)(d) 0F

根据图 6-38～图 6-42 总结出的摩擦表面特征，可以推测 Al_2O_3 纤维在摩擦过程中的作用。对于暴露在摩擦表面的 Al_2O_3 纤维，Al_2O_3 纤维阻碍了磨损碎片和软化物质的运动，促进了第二平台的形成，有助于在高制动速度和压力下的稳定摩擦系数。物质迁移运动较慢，摩擦表面上的磨屑释放量较小，也大大减小了磨损量。Al_2O_3 纤维还可作为摩擦组元，阻碍制动盘的运动，从而产生较高的摩擦系数，而基体中存在的 Al_2O_3 纤维还能够抵抗摩擦表面的变形，防止第二平台的损伤。根据 Noh 等[16]的研究，静摩擦与总接触面积之间的相关性较差。而当摩擦表面存在较高的第二平台时，静摩擦系数较高。这可以很好地解释，在每次制动快结束时，AF 都表现出摩擦系数的快速增加。对于没有纤维(0F)的样品，由于缺乏强化相，摩擦膜很弱。在较低的制动速度(<300 km/h)下，摩擦表面更容易形成摩擦膜，并且在较低的制动速度下摩擦膜也可以维持较高的强度，从而导致摩擦系数稳定性较高。当制动速度超过 300 km/h 时，0F 摩擦表面的低强度摩擦膜很容易脱落，造成较大的磨损量。在持续高温和应力作用下，摩擦表面物质会发生更剧烈的变形迁移，形成一层厚的易转移摩擦膜，这也是 0F 在高制动速度和高制动压力下摩擦系数稳定性降低的原因。

6.6 碳纤维对铜基制动闸片性能的影响

碳纤维具有强度高、弹性模量高、化学性能稳定等特点，可以增强基体，赋予复合材料良好的力学性能[17]。在铜基复合材料中引入碳纤维的研究表明，随着碳纤维含量的增加，摩擦系数和磨损率都有一定程度的降低。但是到目前为止，很少有人系统地研究碳纤维对铜基制动闸片制动性能的影响。基体强度、摩擦膜性能、碳纤维与铜基制动闸片中各组分的反应等因素直接影响铜基制动闸片的摩擦学性能。因此，为了深入研究碳纤维对制动性能的影响，选择最佳碳纤维含量，设计了四组样品。由于碳纤维粒径较小，并且与铜的界面润湿性较差，过多的碳纤维难以分散，并会阻碍复合材料的烧结致密化过程。因此，碳纤维最高含量为1.2%，如表6-9所示，按照碳纤维含量分别命名为 CF0、CF0.4、CF0.8 和 CF1.2。采用的碳纤维(CF)形貌如图 6-43 所示，长度为 5~50 μm，直径为 200~600 nm。采用粉末冶金方法制备出样品后在 MM3000 试验机上检测制动性能[18]。

表 6-9　不同碳纤维含量的铜基制动闸片材料成分(质量分数)　　(单位：%)

样品	Cu	Fe	CrFe	石墨	Cr	MoS_2	CF	其他
CF0	56	18	4	10	3	2	0	7
CF0.4	55.6	18	4	10	3	2	0.4	7
CF0.8	55.2	18	4	10	3	2	0.8	7
CF1.2	54.8	18	4	10	3	2	1.2	7

图 6-43 碳纤维的 SEM 形貌

图 6-44 为 CF1.2 的显微组织 BSE 图像。从图 6-44(a)中可以看到众多原始成分，包括铜基体、铁、石墨等。一个典型的特征是基体中存在许多细长的黑色界面。图 6-44(b)和(c)为在基体中沿不同空间方向分布的 CF。图 6-44(d)中 Cu 和 Fe 的出现是由于周围基体元素的电子信号影响。表 6-10 表明闸片材料相对密度随 CF 含量的增加而降低，布氏硬度随 CF 含量的增加先升高后降低，这是多种因素共同作用的结果。提高布氏硬度的因素有：①晶界上的 CF 阻碍晶粒的生长[19]；②CF 阻止了位错和微裂纹的移动，进一步减少了磨屑的产生和基体的变形[20]。然而，颗粒间存在的 CF 会阻碍粉末的烧结过程，从而导致基体中界面的增加和布氏硬度的降低。CF0.4 表现出最高的硬度。随着 CF 含量的进一步增加，闸片的布氏硬度降低。这表明，当 CF 含量超过 0.4%时，引起布氏硬度降低的因素逐渐起主导作用。

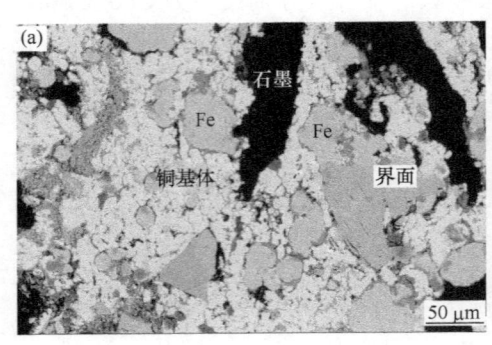

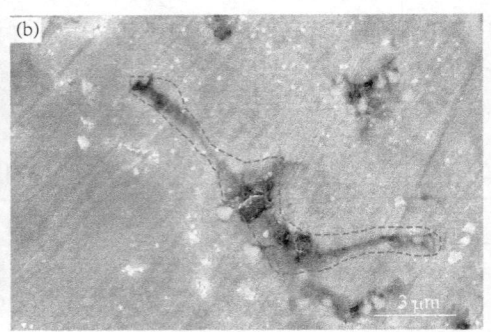

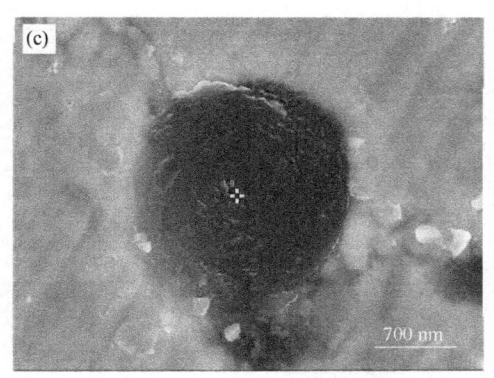

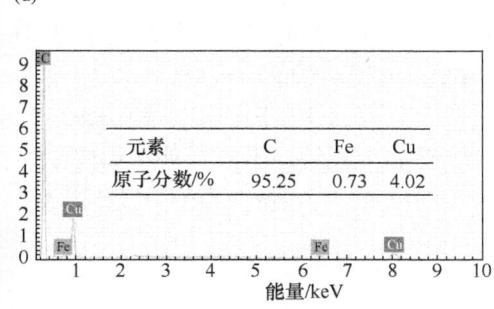

图 6-44 (a) CF1.2 的 BSE 形貌；(b) (c) 在 CF1.2 中不同取向碳纤维的 SEM 形貌；(d) 图(c)中标记点的能谱分析

表 6-10 CF0～CF1.2 的相对密度和布氏硬度

性能	CF0	CF0.4	CF0.8	CF1.2
相对密度/%	80.9 ± 0.5	79.8 ± 0.8	79.4 ± 0.3	78.3 ± 0.9
布氏硬度/HB	21.5 ± 0.5	24.1 ± 0.8	13.6 ± 1.1	13.2 ± 1.0

制动性能主要体现在摩擦系数和磨损量上。图 6-45 显示了在不同的制动条件下具有不同 CF 含量样品的平均摩擦系数(μ_m)。在试验过程的第一阶段(Ⅰ)，随着制动速度的增加，μ_m 在经历前几次制动时的上升后保持相对稳定。最初 μ_m 的上升是制动盘和制动闸片之间的接触面积增加所致。当接触表面达到最佳接触时，μ_m 也保持相对稳定。但在第一阶段，不同样品的 μ_m 随 CF 含量变化的趋势不明显，所有样品的 μ_m 为 0.325～0.375，这可能是由于铜基制动闸片本身具有优异的摩擦磨损性能。在低速低压制动试验中，物质在摩擦界面上的迁移率很低，μ_m 主要由摩擦表面存在的微凸体或平台决定。因此，不同样品中 CF 含量的微小差异不能使 μ_m 在第一阶段表现出明显的变化规律。随着制动压力和制动速度的增加(第二阶段)，所有样品的 μ_m 都会经历相似的下降(约 0.025)。在第一阶段到第二阶段的制动过程中，制动压力的增加加剧了摩擦表面的微凸体和平台的破坏，摩擦表面平整度的增加导致 μ_m 减小[21]。在第二阶段所有制动速度下，CF0 表现出最高且稳定的 μ_m (0.358～0.378)。当制动速度小于 300 km/h 时，CF0.4、CF0.8 和 CF1.2 的 μ_m 相似，但当制动速度大于 300 km/h 时，CF0.8 的 μ_m 最高，CF0.4 的 μ_m 最低。从第二阶段到第三阶段 μ_m 的剧烈上升是由于压力从 0.43 MPa 增大到 0.48 MPa。随着第三阶段制动条件的严苛，不同 CF 含量试样的 μ_m 及其波动趋势有显著差异，CF0 仍然具有最高的 μ_m，CF1.2 具有最低的 μ_m。对于 CF0、CF0.8 和 CF1.2，μ_m 随 CF 含量和连续紧急制动次数的增加而减小，从第三阶段第一次制动到第十次制动，CF0、CF0.8 和 CF1.2 的 μ_m 分别从 0.439 减小到 0.385、0.410

减小到 0.359、0.383 减小到 0.345，相应的 μ_m 减小量分别为 0.054、0.051 和 0.038，这表明三种材料的摩擦系数均发生显著的衰退现象。而随 CF 含量上升，μ_m 下降量减少也表明由于 CF 含量的增加，摩擦系数的衰退现象得到了缓解。CF0.4 在整个第三阶段保持相对稳定，在 0.357~0.372 波动。在第三阶段的最后两次制动中，四个样品的 μ_m 随 CF 含量的增加而减小。制动性能也反映在磨损量上，如图 6-46 所示。随着 CF 含量的增加，磨损量先减小后增大，CF0.4 具有最好的耐磨性。

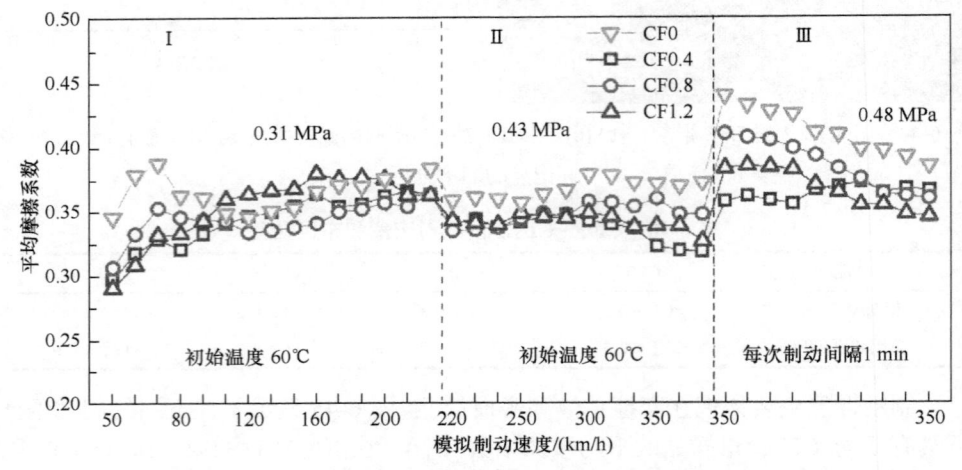

图 6-45　在连续制动过程中不同 CF 含量样品的平均摩擦系数

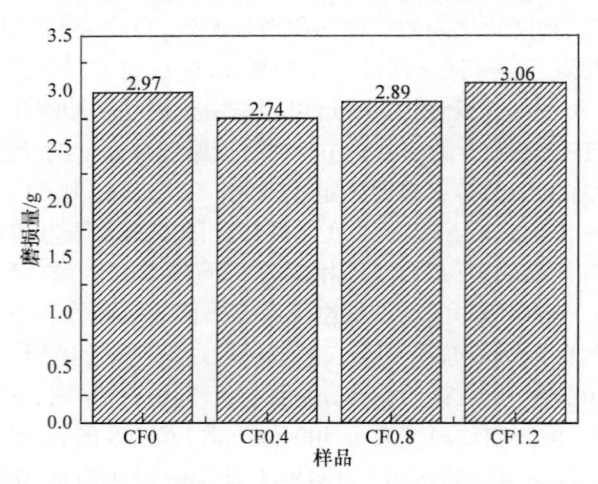

图 6-46　在整个制动过程后不同 CF 含量样品的磨损量

制动过程中所反映的摩擦特性与摩擦表面的特性密切相关。图 6-47 为 CF0~CF1.2 摩擦表面在激光扫描共聚焦显微镜下的形貌。虚线标记的黑色区域代表剥落坑。对于图 6-47(a)中的 CF0，摩擦表面主要由摩擦膜覆盖，几乎没有剥落坑。对于图 6-47(b)中的 CF0.4，剥落坑的数量和面积略有增加。随着 CF 含量进一步增加，剥落坑的尺寸以及剥落坑总面积占摩擦表面面积的比例都增大，如图 6-47(c)和(d)所示。此外，在图 6-47(c)中，可以直接看到垂直于摩擦方向并连接两个相邻剥落坑的裂纹。图 6-48 是有摩擦膜覆盖的摩擦表面上沟槽的三维形貌。从图 6-48(e)中相应的沟槽高度分析可知，CF0 摩擦表面有较深沟槽。随着 CF 的加入，沟槽的高度波动变小。

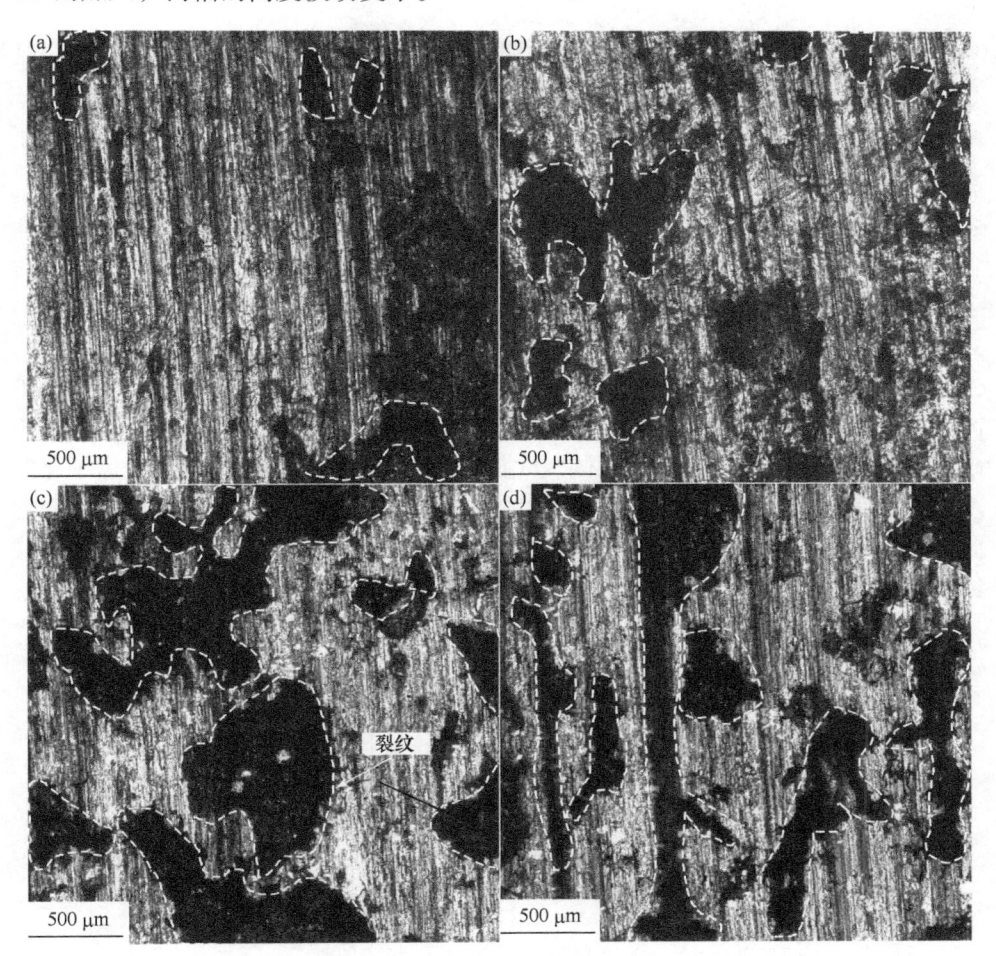

图 6-47 在激光扫描共聚焦显微镜下摩擦表面的形貌
(a) CF0；(b) CF0.4；(c) CF0.8；(d) CF1.2

摩擦试验后基体和摩擦膜的显微硬度试验结果如图 6-49 所示。由于铜基体性质较为均匀，在不同区域对基体进行了四次重复显微硬度试验。对于成分非均匀的摩擦膜，在不同区域重复进行了八次显微硬度试验。由图 6-49(a)可知，CF0、CF0.4、CF0.8 和 CF1.2 的铜基体平均显微硬度分别为 86.5 HV、76.6 HV、65.6 HV

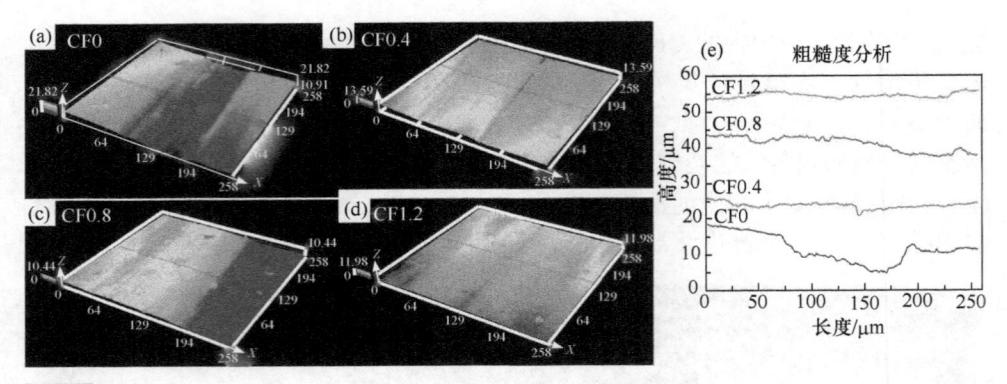

图 6-48 摩擦表面的三维形貌
(a) CF0；(b) CF0.4；(c) CF0.8；(d) CF1.2；(e) 图(a)~图(d)标记路径的高度起伏分析

和 86.1 HV，这与 Tang 等[22]给出的结果相似，其中 0%CF、9.3%CF 和 13.8%CF(体积分数)增强铜基复合材料的显微硬度分别为 72.8 HV、82.6 HV 和 83.9 HV。而对于摩擦膜的显微硬度，CF0、CF0.4、CF0.8 和 CF1.2 的平均值分别为 262.7 HV、378.1 HV、324.9 HV 和 328.1 HV，分别是相应铜基体显微硬度的 3.0 倍、4.9 倍、5.0 倍和 3.8 倍。含 CF 试样(CF0.4、CF0.8 和 CF1.2)的摩擦膜具有比 CF0 试样更高的显微硬度，CF0.4 试样的摩擦膜具有最高的显微硬度。图 6-49(b)和(c)为显微硬度计压头在基体和摩擦膜上相同放大倍数下的十字形压痕。摩擦膜是由细化的基体组分和摩擦产物组成的，这些细化的硬质颗粒促进了摩擦膜显微硬度的提高。此外，在持续高应变和高温条件下，摩擦表面的铜经历了严重的晶粒细化，形成纳米晶以及产生加工硬化等现象[23]，这也有助于提高摩擦膜的显微硬度。

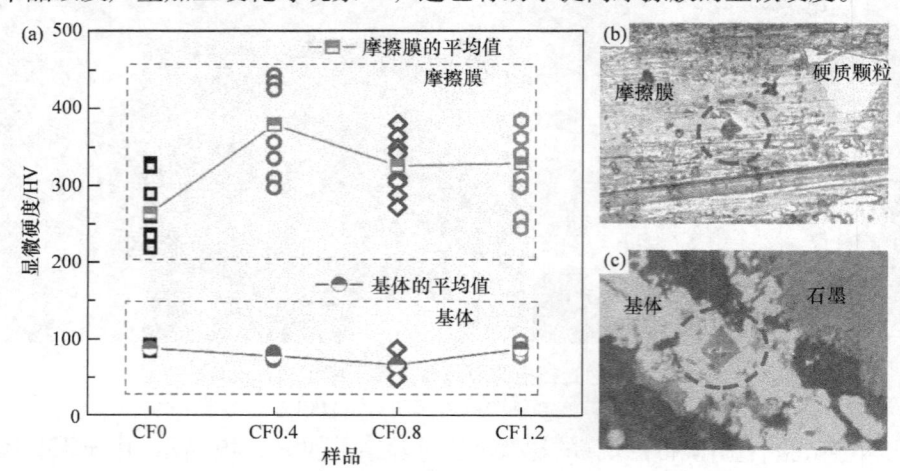

图 6-49 (a) 摩擦膜和基体的显微硬度以及(b) 摩擦膜和(c) 基体中的十字形压痕

图 6-50 利用 XRD 谱图确定摩擦表面的相组成。根据 XRD 谱图，摩擦表面

的主要成分是 Fe、Cu、C 及铜和铁的氧化物。C 峰强度随碳纤维含量的增加而增大。此外，碳纤维含量越高，氧化铜峰的强度也越强，说明随着碳纤维含量的增加，摩擦表面上氧化铜的比例增加。

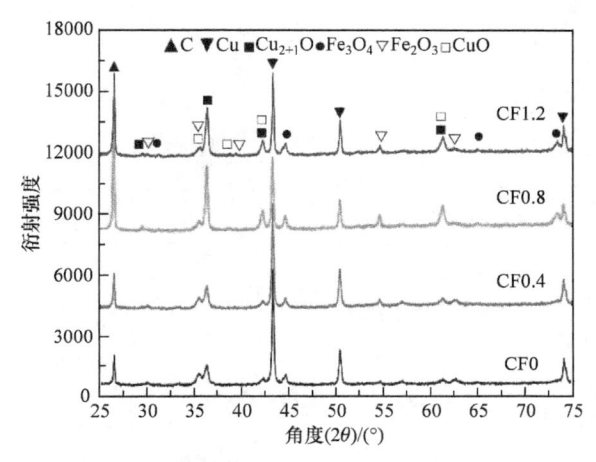

图 6-50 不同 CF 含量样品摩擦表面的 XRD 谱图

图 6-51 还通过 XPS 确定了摩擦表面氧化铁的类型和含量，检测的是摩擦膜覆盖的区域。结合能为 711.0 eV 和 710.6 eV 的 Fe2p$_{3/2}$ 峰分别对应于 Fe$_2$O$_3$ 和 Fe$_3$O$_4$[24]。对于 CF0、CF0.4 和 CF1.2，氧化物为 Fe$_2$O$_3$，而对于 CF0.8，氧化物为 Fe$_3$O$_4$。然而，试验过程中获得的数据点波动较大，而 Fe$_2$O$_3$ 和 Fe$_3$O$_4$ 之间峰位置的结合能差异较小，这可能导致峰值拟合过程的偏差，特别是当衍射强度较弱时，如图 6-51(c)和(d)所示。因此，摩擦表面上的铁氧化物更可能是 Fe$_2$O$_3$ 和 Fe$_3$O$_4$ 的混合物。此外，随着 CF 含量的增加，铁氧化物的含量明显降低，这与图 6-50 的结果一致。

综上所述，碳纤维的加入提高了摩擦过程中形成的摩擦膜硬度和塑性变形抗力。CF0.4 具有最高的摩擦膜显微硬度，而随着 CF 含量的进一步增加，摩擦膜显微硬度降低，原因之一是相应样品的基体布氏硬度的影响。虽然用于测试摩擦膜显微硬度的载荷很小（10 gf①），但基体硬度对摩擦膜显微硬度的影响不能忽略。例如，当 CF0 表面摩擦膜的显微硬度约为 217 HV 时，对应的压痕尺寸约为 9 μm，而摩擦膜的厚度不均匀，摩擦膜在某些位置处的厚度可能不大于压痕深度，这也是摩擦膜显微硬度测试值分散在一个较广范围内的原因。因此，在测试摩擦膜的显微硬度时，制动闸片本身的硬度会影响摩擦膜的显微硬度。摩擦膜的显微硬度呈现先升高后降低的趋势，与制动闸片的布氏硬度变化相似。

---

① 1gf = 9.80665 × 10^{-3}N。

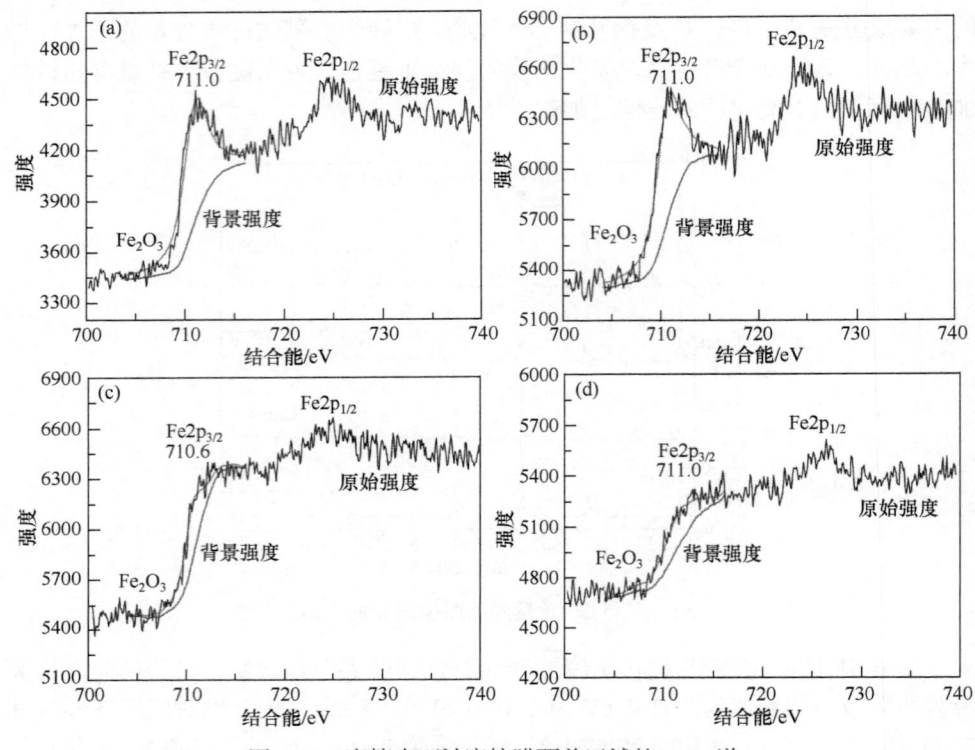

图 6-51 摩擦表面被摩擦膜覆盖区域的 Fe2p 谱
(a) CF0；(b) CF0.4；(c) CF0.8；(d) CF1.2

尽管 CF0.8 和 CF1.2 的布氏硬度低于 CF0，但 CF0.8 和 CF1.2 的摩擦膜的显微硬度高于 CF0，这意味着支撑摩擦膜的基体硬度并不是影响摩擦膜显微硬度的唯一因素。另一个原因与摩擦膜本身有关。随着碳纤维含量的增加，摩擦表面铁氧化物与铜氧化物的比例逐渐降低，表明铁在摩擦膜中的氧化程度减轻，而铜的氧化程度加剧。与纯铜相比，氧化铜塑性较差，硬度较高，这有助于提高摩擦膜的显微硬度和塑性变形抗力。但铜的氧化程度增加也降低了摩擦表面的塑性，在连续的高能制动过程中，摩擦膜中的应力集中很容易发生，导致摩擦表面出现裂纹和大量剥落坑。铁的氧化减弱与铁和碳纤维的反应有关，纳米碳纤维的比表面能高于大粒径石墨，这使得纳米碳纤维在高温条件下容易与基体中的铁发生反应，形成渗碳体。图 6-52 为 CF1.2 摩擦表面下铁颗粒的 BSE 形貌和元素分布的电子探针微区分析(electron probe microanalysis，EPMA)结果。如图 6-52(a)所示，这些铁颗粒距离摩擦表面几十微米，其中存在一些反应物。从图 6-52(b)可以清楚地看出，铁颗粒中存在层状结构，并从铁颗粒的边缘延伸到中心。图 6-52(c)~(e)表明，铁颗粒中的这一层状结构区具有碳富集，表明产物为渗碳体。烧结过程的高温环境使颗粒界面处的碳从铁颗粒边缘向内部扩散，形成如图 6-52(a)和(b)所示的结构。渗碳体硬度高(800 HB)，比纯铁更难氧化。一方面，亚摩擦表面含渗碳体的铁颗粒具有较高的强度，可以提高摩擦表面塑性变形抗力，对摩擦表面起到较强的支撑作用；另一方面，参与摩擦膜形成的渗碳体也增强了摩擦膜。因此，纳米碳纤维含量越高，可以形成越多的渗碳体，导致摩擦膜中被氧化的铁含量越低，摩擦膜的显微硬度增大。这也是尽管 CF0.8 和 CF1.2 的布氏硬度低于 CF0，而 CF0.8 和 CF1.2 摩擦膜的显微硬度高于 CF0 的原因。

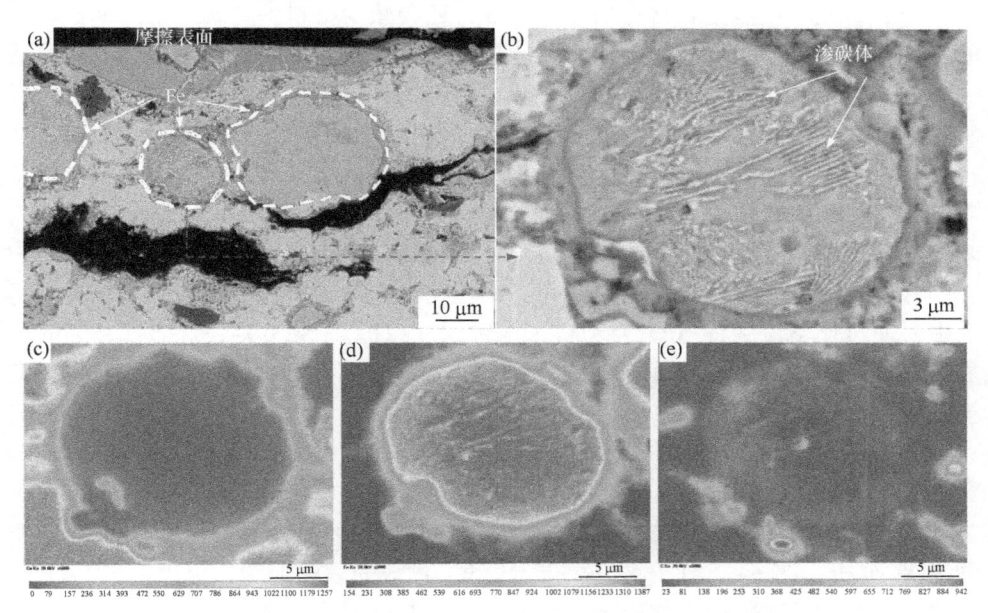

图 6-52 CF1.2 摩擦表面横截面中铁粉的 EPMA 分布
(a)(b) 铁颗粒的 BSE 形貌；(c)~(e) Cu、Fe 和 C 元素的面分布

摩擦表面的显微硬度和塑性变形抗力在制动过程中对摩擦磨损性能有显著影响，主要是通过影响摩擦表面摩擦膜的性能来实现的。一方面，根据 Archard 的线性磨损规律，磨损量与维氏硬度呈负相关关系[25]，这很好地解释了磨损量随铜基制动闸片中 CF 含量的增加而变化的原因。另一方面，摩擦膜的高塑性变形阻力使得摩擦表面物质的转移速率和变形程度较低，促进了摩擦表面的稳定，从而使得高速下摩擦系数衰退现象得到缓解。因此，在连续紧急制动阶段(Ⅲ)，CF0.4 的摩擦系数最稳定，几乎没有下降，而 CF0 的摩擦系数衰退最为严重，CF0.8 和 CF1.2 在第三阶段摩擦系数也有衰退，但衰退程度略低于 CF0，这与摩擦膜显微硬度的变化趋势一致。高硬度也促进了摩擦表面的光滑程度，降低了摩擦过程中的摩擦阻力，从而降低了摩擦系数。然而，具有最高硬度摩擦膜的 CF0.4 在第三阶段的最后两次制动中并没有表现出最低的摩擦系数，而是略高于

CF0.8 和 CF1.2 的摩擦系数,这是由摩擦表面上的碳含量决定的,碳含量随着 CF 含量的增加而增加(图 6-50)。

6.7 摩擦组元包覆对摩擦制动性能的影响

6.7.1 SiO$_2$ 镀铜对摩擦制动性能的影响

摩擦组元不仅能提高材料的摩擦系数,还会减少材料中金属元素到摩擦表面的转移,减小制动闸片和制动盘之间的黏结和卡滞,降低润滑组元减小摩擦系数的影响。陶瓷颗粒(如 Al$_2$O$_3$、SiC、SiO$_2$ 和 TiC)具有较高的硬度、耐磨性、熔点和热稳定性,可用作增强相,以改善铜基复合材料的力学性能和摩擦学性能。在这些陶瓷颗粒中,SiO$_2$ 和 SiC 因为其相对低的价格、接近零的热膨胀系数,以及对复合材料相对较小的研磨效果,常被选用作为铜基摩擦材料的摩擦组元。然而,陶瓷颗粒与金属基质之间差的界面结合可能导致在制动过程中陶瓷颗粒从基质中脱落并使摩擦学性能恶化,分离的陶瓷颗粒甚至会对制动盘造成损伤。在本章研究中,通过化学镀法将 SiO$_2$ 颗粒镀覆铜镀层,以提高 SiO$_2$ 颗粒和金属基体间的界面结合,研究在不同制动条件下镀铜 SiO$_2$ 颗粒对摩擦磨损性能的影响,并对磨损机理进行分析[26]。

1. 镀铜 SiO$_2$ 颗粒的微观结构和物相组成

图 6-53 显示了未镀铜 SiO$_2$ 颗粒、镀铜 SiO$_2$ 颗粒的显微形貌以及 SiO$_2$ 上铜层的 EDS 分析。图 6-53(a) 显示了未镀铜 SiO$_2$ 颗粒的表面形貌,可以看到 SiO$_2$ 的形状是不规则的颗粒而且表面十分光滑,由于 SiO$_2$ 颗粒与铜基体的润湿性较差,在烧结过程中 SiO$_2$ 容易与基体之间产生孔隙。图 6-53(b)和(c)显示了镀铜的 SiO$_2$ 颗粒在不同倍数下的显微形貌,大量细小的铜颗粒包覆在 SiO$_2$ 颗粒表面,这些铜颗粒紧密连接形成细胞状组织的致密铜镀层。镀铜的 SiO$_2$ 颗粒表面十分粗糙,在烧结过程中与基体进一步发生机械锁合,这将会减少 SiO$_2$ 与基体之间产生的孔隙,改善 SiO$_2$ 与金属基体之间的界面结合。如图 6-53(d)所示,区域 A 的 EDS 分析表明涂层的元素组成为 Si、O 和 Cu。Cu 的 EDS 峰十分强,同时检测到了较弱的 Si 和 O 峰,说明镀层的厚度有限。通过称量镀覆前后 SiO$_2$ 颗粒质量的变化确定铜与 SiO$_2$ 的质量比为 1∶1。

根据在第 2 章中对铜基粉末冶金闸片成分的讨论,本章设计的铜基粉末冶金配方如表 6-11 所示。因为镀铜 SiO$_2$ 颗粒中铜与 SiO$_2$ 的质量比为 1∶1,所以加入的镀铜 SiO$_2$ 和未镀铜 SiO$_2$ 的质量分数分别为 4%和 2%。

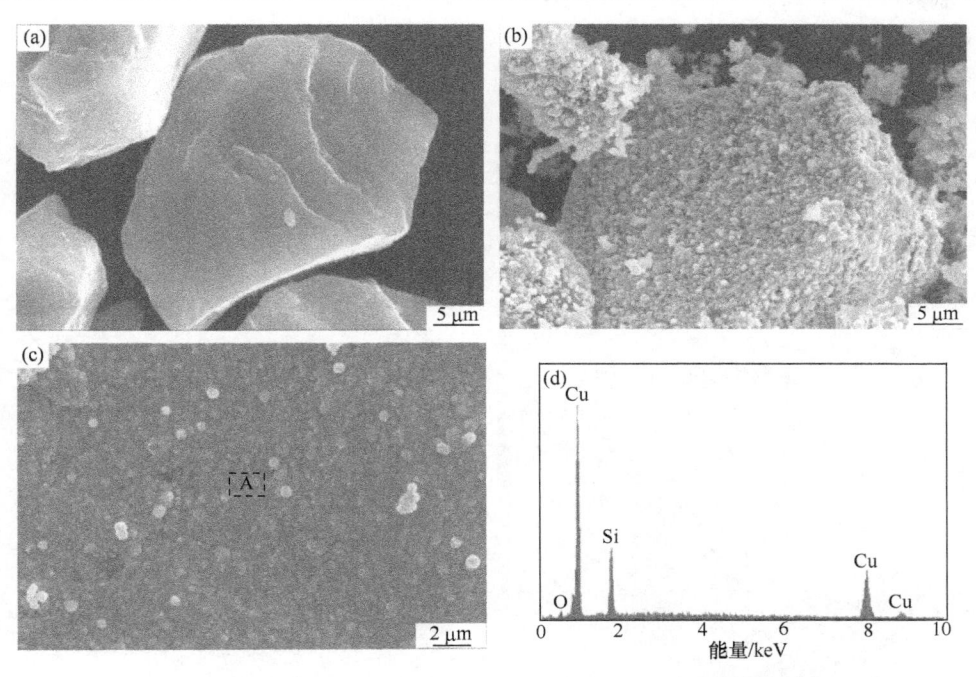

图 6-53 在不同倍数下的显微形貌及镀层 A 区域的能谱分析

(a) 未镀铜的 SiO$_2$ 颗粒；(b)(c) 镀铜的 SiO$_2$ 颗粒；(d) SiO$_2$ 上铜层的 EDS 分析

表 6-11 两种样品的化学成分(质量分数)　　　　(单位：%)

样品	Cu	Fe	SiO$_2$	镀铜 SiO$_2$	鳞片石墨	Cr	Sn	MoS$_2$	CrFe
S1	58.5	22	2	0	8	3	0.5	2	4
S2	56.5	22	0	4	8	3	0.5	2	4

2. 镀铜 SiO$_2$ 对铜基粉末冶金闸片组织及力学性能的影响

图 6-54 显示了烧结后两个摩擦样品的微观结构,图 6-54(a)为添加未镀铜 SiO$_2$ 颗粒的样品 S1 烧结后的微观结构，图 6-54(b)为添加镀铜 SiO$_2$ 颗粒的样品 S2 烧结后的微观结构。可以发现，在较低的放大倍数下样品 S1 和样品 S2 的微观结构大致相同。浅灰色区域的主要成分为 Cu，深灰色区域的主要成分为 Fe，黑色的大块片状区域为鳞片石墨，细小分散的深色颗粒为 SiO$_2$ 颗粒。图 6-54(c)显示了未镀铜 SiO$_2$ 颗粒与基体的界面结合情况，SiO$_2$ 颗粒与基体结合较差，SiO$_2$ 颗粒与铜基体之间存在孔隙，同时在 SiO$_2$ 颗粒界面处发现有裂纹产生，裂纹从界面延伸到基体。图 6-54(d)显示了镀铜 SiO$_2$ 颗粒与基体的界面结合情况，SiO$_2$ 颗粒与基体的界面结合良好，未发现有明显的缺陷存在。在烧结过程中镀铜 SiO$_2$ 颗粒表面的铜镀层会与铜合金基体扩散互溶，使得烧结后的 SiO$_2$ 颗粒与铜基体之间几乎没有

孔隙产生。

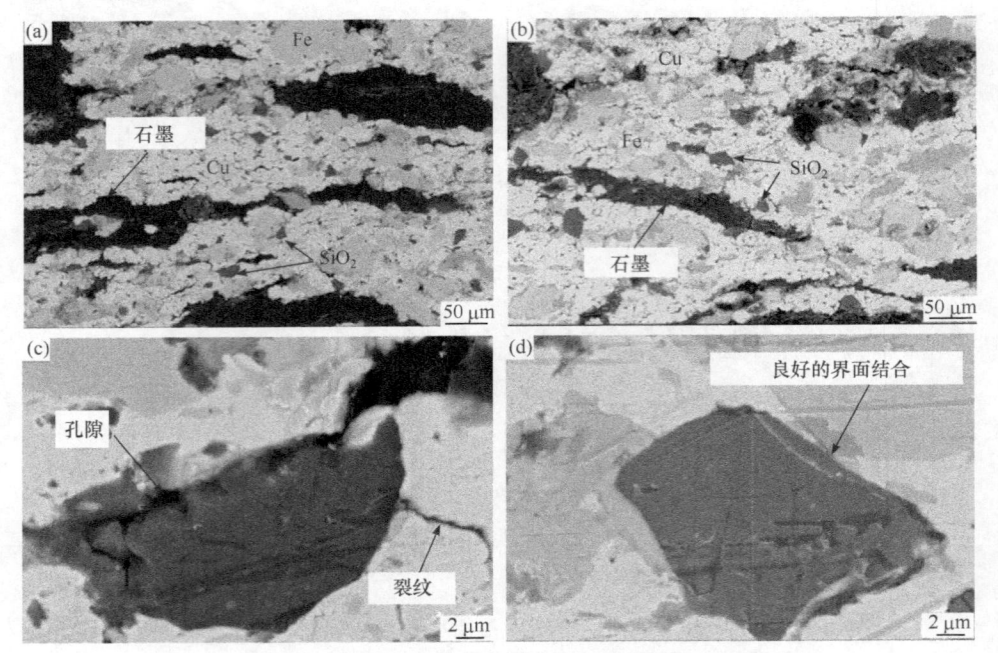

图 6-54 烧结后样品的微观结构以及 SiO₂ 颗粒与基体的结合情况
(a) 样品 S1 烧结后的微观形貌；(b) 样品 S2 烧结后的微观形貌；
(c) 样品 S1 中 SiO₂ 颗粒与基体的界面结合情况；(d) 样品 S2 中 SiO₂ 颗粒与基体的界面结合情况

两个样品的力学性能如表 6-12 所示，样品 S1 显示出较高的孔隙率，表明样品 S1 具有更多的界面并导致不连续的基体结构。样品 S2 的密度、硬度和剪切强度均高于样品 S1。这应归因于 SiO₂ 颗粒与铜基体之间良好的界面结合，较低的孔隙率可以提高力学强度。根据《动车组闸片暂行技术条件》(TJ/CL 307—2019)，制动闸片摩擦体的剪切强度应大于 6 MPa，布氏硬度要求为 10～30 HB。两个样品都满足这些要求。

表 6-12 样品 S1 和 S2 的力学性能

样品	密度/(g/cm³)	孔隙率/%	硬度/HB	剪切强度/MPa
S1	4.88	21.9	21.05	20.21
S2	5.18	17.1	23.35	22.82

3. 不同初始制动速度和制动压力下的平均摩擦系数

制动试验期间平均摩擦系数(μ_m)的变化如图 6-55 所示。根据《动车组闸片暂行技术条件》(TJ/CL 307—2019)，用虚线标出平均摩擦系数的上下限。在第一阶段

(0.31 MPa，50～200 km/h)，样品 S1 的平均摩擦系数明显高于样品 S2，但样品 S1 的平均摩擦系数随初始制动速度的增加，表现出较大的波动性。样品 S2 的平均摩擦系数在 0.426～0.441 范围内保持相对较小的波动。根据分子机械理论，在摩擦过程中两摩擦面微凸体接触并产生相对运动，这时产生的剪切力将成为摩擦阻力。根据文献报道，在相对较低的制动速度和较低的压力下更容易发生磨粒磨损[27]。在制动过程中，一些与基体结合不良的 SiO_2 颗粒受剪切力作用从基体脱落并破坏了摩擦表面，这加剧了磨粒磨损并增加了摩擦阻力。这是在第一阶段测试时摩擦系数高且波动大的主要原因。

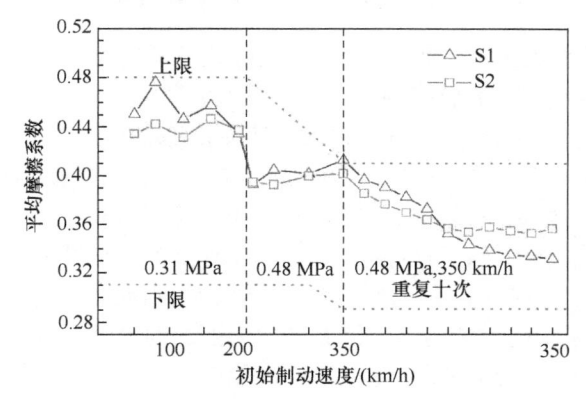

图 6-55　在不同初始制动速度和制动压力下的平均摩擦系数

当制动压力提高到 0.48 MPa(第二阶段)时，两个样品的平均摩擦系数出现明显下降，两个样品的平均摩擦系数的下降约 0.04(从 0.43 到 0.39)，这表明虽然制动速度增大但制动压力是平均摩擦系数降低的主要原因。在第二阶段(0.48 MPa，220～350 km/h)，两个样品的平均摩擦系数随初始制动速度的增加表现得相对稳定，初始制动速度的提高对平均摩擦系数影响不大。在这一阶段，制动压力的增大加速了表面微凸体的破坏和基体的变形，同时通过压实磨屑和氧化物在摩擦表面形成摩擦膜，摩擦膜可以隔离摩擦副，从而降低平均摩擦系数随初始制动速度变化的波动[28]。

在第三阶段(0.48 MPa，350 km/h)显示了连续十次紧急制动试验中平均摩擦系数的变化。样品 S1 的平均摩擦系数经历了从 0.42 到 0.33 的快速衰退。样品 S2 的平均摩擦系数从 0.40 下降到 0.35。试样 S1 和 S2 的 $\Delta\mu_m$(最大平均摩擦系数和最小平均摩擦系数之差)分别约为 0.09、0.05，这表明添加镀铜 SiO_2 颗粒的闸片在经历多次连续紧急制动时具有更好的抵抗摩擦系数衰退的能力。在连续紧急制动过程中，产生的制动能量足以使基体表面变软，摩擦表面物质运动加剧，从而导致摩擦系数降低。

综上所述，两个样品在三个制动阶段的平均摩擦系数表现出相似的变化规律。

在低速低压的第一阶段(0.31 MPa, 50~200 km/h)，两个样品的平均摩擦系数随初始制动速度的增加表现出较大的波动性。在高速高压的第二阶段(0.48 MPa, 220~350 km/h)，两个样品的平均摩擦系数随初始制动速度的增加表现得相对稳定，初始制动速度的提高对平均摩擦系数影响不大。在连续紧急制动的第三阶段(0.48 MPa, 350 km/h)，随着制动次数的增加，两个样品的平均摩擦系数都逐渐变小。与样品S1相比，添加镀铜SiO_2颗粒的样品S2的平均摩擦系数在第一阶段波动范围更小，在第三阶段平均摩擦系数的衰退更小。

4. 不同初始制动速度和制动压力下的瞬时摩擦系数

图6-56显示了在初始制动速度和制动压力下，瞬时摩擦系数和摩擦温度随测试时间的变化。由于制动闸片和制动盘之间的突然接触，两个样品的瞬时摩擦系数在初始制动的前1 s迅速增加，此后摩擦副的摩擦阻力增加到相对稳定的水平。如图6-56(a)所示，在第一阶段50 km/h、0.31 MPa的制动条件下，由于制动试验刚开始时机器处于室温且初始制动速度和制动压力较低，动能产生的热量足以被机器的散热系统消耗，所以温度没有上升的趋势。如图6-56(b)所示，在第一阶段120 km/h、0.31 MPa的制动条件下，随着初始制动速度的提高，动能产生的热量超过了制动系统的散热能力，因此摩擦表面的温度开始升高。随着制动过程中制动盘转速的下降，制动系统足以消耗动能产生的热量，摩擦表面的温度开始降低。样品S2的温度曲线先开始出现下降是因为样品S2的瞬时摩擦系数比样品S1低，摩擦过程中产生的热量比样品S1低。在50 km/h、0.31 MPa和120 km/h、0.31 MPa的制动条件下，样品S1的瞬时摩擦系数始终高于样品S2，因此样品S1制动所需的时间更短。随着测试时间的延长，两个样品的瞬时摩擦系数缓慢增大，这种现象可以用分子机械理论来解释[29]。根据该理论，摩擦系数μ可以表示为

$$\mu = \beta + \alpha A_r / P \tag{6-1}$$

式中，β和α分别与机械啮合度和分子吸引力有关；P为压力；A_r为实际接触面积。如公式所示，随着制动时间的延长，啮合程度和接触面积逐渐增加，因此两个样品的摩擦系数增加。

在第二阶段进行测试时，两个样品的瞬时摩擦系数和温度曲线如图6-56(c)和(d)所示。在250 km/h、0.48 MPa的制动条件下，两个样品的瞬时摩擦系数在制动过程中保持相对稳定的状态，较高的初始制动速度导致表面温度升高，加速表面物质的氧化。同时制动压力的提高，加速了表面粗糙体的破碎，同时通过压实磨屑和氧化物在摩擦表面形成摩擦膜。摩擦膜可以隔离摩擦副，因此摩擦系数保持稳定状态[30]。如图6-56(d)所示，当初始制动速度提高到300 km/h时，两个样品的瞬时摩擦系数随制动时间延长出现先升高后降低的趋势。随着初始制动速度

的提高，高速旋转的制动盘与制动材料接触产生较大的剪切力，会破坏形成的摩擦膜，导致瞬时摩擦系数增加。当摩擦表面的热量累积到一定程度时，摩擦表面在高温高压的条件下开始变软，这会加速材料在摩擦表面的流动，从而导致瞬时摩擦系数下降[31]。随着摩擦系数的降低，摩擦产生的热量也会减少，因此摩擦温度与摩擦系数开始出现同步下降。

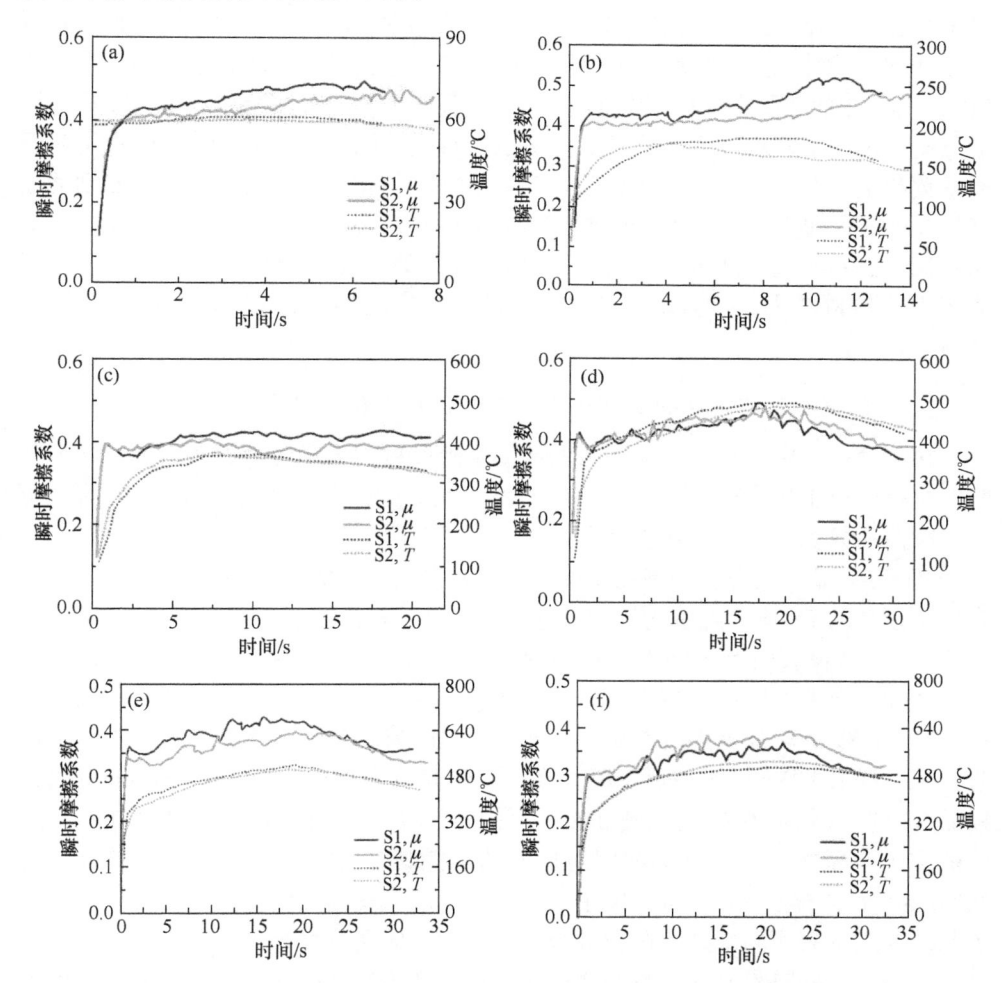

图 6-56 在不同初始制动速度和制动压力下的瞬时摩擦系数和温度曲线
(a) 50 km/h，0.31 MPa；(b) 120 km/h，0.31 MPa；(c) 250 km/h，0.48 MPa；(d) 300 km/h，0.48 MPa；
(e) 350 km/h，0.48 MPa，第三次制动；(f) 350 km/h，0.48 MPa，第十次制动

如图 6-55 所示，在第三阶段 0.48 MPa、350 km/h 的条件下进行十次连续紧急制动测试时，样品 S1 在前四次紧急制动中的平均摩擦系数高于样品 S2，且第三次差异最大。样品 S1 在后六次紧急制动中的平均摩擦系数低于样品 S2，且第

十次差异最大。两个样品在第三次和第十次紧急制动时的瞬时摩擦系数和温度曲线如图 6-56(e)和(f)所示。通过对比图 6-56(e)和(f)可以发现,随着紧急制动次数的增加,样品 S1 和 S2 的摩擦系数都出现了不同程度的衰退。在连续紧急制动过程中,热量累积速度更快,加速了基体表面的软化,从而导致摩擦系数降低。在第三次紧急制动过程中,样品 S1 的瞬时摩擦系数始终高于样品 S2,摩擦盘的温度也始终高于样品 S2。在第十次紧急制动过程中,样品 S1 的瞬时摩擦系数始终低于样品 S2,摩擦盘的温度也始终低于样品 S2。这直接说明随着紧急制动次数的增加,样品 S1 的瞬时摩擦系数衰退得更快,添加镀铜 SiO_2 颗粒的样品 S2 在连续紧急制动过程中表现出更好的抵抗摩擦系数衰退的能力。图 6-56(e)和(f)中瞬时摩擦系数和温度曲线的变化规律和图 6-56(d)相同。值得注意的是,随着初始制动速度从 300 km/h 提高到 350 km/h,制动盘表面的最高温度并未有明显的增加,这也与高温导致的摩擦表面的软化有关。摩擦表面的软化,导致摩擦系数降低,摩擦产生的热量减少,制动系统足以消耗动能产生的热量,摩擦表面的温度不再升高。

5. 不同初始制动速度和制动压力下的摩擦稳定性和磨损量

在制动过程中,瞬时摩擦系数的波动导致摩擦副出现轻微振动的同时还增加摩擦过程中产生的噪声[32]。摩擦系数的稳定性也是一个十分重要的评估指标,可以用摩擦系数稳定性(FS)项进行评估。

图 6-57 显示出在不同制动条件下两个样品的 FS 值。在第一阶段,样品 S2 表现出较高的 FS 值。随着初始制动速度的增加,样品 S1 的 FS 值从 0.86 降低到 0.79,这与摩擦表面上 SiO_2 颗粒的脱落有关,脱落的硬质颗粒进入摩擦表面造成磨粒磨损,会大大增加摩擦系数的不稳定性。在第一阶段,样品 S2 的 FS 值保持在 0.83~0.89 的较高范围内并始终高于样品 S1。当制动压力突然提高至 0.48 MPa 时,两个样品的 FS 值都有所下降,在第二阶段,当制动速度小于 250 km/h 时,样品 S2 的 FS 值从 0.84 增加到 0.86,而样品 S1 的 FS 值从 0.75 增加到 0.83,FS 值的增加与摩擦表面氧化物和磨屑形成的摩擦膜有关[33]。当初始制动速度达到 300 km/h 时,样品 S1 和样品 S2 的 FS 值均下降,这是因为在高的制动压力和初始制动速度下表面的部分摩擦膜被破坏。在第三阶段,样品 S1 和样品 S2 的 FS 值保持稳定,并随着制动次数的增加而呈现出锯齿形变化趋势,这与摩擦膜的不断形成和破坏有关。此外,在整个制动过程中样品 S2 的 FS 值几乎总是高于样品 S1 的 FS 值,这表明含有镀铜 SiO_2 颗粒的制动闸片具有更好的制动稳定性。表 6-13 显示了在整个测试后样品 S1 和样品 S2 的磨损量,磨损量与平均摩擦系数和摩擦稳定性密切相关。可以明显地看到,添加镀铜 SiO_2 颗粒可以大大减少磨损。与样品 S1 相比,样品 S2 的磨损量减少了约 13%。

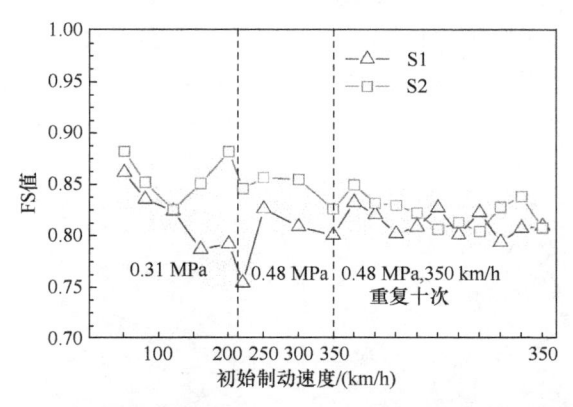

图 6-57 在不同初始制动速度和制动压力下样品 S1 和 S2 的摩擦系数稳定性

表 6-13 样品的磨损量

样品	磨损量/g
S1	4.17
S2	3.63

6. 摩擦表面和横截面的形貌分析

图 6-58 显示了经过整个制动测试后摩擦表面的 SEM 形貌。表 6-14 为不同区域的化学组成。图 6-58(a)和(c)为样品 S1 表面的典型磨损形貌，在样品 S1 上可以观察到分层，有严重的塑性变形和大量的犁沟。图 6-58(b)和(d)为样品 S2 表面的典型磨损形貌，在样品 S2 的磨损表面上发现了少量犁沟和分层。高转速下未镀铜 SiO_2 颗粒由于与基体结合不紧密，容易从基体中脱落。脱落后的颗粒随着摩擦的进行进入摩擦表面，破坏摩擦表面并形成大量的犁沟，加剧材料的磨损。镀铜 SiO_2 颗粒与基体的良好结合大大减少了由于 SiO_2 颗粒的分离而导致的表面犁沟和分层。此外，在连续紧急制动过程中产生的热量会导致摩擦表面基体变软，摩擦表面钉扎的镀铜 SiO_2 颗粒能阻碍软化材料的运动，减少摩擦表面的塑性变形，摩擦表面更加平整。如图 6-58(e)所示，在样品 S1 摩擦表面上发现了许多与基体结合较差的 SiO_2 颗粒，可以看到 SiO_2 颗粒与基体之间存在明显的孔隙，SiO_2 颗粒有脱落的趋势，同时 SiO_2 颗粒周围的基体破碎不堪，SiO_2 颗粒被磨屑挤压下沉，无法与对偶件直接接触，这将会大大降低摩擦组元的作用。图 6-58(f)显示了样品 S2 摩擦表面镀铜 SiO_2 颗粒与基体结合的典型特征，SiO_2 颗粒与基体的结合良好，在 SiO_2 颗粒和基体之间没有发现明显的孔隙，SiO_2 颗粒被很好地压实。在摩擦表面上会发现许多细小的 SiO_2 颗粒，这表明在制动测试过程中，大的 SiO_2 颗粒会破碎成细颗粒，同时破碎的 SiO_2 颗粒可以嵌入铜基体中。从图 6-58(f)中可以发现，在 SiO_2 颗粒周围存在大片的深灰色区域，这是氧化物和石墨的碎屑受到 SiO_2 颗粒阻碍在其周围堆积形成的。通过 EDS 分析发现其主要元素成分为 Fe、O 和 C。

根据文献报道，摩擦表面的硬质颗粒会作为第一平台通过阻碍磨损碎屑的运动在其周围形成第二平台[34]。因此，摩擦表面钉扎的 SiO_2 颗粒不仅能作为摩擦组元起到增大摩擦系数的作用，还能作为第一平台促进第二平台的形成，使得更少的磨屑进入周围环境，从而也降低了磨损量。

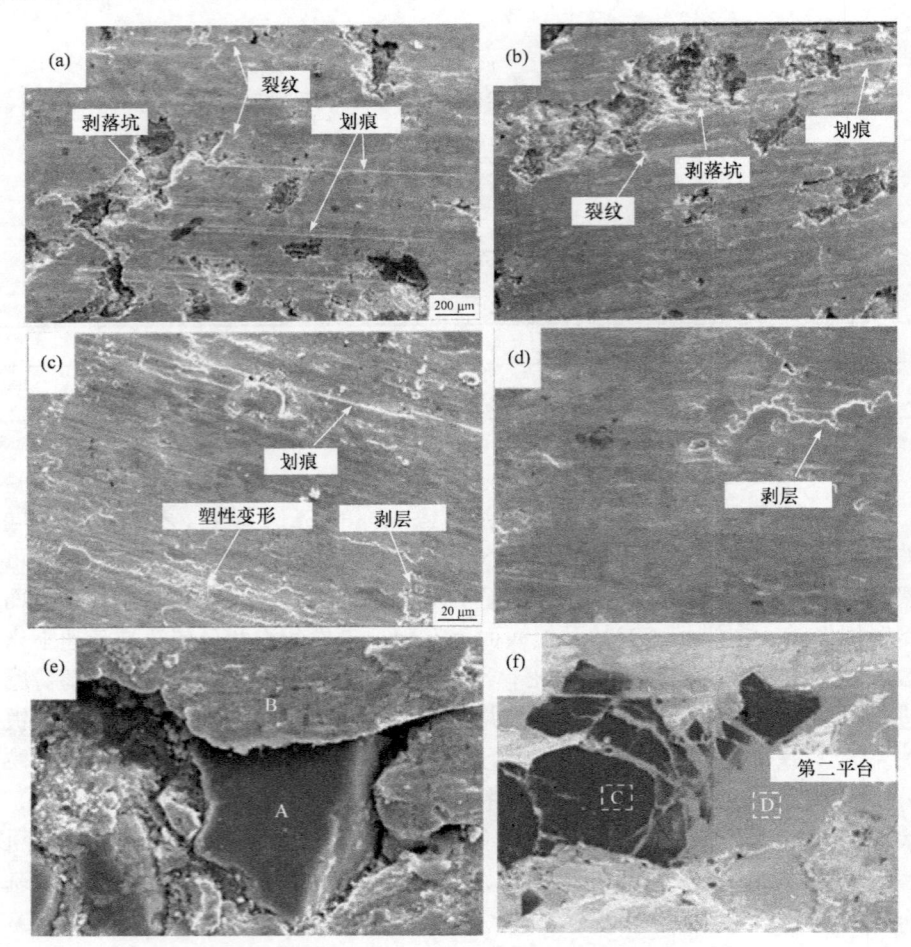

图 6-58 摩擦表面典型的 SEM 形貌及 SiO_2 颗粒的 BSE 形貌
(a)(c)(e) S1；(b)(d)(f) S2

表 6-14 摩擦表面不同区域的化学组成(质量分数) (单位：%)

区域	Si	O	Fe	Cu	C	相组成
A	40.5	53.1	0.9	4.9	0.6	SiO_2
B	—	5.4	23.9	55.5	15.2	Cu-Fe 基体，石墨
C	39.8	51.5	1.2	7.2	0.3	SiO_2
D	—	37.1	44.8	4.5	13.6	铁的氧化物，石墨

图 6-59 示出了样品 S1 和样品 S2 的摩擦表面横截面的典型 SEM 形貌。如图 6-59(a)所示,样品 S1 中的 SiO_2 颗粒和基体结合得非常弱,SiO_2 颗粒具有脱落的倾向。在摩擦表面下发现了裂纹,裂纹是在 SiO_2 颗粒与基体之间的界面产生的,在摩擦过程中裂纹会扩展并与其他裂纹连接,直到到达摩擦表面并导致分层,增加磨损量。如图 6-59(b)所示,样品 S2 中的摩擦表面和基体中都存在 SiO_2 颗粒。SiO_2 颗粒紧紧钉扎在摩擦表面。当摩擦表面的温度升高到一定程度时,摩擦表面会发生软化现象,表面紧紧钉扎的 SiO_2 颗粒能阻碍软化材料的运动,从而抵抗摩擦系数的下降。样品 S1 中的 SiO_2 颗粒与基体的结合强度不够,在摩擦测试中大量脱落,同时一些 SiO_2 颗粒与摩擦表层基体的结合较差,使得发挥作用的 SiO_2 颗粒数目减少。

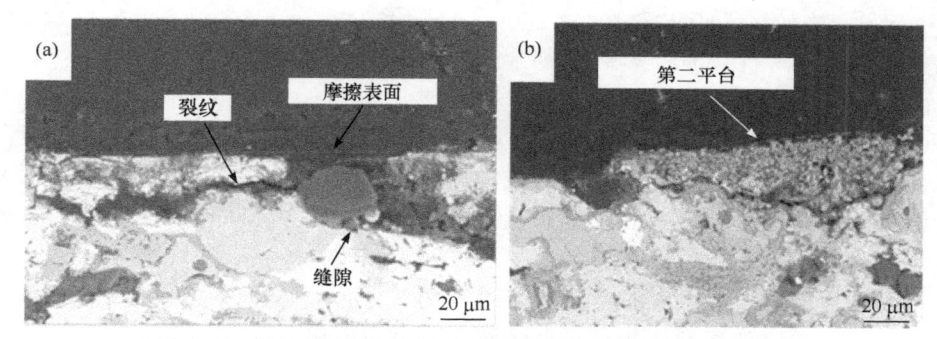

图 6-59 样品 S1 和样品 S2 摩擦表面横截面的典型 SEM 形貌
(a) S1; (b) S2

7. 激光扫描共聚焦分析

如图 6-60 所示,通过激光扫描共聚焦显微镜可以更加直观地看到摩擦表面高度的变化情况。图 6-60(a)和(c)分别为样品 S1 和样品 S2 的显微形貌,图 6-60(b)

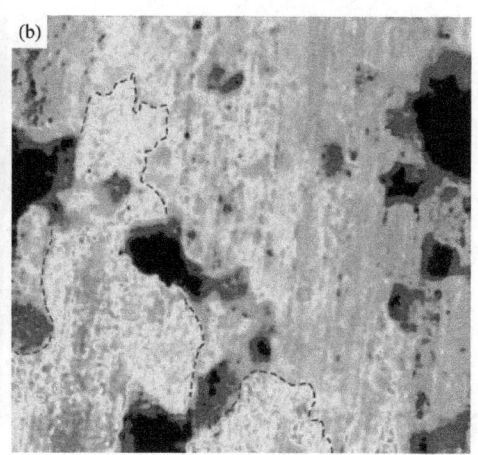

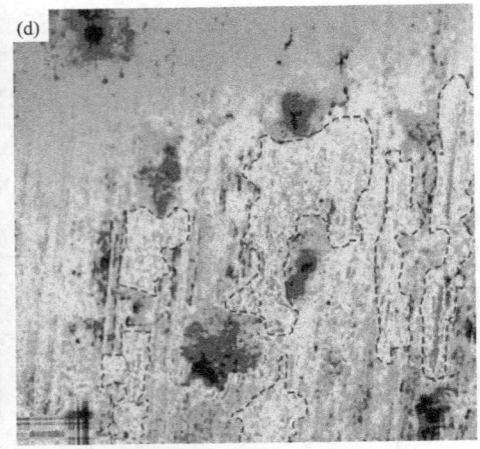

图 6-60 摩擦表面的显微形貌及摩擦表面的高度分析
(a)(b) S1；(c)(d) S2

和(d)分别为图 6-60(a)和(c)的表面高度分析。颜色的差异表示摩擦表面高度的差异，其中黑色区域为石墨剥落形成的凹坑，虚线围起的区域为摩擦表面最高的区域。如虚线所示，在摩擦表面上观察到许多高平台。样品 S2 高平台的数量更多，总面积更大，且不连续。

为了仔细观察高平台的特征，在图 6-61 中放大了样品 S2 摩擦表面上的高平台区域，可以观察到这些高平台区域主要由磨屑组成。SiO_2 颗粒在摩擦表面上凸起，阻碍了磨屑和软化材料的运动，这些磨屑堆积并形成了第二平台。图 6-61(c)显示了图 6-61(b)直线标注区域高度随 X 轴变化的情况。可以明显看到，

图 6-61 第二平台区域的形貌和粗糙度分析
(a) 显微形貌；(b) 三维形貌分析；(c) 线粗糙度分析

由磨屑堆积形成的第二平台是摩擦表面的最高结构。第二平台与摩擦表面主要平台的高度差约为 5 μm。

8. 压力分布水平

图 6-62(a)和(b)为两个样品在 0.48 MPa 压力下的压敏成像，图 6-62(c)为两个样品在不同压力范围的面积百分比统计。样品 S2 在最高压力区域(0.6~0.7 MPa)表现出较大的面积百分比。图 6-62 所示的第二平台是摩擦表面的最高结构，第二平台将会承受最高的压力。样品 S2 中较大的高压接触区域面积百分比归因于样品 S2 中较大面积的第二平台。根据文献报道，摩擦表面形成高压接触区域的面积与材料的摩擦系数存在相关性，摩擦表面形成的高压接触区域的面积百分比越大时，材料的摩擦系数往往越高[35]。在连续紧急制动过程中，样品 S2 的摩擦表面上形成了更多的第二平台，增加了高压接触面积，有助于抵抗摩擦系数的衰减。样品 S1 在最低压力区域(0~0.2 MPa)表现出较大的面积百分比，这一压力范围远小于

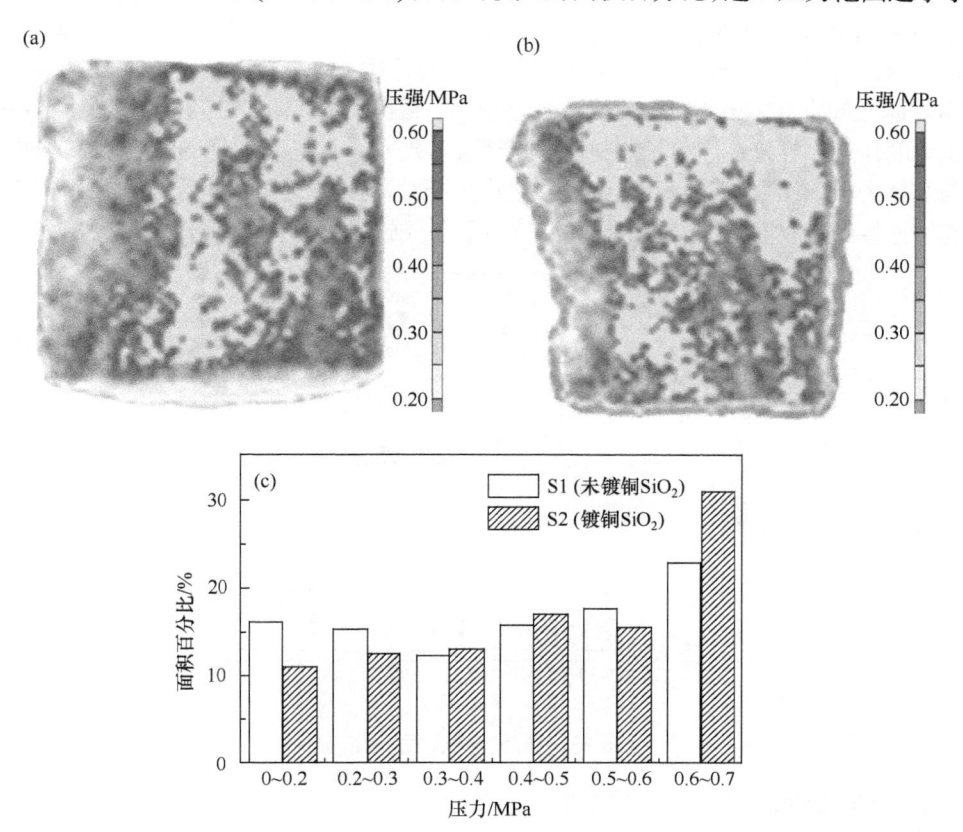

图 6-62 摩擦表面的压敏成像及在不同压力水平区间内的面积占比
(a) S1 样品压敏成像；(b) S2 样品压敏成像；(c) 摩擦表面在不同压力区间内的面积占比

制动压力 0.48 MPa，低压接触区域意味着制动闸片未与摩擦副产生良好的接触。当低压接触区域过大时，在摩擦过程中可能会发生偏磨，这会增大摩擦噪声和磨损量。

9. 摩擦表面相组成

经过整个制动测试后，两个样品的 XRD 分析如图 6-63 所示。摩擦表面的主要组成为 Cu、Fe、铁的氧化物和石墨。样品 S2 摩擦表面中 C 和 Fe_2O_3 的衍射峰的强度明显强于样品 S1 中的 C 和 Fe_2O_3 强度，这表明样品 S2 摩擦表面中 Fe_2O_3 和石墨的含量要高于样品 S1。根据上文所述，第二平台主要是由磨屑堆积产生的，其主要元素组成为 Fe、O 和 C。这也证明了样品 S2 的摩擦表面上第二平台面积要大于样品 S1。

通过图 6-58～图 6-61 总结的摩擦表面特性和图 6-63 分析的摩擦表面相组成，可以推测出镀铜 SiO_2 颗粒在摩擦过程中的作用。表面镀铜改善了 SiO_2 颗粒与铜基体之间的界面结合，阻止了在摩擦过程中 SiO_2 颗粒从铜基体中大量脱落。SiO_2 颗粒被牢固地钉扎在摩擦表面上阻碍了磨屑的运动，从而促进了第二平台的形成。摩擦表面上较少的磨损碎屑释放也大大减少了磨损。对于添加未镀铜 SiO_2 颗粒的样品 S1，在制动过程中 SiO_2 颗粒很容易从铜基体上脱落，并且由于 SiO_2 颗粒与铜基体之间存在的孔隙，SiO_2 颗粒容易被挤压下沉到基体中，这些都降低了摩擦组元的作用，导致在连续紧急制动期间摩擦系数迅速下降。另外，未镀铜 SiO_2 颗粒与基体的界面结合较差，在界面处容易产生裂纹，在摩擦过程中裂纹扩展并与其他裂纹连接到达表面，加剧了分层。摩擦表面上释放的大量磨屑也增加了磨损量。

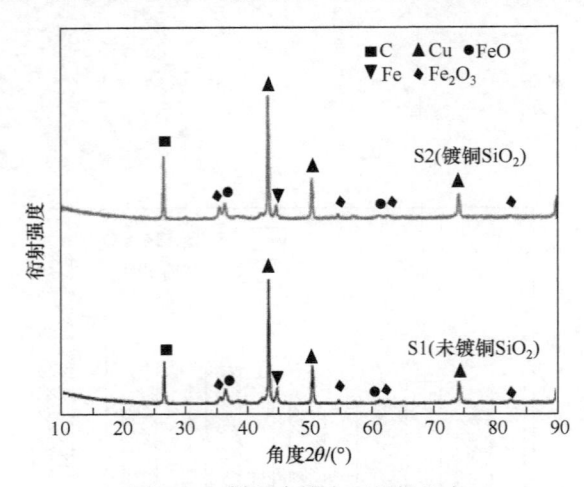

图 6-63 样品摩擦表面的相组成

6.7.2 SiC 镀铜对摩擦制动性能的影响

摩擦组元能切削对偶面，提高摩擦系数。在基体中适当分布一些摩擦硬质组元，尤其是在高温时，可以防止基体流失，起到基石的作用，提高耐磨性。SiO_2 和 SiC 因为接近零的热膨胀系数以及对复合材料相对较小的研磨效果，是铜基摩擦材料最常用的摩擦组元。然而，SiC 与金属基体的润湿性较差，可能导致在制动过程中 SiC 颗粒从基质中脱落，并恶化材料的摩擦性能。本节通过化学镀法将 SiC 颗粒镀覆铜镀层，以提高 SiC 颗粒和金属基体间的界面结合，研究在不同制动条件下，尤其是高速高压连续紧急制动时镀铜 SiC 颗粒对摩擦磨损性能的影响，并对磨损机理进行分析。

1. SiC 表面化学法镀铜的微观结构和物相组成

图 6-64 显示了未镀铜的 SiC 和镀铜的 SiC 颗粒在不同放大倍数下的显微形貌以及 SiC 上铜层的 EDS 分析。图 6-64(a)显示了未镀铜 SiC 颗粒的表面，可以看到 SiC 的颗粒形状是不规则的，而且表面十分光滑。图 6-64(b)和(c)显示了镀铜 SiC 颗粒在不同放大倍数下的显微形貌，无数细小的铜颗粒包覆在 SiC 颗粒表面，这些铜颗粒紧密连接形成细胞状组织的致密铜镀层。镀铜的 SiC 颗粒表面十分粗糙，

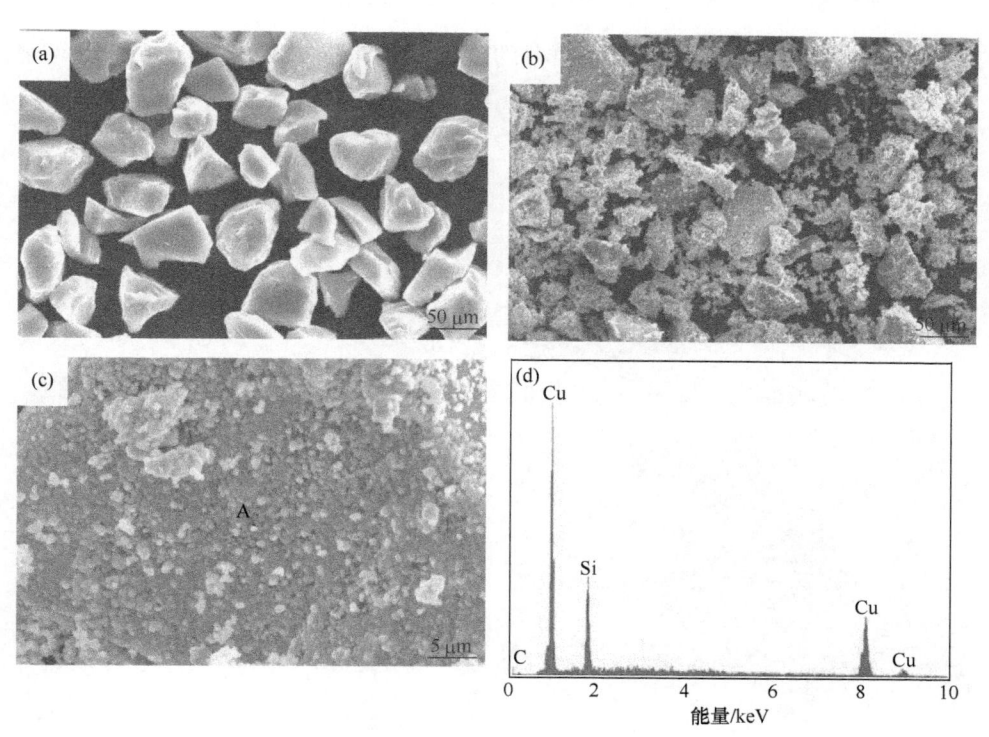

图 6-64 在不同倍数下的显微形貌及镀层 A 区域的能谱分析
(a) 未镀铜 SiC 颗粒；(b)(c) 镀铜 SiC 颗粒；(d) SiC 上铜层的 EDS 分析

在烧结过程中与基体进一步发生机械锁合,这将会减少 SiC 与基体之间产生的孔隙,改善 SiC 与金属基体之间的界面结合。区域 A 的 EDS 分析(图 6-64(d))表明元素组成为 Si、C 和 Cu。Cu 的 EDS 峰十分强,同时检测到了较弱的 Si 和 C 峰,说明镀层的厚度有限。通过称量镀覆前后 SiC 颗粒质量的变化确定铜与 SiC 的质量比为 1∶1。

根据在第 2 章中对铜基粉末冶金闸片成分的讨论,本节设计的铜基粉末冶金配方如表 6-15 所示。因为镀铜 SiC 颗粒中铜与 SiC 的质量比为 1∶1,所以加入的镀铜 SiC 和未镀铜 SiC 的质量分数分别为 4% 和 2%。

表 6-15 两种样品的化学成分(质量分数) （单位：%）

样品	Cu	Fe	SiC	镀铜 SiC	鳞片石墨	Cr	Sn	MoS$_2$	CrFe
C1	58.5	22	2	0	8	3	0.5	2	4
C2	56.5	22	0	4	8	3	0.5	2	4

2. 镀铜 SiC 对铜基粉末冶金闸片组织及力学性能的影响

图 6-65 显示了烧结后两个摩擦样品的微观结构,图 6-65(a)为添加未镀铜 SiC 颗

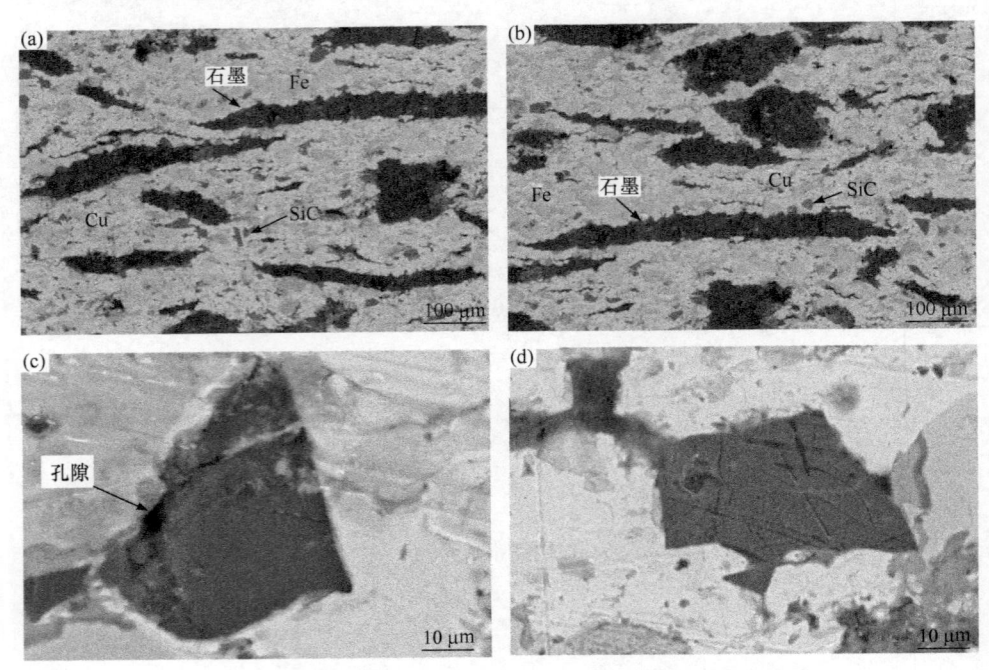

图 6-65 样品烧结后的形貌以及 SiC 颗粒与基体的结合情况
(a) 样品 C1 烧结后的微观形貌；(b) 样品 C2 烧结后的微观形貌；
(c) 样品 C1 中 SiC 颗粒与基体的界面结合情况；(d) 样品 C2 中 SiC 颗粒与基体的界面结合情况

粒的样品 C1 烧结后的微观结构，图 6-65(b)为添加镀铜 SiC 颗粒的样品 C2 烧结后的微观结构。可以发现，在较低的放大倍数下样品 C1 和样品 C2 的微观结构大致相同。浅灰色区域的主要成分为 Cu，深灰色区域的主要成分为 Fe，黑色的大块片状区域为鳞片石墨，细小分散的深色颗粒为 SiC 颗粒。图 6-65(c)显示了未镀铜 SiC 颗粒与基体的界面结合情况，SiC 颗粒与基体结合较差，SiC 颗粒与铜基体之间存在孔隙。图 6-65(d)显示了镀铜 SiC 颗粒与基体的界面结合情况，SiC 颗粒与基体的界面结合良好，未发现明显的缺陷存在。在烧结过程中镀铜 SiC 颗粒表面的铜镀层会与铜合金基体扩散互溶，使得烧结后的 SiC 颗粒与铜基体之间几乎没有孔隙产生。

  两个样品的力学性能如表 6-16 所示，样品 C1 显示出较高的孔隙率，表明样品 C1 具有更多的界面并导致不连续的基体结构。样品 C2 的密度、硬度和剪切强度均高于样品 C1。这应归因于 SiC 颗粒与铜基体之间良好的界面结合，较低的孔隙率可以提高力学强度。根据《动车组闸片暂行技术条件》(TJ/CL 307—2019)的要求，制动闸片摩擦体的剪切强度应大于 6 MPa，布氏硬度要求为 10～30 HB。两个样品都满足了这些要求。

表 6-16 样品 C1 和 C2 的力学性能

样品	密度/(g/cm^3)	孔隙率/%	硬度/HB	剪切强度/MPa
C1	4.84	22.5	20.27	19.71
C2	5.17	17.3	22.55	22.02

3. 不同初始制动速度和制动压力下的平均摩擦系数

  制动试验期间平均摩擦系数的变化如图 6-66 所示。根据《动车组闸片暂行技术条件》(TJ/CL 307—2019)，用虚线标出平均摩擦系数的上下限。在第一阶段(0.31 MPa，50～200 km/h)，样品 C1 和 C2 的平均摩擦系数都随初始制动速度的提高表现出较大的波动性，样品 C1 的波动范围更大。根据分子机械啮合理论，在摩擦过程中两摩擦面微凸体接触并产生相对运动，这时产生的剪切力将成为摩擦阻力。在制动过程中，一些与基体结合不良的 SiC 颗粒受剪切力作用从基体脱落并破坏了摩擦表面，这加剧了磨粒磨损。这是在第一阶段测试时，C1 平均摩擦系数波动大的主要原因。当制动压力提高到 0.48 MPa(第二阶段)时，两个样品的平均摩擦系数出现明显下降，这表明制动压力对平均摩擦系数影响很大。

  在第二阶段(0.48 MPa，220～350 km/h)，两个样品的平均摩擦系数处于相对稳定的水平。在这一阶段，制动压力的增加加速了表面微凸体的破坏和基体的变形，同时通过压实磨损碎片和氧化物在摩擦表面形成摩擦膜，摩擦膜可以隔离摩擦副，从而降低平均摩擦系数随初始制动速度变化的波动。

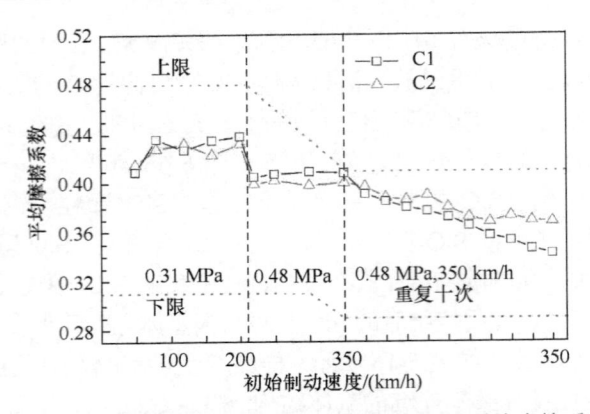

图 6-66　在不同初始制动速度和制动压力下的平均摩擦系数

在第三阶段(0.48 MPa，350 km/h)，显示了连续十次紧急制动试验中平均摩擦系数的变化。试样 C1 的平均摩擦系数经历了从 0.41 到 0.34 的快速衰退。而对于样品 C2，其平均摩擦系数从 0.40 缓慢下降到 0.37。样品 C1 和 C2 的 $\Delta\mu_m$（最大平均摩擦系数和最小平均摩擦系数之差）分别约为 0.07、0.03，这表明添加镀铜 SiC 颗粒的闸片在经历多次连续紧急制动时具有更好的抵抗摩擦系数衰退的能力。在连续紧急制动过程中，产生的制动能量足以使基体表面变软，摩擦表面物质运动加剧，从而导致摩擦系数降低。

4. 不同初始制动速度和制动压力下的瞬时摩擦系数

图 6-67 显示了在不同制动压力和初始制动速度下，瞬时摩擦系数和摩擦温度随测试时间的变化。如图 6-67(a)和(b)所示，在第一阶段 50 km/h、0.31 MPa 和 120 km/h、0.31 MPa 制动条件下，两个样品的瞬时摩擦系数随制动时间的延长呈缓慢上升的趋势，样品 C1 的上升趋势更为明显。如图 6-67(c)所示，在第二阶段 250 km/h、0.48 MPa 的制动条件下，两个样品的瞬时摩擦系数在制动过程中保持相对稳定的状态，这与表面粗糙体的破碎和氧化膜的形成有关。如图 6-67(d)所示，在第二阶段 300 km/h、0.48 MPa 的制动条件下，两个样品的瞬时摩擦系数随制动时间延长出现先升高后降低的趋势。表面形成的摩擦膜被剪应力破坏导致摩擦系数增加，热量累积引起的摩擦表面软化导致摩擦系数降低。图 6-67(e)和(f)为样品在 350 km/h、0.48 MPa 的条件下进行第五次和第十次紧急制动时的瞬时摩擦系数和温度曲线。随着紧急制动次数的增加，样品 C1 和样品 C2 的摩擦系数都出现了不同程度的衰退，样品 C1 摩擦系数的衰退更为明显。连续进行紧急制动测试，会加速热量的累积，从而加速摩擦表面的软化，导致摩擦系数下降。

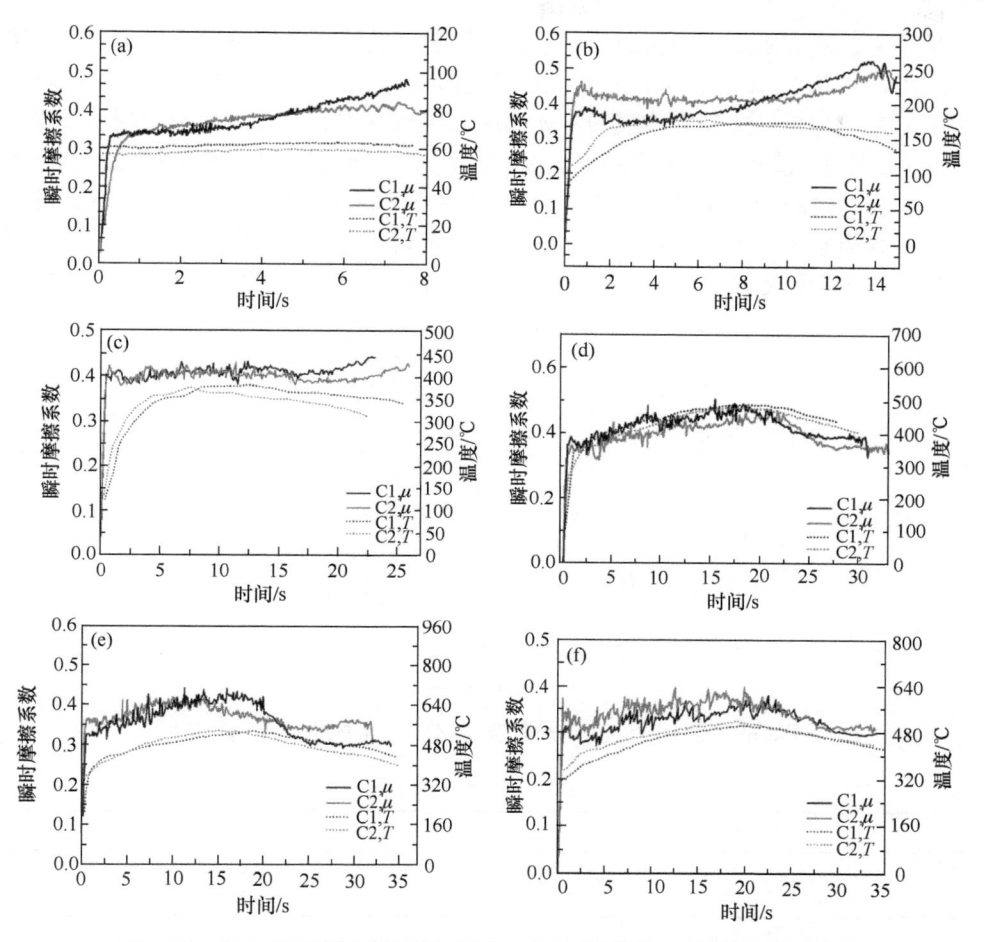

第 6 章 摩擦组元对摩擦制动性能的影响

图 6-67 在不同初始制动速度和制动压力下的瞬时摩擦系数和温度曲线
(a) 50 km/h, 0.31 MPa; (b) 120 km/h, 0.31 MPa; (c) 250 km/h, 0.48 MPa; (d) 300 km/h, 0.48 MPa;
(e) 350 km/h, 0.48 MPa, 第五次制动; (f) 350 km/h, 0.48 MPa, 第十次制动

5. 不同初始制动速度和制动压力下的摩擦稳定性和磨损量

图 6-68 显示出在不同制动条件下两个样品的 FS 值。在第一阶段，样品 C2 表现出较高的 FS。随着初始制动速度的增加，样品 C1 的 FS 值从 0.87 降低到 0.74，这与摩擦表面上 SiC 颗粒的脱落有关，脱落的硬质颗粒进入摩擦表面造成磨粒磨损，会大大增加摩擦系数的不稳定性。在第一阶段，样品 C2 的 FS 值保持在 0.81～0.88 的较高范围，并始终高于样品 C1。当制动压力突然提高至 0.48 MPa 时，两个样品的 FS 值都有所增加，FS 值的增加与摩擦表面氧化物和磨屑压实形成的摩擦膜有关。当初始制动速度超过 300 km/h 时，样品 C1 和样品 C2 的 FS 值均下降，

这是因为在高的制动压力和初始制动速度下表面的形成的摩擦膜会被破坏。在第三阶段，样品 C1 和样品 C2 的 FS 值保持稳定，并随着制动次数的增加而呈现出锯齿形变化趋势，这与摩擦膜的不断形成和破坏有关。此外，在整个制动过程中样品 C2 的 FS 值总是高于样品 C1 的 FS 值，这表明含有镀铜 SiC 颗粒的制动闸片具有更好的制动稳定性。表 6-17 显示了在整个测试后样品 C1 和样品 C2 的磨损量，磨损量与平均摩擦系数和摩擦稳定性密切相关。可以明显地看到添加镀铜 SiC 颗粒可以大大减少磨损。与样品 C1 相比，样品 C2 的磨损量减少了约 12%。

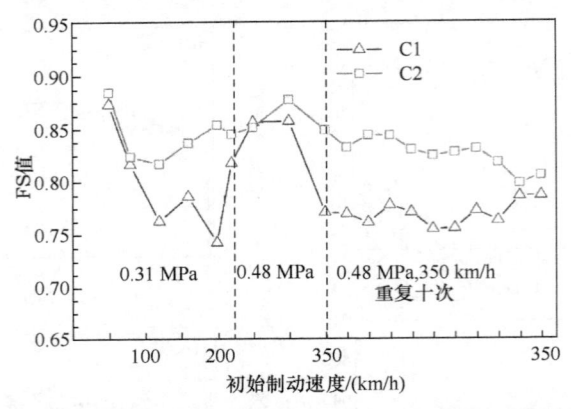

图 6-68　在不同初始制动速度和制动压力下的摩擦系数稳定性

表 6-17　样品的磨损量

样品	磨损量/g
C1	4.23
C2	3.74

6. 摩擦表面和横截面的形貌

图 6-69 显示了经过整个制动测试后摩擦表面的 SEM 形貌。表 6-18 为不同区域的化学组成。如图 6-69(a)和(c)为样品 C1 表面的典型磨损形貌，在样品 C1 上可以观察到大量的犁沟和塑性变形现象。图 6-69(b)和(d)为样品 C2 表面的典型磨损形貌，在样品 C2 的摩擦表面上仅发现了少量犁沟。未镀铜 SiC 颗粒由于与基体结合不紧密，在高转速下容易从基体中脱落。脱落后的颗粒随着摩擦的进行进入摩擦表面，破坏摩擦表面并形成大量的犁沟，加大材料的磨损。镀铜 SiC 颗粒与基体的良好结合大大减少了由于 SiC 颗粒的分离而导致的表面犁沟。摩擦表面产生塑性变形现象与摩擦表面软化有关，在连续紧急制动过程中，产生的热量累积足以使基体表面变软，使材料无法承受高的剪切力，从而发生塑性变形。样品 C2 表面紧紧钉扎的大量 SiC 颗粒能阻碍软化材料的运动，

减少摩擦表面的塑性变形,摩擦表面更加平整。

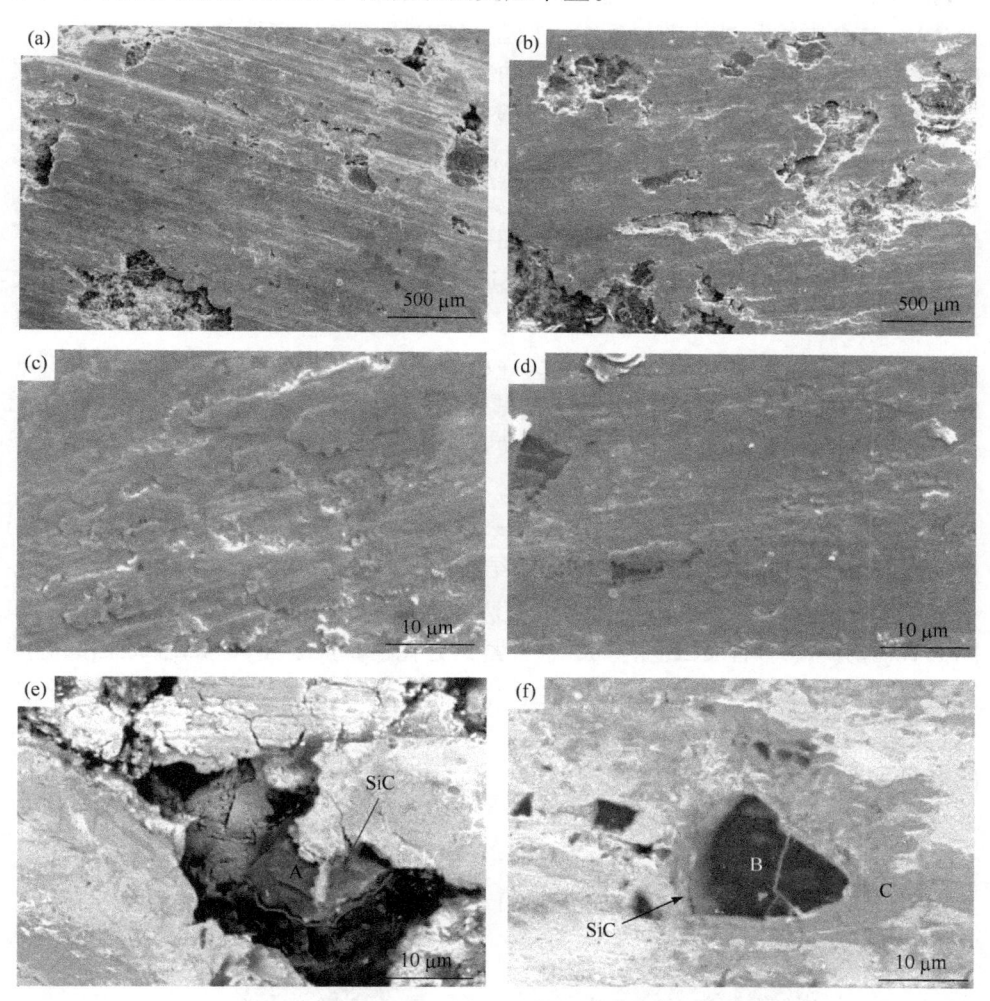

图 6-69 摩擦表面典型的 SEM 形貌及 SiC 颗粒的 BSE 形貌
(a)(c)(e) C1;(b)(d)(f) C2

表 6-18 摩擦表面不同区域的化学组成(质量分数) (单位:%)

区域	Si	O	Fe	Cu	C	可能的相组成
A	63.5	—	0.9	4.9	30.7	SiC
B	59.8	—	1.2	3.2	35.8	SiC
C	—	37.1	44.8	4.5	13.6	铁的氧化物,石墨

如图 6-69(e)所示,在样品 C1 摩擦表面上发现了许多与基体结合较差的 SiC

颗粒，SiC 颗粒有即将脱落的趋势，同时 SiC 周围的基体已经剥落，在表面形成剥落坑。SiC 颗粒与基体的界面结合较差容易产生裂纹，在摩擦过程中裂纹会扩展并与其他裂纹连接，直到到达磨损的表面，产生剥落坑和分层，并加大磨损量。图 6-69(f)显示了样品 C2 摩擦表面镀铜 SiC 颗粒与基体结合的典型特征，SiC 颗粒与基体的界面结合良好，在 SiC 颗粒和基体之间没有发现明显的孔隙，SiC 颗粒被很好地压实。在摩擦表面上会发现许多细小的 SiC 颗粒，这表明在制动测试过程中，大的 SiC 颗粒会破碎成细颗粒，同时破碎的 SiC 颗粒可以嵌入铜基体中。从图 6-69(f)中可以发现，在 SiC 颗粒周围存在大片的深灰色区域，通过 EDS 分析发现其主要元素成分为 Fe、O 和 C。根据文献报道，摩擦表面的硬质颗粒会作为第一平台通过阻碍磨损碎屑的运动在其周围形成第二平台。因此摩擦表面钉扎的 SiC 颗粒不仅能作为摩擦组元起到增大摩擦系数的作用，还能作为第一平台促进第二平台的形成，使得更少的磨屑进入周围环境，从而也降低了磨损量。

图 6-70 为样品 C1 和样品 C2 的摩擦表面横截面的典型 SEM 形貌。如图 6-70(a)所示，样品 C1 中的 SiC 颗粒和基体的结合非常差，由于 SiC 颗粒和基体之间存在孔隙，在摩擦过程中 SiC 颗粒会发生晃动，导致 SiC 颗粒周围基体的破碎。如图 6-70(b)所示，样品 C2 中的 SiC 颗粒紧紧钉扎在摩擦表面。当摩擦表面的温度升高到一定程度时，摩擦表面会发生软化现象，表面紧紧钉扎的 SiC 颗粒能阻碍软化材料的运动，减少摩擦表面的塑性变形，抵抗摩擦系数下降。样品 C1 中的 SiC 颗粒与基体的结合强度不够，同时一部分 SiC 颗粒在摩擦过程中脱落，使得发挥作用的 SiC 颗粒数目减少。

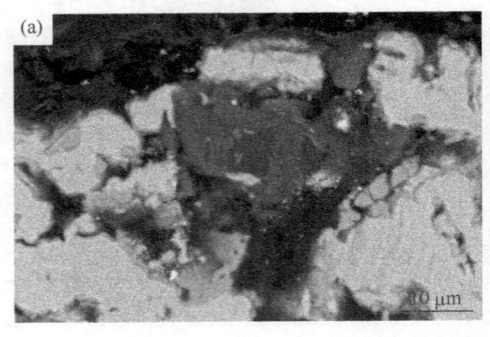

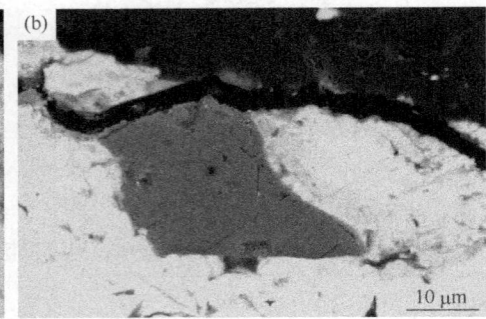

图 6-70 样品摩擦横截面的典型 SEM 形貌
(a) C1；(b) C2

7. 激光扫描共聚焦分析

如图 6-71 所示，通过激光扫描共聚焦显微镜可以更加直观地看到摩擦表面高

第 6 章　摩擦组元对摩擦制动性能的影响

度的变化情况。图 6-71(a)和(c)分别为样品 C1 和 C2 的显微形貌，图 6-71(b)和(d)分别为图 6-71(a)和(c)的表面高度分析。图 6-71(b)和(d)中颜色的差异表示摩擦表面高度的差异，其中黑色区域为石墨剥落形成的凹坑，虚线围起的区域为摩擦表面最高的区域。如图 6-71 中虚线所示，摩擦表面存在一些高平台。通过对比图 6-71(b)和(d)可以发现，样品 C2 摩擦表面高平台的面积更大。

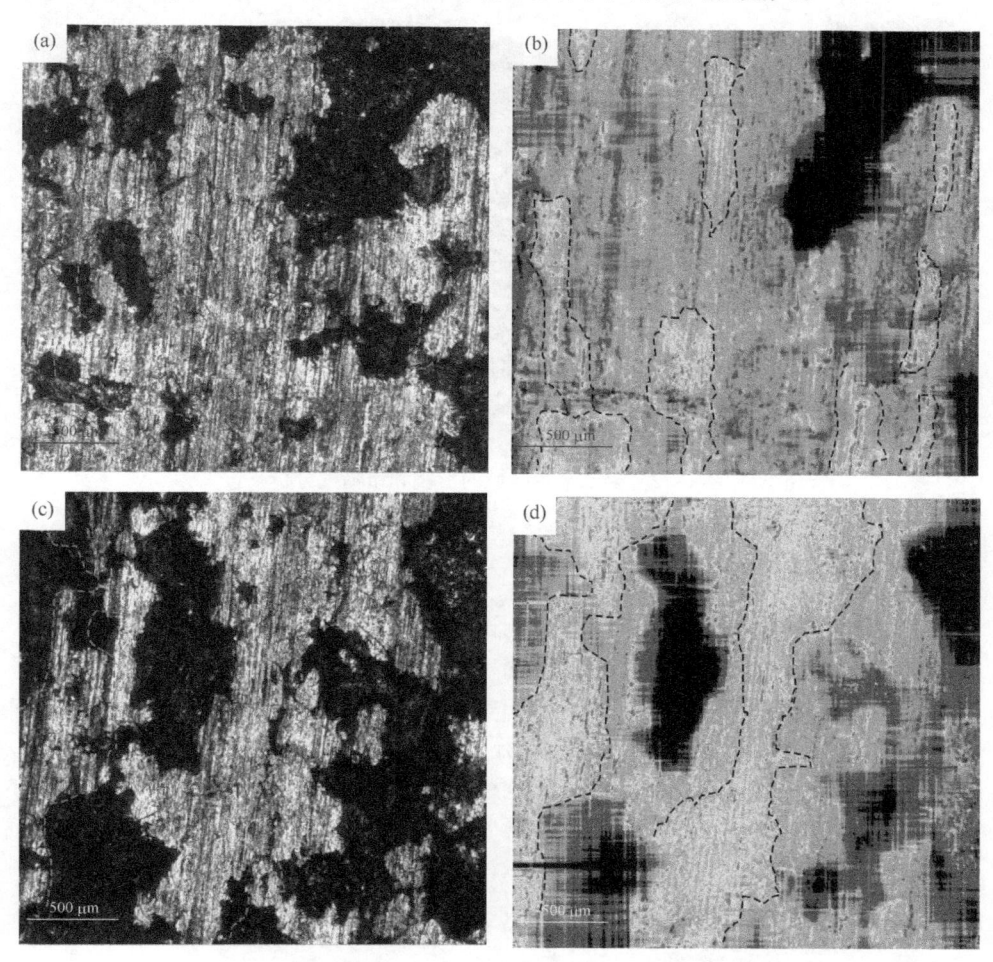

图 6-71　摩擦表面的显微形貌及摩擦表面的高度分析
(a) C1 摩擦表面的显微形貌；(b) C1 摩擦表面的高度分析；
(c) C2 摩擦表面的显微形貌；(d) C2 摩擦表面的高度分析

为了仔细观察这些高平台的特征，在图 6-72(a)中放大了样品 C2 摩擦表面上的高平台区域，可以观察到这些高平台区域主要由磨屑组成。SiC 颗粒在摩擦表面上凸起，阻碍了磨屑和软化材料的运动，这些磨屑堆积并形成了第二平台。

图 6-72(c)显示了图 6-72(b)直线标注区域高度随 X 轴变化的情况。可以明显看到由磨屑堆积形成的第二平台是摩擦表面的最高结构。第二平台与摩擦表面主要平台的高度差约为 5 μm。

图 6-72　第二平台区域的形貌和粗糙度分析
(a) 显微形貌；(b) 三维形貌分析；(c) 线粗糙度分析

8. 压力分布水平

图 6-73 为两个样品在完成整个测试后的压力分布水平，浅灰色区域表示最高的高压接触面积。两个样品在不同压力范围的面积百分比的详细统计数据如图 6-73(c)所示。样品 C2 在最高压力区域(0.6～0.7 MPa)表现出较大的面积百分比。第二平台是摩擦表面的最高结构，第二平台将会承受最高的压力。样品 C2 中较大的高压接触区域面积占比归因于样品 C2 中较大面积的第二平台。根

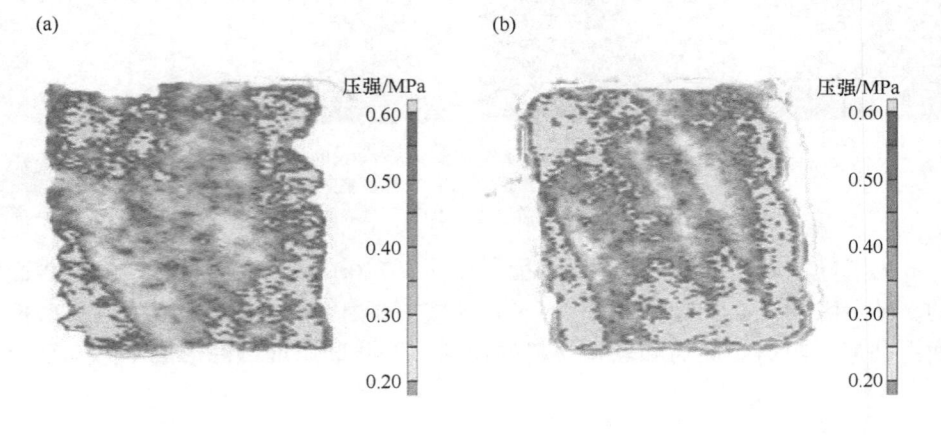

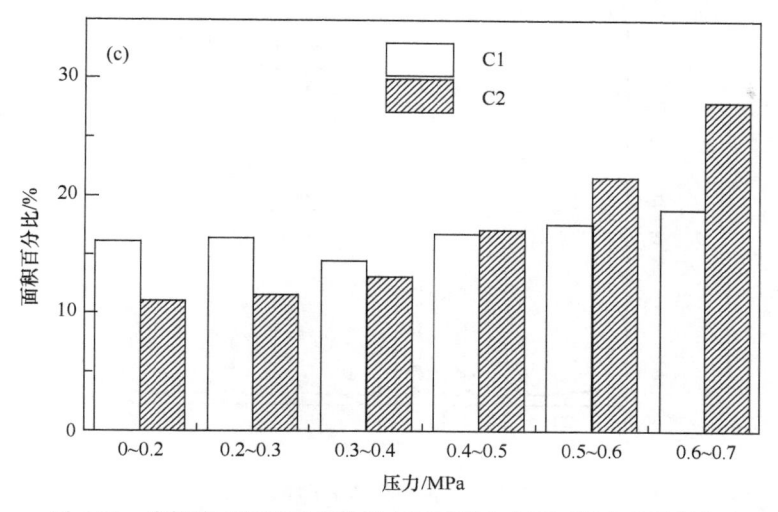

图 6-73 摩擦表面的压敏成像及在不同压力水平区间内的面积占比
(a) C1 样品压敏成像；(b) C2 样品压敏成像；(c) 摩擦表面在不同压力区间内的面积百分比

据文献报道，摩擦表面形成的高压接触区域的面积占比越大，材料的摩擦系数往往越高。在连续紧急制动过程中，样品 C2 的摩擦表面上形成了更多的第二平台，增加了高压接触面积，有助于抵抗摩擦系数的衰减，同时更少的磨屑释放降低了磨损量。

9. 摩擦表面相组成

经过整个制动测试后，两个样品的 XRD 分析如图 6-74 所示。摩擦表面的主要组成为 Cu、Fe、铁的氧化物和石墨。样品 C2 摩擦表面中 C 和 Fe_2O_3 的衍射峰的强度明显强于样品 C1 中 C 和 Fe_2O_3 的强度，这表明样品 C2 摩擦表面中 Fe_2O_3 和石墨的含量要高于样品 C1。根据上文所述，第二平台主要是由磨屑堆积产生的，其主要元素组成为 Fe、O 和 C。这也证明了样品 C2 的摩擦表面上的第二平台面积要大于样品 C1。

通过图 6-69～图 6-73 总结的摩擦表面特性以及从图 6-74 分析的摩擦表面相组成可以推测出镀铜 SiC 颗粒在摩擦过程中的作用。表面镀铜改善了 SiC 颗粒与铜基体之间的界面结合，阻止了摩擦过程中 SiC 颗粒的大量脱落。SiC 颗粒被牢固地钉扎在摩擦表面上，阻碍了高温作用下摩擦表面软化材料的运动，降低了摩擦表面的塑性变形。同时，SiC 颗粒通过阻碍磨屑的运动促进了第二平台的形成，较少的磨屑释放也减少了磨损。对于添加未镀铜 SiC 颗粒的样品 C1，在制动过程中 SiC 颗粒很容易从铜基体上脱落，并且由于 SiC 颗粒与铜基体之间存在的孔隙，在界面处容易产生裂纹，在摩擦过程中裂纹扩展并与其他裂纹连接直到到达表面，加剧了分层。摩擦表面上释放的大量磨屑也增加了磨损量。

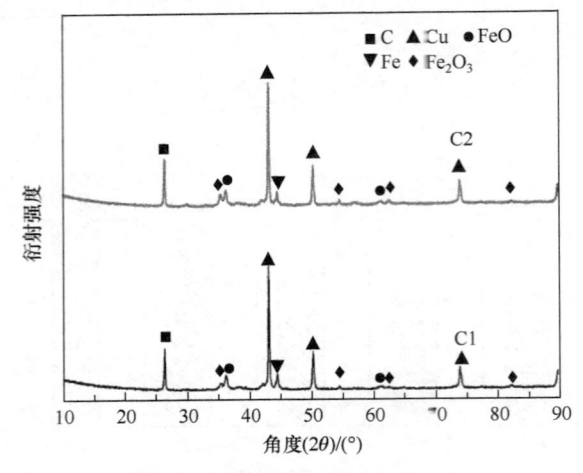

图 6-74 样品摩擦表面的相组成

参 考 文 献

[1] Zhang P, Zhang L, Fu K X, et al. Effects of different forms of Fe powder additives on the simulated braking performance of Cu-based friction materials for high-speed railway trains. Wear, 2018, 414: 317-326.

[2] Kolluri D, Ghosh A K, Bijwe J. Analysis of load-speed sensitivity of friction composites based on various synthetic graphites. Wear, 2009, 266(1-2): 266-274.

[3] 符蓉, 房顺利, 高飞, 等. 铬对铜基粉末冶金材料摩擦磨损性能的影响. 润滑与密封, 2013, 38(10): 15-20.

[4] Zhang P, Zhang L, Wei D B, et al. The synergistic effect of Cr and CrFe particles on the braking behavior of Cu-based powder metallurgy brake pads. Tribology Transactions, 2019, 62(6): 1072-1085.

[5] Fan J L, Zhang C, Wu S, et al. Effect of Cr-Fe on friction and wear properties of Cu-based friction material. Materials Science and Technology, 2018, 34(7): 869-875.

[6] Biesinger M C, Payne B P, Grosvenor A P, et al. Resolving surface chemical states in XPS analysis of first row transition metals, oxides and hydroxides: Cr, Mn, Fe, Co and Ni. Applied Surface Science, 2011, 257(7): 2717-2730.

[7] Kang G, Guo S, Dong C. Numerical simulation for uniaxial cyclic deformation of discontinuously reinforced metal matrix composites. Materials Science and Engineering: A, 2006, 426(1-2): 66-76.

[8] Wang T, Shozaki M, Yamamoto M, et al. Synergy effect of reinforcement particle, fiber and matrix on wear resistance of hybrid metal matrix composite fabricated by low pressure infiltration process. Materials & Design, 2015, 66: 498-503.

[9] Wang Y Q, Afsar A M, Jang J H, et al. Room temperature dry and lubricant wear behaviors of $Al_2O_{3f}/SiC_p/Al$ hybrid metal matrix composites. Wear, 2010, 268(7-8): 863-870.

[10] Zhang P, Zhang L, Fu K X, et al. The effect of Al_2O_3 fiber additive on braking performance of

copper-based brake pads utilized in high-speed railway train. Tribology International, 2019, 135: 444-456.

[11] 秦法涛, 顾菊平, 张焱, 等. 基于摩擦学二项式定理的超声振动减摩机理分析. 微电机, 2010, 43(6): 39-42.

[12] Ilo S, Tomala A, Badisch E. Oxidative wear kinetics in unlubricated steel sliding contact. Tribology International, 2011, 44(10): 1208-1215.

[13] So H, Yu D S, Chuang C Y. Formation and wear mechanism of tribo-oxides and the regime of oxidational wear of steel. Wear, 2002, 253(9-10): 1004-1115.

[14] Rodrigues A C P, Österle W, Gradt T, et al. Impact of copper nanoparticles on tribofilm formation determined by pin-on-disc tests with powder supply: Addition of artificial third body consisting of Fe_3O_4, Cu and graphite. Tribology International, 2017, 110: 103-112.

[15] Neis P D, Ferreira N F, Fekete G, et al. Towards a better understanding of the structures existing on the surface of brake pads. Tribology International, 2017, 105: 135-147.

[16] Noh H J, Jang H. Friction instability induced by iron and iron oxides on friction material surface. Wear, 2018, 400-401: 93-99.

[17] Fei J, Wang H K, Huang J F, et al. Effects of carbon fiber length on the tribological properties of paper-based friction materials. Tribology International, 2014, 72: 179-186.

[18] Zhang P, Zhang L, Wu P F, et al. Effect of carbon fiber on the braking performance of copper-based brake pad under continuous high-energy braking conditions. Wear, 2020, 458-459: 203408.

[19] Larionova T, Koltsova T, Fadin Y, et al. Friction and wear of copper-carbon nanofibers compact composites prepared by chemical vapor deposition. Wear, 2014, 319(1-2): 118-122.

[20] Xia L, Jia B B, Zeng J, et al. Wear and mechanical properties of carbon fiber reinforced copper alloy composites. Materials Characterization, 2009, 60(5): 363-369.

[21] Uyyuru R K, Surappa M K, Brusethaug S. Tribological behavior of Al-Si-SiC_p composites/ automobile brake pad system under dry sliding conditions. Tribology International, 2007, 40(2): 365-373.

[22] Tang Y P, Liu H Z, Zhao H J, et al. Friction and wear properties of copper matrix composites reinforced with short carbon fibers. Materials & Design, 2008, 29(1): 257-261.

[23] Österle W, Prietzel C, Kloß H, et al. On the role of copper in brake friction materials. Tribology International, 2010, 43(12): 2317-2326.

[24] Yamashita T, Hayes P. Analysis of XPS spectra of Fe^{2+} and Fe^{3+} ions in oxide materials. Applied Surface Science, 2008, 254(8): 2441-2449.

[25] Zhang L, He X B, Qu X H, et al. Dry sliding wear properties of high volume fraction SiC_p/Cu composites produced by pressureless infiltration. Wear, 2008, 265(11-12): 1848-1856.

[26] Zhang L, Fu K X, Zhang P, et al. Improved braking performance of Cu-based brake pads by utilizing Cu-coated SiO_2 powder. Tribology Transactions, 2020, 63(5): 829-840.

[27] Gultekin D, Uysal M, Aslan S, et al. The effects of applied load on the coefficient of friction in Cu-MMC brake pad/Al-SiC_p MMC brake disc system. Wear, 2010, 270(1): 73-82.

[28] Xiao Y, Yao P, Zhou H, et al. Friction and wear behavior of copper matrix composite for

spacecraft rendezvous and docking under different conditions. Wear, 2014, 320(7): 127-134.
[29] Ma Y N, Martynková G S, Valášková M. Effects of ZrSiO$_4$ in non-metallic brake friction materials on friction performance. Tribology International, 2008, 41(3): 166-174.
[30] Jiang J, Stott F H, Stack M M. The role of triboparticulates in dry sliding wear. Tribology International, 1998, 31(5): 245-256.
[31] Rajkovic V, Bozic D, Jovanovic M T. Properties of copper matrix reinforced with various size and amount of Al$_2$O$_3$ particles. Journal of Materials Processing Technology, 2008, 200(3): 106-114.
[32] Ragab K A, Abdel-Karim R, Farag S. Influence of SiC, SiO$_2$ and graphite on corrosive wear of bronze composites subjected to acid rain. Tribology International, 2010, 43(3): 594-601.
[33] Rajkµmar K, Aravindan S. Tribological performance of microwave sintered copper-TiC-graphite hybrid composites. Tribology International, 2011, 44(4): 347-358.
[34] Moustafa S F, Abdel-Hamid Z, Abd-Elhay A M. Copper matrix SiC and Al$_2$O$_3$ particulate composites by powder metallurgy technique. Materials Letters, 2002, 53(4): 244-249.
[35] Haddad H, Guessasma M, Fortin J. A DEM-FEM coupling based approach simulating thermomechanical behaviour of frictional bodies with interface layer. International Journal of Solids and Structures, 2015, 81(7): 203-218.

第 7 章 润滑组元对摩擦制动性能的影响

润滑组元又称为减摩剂,在铜基粉末冶金摩擦材料中起固体润滑作用,添加润滑组元可以提高材料的摩擦稳定性、耐磨性、抗咬合能力,并且可以减少闸片材料对对偶盘的损伤,延长摩擦副的使用寿命,保证制动过程的平稳性。石墨是铜基摩擦材料的关键组元。石墨具有层状六方晶体结构,原子间结合键能低,易滑移,而层内原子间结合力强,滑移时平面层不会剥落,而且石墨能在金属表面上形成牢固的转移膜,因此具有优良的润滑性。不同类型和粒径的石墨性质不同,对铜基闸片材料摩擦系数的稳定性产生显著的影响,不同类型石墨的搭配使用能够对摩擦系数的稳定进行调控。MoS_2 作为固体润滑剂,尤其在重载、高速的条件下是不可缺少的材料。与石墨类似,MoS_2 具有六方晶系层状结构,其作用是稳定摩擦系数和降低磨损。本章重点对铜基制动闸片中粒状石墨、鳞片状石墨及 MoS_2 的作用机制进行研究,为闸片材料摩擦磨损性能的精确调控提供新的思路。

7.1 鳞片状石墨与粒状石墨比例对闸片性能的影响

按照表 7-1 的成分制备含有不同比例鳞片状石墨和粒状石墨的铜基制动闸片,并根据粒状石墨的比例将样品分别命名为 GG0、GG3、GG5、GG7 和 GG10。图 7-1(a)是典型的鳞片状石墨 SEM 形貌,粒度为 50~32 目。图 7-1(b)中粒状石墨的边缘粗糙,粒度为 80~60 目,通过横截面发现,在粒状石墨的内部存在孔隙。采用粉末冶金方法制备出样品后在 MM3000 试验机上检测制动性能。

表 7-1 含有不同比例粒状石墨和鳞片状石墨的铜基制动闸片材料成分(质量分数)

(单位:%)

样品	Cu	Sn	Fe	CrFe	Cr	SiO_2	其他	石墨(鳞片状石墨:粒状石墨)
GG0	56	1	18	4	3	2	3	13(10:0)
GG3	56	1	18	4	3	2	3	13(7:3)
GG5	56	1	18	4	3	2	3	13(5:5)
GG7	56	1	18	4	3	2	3	13(3:7)
GG10	56	1	18	4	3	2	3	13(0:10)

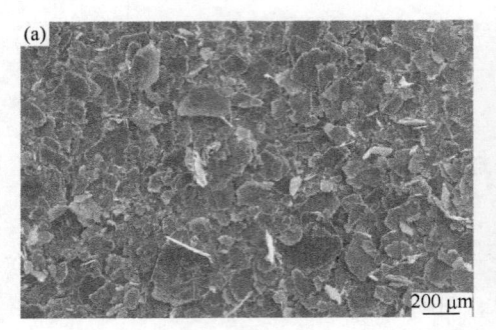

图 7-1 石墨的 SEM 形貌

(a) 鳞片状石墨；(b) 粒状石墨，右上角是粒状石墨的横截面光镜形貌

图 7-2 是闸片材料的相对密度以及布氏硬度随鳞片状石墨与粒状石墨比例的变化情况。闸片材料的相对密度随着粒状石墨比例的升高而下降，从 GG0 时的 84%降低到 GG10 时的 76%，主要原因在于粒状石墨内部存在孔隙，如图 7-1 所示，因此粒状石墨的加入会引入孔隙导致相对密度降低。除此之外，粒状石墨的加入会使得原料混合粉末的压制性降低，这也是导致闸片材料相对密度降低的原因之一。而材料的布氏硬度则随着粒状石墨比例的升高而升高，从不含粒状石墨时的 24 HB 升高到 31 HB，主要原因在于粒状石墨的强度比鳞片状石墨的强度高，因此也提升了闸片材料的布氏硬度。

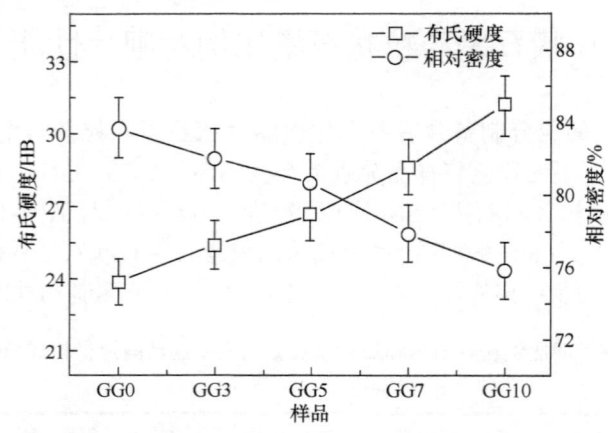

图 7-2 含有不同比例鳞片状石墨和粒状石墨的闸片材料的相对密度和布氏硬度

GG0～GG10 在不同制动条件下的平均摩擦系数(μ_m)如图 7-3 所示。不含粒状石墨的闸片材料(GG0)的 μ_m 除了在低速低压下前 6 次制动体现出较大的波动以外，其后即使制动速度和压力上升，GG0 也均保持非常稳定的 μ_m，维持在 0.32～0.33。随着粒状石墨含量提高，μ_m 开始显著上升，并且随制动条件的变化而产生的波动也增大。直到粒状石墨比例达到 50%(GG5)，在低速低压下(制动第一

第 7 章 润滑组元对摩擦制动性能的影响

阶段)，μ_m 保持在 0.425 左右，随着压力和速度上升，在制动第二阶段 μ_m 下降到 0.4 左右，到第三阶段出现较为严重的衰退。此后随着粒状石墨比例进一步升高，μ_m 在第一阶段和第二阶段并没出现显著的升高，GG10 在第二阶段小于 300 km/h 时的 μ_m 甚至比 GG5 和 GG7 的 μ_m 略低。总体来说，在制动第一阶段和第二阶段 GG5、GG7、GG10 的 μ_m 相近。在第三阶段，虽然 GG10 的 μ_m 在最初几次制动时较高，但是随后出现衰退并最终降低到与 GG7 同一水平，约为 0.375，这表明从 μ_m 上考虑，粒状石墨的比例在 50%(GG5)至 70%(GG7)之间时已经使得 μ_m 较高。图 7-4 为在整个制动结束后磨损量的变化。结果表明，虽然只含鳞片状石墨可以实现最稳定的 μ_m，但是磨损量较大，而粒状石墨的加入可以显著地降低磨损量。

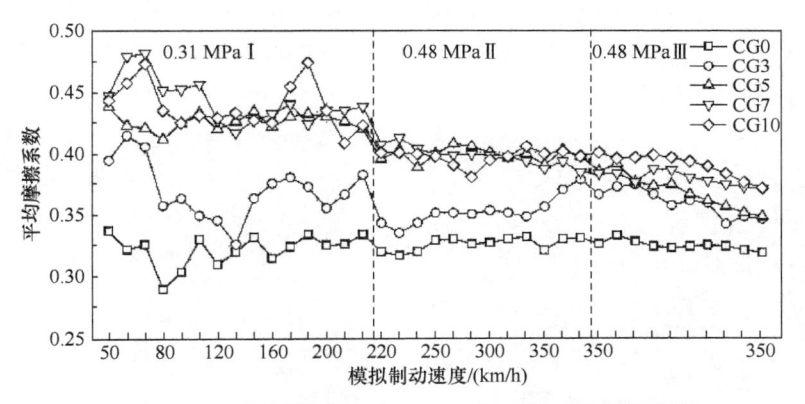

图 7-3 在不同制动条件下 GG0～GG10 的平均摩擦系数

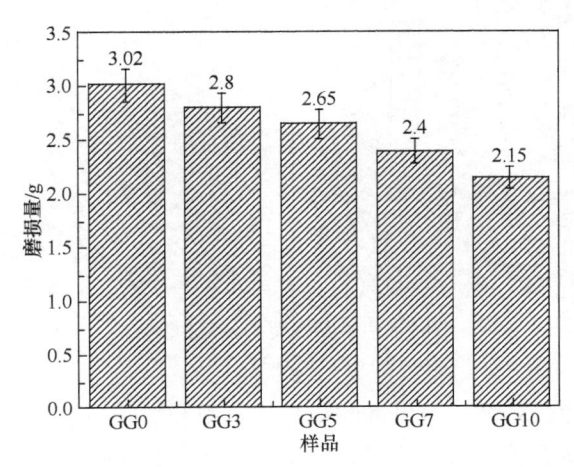

图 7-4 在整个制动试验结束后 GG0～GG10 的磨损量

进一步对摩擦表面进行观察并解释鳞片状石墨和粒状石墨比例对制动性

能产生影响的原因,如图 7-5 和图 7-6 所示。图 7-5 为摩擦表面 SEM 形貌,当不含粒状石墨时,摩擦表面出现大面积连续的剥落坑,在坑内部出现的是黑色石墨(图 7-5(a))。图 7-5(b)证实了一部分石墨破碎掉落而另一部分石墨保留在摩擦表面,这表明一定数量剥落坑的形成与石墨剥落密切相关。当粒状石墨的比例达到整个加入石墨的 50%时,摩擦表面剥落坑的面积明显减小,摩擦表面更加完整。在摩擦表面还发现了突出的粒状石墨颗粒(图 7-5(c))。随着粒状石墨比例的升高,摩擦表面连续程度进一步升高,没有出现大面积的剥落坑。突出于摩擦表面的主要是粒状石墨,因此摩擦表面石墨面积明显减小(图 7-5(d))。图 7-6 从摩擦表面横截面 BSE 形貌观察了摩擦表面不同形状石墨的情况。在鳞片状石墨的内部出现了明显的长裂纹,该裂纹继续扩展会导致剥层磨损的发生,从而产生剥落坑(图 7-6(a))。在图 7-6(b)中,在因鳞片状石墨剥落后产生的剥落坑附近,存在发生变形的粒状石墨,在粒状石墨的周边有明显的物质堆积并且摩擦表面保存完好。

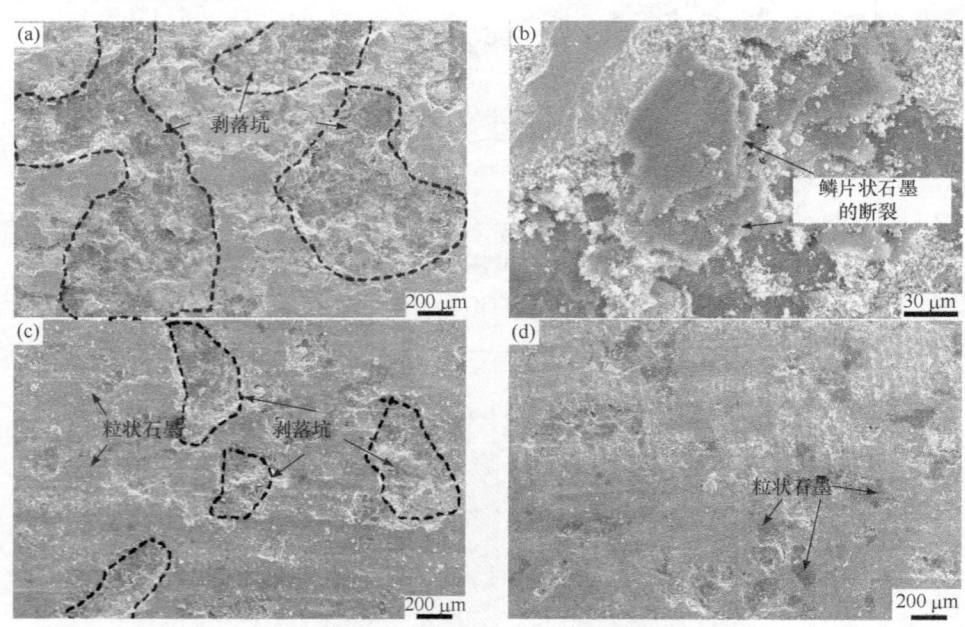

图 7-5 摩擦表面的 SEM 形貌
(a)(b) GG0;(c) GG5;(d) GG10

根据摩擦表面的特征,可以推测鳞片状石墨和粒状石墨在摩擦表面所起的作用。首先,鳞片状石墨润滑性能好,但是强度低,在摩擦过程中易产生剥落使得磨损量增大。而相较于鳞片状石墨,粒状石墨具有较高的硬度。因此,粒状石墨虽然内部有孔隙会使闸片材料相对密度下降,但是闸片材料的布氏硬度随粒状石墨比例的升高而升高。其次，粒状石墨表面粗糙，与基体能够产生更强的啮合。当鳞片状石墨中或者鳞片状石墨-基体界面之间出现裂纹并扩展时，遇到粒状的石墨会发生偏折，这有助于减小摩擦表面剥落坑的尺寸，降低磨损量。最后，粒状石墨能够起到类似于第一平台的作用，阻碍表面物质的运动，形成更多的第二平台，这使得磨损量降低，但同时也降低了摩擦表面的润滑作用，提高了摩擦系数。在连续高速制动阶段出现摩擦系数衰退现象，是粒状石墨过多导致摩擦表面石墨润滑作用下降，直接接触的金属在高速下软化所致[1]。

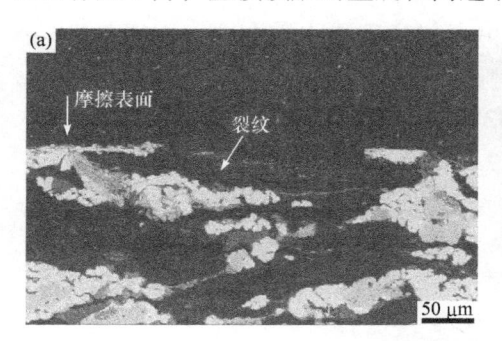

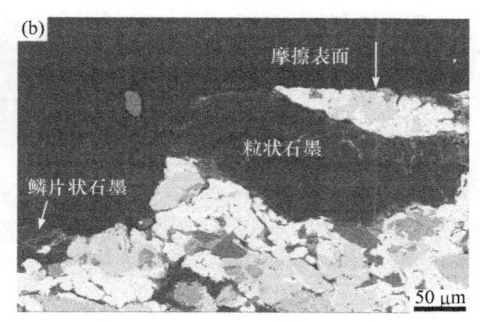

图 7-6 摩擦表面横截面石墨的 BSE 形貌
(a) GG0；(b) GG5

7.2 鳞片状石墨粒度对摩擦制动性能的影响

通过 7.1 节可以发现，在摩擦表面存在大面积的鳞片状石墨有助于稳定摩擦系数，因此本节考虑增大鳞片状石墨的粒度，这样可能会带来两方面好处：首先是等量的鳞片状石墨，粒度变大，在基体中产生的界面少，因此对基体带来的分割作用减小；其次是鳞片状石墨粒度变大，更大面积地覆盖在摩擦表面，润滑作用更加优异。因此，设计如表 7-2 所示的成分，探究鳞片状石墨粒度变大带来的影响。在 7.1 节中，当粒状石墨与鳞片状石墨比例达到 3∶7(GG3)时，粒状石墨含量增加仍能够显著地增加摩擦系数；当粒状石墨与鳞片状石墨比例达到 5∶5(GG5)时，粒状石墨对摩擦系数的增长作用基本达到最大；此后随着粒状石墨比例进一步升高，摩擦系数上的增益不大，但能够降低磨损量。据此，设计了三组试验，鳞片状石墨粒度从 50～32 目增加到 32～28 目，并且鳞片状石墨与粒状石墨的比例分别为 7∶6、4∶9 以及 2∶11，制备出的样品分别命名为 GG4.6、GG6.9 及 GG8.5。采用粉末冶金方法制备出样品后在 MM3000 试验机上检测制动性能。

表 7-2 含有不同比例鳞片状石墨和粒状石墨铜基制动闸片材料的成分(质量分数)

(单位：%)

样品	Cu	Fe	CrFe	石墨(鳞片状石墨：粒状石墨)	SiO$_2$	Cr	Sn	其他
GG4.6	56	18	4	13(7∶6)	2	3	1	3
GG6.9	56	18	4	13(4∶9)	2	3	1	3
GG8.5	56	18	4	13(2∶11)	2	3	1	3

图 7-7 为含有不同比例鳞片状石墨和粒状石墨的闸片材料相对密度和布氏硬度。相对密度与布氏硬度的变化趋势为：随着粒状石墨比例的升高相对密度下降，布氏硬度升高。相对密度分布在 79%～82%，而布氏硬度则分布在 18～26 HB。

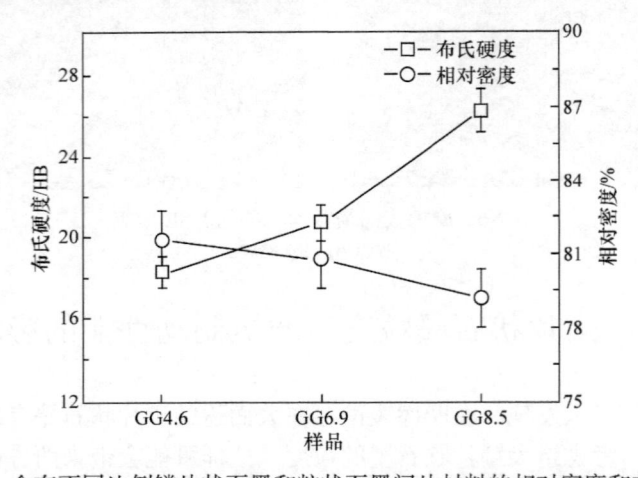

图 7-7 含有不同比例鳞片状石墨和粒状石墨闸片材料的相对密度和布氏硬度

图 7-8 是含有不同鳞片状石墨与粒状石墨比例的闸片材料在不同制动条件下

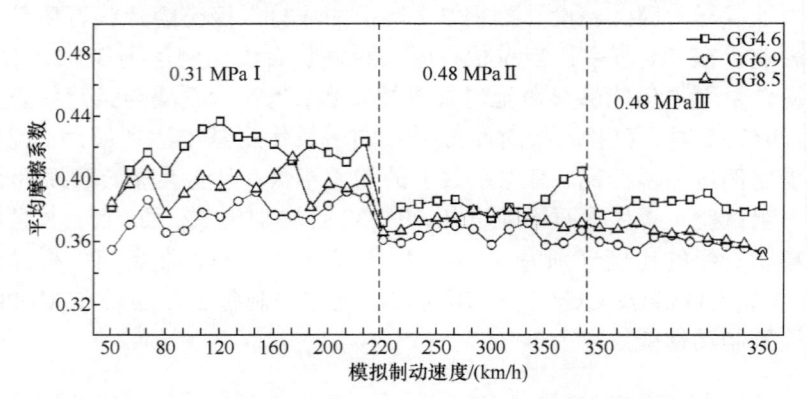

图 7-8 在不同制动条件下 GG4.6、GG6.9 及 GG8.5 的平均摩擦系数

的平均摩擦系数(μ_m)。当鳞片状石墨与粒状石墨比例为 7∶6 时(GG4.6)，μ_m 最大，在低速低压下(Ⅰ)、高速高压下(Ⅱ)以及连续紧急制动过程(Ⅲ)中，μ_m 分别分布在 0.38~0.44、0.37~0.41 以及 0.38~0.39。随着粒状石墨的比例升高，μ_m 略微降低。除了在第三阶段(Ⅲ)含有较高比例粒状石墨的样品出现轻微的衰退以外，三种样品在不同制动条件下的 μ_m 较为接近。与图 7-3 对比，鳞片状石墨的粒度增大后，μ_m 虽然出现略微下降，但是在连续紧急制动第三阶段的稳定性得到了显著提升，其中 GG4.6 的 μ_m 几乎不出现衰退。

图 7-9 是不同材料的磨损量。其中鳞片状石墨与粒状石墨比例为 4∶9 时(GG6.9)磨损量略低。与图 7-4 结果相比，鳞片状石墨粒度增大后，闸片材料的耐磨性也得到显著的提升。

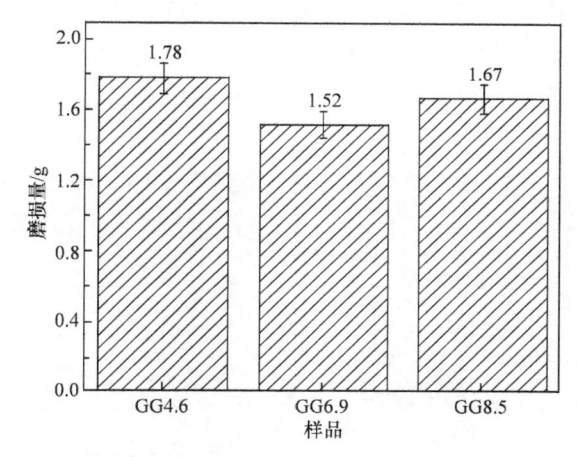

图 7-9　在整个制动试验结束后 GG4.6、GG6.9 及 GG8.5 的磨损量

综上所述，增大鳞片状石墨粒度，一方面能够稳定摩擦系数，尤其是能够减缓在连续紧急制动阶段摩擦系数的衰退；另一方面能够减小磨损量。

7.3　石墨表面镀镍对闸片性能的影响

石墨加入铜基制动闸片中，最主要的缺陷即在于石墨与铜的物理化学性质不同，从而使得石墨与铜的界面成为裂纹源。在持续制动过程中，沿着石墨与铜基体边界拓展的裂纹延伸到摩擦表面时会产生剥层磨损，使得摩擦系数失稳，磨损量异常增大。本节旨在利用化学镀镍的方式改善石墨与铜基体的界面结合并研究镀镍石墨对摩擦磨损性能的影响。镀镍后鳞片石墨表面镍镀层含量为 30%，其中原料石墨的粒度为 32~28 目。按照表 7-3 制备出闸片材料，其中含有镀镍石墨的材料命名为 NGF，不含镀镍石墨的材料命名为 GF。采用粉末冶金方法制备出样品后在 MM3000 试验机上检测制动性能[2]。

表 7-3 含有镀镍和非镀镍石墨的铜基闸片材料成分组成(质量分数) (单位：%)

样品	Cu	Sn	Fe	Ni	石墨	SiO$_2$	CrFe	Cr	其他
GF	56	2	18	3	7	2	4	3	5
NGF	56	2	18	—	10(镀镍)	2	4	3	5

图 7-10 为原始鳞片状石墨、镀镍鳞片状石墨的表面 SEM 形貌以及石墨上镍层的组成。图 7-10(a)表明原始鳞片状石墨表面光滑。当进行化学包覆工艺处理之后，石墨表面出现大量胞状结构的物质(图 7-10(b)和(c))，这表明采用化学镀镍工艺对石墨表面进行了有效的改性。区域 A 的 EDS 分析(图 7-10(d))表明，镀层的基本成分为 C、Ni 和 P。镀镍石墨的 XRD 谱图(图 7-10(e))得到的结果与图 7-10(d)相似。此外，在 $2\theta = 45°$ 附近观察到峰的宽化，表明石墨表面沉积的 Ni-P 层是非晶态的[3]。

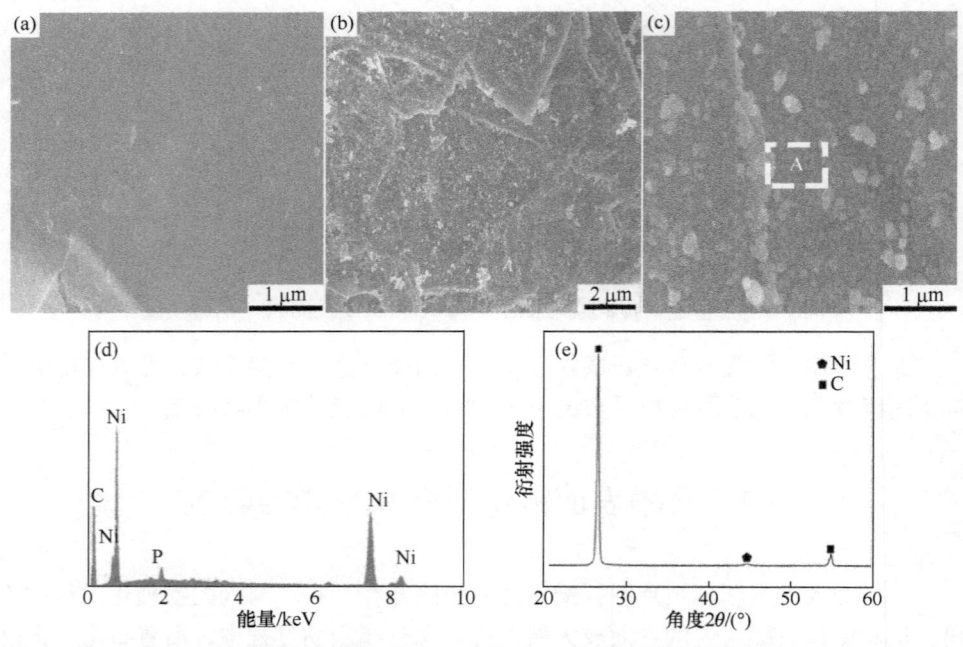

图 7-10 原始鳞片状石墨(a)和镀镍鳞片状石墨(b)(c)的 SEM 形貌，以及镀镍鳞片状石墨的 EDS 分析(d)和 XRD 谱图(e)

在铜基制动闸片中，石墨的均匀性是影响制动闸片润滑性能的重要因素之一。当石墨均匀分布时，摩擦表面磨损较为均匀；否则，在摩擦表面不同位置上可能会产生偏磨,加重材料的损伤。图 7-11 分别为 GF 和 NGF 的 SEM 图像。对比图 7-11(a)和(b),可以发现鳞片状石墨表面镀镍有助于闸片中石墨分布的均匀性并且使石墨在压制烧结过程中保存得更完好,这主要是由于镍和铜的密度相似,并且镍镀层可以减缓石墨片在受压过程中受到的破坏。在图 7-11(c)中,铜和石墨之间的界面上出现了可见裂纹,这意味着当制动闸片经历紧急制动时,裂纹很容易在此处萌生并扩展。图 7-11(d)表明镍包覆石墨片与铜基体之间产生了较好的界面结合。

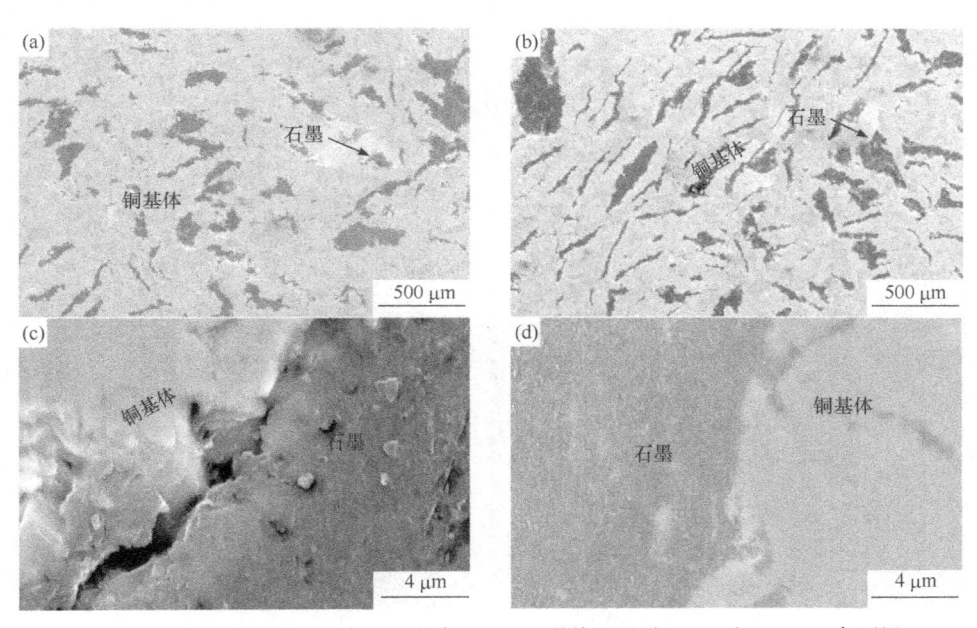

图 7-11 GF(a)和 NGF(b)中石墨分布的 SEM 形貌,以及 GF(c)和 NGF(d)中石墨和铜基体界面处的 SEM 形貌

图 7-12 为 GF 和 NGF 的布氏硬度、密度和热导率。NGF 的布氏硬度和密度均略高于 GF。由于镍的扩散,NGF 中石墨与铜基体之间的机械结合转变为扩散结合,界面结合的改善有助于降低孔隙率,改善 NGF 的力学性能。此外,镍包覆的石墨具有更高的强度,这也有利于提高 NGF 的布氏硬度。然而,如果考虑误差,石墨表面的 Ni-P 镀层对复合材料的热导率没有显著影响。在铜基制动闸片材料中,影响热导率的因素很多,如石墨取向、镍磷层中的 P 元素等,这都可能导致镀镍层对石墨热导率影响变小。

为了更好地对比不同速度和压力下的摩擦系数和磨损量的变化,分别在三个压力(0.5 MPa、1.0 MPa、1.5 MPa)下选取四种制动速度(120 km/h、200 km/h、250 km/h、350 km/h)进行模拟制动试验。此样品在测试之前利用砂纸打磨摩擦表面，没有经过磨合过程，因此在每个制动速度下重复进行十次制动试验，取最后五次试验平均摩擦系数(μ_m)，如图7-13所示。在图7-13(a)中，在0.5 MPa的接触压力下，当制动速度不超过250 km/h时，GF的平均摩擦系数(μ_{mGF})和NGF的平均摩擦系数(μ_{mNGF})大致相似，均为0.35左右。当制动速度从250 km/h提高到350 km/h时，μ_{mGF}从0.36下降到0.30，而μ_{mNGF}略高于μ_{mGF}。在1 MPa的接触压力下，μ_m的变化更明显。当制动速度低于250 km/h时，μ_{mNGF}低于μ_{mGF}，这是由于GF样品中石墨与铜基体之间的界面结合较弱，引起摩擦表面石墨剥落从而使得润滑不足所致[4]。NGF略高的布氏硬度也会造成较低的μ_{mNGF}[5]。当制动速度从250 km/h增加到350 km/h时，μ_{mNGF}保持相对稳定(约0.34)，但μ_{mGF}从0.34迅速下降到0.26，表明μ_{mGF}对制动速度增加的敏感性大于μ_{mNGF}，如图7-13(b)所示。图7-13(c)为压力增加到1.5 MPa时μ_m的变化，μ_{mNGF}和μ_{mGF}分别低于相同制动速度下在0.5 MPa

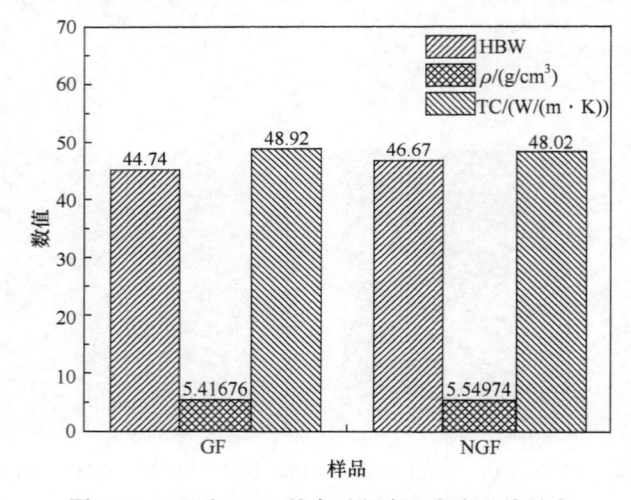

图7-12 GF和NGF的布氏硬度、密度和热导率

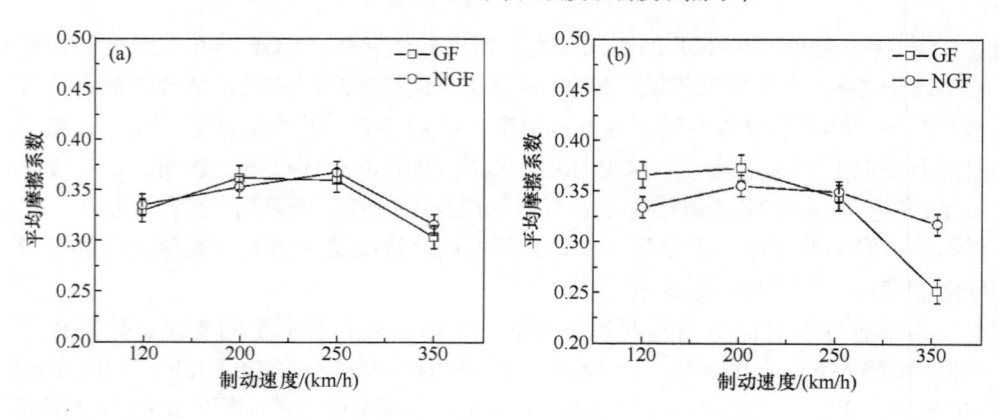

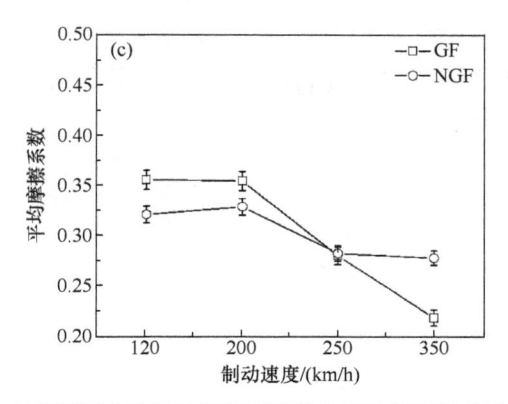

图 7-13 在不同压力下平均摩擦系数算术平均值随制动速度的变化
(a) 0.5 MPa; (b) 1 MPa; (c) 1.5 MPa

和 1 MPa 时的试验值，并且 μ_{mNGF} 和 μ_{mGF} 随制动速度增加的变化趋势与 1 MPa 下相似。

综上所述，μ_m 随制动速度和压力的增加而变化。制动速度通过摩擦热影响摩擦表面的温度，并且摩擦表面的温度随着制动的进行持续升高。在高温下，虽然 μ_{mNGF} 和 μ_{mGF} 都会随着制动速度的增加而出现衰退现象，但 μ_{mNGF} 的下降幅度小于 μ_{mGF}，说明 μ_{mNGF} 的抗衰退能力更好。摩擦系数的衰退与摩擦膜的破坏密切相关。当在制动速度不超过 250 km/h，压力为 0.5 MPa 和 1 MPa 时，μ_{mNGF} 是相似的，这意味着 0.5 MPa 和 1 MPa 的压力不超过 NGF 上摩擦膜的应力破坏极限。然而，当制动速度为 350 km/h 时，1 MPa 时的 μ_{mGF}(0.26)低于 0.5 MPa 时的 0.3，这表明试验条件(1.0 MPa, 350 km/h)是 GF 上摩擦膜的临界破坏条件，即此时摩擦膜的破坏速率小于自生成速率。当压力增加到 1.5 MPa，制动速度大于 200 km/h 时，μ_m 开始出现衰退，这说明压力越高，μ_m 越容易衰退。而 μ_{mNGF} 则相对稳定，即使压力增加到 1.5 MPa，衰退也小于 μ_{mGF}，说明 μ_{mNGF} 受压力影响小。综上所述，NGF 具有较好的耐热性和抗压能力，更适合在高速重载条件下制动。

图 7-14 为不同制动速度和压力下线磨损量的变化。GF 和 NGF 在不同压力下的线磨损量波动趋势相似，如图 7-14(a)~(c)所示。在相同压力下，随着制动速度的增加，线磨损量增大。整个制动过程中，GF 的线磨损量(LW_{GF})高于 NGF 的线磨损量(LW_{NGF})。此外，在更高的制动速度下，LW_{GF} 和 LW_{NGF} 之间的差异会变得更大，这意味着 NGF 比 GF 具有更好的耐磨性，尤其是在更高的制动速度下。当制动速度小于 200 km/h 时，制动速度-线磨损量的曲线具有较小的斜率，这表明在较低的制动速度下制动速度对线磨损量的影响较小。但是，当制动速度高于 200 km/h 时，斜率开始增大。例如，图 7-14(c)中，在 1.5 MPa 时，当制动速度达到 250 km/h 时，斜率为 0.01，而在 200 km/h 时，斜率仅为 0.0024。这与 μ_m 的变

化一致：μ_m 在制动速度相对较低时稳定，当制动速度达到临界值时迅速衰退。此外，在相同制动速度下，不同压力下的线磨损量是相似的，这表明与制动速度相比，压力对线磨损量的影响较小。

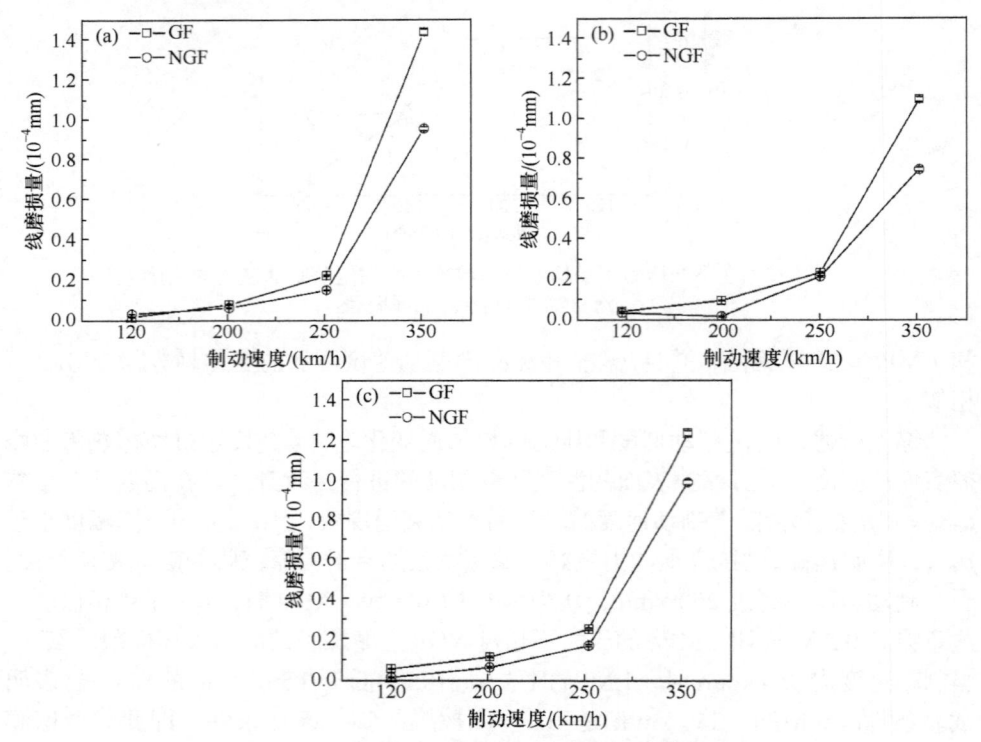

图 7-14 在不同压力下线磨损量随制动速度的变化
(a) 0.5 MPa；(b) 1 MPa；(c) 1.5 MPa

摩擦系数和磨损量的变化与摩擦表面的特征有关。在不同制动速度和压力下测试后的 NGF 和 GF 摩擦表面的 SEM 图像如图 7-15 所示。在 200 km/h、0.5 MPa 条件下测试的 GF 摩擦表面(图 7-15(a))出现大量密集的犁沟和大面积的剥落坑，摩擦表面磨损严重。在 350 km/h 时(图 7-15(b))，除密集犁沟外，剥落坑的面积扩大，摩擦膜的不连续性增加。巨大的热载荷和应力载荷的相互作用会加速摩擦表面的破坏和剥落坑的形成，因此，高速下摩擦表面的损伤更为严重。对于在 200 km/h、0.5 MPa 下测试的 NGF，其摩擦表面更平坦，剥落坑明显减少(图 7-15(c))。即使在 350 km/h 的制动速度下(图 7-15(d))，摩擦表面也较光滑，并且犁削较少。NGF 中石墨与基体较强的界面结合减少了裂纹的萌生，从而减少了剥落坑的产生。此外，镍包覆石墨的强度比未包覆石墨高，这也能够一定程度上阻止亚表层基体的变形，这两个原因都保证在更高的制动速度下摩擦表面有更完整的摩擦膜，从而促进摩擦系数的稳定。图 7-15(e)为在最高制动速度和压力(350 km/h,1.5 MPa)下试验后 GF 的摩擦表面。摩擦表面几乎没有被摩擦膜覆盖,表明摩擦膜受到严重损伤。对于图 7-15(f)中的 NGF,摩擦表面平坦且没有明显的犁削。与 GF 相比,NGF 上的摩擦膜覆盖面积显著大于 GF,这是 NGF 在 350 km/h 和 1.5 MPa 下稳定的 μ_m 和较低的线磨损量的原因。这也说明了 NGF 更适用于高速重载条件下的紧急制动。

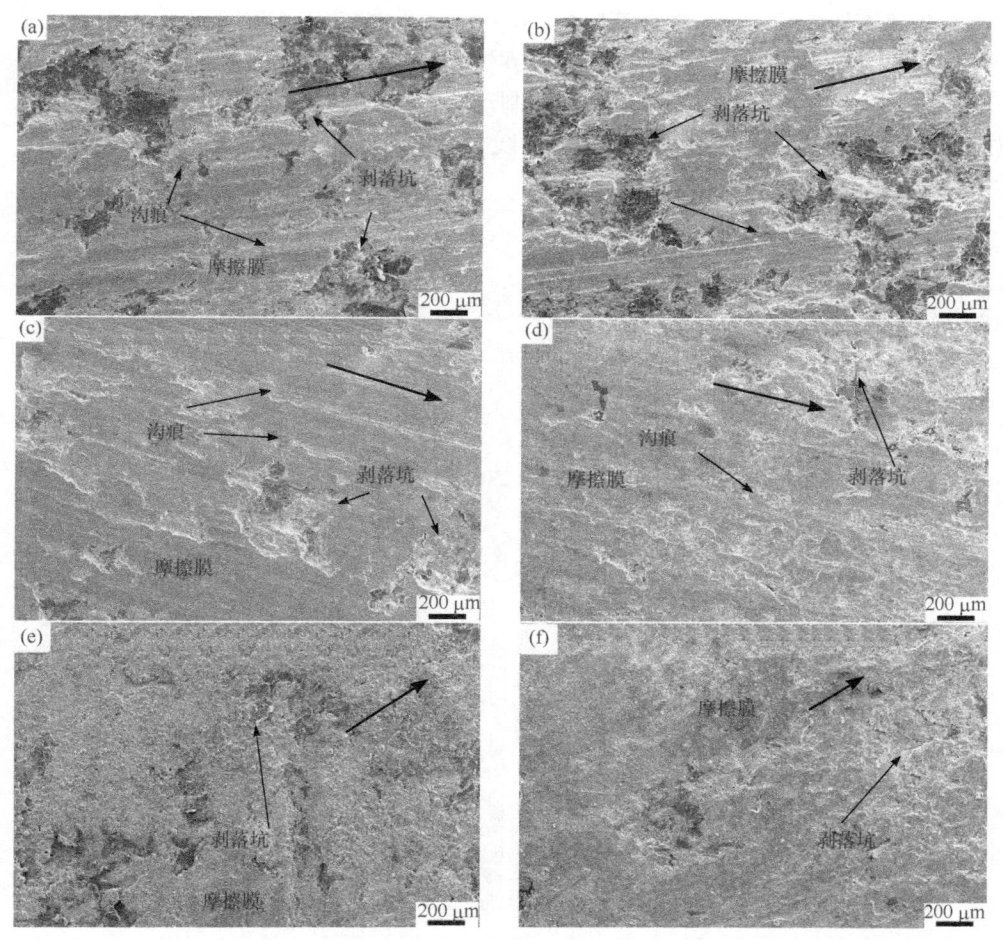

图 7-15 在不同制动条件下测试后样品的摩擦表面 SEM 形貌(图中粗箭头表示摩擦方向)
(a) GF, 200 km/h, 0.5 MPa; (b) GF, 350 km/h, 0.5 MPa; (c) NGF, 200 km/h, 0.5 MPa;
(d) NGF, 350 km/h, 0.5 MPa; (e) GF, 350 km/h, 1.5 MPa; (f) NGF, 350 km/h, 1.5 MPa

如上所述,GF 和 NGF 的 μ_m 及线磨损量的差异取决于石墨的类型。图 7-16 为摩擦表面横截面的 SEM 图像(箭头所指为裂纹),以在 0.5 MPa 下测试的 GF 和 NGF 摩擦表面附近的石墨为例,主要目的在于观察裂纹在石墨中的位置和形态。对于以

200 km/h 速度进行试验的 GF，石墨和铜基体之间的界面上出现小而不连续的裂纹（图 7-16(a)）。当制动速度达到 350 km/h 时，小裂纹扩展并相互连接。最后，在石墨与铜基体的界面上形成了大的裂纹(图 7-16(b))。而在图 7-16(c)中，以 200 km/h 测试后的 NGF，则是在石墨内部观察到了细小的裂纹，表明石墨片上的镍镀层促进了石墨与铜基体的界面结合。当制动速度增加到 350 km/h 时，裂纹变大，如图 7-16(d)所示，当这些裂纹扩展到摩擦表面时，摩擦膜发生剥层磨损。对于 GF，沿着石墨-铜基体界面拓展的裂纹会造成石墨整体被剥落，摩擦表面由于缺乏石墨润滑，制动闸片耐磨性会下降。然而，由于裂纹易在镀镍石墨内部扩展，NGF 中的石墨发生部分剥离，残余石墨能够在制动闸片和制动盘之间提供持续润滑。这是 NGF 在高速和过载条件下表现出稳定的 μ_m 和较低线磨损量的重要原因之一。

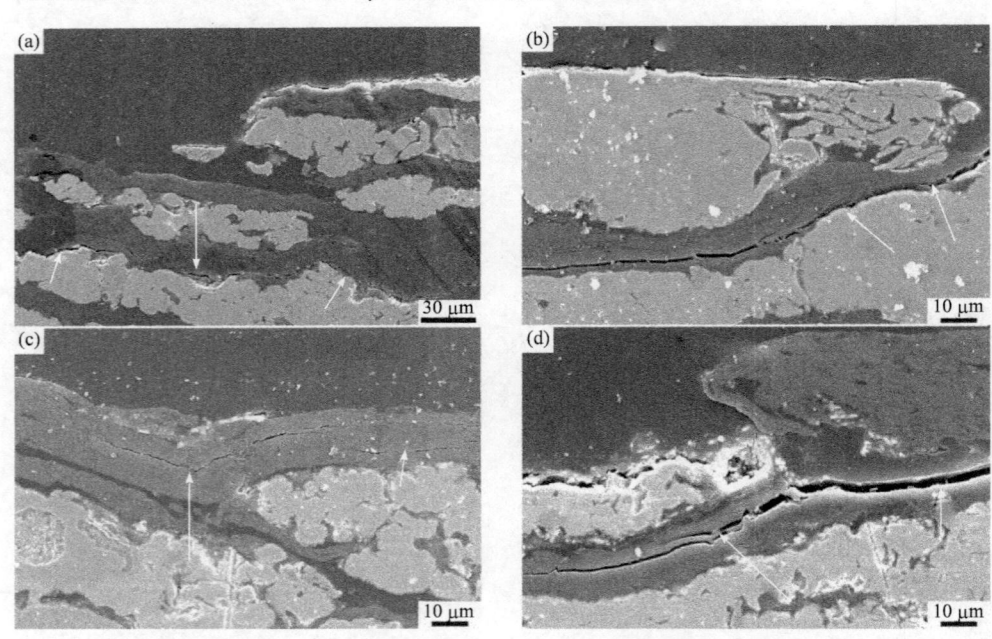

图 7-16 在 0.5 MPa 不同制动速度下测试后靠近摩擦表面的石墨 SEM 形貌
(a) GF, 200 km/h；(b) GF, 350 km/h；(c) NGF, 200 km/h；(d) NGF, 350 km/h

摩擦试验期间收集磨屑的 SEM 图像如图 7-17 所示。图 7-17(a)为在 200 km/h、0.5 MPa 条件下测试时 GF 产生的磨屑形貌。磨屑主要由片状磨屑组成，其中还观察到石墨附着在大的片状磨屑上，表明大颗粒磨屑的产生与石墨的剥落密切相关。当制动速度增加到 350 km/h(图 7-17(b))时，磨屑尺寸显著变大，并由基体物质和鳞片状石墨交叠多层组成，堆积的石墨一面与铜基体结合，另一面光滑，无铜基体，表明产生这一磨屑时出现较深的裂纹源和严重的剥层磨损，这也是 GF 在 350 km/h 时线磨损量快速增加的原因。图 7-17(c)为 NGF 在 200 km/h、0.5 MPa 下测试产生的磨屑形貌，其与图 7-17(a)中的磨屑相似，主要由小薄片磨屑组成，夹着少量破碎石墨，但没有出现大颗粒片状磨屑。随着制动速度增加到 350 km/h(图 7-17(d))，磨屑以小颗粒和大颗粒磨屑状态共存，并且磨屑上仅有少量石墨附着，表明摩擦表面经历的剥层磨损较图 7-17(b)中轻微。当在 350 km/h 制动压力增加到 1.5 MPa 时(图 7-17(e)和(f))，磨屑的形貌与 0.5 MPa 时(图 7-17(b)和(d))的磨屑形貌相似，但尺寸略有增加。此外，在图 7-17(e)中仍可以看到许多层石墨堆积以形成这种形貌的磨屑，而在图 7-17(f)中磨屑表面附着的石墨层数明显减小，这表明形成图 7-17(f)中磨屑的剥层磨损比形成图 7-17(e)中磨屑的剥层

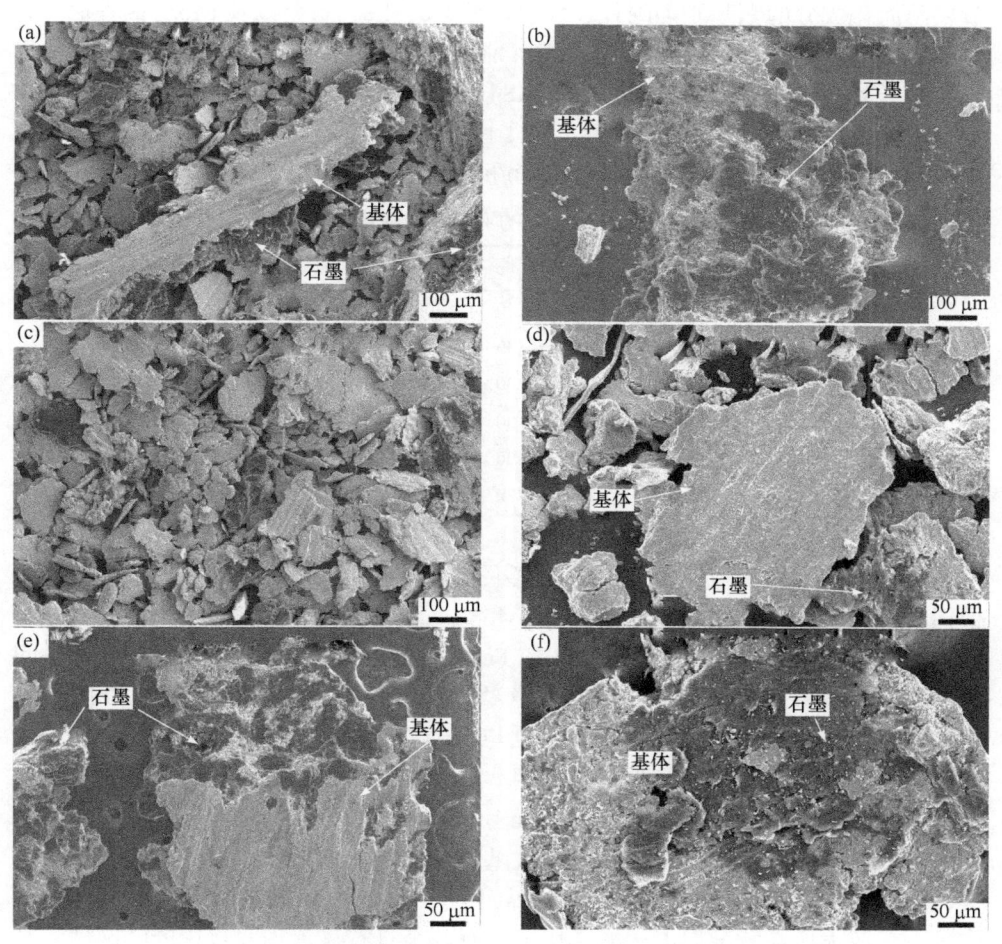

图 7-17　在不同制动条件测试后下来自不同样品的磨屑 SEM 形貌
(a) GF, 200 km/h, 0.5 MPa; (b) GF, 350 km/h, 0.5 MPa; (c) NGF, 200 km/h, 0.5 MPa;
(d) NGF, 350 km/h, 0.5 MPa; (e) GF, 350 km/h, 1.5 MPa; (f) NGF, 350 km/h, 1.5 MPa

磨损程度轻。以上都表明，在鳞片状石墨表面镀镍能够减缓摩擦过程中剥层磨损的程度，从而提升闸片在高速重载情况下的摩擦磨损性能。

7.4 二硫化钼对闸片性能的影响

铜基制动闸片成分复杂，Cu 和 Fe 为其主要成分，含量能够达到总质量的 70%～80%。在烧结过程中，MoS_2 与 Cu 和 Fe 之间会发生反应，并且反应复杂。因此，为了更加清楚地探索 MoS_2 对以 Cu 和 Fe 为主的闸片材料性能的影响，本节采用简化成分的铜基制动闸片，仅仅保留 Cu、Fe、石墨以及 MoS_2 四种成分，其中 MoS_2 的粒径小于 10 μm。按表 7-4 制备六种样品，并且根据 MoS_2 的含量将制备的样品分别命名为 MS0、MS2、MS4、MS6、MS8、MS10。简化成分的样品制动性能不佳，因此在 MM3000 试验机上采用的制动程序为在 200 km/h 下连续制动三次作为磨合阶段，随后在 350 km/h 下连续制动五次[6]。

表 7-4 不同 MoS_2 含量的铜基制动闸片成分(质量分数)　(单位：%)

样品	Cu	Fe	石墨	MoS_2
MS0	60	30	10	0
MS2	58	30	10	2
MS4	56	30	10	4
MS6	54	30	10	6
MS8	52	30	10	8
MS10	50	30	10	10

MoS_2 粉末和烧结后样品的 XRD 谱图如图 7-18 所示。烧结后样品的 X 射线衍射峰中只出现微弱的 MoS_2 峰，表明 MoS_2 已经与 Cu 和 Fe 发生了强烈的反应。其他的一些衍射峰代表 MoS_2 与 Cu 和 Fe 之间的反应产物，包括 Fe-Mo 金属间化合物、FeS、$Cu_2Mo_6S_8$ 和 $Cu_{1.92}S$，这些反应产物的具体形貌如图 7-19 所示。

图 7-19(a)中，在基体中分别观察到与石墨、铁、铜和反应产物相对应的黑色相、深灰色相、浅灰色相和少量白色相。随着 MoS_2 含量的增加，白色相数量增加，深灰色 Fe 颗粒的粒径减小，这由 MoS_2 与 Fe 和 Cu 反应增强所致。如图 7-19(b)和(c)所示，这些尺寸减小的铁颗粒导致基体中的界面增加，从而使基体更加不连续，而反应产生的白色相大多分布在相界面上。图 7-19(b)中的反应区域在图 7-19(d)中进一步放大。在背散射电子的作用下，有四个具有显著不同对比度的区域，其化学成分由 EDS 分析确定，如表 7-5 所示。结果表明，反应产物非常复杂，包括 Cu-Fe-Mo 相(EDS1)、Cu-Fe-S 相(EDS2)、富 Fe 相(EDS3)和富 Cu 相(EDS4)。

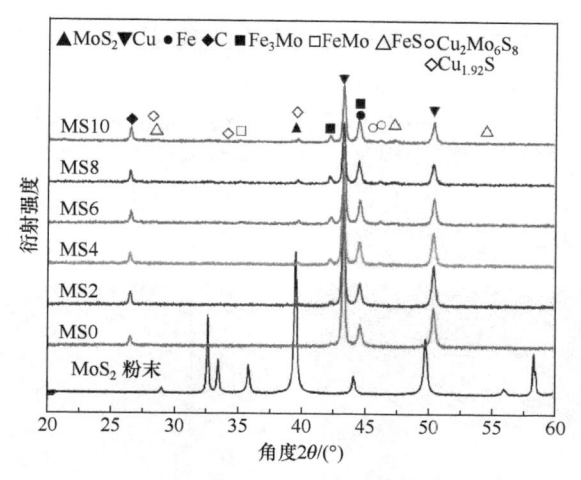

图 7-18 MoS₂ 粉末和 MS0-MS10 的 XRD 谱图

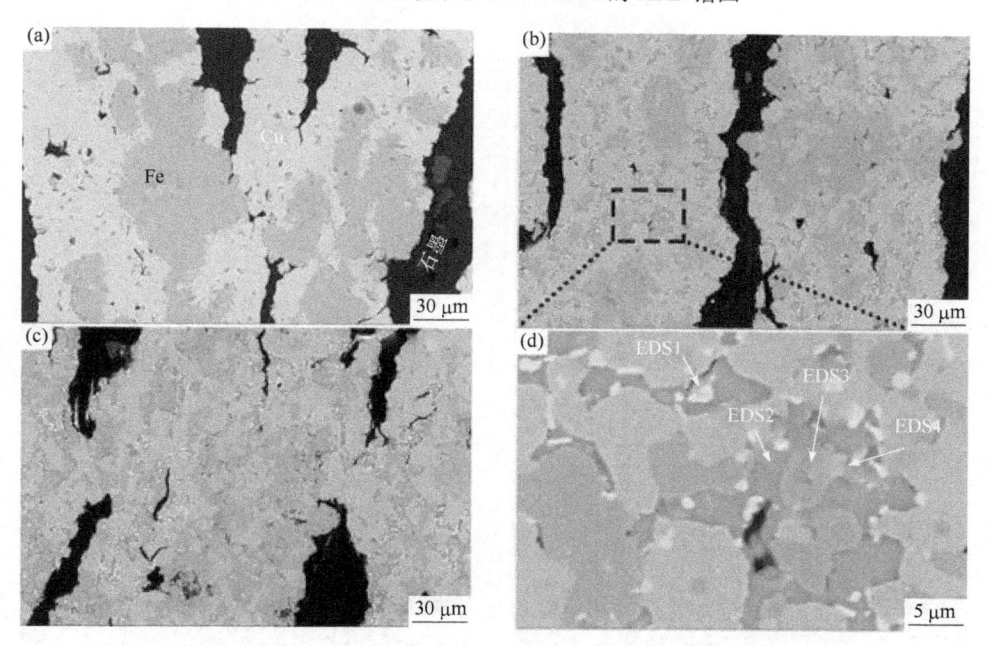

图 7-19 MS2(a)、MS6(b)、MS10(c)和 MS6 中放大区域的 BSE 形貌(d)

表 7-5 图 7-19(d)中反应产物的 EDS 分析结果(原子分数)　(单位：%)

区域	Cu	Fe	Mo	S
EDS1	42.03	44.31	13.65	—
EDS2	35.78	19.45	—	44.77
EDS3	2.97	94.86	2.17	—
EDS4	94.00	4.42	1.57	—

图 7-20 进一步在 TEM 下观察反应产物的微观形貌。图 7-20(a)为利用 FIB 技术从 MS10 中直接提取的 TEM 样品整体形貌。图 7-20(a)中具有反应物的区域 A、B 和 C 分别在图 7-20(b)~(d)中被放大观察，而主要反应产物的 EDS 分析结果如表 7-6 所示。由于 FIB 法制备的样品焊在铜柱上，EDS 分析中铜浓度相对较高，氧来自样品制备后的氧化。铜和铁之间以及铜和钼之间的反应不会产生化合物。因此，根据主要检测元素，反应产物如下。

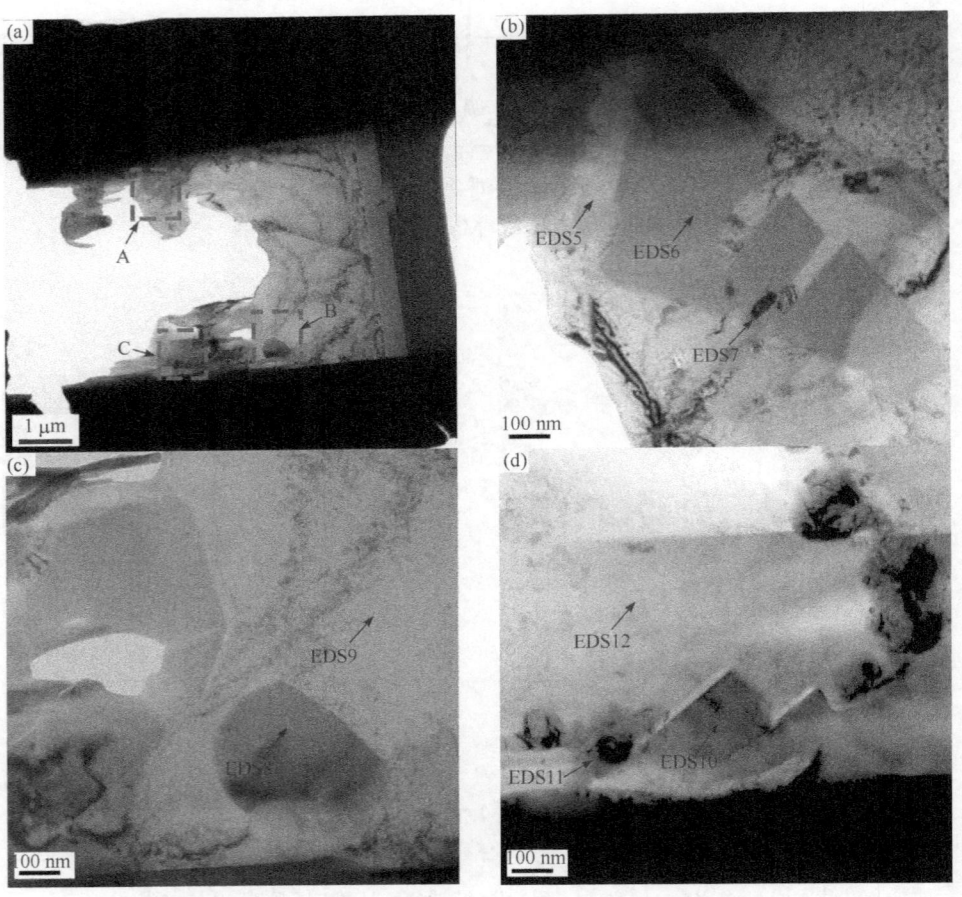

图 7-20 MS10 的 TEM 形貌(a)和图(a)中放大区域的 TEM 形貌：区域 A(b)；区域 B(c)；区域 C(d)

(1) Cu-Fe-S 相(EDS5，EDS12)：在 TEM 下，Cu-Fe-S 相没有特殊的形貌。在图 7-19(d)中，Cu-Fe-S 相的尺寸为几微米，超出了图 7-20(d)中的观察范围。用 SEAD 测定了样品的物相组成，但未能得到衍射图谱，这可能与生成物抵抗电子辐照的能力较弱有关。此外，Cu-Fe-S 相的抗氧化能力也很弱，这可以从 Cu-Fe-S 相(EDS5 和 EDS12)的高氧含量看出。

(2) Cu-Mo-S 相(EDS6，EDS10)和 Mo-Fe 相(EDS8，EDS9)：这些产物呈现出数百纳米大小的不规则形状。SEAD 结果表明，Cu-Mo-S 相和 Mo-Fe 相分别为 $Cu_2Mo_6S_8$ 和 FeMo 金属间化合物。根据 PDF 卡片上的信息，$Cu_2Mo_6S_8$ 属于菱形或六面体空间群 R-3，不再具有类似 MoS_2 的润滑特性。由 Mo 和 Fe 形成的金属间化合物是图 7-19 中白色颗粒的主要成分，并具有很高的硬度。

(3) 富铜相(EDS7，EDS11)。富铜相的出现是由于少量的反应产物在铜基体中分布。

表 7-6 图 7-20(b)～(d)中反应产物的 EDS 分析结果(原子分数)   (单位：%)

区域	Cu	Fe	Mo	S	O	C
EDS5	57.53	9.07	3.61	17.45	10.42	1.89
EDS6	41.31	3.12	22.24	27.82	5.48	—
EDS7	71.61	2.22	—	0.94	—	25.20
EDS8	25.40	34.02	40.56	—	—	—
EDS9	23.73	73.67	2.58	—	—	—
EDS10	40.52	2.20	24.36	30.69	2.19	—
EDS11	87.76	3.63	8.60	—	—	—
EDS12	57.39	12.21	—	22.84	7.54	—

虽然通过 TEM 观察到的产物类型(图 7-20)是确定的，但由于反应过程中原子的扩散速率不同，在基体中产生了不同原子比例的产物，如 Fe_3Mo 和 FeMo 在基体中共存。这些反应产物会影响闸片材料的物理性质。图 7-21 显示了 MoS_2 含量对布氏硬度和相对密度的影响。随着 MoS_2 含量的增加，相对密度减小，布氏硬

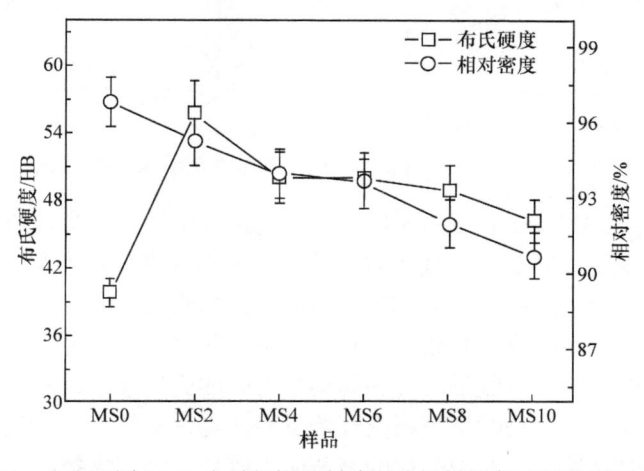

图 7-21 含有不同 MoS_2 含量的铜基制动闸片材料的布氏硬度和相对密度

度先增大后减小。相对密度的降低是由于基体中界面的增加，这也导致硬度的降低。但是，由于反应过程中形成的硬质相的强化作用，添加 MoS_2 也会在一定程度上提高硬度，这是当 MoS_2 含量从 0%增加到 2%时硬度增加的原因。当 MoS_2 含量超过 2%时，由低相对密度引起的弱化效应占主导地位，导致硬度下降。

图 7-22 为在模拟紧急制动试验中不同 MoS_2 含量样品的平均摩擦系数(μ_m)与磨损量。如图 7-22(a)所示，在制动速度为 200 km/h 的磨合阶段，各样品的 μ_m 随制动次数的增加而增大，这是制动闸片表面的摩擦接触面积随着制动次数增多而增大所致。然而，磨合阶段第三次制动所反映的 μ_m 与第二次制动所反映的 μ_m 相差不大，说明对于此样品以 200 km/h 的速度进行三次紧急制动，可以实现制动盘与制动闸片之间良好的磨合状态。另一个规律是 μ_m 随 MoS_2 含量的增加而减小。例如，磨合阶段第三次制动时，MS0 的 μ_m 为 0.349，MS10 的 μ_m 仅为 0.246，这种 μ_m 随 MoS_2 含量增加而减小的变化也适用于 350 km/h 紧急制动时 μ_m 的变化。此外，在 350 km/h 制动时，各试样的 μ_m 不仅比 200 km/h 时显著降低，而且随制动次数的增加而降低。整个试验后不同试样的磨损量差异很大，如图 7-22(b)所示。随着 MoS_2 含量的增加，磨损量先减小后剧烈增大。MS2 的磨损量最小(1.73 g)，而 MS10 的磨损量最大(34.26 g)。

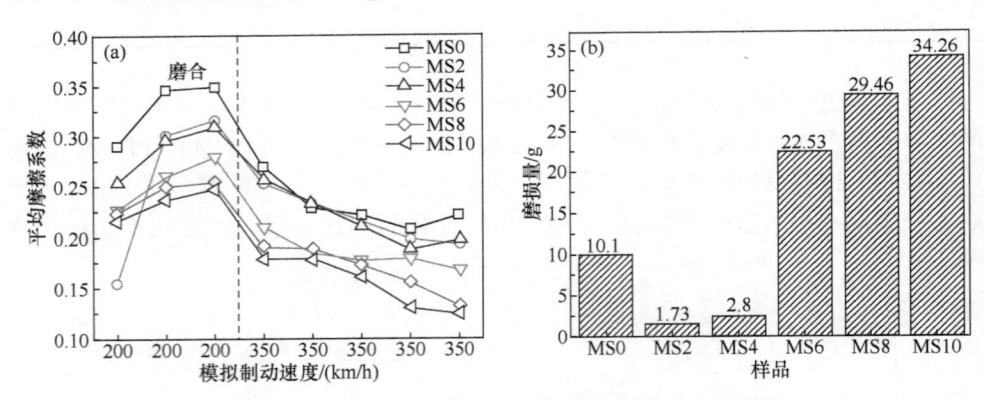

图 7-22 不同 MoS_2 含量样品的平均摩擦系数(a)和磨损量(b)

图 7-23 为在 350 km/h 下的最后一次制动过程中，制动盘转速和不同样品的瞬时摩擦系数变化。对于不同试样的曲线，其变化趋势有共同点：①随着制动的进行，制动盘转速随时间呈线性下降，表明在模拟制动过程中，减速度是一定的；②在制动开始时，瞬时摩擦系数上升到一个很高的值，这个值存在的时间很短，这是由于施加的压力以及制动闸片和制动盘之间的突然接触，对旋转制动盘的阻力也会突然增加。随后瞬时摩擦系数开始下降，经过大约 4 s 降到一个稳定值。由于制动开始时转速高，对微凸体的破坏能力较强，随着摩擦膜的形成和摩擦表面粗糙度的减小，摩擦阻力减小并达到稳定值。对于不同的试样，制动过程中最

大的差别是约 15 s 后瞬时摩擦系数的变化。对于 MS0、MS2 和 MS4，15 s 后瞬时摩擦系数随盘转速的降低而逐渐增大，并在制动后期达到最大值。但 MS6 的瞬时摩擦系数并没有明显的上升趋势。MS8 和 MS10 的瞬时摩擦系数在制动后期有明显的下降趋势，并且 MS10 的瞬时摩擦系数波动较大。

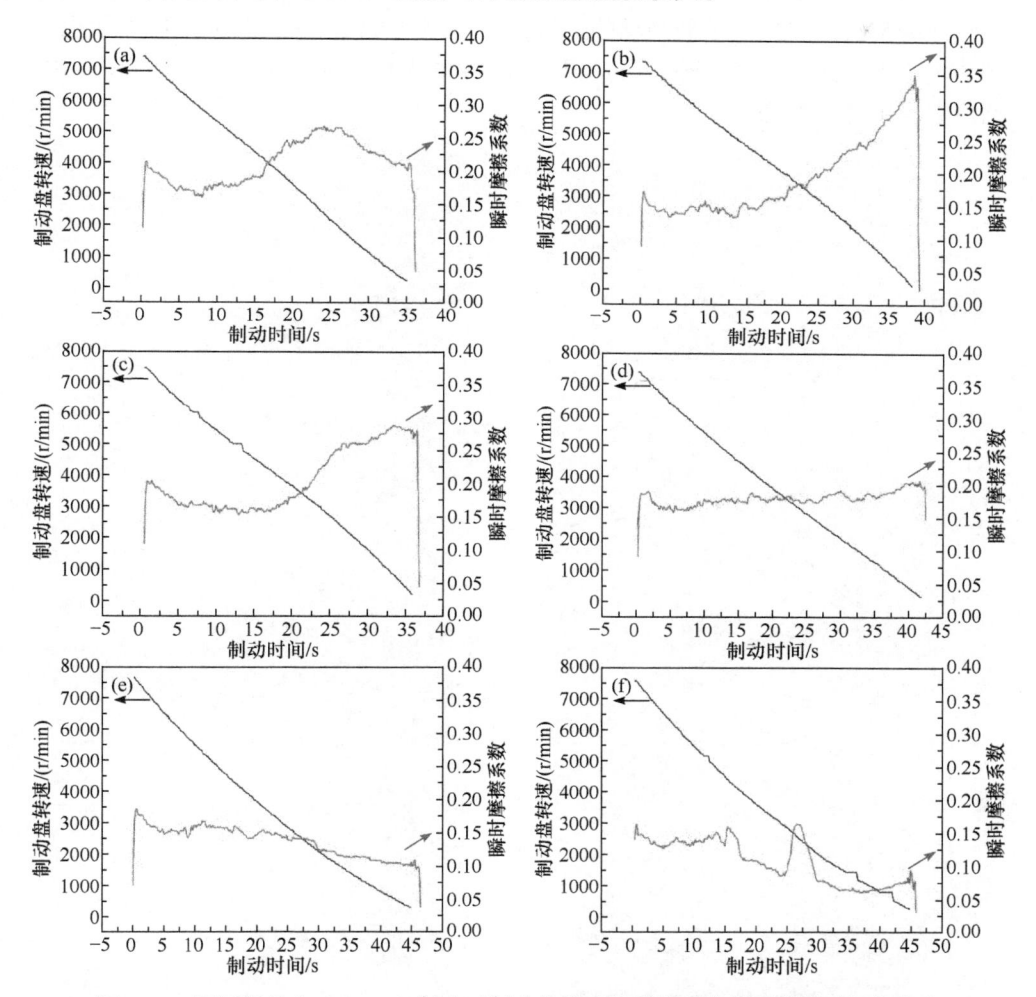

图 7-23　不同样品在 350 km/h 制动时制动盘转速以及瞬时摩擦系数随时间的变化
(a) MS0；(b) MS2；(c) MS4；(d) MS6；(e) MS8；(f) MS10

随着制动过程的进行，摩擦表面发生了一系列的变化，包括物质转移、损伤累积等。图 7-24 为整个试验后不同试样摩擦表面的 SEM 形貌。摩擦表面的典型特征是剥落坑、裂纹和沟槽。在图 7-24(a)中，在摩擦表面上出现宽度约为 400 μm 的沟槽。沟槽周围有许多裂纹和剥落坑。然而，对于 MS2，这些特征显著地减弱，并且仅出现一些窄沟槽(图 7-24(b))。随着 MoS$_2$ 含量的增加，如图 7-24(c)~(f)所示，这些特征开始重新出现。而且，MoS$_2$ 含量越高，这些特征越明显，具体表现为沟槽、剥落坑和裂纹的尺寸扩展和数量增加，并且这三个特征总是同时出现的。摩擦表面的塑性变形引起沟槽的产生，而在持续应力作用下，塑性变形反复发生，导致疲劳裂纹的产生。随着制动的进行，这些裂纹继续扩展，从而形成大面积的剥落坑。除上述三个特征外，还发现 MoS$_2$ 含量从 0 增加到 10%时，摩擦表面的划痕数量也随之增加。

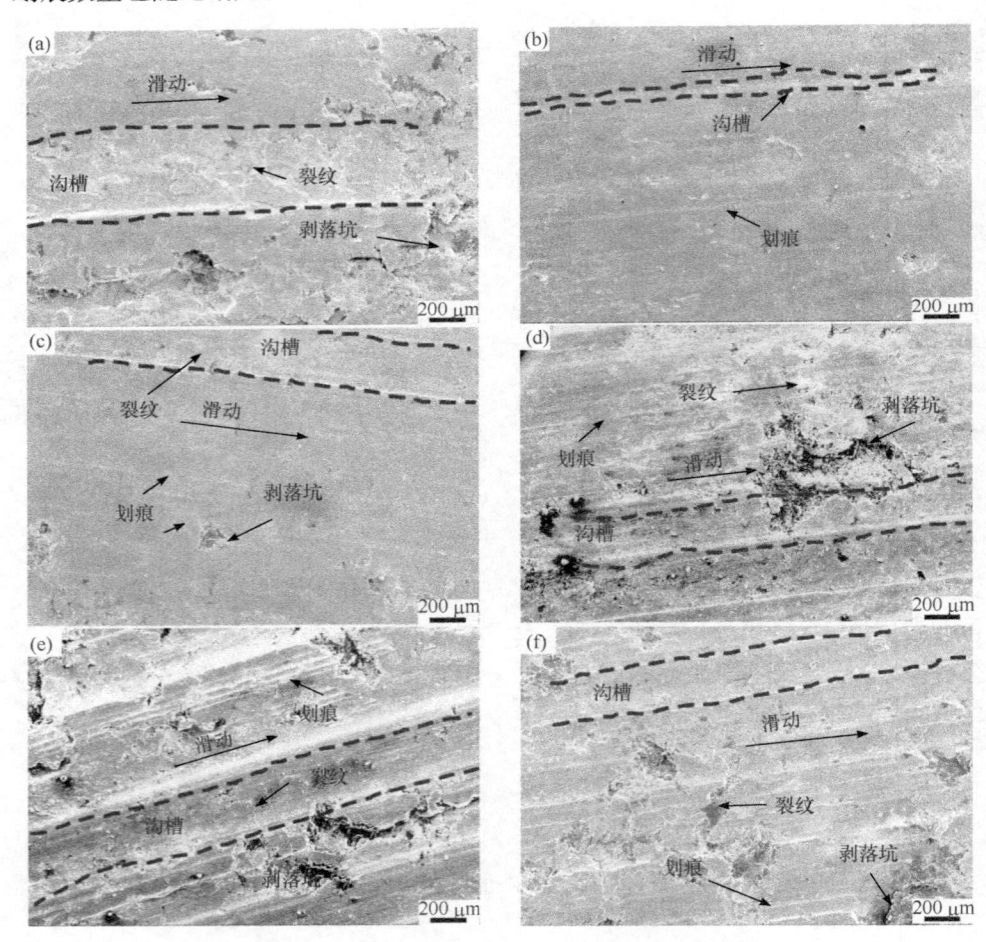

图 7-24　不同样品在摩擦试验之后摩擦表面的 SEM 形貌
(a) MS0；(b) MS2；(c) MS4；(d) MS6；(e) MS8；(f) MS10

摩擦表面的激光扫描共聚焦图像和相应的高度分析可以直观地了解摩擦表面沟槽的高度起伏变化，如图 7-25 所示。通过颜色的变化，图 7-25(a1)清楚地表明 MS0 摩擦表面上存在沟槽。图 7-25(a2)中曲线的槽段对应于图 7-25(a1)中用粗线标记

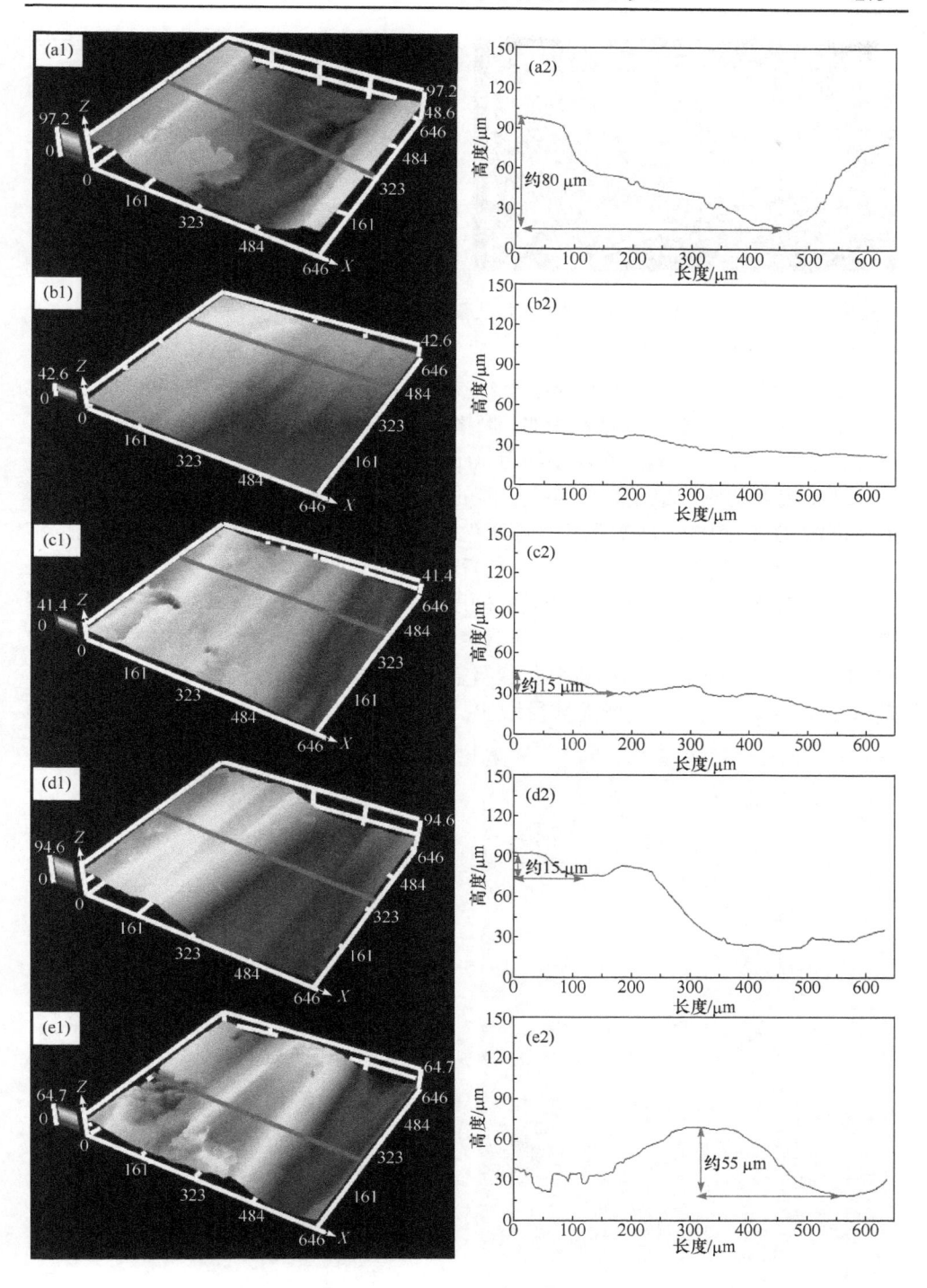

第 7 章　润滑组元对摩擦制动性能的影响　　　　　　　　　　　　　　·273·

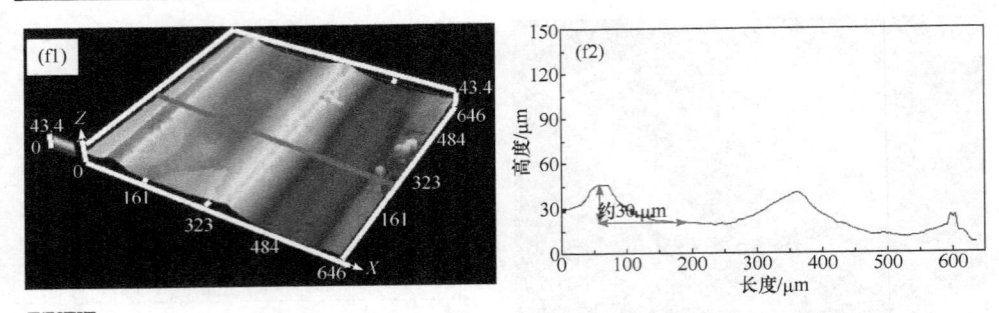

图 7-25 摩擦表面的激光扫描共聚焦图像以及相应的凹槽尺寸分析
(a1) (a2) MS0；(b1) (b2) MS2；(c1) (c2) MS4；(d1) (d2) MS6；(e1) (e2) MS8；(f1) (f2) MS10

的区域沟槽剖面。沟槽深约 80 μm，宽约 500 μm。图 7-25(b1)和(b2)表明摩擦表面几乎没有沟槽。随着 MoS_2 含量的增加，摩擦表面再次出现密集并且深的沟槽。例如，MS10 的摩擦表面上出现两个深度约为 30 μm、宽度为 250~300 μm 的相邻沟槽。

摩擦表面的成分也是影响摩擦性能的重要因素。图 7-26 为试验后不同样品摩擦表面的 BSE 图像。浅灰色相、深灰色相和白色颗粒分别为富铜相(主要是铜和一些氧化物)、富铁相(主要是铁氧化物)和残余反应产物(Mo-Fe 金属间化合物)。由于 Mo-Fe 金属间化合物具有较高的硬度和稳定性，在摩擦过程中仍保留在摩擦表面。对于图 7-26(a)中的 MS0，摩擦表面主要由富铜相组成。对于图 7-26(b)中的 MS2，摩擦表面被大面积铁氧化膜覆盖，几乎没有白色颗粒。在图 7-26(c)中，残留在摩擦表面上的白色颗粒数量增加，摩擦表面也出现一些宽度约等于白色颗

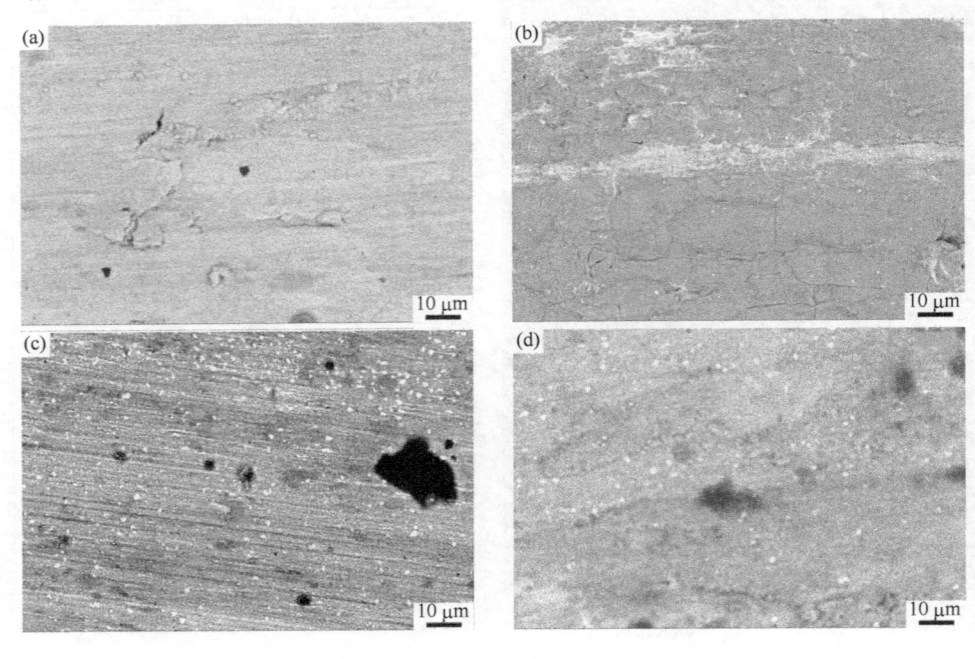

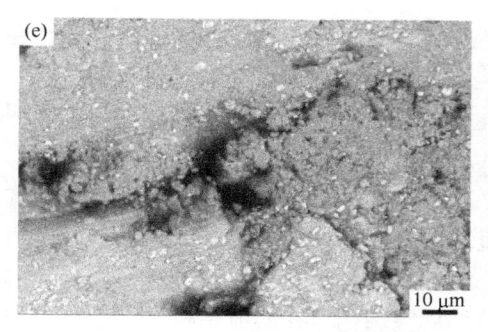

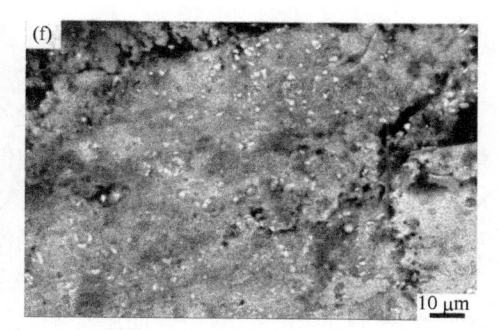

图 7-26 不同样品试验之后摩擦表面的 BSE 图像
(a) MS0；(b) MS2；(c) MS4；(d) MS6；(e) MS8；(f) MS10

粒尺寸的细划痕，表明摩擦表面的磨粒磨损程度增加。深灰色相(氧化铁)的含量也随着磨粒磨损的加剧而降低。在图 7-26(d)中，深灰色相的含量进一步降低。与图 7-26(d)相比，图 7-26(e)和(f)摩擦表面的平整度和连续性降低，这是摩擦表面破坏加剧所致。

图 7-27 的 XRD 谱图结果表明，摩擦表面的相组成非常复杂，包括原始成分、反应产物和氧化物。相组成的差异主要体现在氧化物，MoS_2 与 Cu、Fe 的反应产物上。例如，当 2θ 为 35°～40°时，会出现一些氧化物峰。对于 MS0，这些峰值较小。对于 MS2，氧化物峰的数量和强度都增加。随着 MoS_2 含量的增加，氧化物的峰值强度进一步减弱，这表明 MS2 的摩擦表面含有最高含量的氧化物，与图 7-26 中的观察结果一致。此外，对于 MoS_2 含量较高的样品，由于基体中反应产物的增加，出现了钼、硫相的衍射峰，表明 MoFe 金属间化合物、铜及铁的硫化物等在摩擦表面共存。

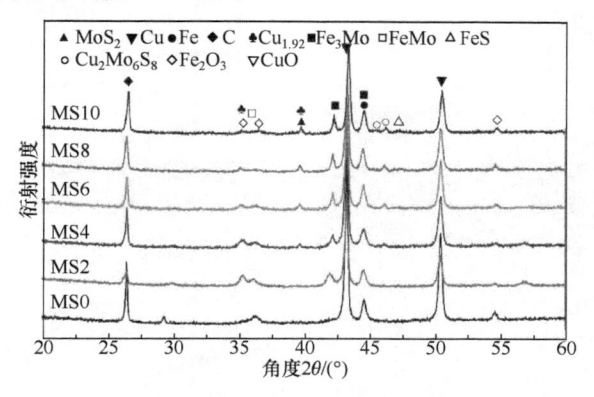

图 7-27 不同样品试验之后摩擦表面的 XRD 谱图

摩擦表面摩擦膜的结构也是制动过程中摩擦磨损性能的直接反映。图 7-28 为不同样品摩擦表面的横截面 BSE 图像。在图 7-28(a)中，覆盖在摩擦表面的摩擦膜出现严重的塑性变形且其间夹杂许多裂纹。摩擦表面的物质呈波浪状运动。在图 7-28(a)中左下角图中，摩擦膜下方粒径较大的铁颗粒也经历轻微的塑性变形。在图 7-28(b)中，摩擦表面覆盖有一层氧化膜，没有出现明显的塑性变形，这表明制动过程中摩擦表面稳定，物质迁移率低。随着 MoS_2 含量的增加(图 7-28(c))，MS4 摩擦表面开始出现强烈的塑性变形。对于 MS6(图 7-28(d))，摩擦表面上的物质呈现一种特殊的运动模式，类似于涡流结构。在涡流结构的底部，铁颗粒经历了严重的塑性变形，并沿涡流方向流动。此外，许多白色颗粒也混合在涡流结构中。在图 7-28(e)中，摩擦表面出现不完整的涡流结构。在涡流结构底部还观察到了发生塑性变形的铁颗粒。不完全涡流结构是整体涡流结构形成后破坏的结果。对于图 7-28(f)中的 MS10，摩擦表面上则出现具有更均匀混合物成分的涡流结构。

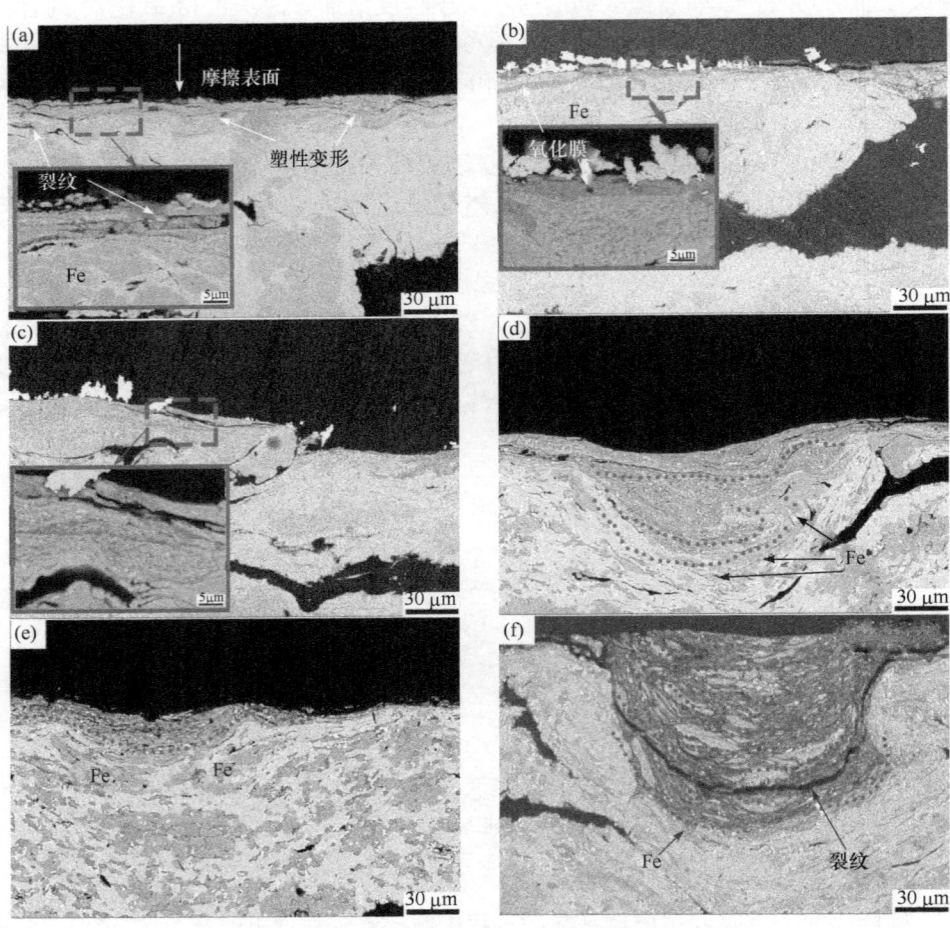

图 7-28 不同样品试验后摩擦表面的 BSE 横截面形貌
(a) MS0；(b) MS2；(c) MS4；(d) MS6；(e) MS8；(f) MS10

在涡流结构摩擦膜和基体之间的界面上存在明显粗大的裂纹,这表明完整的涡流结构即将因发生剥层磨损而掉落。

综上可知,在含Cu、Fe的闸片材料中,MoS_2与Cu、Fe发生反应,在950℃左右的烧结过程中形成复杂的反应产物。对于MoS_2和Cu之间的反应,反应产物是具有不规则颗粒形状的$Cu_2Mo_6S_8$和$Cu_{1.92}S$。Huang等[7]也认为在700~1000℃范围内,反应产物为Cu_2S和$Cu_xMo_3S_4$(Chevrel相)。MoS_2与Fe的反应温度为850℃,反应产物为铁硫化物或铁钼混合硫化物。当温度达到950℃时,反应会破坏MoS_2的层状结构,生成FeS[8]。因此,在950℃烧结过程中最可能生成的产物是MoFe金属间化合物和FeS的混合物。此外,未反应的MoS_2也会残留在基体中。

这些反应产物对铜基制动闸片的摩擦磨损性能有不同的影响。FeS和MoS_2都能起润滑作用,降低摩擦系数,这是随着MoS_2含量的增加摩擦系数降低的原因之一。$Cu_{1.92}S$和$Cu_2Mo_6S_8$均为脆性相,MoFe金属间化合物具有较高的硬度。在制动过程中,摩擦表面的硬质颗粒加剧了磨粒磨损,破坏了稳定的氧化膜。加剧的磨粒磨损也会影响摩擦表面的石墨,石墨的拉曼光谱证实了这一点(图7-29)。在图7-29(a)中,石墨在第一拉曼序列区的拉曼光谱具有两条不同的线:D(Defect,缺陷)

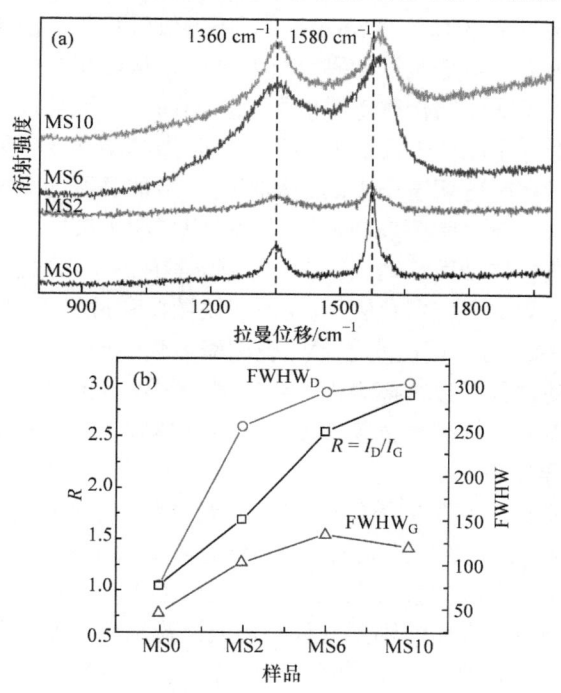

图7-29 在不同摩擦表面石墨的拉曼光谱(a)和R、$FWHW_D$及$FWHW_G$值(b)随MoS_2含量增加的变化

线和G(Graphite,石墨)线,其中D线约为1360 cm^{-1},G线约为1580 cm^{-1}。其中,D线是石墨中结构缺陷的反映,G线是石墨中晶格结构的反映。因此,石墨结构的有序度可以用积分强度比$R = I_D/I_G$来表征。R值越大,石墨晶格结构损伤越严重。此外,D线和G线的半高宽(FWHW$_D$, FWHW$_G$)也能反映石墨的石墨化程度。石墨化程度越高,半高宽越窄。有关R值和半高宽的计算结果如图 7-29(b)所示,随着MoS$_2$含量的增加,R、FWHW$_D$、FWHW$_G$值增大,说明MoS$_2$含量的增加加剧了摩擦表面石墨晶体结构的破坏,导致石墨润滑性的丧失。因此,摩擦表面的硬质反应产物过多也是高 MoS$_2$含量样品磨损量急剧增加的原因之一。

另一个需要探讨的问题是物质在摩擦表面上不同的运动模式,典型的特征是高 MoS$_2$含量的样品摩擦表面存在涡流结构的摩擦膜,这是由 Kelvin-Helmholtz 剪切不稳定引起的[9,10]。根据这一理论,当摩擦表面上有大量物质以流体的形式运动时,由于这些物质与基体之间的速度差,它们之间的界面变得不稳定,相互扭曲,形成规则的形状(涡流结构)。因此,在制动过程中,摩擦表面产生涡流结构摩擦膜的前提是摩擦表面有足够的物质,这些物质能够剧烈运动迁移。在本试验中,流动物质主要由制动闸片软化的摩擦表面和磨屑组成。对于含 MoS$_2$的铜基制动闸片,MoS$_2$与 Cu、Fe 的反应在基体中产生以下效应:①硬质相的形成;②Fe 颗粒的粒径减小;③基体中界面增多,不连续性增加。硬质颗粒有助于提高摩擦表面的变形抗力,减少裂纹和剥落坑的产生,从而减少摩擦表面碎屑和软化物质的供应,不利于涡流结构摩擦膜的形成。然而,铁颗粒尺寸的减小和基体不连续性的增加都降低了摩擦表面的变形阻力。强烈的塑性变形能促进裂纹的萌生和扩展,降低材料在高剪切速率下的运动阻力,增加磨屑向摩擦界面的释放。此外,粒径较小的铁颗粒对摩擦表面物质运动的阻碍能力较弱,这些铁颗粒甚至随着摩擦表面上物质的移动而移动,所有这些最终都有助于形成涡流结构的摩擦膜。因此,随着 MoS$_2$的加入,弱化因子(低强度铁颗粒和过量界面)和强化因子(硬质颗粒的强化)之间的综合作用决定了摩擦表面摩擦膜的形成。对于不含 MoS$_2$的试样,高能量的制动过程导致摩擦表面产生轻微的波浪状流动,未反应的原始大尺寸铁颗粒在摩擦表面下抑制摩擦膜的波浪式运动拓展。对于 MS2,强化因素大于弱化因素,从而导致更好的摩擦表面(轻微的塑性变形、更少的疲劳裂纹和剥落坑)。较高强度的基体也起到支撑作用,以确保在摩擦表面形成大面积的摩擦氧化膜,这也是造成 MS2 低磨损的原因。当 MoS$_2$浓度大于 4%时,强化因子不再足以补偿弱化因子,这引起的直接现象为摩擦表面上出现较深并且密集的沟槽、疲劳裂纹和剥落及物质在表面的剧烈迁移,形成涡流结构的摩擦膜。涡流结构的摩擦膜在摩擦表面快速流动,起固体润滑剂的作用,从而减小了界面间的摩擦力。这反映在涡流结构摩擦膜形成后,在制动的最后阶段,摩擦系数不能有效恢复(图 7-23)。此外,涡流结构摩擦膜中的物质是非晶、纳米晶和其他不同于基体的物质的混合物[11],这与基体的成分不匹配,因此涡流结构摩擦膜在循环应力作用下很容易剥离。最终在涡流状摩擦膜的快速生成和剥落过程中,高 MoS_2 含量试样的磨损量异常升高。

参 考 文 献

[1] Zhang P, Zhang L, Wei D B, et al. Effect of graphite type on the contact plateaus and friction properties of copper-based friction material for high-speed railway train. Wear, 2019, 432-433: 202927.

[2] Zhang P, Zhang L, Fu K X, et al. Effects of Ni-coated graphite flake on braking behavior of Cu-based brake pads applied in high-speed railway trains. Journal of Tribology, 2019, 141(8): 081301.

[3] Chen J H, Ren S B, He X B, et al. Properties and microstructure of nickel-coated graphite flakes/copper composites fabricated by spark plasma sintering. Carbon, 2017, 121: 25-34.

[4] Gultekin D, Uysal M, Aslan S, et al. The effects of applied load on the coefficient of friction in Cu-MMC brake pad/Al-SiC$_p$ MMC brake disc system. Wear, 2010, 270(1-2): 73-82.

[5] Kato H, Takama M, Iwai Y, et al. Wear and mechanical properties of sintered copper-tin composites containing graphite or molybdenum disulfide. Wear, 2003, 255(1-6): 573-578.

[6] Zhang P, Zhang L, Wei D B, et al. Adjusting function of MoS_2 on the high-speed emergency braking properties of copper-based brake pad and the analysis of relevant tribo-film of eddy structure. Composites Part B: Engineer, 2020, 185: 107779.

[7] Huang D W, Chang L L Y. Phase relations in the system Cu-Mo-S. Journal of the Less-Common Metals, 1990, 163(2): 281-286.

[8] Furlan K P, Prates P B, Andrea dos Santos T, et al. Influence of alloying elements on the sintering thermodynamics, microstructure and properties of Fe-MoS$_2$ composites. Journal of Alloys and Compounds, 2015, 652: 450-458.

[9] Kelvin W. Hydrokinetic solutions and observations. Philosophical Magazine, 1871, 42(281): 362-377.

[10] Helmholtz H. On discontinuous movements of fluids. Philosophical Magazine, 1868, 36(244): 337-346.

[11] Karthikeyan S, Agrawal A, Rigney D A. Molecular dynamics simulations of sliding in an Fe-Cu tribopair system. Wear, 2009, 267(5-8): 1166-1176.

第8章 闸片材料摩擦磨损性能评价

摩擦磨损性能评价是高速列车制动闸片材料配方设计、制备工艺参数优化、质检控制及产品认证等过程中的关键环节。闸片材料的性能指标主要通过摩擦试验机来进行检测。如果没有摩擦试验机，制动试验只能在实际的列车上进行，不仅要投入大量的人力、物力，还受到试验过程中气候、线路、机车车辆状态等复杂条件的影响，试验结果的准确性和重复性难以保证。此外，在车辆速度低、轴重小的情况下，这种试验的危险性还相对较小。随着机车车辆速度和轴重的不断提高，这种方法不仅成本高，而且风险大。

制动材料的开发是一个循序渐进的过程，需要经历小样试验→缩比试验→1:1制动动力试验→装车应用考核等步骤。摩擦试验方法主要有小样试验和台架试验。小样试验与台架试验相比，其试验结果的绝对值参考性较小，但作为探寻规律性和揭示作用机理性的研究还是非常有意义的。缩比试验是依据相似关系，以缩比模型为研究对象的模型试验。由于缩比模型与原型相比，尺寸一般都是按比例缩小的，结构是相似的，故缩比试验的试验装置体积小，相对来说制造容易，装拆方便，与原型试验相比，可大幅度减少试验成本，缩短试验周期，试验结果可用来对原型试验结果进行预测和探索。1:1制动动力试验以实际产品为研究对象，能够确切地模拟出实际制动过程中摩擦磨损性能的变化。

本章介绍定速摩擦试验机和惯性制动试验台[1]。定速摩擦试验机是在恒速条件下测定的一个时间段摩擦系数的平均值，反映此速度条件下的摩擦性质，可以考察在某一恒定速度条件下的摩擦磨损性能。惯性制动试验的速度为一个逐渐降低的过程，与实际制动条件的相似性更好[2]。惯性制动试验台根据试验样品的尺寸与实际产品的比例又分为小试样惯性制动试验台、缩比试验台和1:1制动动力试验台。本章重点介绍MM1000、MM3000等小型摩擦磨损性能试验机，分析TM-Ⅰ、TM-Ⅱ、TM-Ⅲ等缩比试验台的功能、主要技术指标、缩比试验的相似原理，重点介绍1:1制动动力试验台的结构、技术参数、试验台参数的确定、试验方法。

从摩擦速度的变化方式，可采用两种测试方式：一种是定速摩擦试验，另一种是惯性制动试验。定速摩擦试验机是在恒速条件下测定的一个时间段摩擦系数的平均值，反映了此速度条件下的摩擦性质。因此，这种方法可以考察在某一恒定速度条件下的摩擦磨损性能。

8.1 定速摩擦试验机

定速摩擦试验机没有惯性飞轮,用于研究恒定速度条件下的摩擦磨损性能。定速摩擦试验机原理如图 8-1 所示。其设计原理是遵循摩擦线速度相等、制动压力相等原则。测试过程中,销样品保持固定不动,而盘则以恒定的速度转动。砝码通过加压装置将安装于夹具中的两个试样压在旋转的摩擦盘工作表面上,试样与摩擦盘接触并产生摩擦力,该摩擦力使测力装置中的测力弹簧受拉从而产生变形,该变形量乘以测力弹簧刚度即可得出摩擦力 F。由于施加压力 N 已知,由摩擦系数公式 $\mu = F/N$ 可计算出不同温度下的摩擦系数 μ[3]。通过测量试样试验前后的厚度,计算出磨损率。

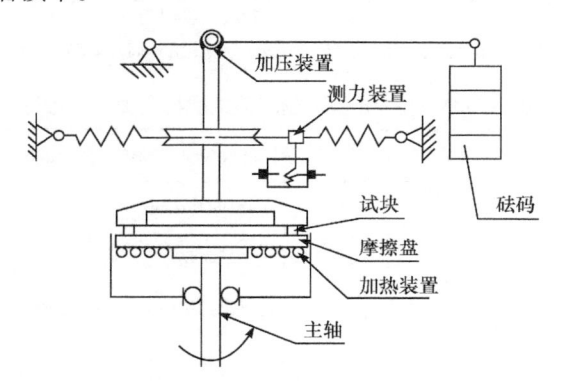

图 8-1 JF151 型定速摩擦试验机原理图[4]

8.1.1 JF150 D-II 型定速摩擦试验机

图 8-2 是 JF150D-II 型定速摩擦试验机结构图。该摩擦试验机为分体结构,电控与主机分离。动力由驱动电机 15 经皮带传递给机床主轴,使安装在主轴上的摩擦盘总成 2 旋转。加压轴 4 与链轮 6、试片支撑臂 3 连成一体。加载砝码 12 的载荷通过载荷用杠杆 7,放大 10 倍后通过加压轴 4 和试片支撑臂 3 将试片压在摩擦盘总成 2 上。拉压传感器一端与机体连接,另一端与链轮上的链条相连。在摩擦力作用下,链轮与试片支撑臂扭转一个角位移,通过链条在拉压传感器上测出摩擦力的大小。热电偶置于摩擦盘的摩擦半径处,通过计算机测量并显示摩擦盘温度。加热管安装在摩擦盘的下部,通过计算机根据摩擦盘温度情况控制加热。JF150D-II 型定速摩擦试验机的主要参数见表 8-1[5,6]。

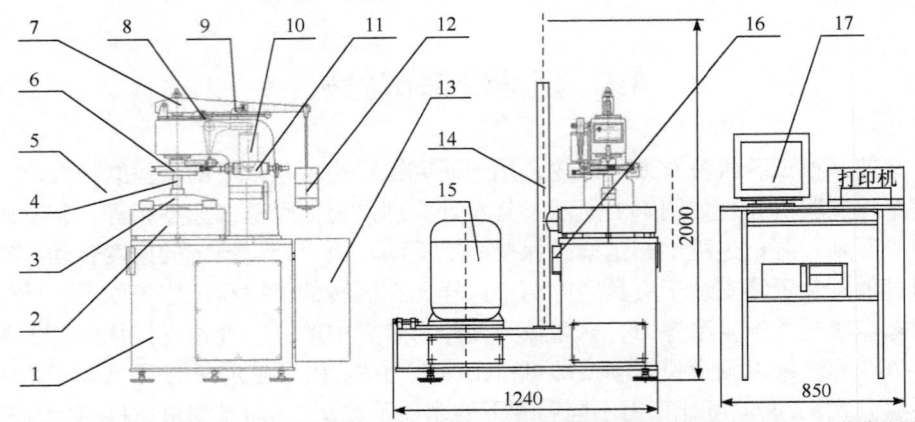

1-机座；2-摩擦盘总成；3-试片支撑臂；4-加压轴；5-标定总成；6-链轮；7-载荷用杠杆；8-载荷装置；9-杠杆水平指示器；10-油缓冲器；11-摩擦力传感器；12-加载砝码；13-电控箱；14-蒸汽排出装置；15-驱动电机；16-电磁阀；17-计算机

图 8-2 JF150D-Ⅱ型定速摩擦试验机结构图(单位：mm)

表 8-1 JF150D-Ⅱ型定速摩擦试验机主要技术参数

摩擦盘	材质：铸铁(HT250)；硬度：180~220 HB；金相组织：珠光体
转速	450~500 r/min
最小面压	3 kgf/cm^2(37.5 kg，无砝码)
最大面压	10 kgf/cm^2(125 kg，加载砝码 1.25 kg×1 件，2.5 kg×3 件)
测力量程	10 kgf，精度 0.1%
温控精度	±10℃
摩擦半径	150 mm
驱动电机	7.5 kW，960 r/min
试样	面积：25 mm×25 mm；厚度：5~7 mm；2 件
加载	衬片面压：10 kg/cm^2
测温区间	100~350℃

注：1 kgf = 9.80665 N。

8.1.2　JF151 型定速摩擦试验机

图 8-3 是 JF151 型定速摩擦试验机结构图。JF151 型定速摩擦试验机具有紧凑型结构，电控箱和主机为一体，试验机由电控系统 1、机体 2、主电机 3、主轴系统 4、摩擦力测试系统 5、加载系统 6、加热及冷却系统 7 及标定系统 8 等

组成，如图 8-3 所示。该设备由机体 2 支撑，以标定系统 8 来标定摩擦力测试系统中的拉压传感器，通过主电机 3 提供动力，采用带传动驱动主轴系统 4，带动摩擦盘定速(960 r/min)旋转，通过加载系统 6 将砝码提供的正压力作用在摩擦试样上，加热及冷却系统 7 使摩擦盘温度控制在合理的范围内，摩擦力测试系统 5 测定摩擦试样在一定正压力作用下产生的摩擦力，所有系统均由电控系统 1 来进行控制，并通过显示器输出测量结果。JF151 型定速摩擦试验机的具体参数如表 8-2 所示[6]。

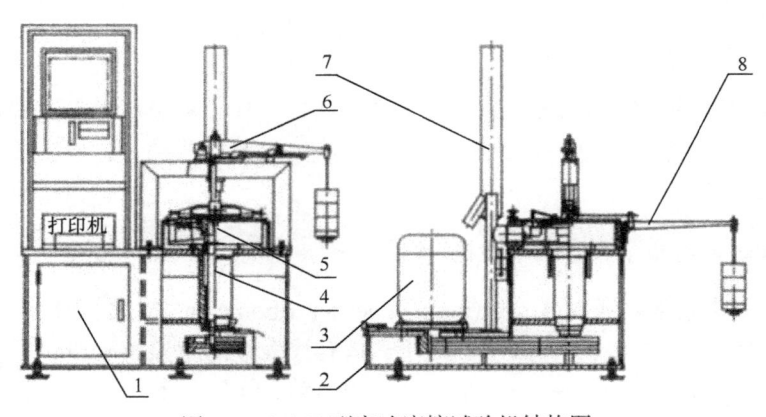

图 8-3　JF151 型定速摩擦试验机结构图

表 8-2　JF151 型定速摩擦试验机主要技术参数

指标	参数
摩擦盘转速	(480 ± 10) r/min
驱动电机	7.5 kW，970 r/min
试验片	25 mm × 25 mm；厚度 5~7 mm
最小面压	3 kgf/cm^2(37.5 kg)
最大面压	10 kgf/cm^2(125 kg)
测力量程	1470 N
摩擦力精度	0.1 N
温控精度	± 5℃

定速摩擦试验机的试验方法如下：

(1) 先把试片的试验测试面磨平，然后将试样在常温下进行磨合，至试样与圆盘的接触面达 95%以上。

(2) 磨合好的试片用千分尺测量其厚度,每个试片测五点,分别为试片的四个角点和中央位置,记录下来。

(3) 摩擦圆盘表面温度设定为 100℃、150℃、200℃、250℃、300℃和 350℃,摩擦盘转动 5000 转后,分别记录试验期间的摩擦系数并测量不同温度条件下试验后的试片厚度。

摩擦系数 μ 的计算方法与 JF150D-Ⅱ型定速摩擦试验机相一致。磨损率 ΔW 是通过千分尺测量试样磨前磨后的厚度。做差值运算得到的体积摩擦率:

$$\Delta W = \frac{\Delta v}{SF} = \frac{A(h_1 - h_2)}{2\pi RnF}$$

式中,ΔW 是磨损率;A 是试样面积;ΔV 是磨损体积;h_1 是摩擦前试样厚度;h_2 是摩擦后试样厚度;F 是平均摩擦力;n 是转速;S 是磨损路径;R 是试样中心与主轴中心距[7,8]。

8.1.3 Rtec 多功能摩擦磨损试验机

Rtec 多功能摩擦磨损试验机(multi function tribometer,MFT)是目前一种比较具有代表性的摩擦试验机,可在宽范围的运动、负载、滑动速度、温度下运行。图 8-4 是 Rtec 多功能摩擦磨损试验机(MFT-5000)结构图。机体、三套摩擦副组件和测控系统组成机体的整体结构。通过在机体的上摩擦副连接座和旋转主轴上更换不同的配对摩擦副组件,实现往复、端面及销(球)盘摩擦副试验。垂直丝杠和水平丝杆用于带动悬臂支架的上下和左右移动;同步带传动用于实现旋转主轴的旋转;上摩擦副连接座中的片弹簧用于提供试验所需正压力。该试验机配备多种运动驱动模块,如旋转、往复运动模块,可结合高达 5000 N 的高负荷,在同一平台上进行多种高温材料测试标准。被测样品可以自动在摩擦磨损/力学检测区域和形貌表面分析区域程序化移动,自动测出磨损体积、表面粗糙度、三维形貌、表面化学性质(拉曼)等以及和摩擦磨损相关的数据。Rtec 多功能摩擦磨损试验机的试验参数如表 8-3 所示[9]。

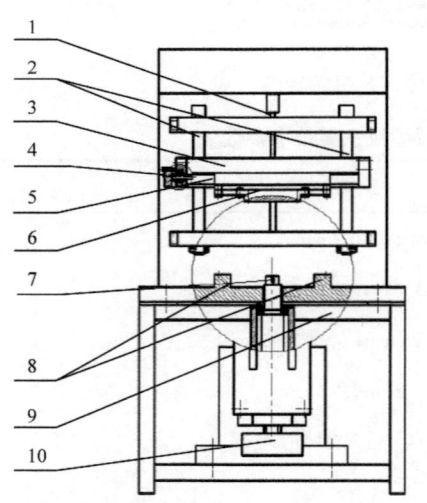

1-垂直丝杠;2-垂直导柱;3-悬臂支架;4-水平丝杠;
5-水平导柱;6-上摩擦副连接座;
7-旋转主轴;8-矩形导轨;9-机架;10-同步带传动

图 8-4 Rtec 多功能摩擦磨损试验机结构图

表 8-3 Rtec 多功能摩擦磨损试验机（MFT-5000）主要技术参数

项目	参数
平台指标	落地式或者台式（可带防震平台）：914 mm×762 mm×1803 mm。加载力范围：纳牛（nN）到 8000 N。XY 平台移动距离：150 mm×250 mm，150 mm×310 mm。位移分辨率：0.1 μm。多计算机控制器：Windows 系统，LCD 显示屏，打印机。设备供电要求：电压 110 VAC/240 VAC。环境腔（可选）：–120~1200℃温度，5%~95%RH 湿度，10^{-7} Torr①真空，液体，惰性气体，腐蚀
表面形貌应力模块	表面成像模块：白光干涉仪，共焦显微镜，高速变焦，拉曼光谱仪，高倍显微镜，原子力显微镜，应力模块
检测模块	表面力学性能检测：摩擦，压痕，划痕，机械。其他在线检测模块：摩擦腐蚀，声发射，接触电阻/检测电阻，pH 探针。所有驱动模块都可在同一基础平台上运行。下试样驱动：安装在 XY 双向多功能载物台之上，模块化 5 min 快速更换。旋转驱动：360°范围旋转，最高转速 10000 r/min，最低转速 0.001 r/min（低速驱动）。高频往复驱动：70 Hz 频率，冲程为 0.1~30 mm。微动驱动（电磁驱动器）：500 Hz 频率，冲程为 1 μm~4 mm，位移分辨率为 0.1 μm。Timken 环块驱动：360°范围旋转，最高转速 7000 r/min

① 1 Torr = 133.322 Pa。

特别地，MFT-5000 多功能摩擦磨损试验机可开展高温销盘摩擦磨损试验，这可以专门用于模拟研究高制动速度下高温对制动闸片性能的影响以及铜基制动闸片材料在高温下持续工作时的摩擦学行为。高温功能可以通过加热腔来实现，空气冷却系统还可确保销盘试验期间的温度稳定或试验后的温度下降。销盘装置位于加热腔内，以实现高温下的摩擦功能(图 8-5(a))。图 8-5(b)和(c)展示了为摩擦学试验组装的装置整体图像。销和盘的大小和形状分别如图 8-5(d)和(e)所示。销由铜基制动闸片加工而来，盘由商用制动盘材质加工而来。

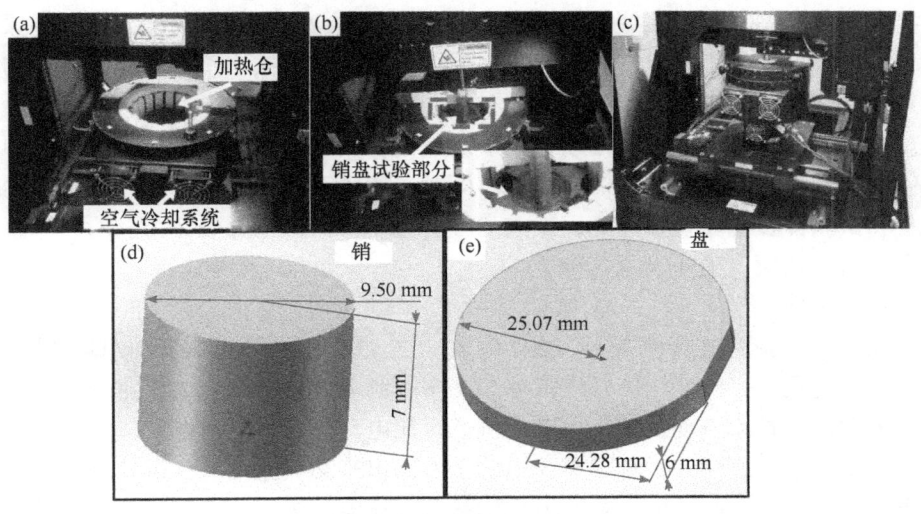

图 8-5 高温销盘摩擦磨损试验机
(a)高温腔和风冷装置；(b)高温腔中的销盘装置；(c)组装好待试验的摩擦试验机；(d)销的尺寸；(e)盘的尺寸

MFT-5000 试验机可实现多种摩擦条件，试验过程如下：加热室首先将制动盘加热到规定温度，然后降低销的高度，使其与制动盘接触。此后，40 N 压力在接触后 10 s 内加载到销上。最终保温时间为 2 min，使盘和销的整体温度达到设定温度。销的摩擦表面中心(圆形表面)和盘中心之间的摩擦半径为 16 mm。每次测试的持续时间为 600 s。试样的摩擦系数(μ)根据关系 $\mu = F/P$ 计算，其中 F 是摩擦力(N)，P 是法向载荷(N)。记录频率为每次 0.01 s。线磨损量由传感器自动记录摩擦前后垂直于摩擦方向的下降来确定。

8.2 惯性制动试验台

惯性制动试验的速度为一个逐渐降低的过程，与实际制动条件的相似性更好。惯性制动试验台用于研究在不同速度、制动力、温度、干湿等条件下摩擦材料的制动性能和摩擦材料磨损机理，是评价摩擦制动性能最重要的测试设备。惯性制动试验台的速度为一个逐渐降低的过程，与实际制动条件的相似性很好。惯性制动试验台的原理是由电机驱动具有储能装置的惯性系统转动，以提供动能来等效车辆运行时的动能，摩擦片与制动盘的摩擦用来模拟车辆运行中的制动过程，最终得到试验材料的性能参数[10]。惯性制动试验台根据试验样品的尺寸与实际产品的比例又分为小试样惯性制动试验台、缩比试验台和 1∶1 制动动力试验台。

8.2.1 惯性制动试验台的结构及原理

惯性制动试验台大体上由电动机、传动机构、主动轴及惯性飞轮组、从动轴、连接法兰、控制与测试系统组成，如图 8-6 所示[11]。驱动电机的输出功率应保证试验台加速性能优于衰退试验中所规定的循环时间。机械惯量盘是该试验台的核心部件，将惯量盘设计成多片，根据在该台架上所使用的车辆总重，计算出最大当量惯量分配到单轮上的转动惯量来逐级配额，同时采用补偿电惯量方案，即可方便地实现连续式运动质量惯性模拟。同时，为了系统安全，采用严格可靠的惯量盘和试验件防护装置，隔离巨大的离心力对制动器产生的破坏力。所有观察窗采用厚防弹玻璃，确保人身安全。

1) 驱动部分

该部分主要由电机和弹性联轴器组成，电机通过弹性联轴器带动惯量片转动，使惯量片达到一定转速，使其模拟列车在实际制动过程中的转动惯量。

电动机有直流电动机和交流电动机。直流电动机不及交流电动机结构简单、制造容易、维护方便、运行可靠，但由于长期以来交流电动机的调速问题未能得到满意的解决，在此之前，直流电动机具有交流电动机所不能比拟的良好的启动性能和调速性能。到目前为止，虽然交流电动机的调速问题已经解决，但是在速度调节要求较高，正、反转和启、制动频繁或多单元同步协调运转的生产机械上，仍采用直流电动机拖动。

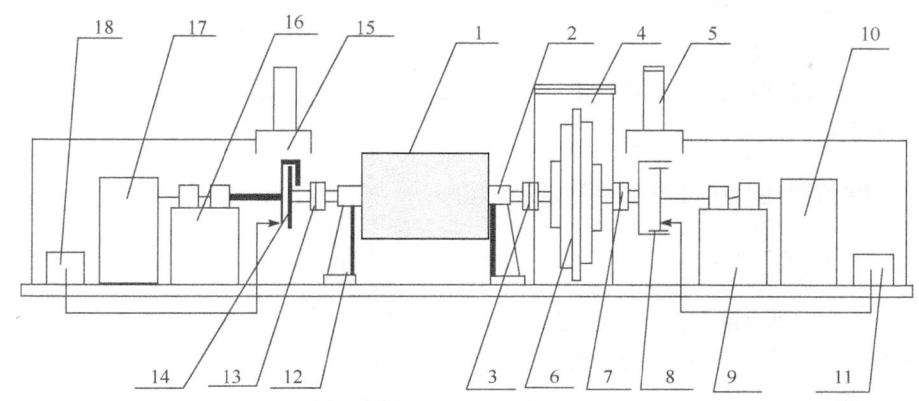

1-电机；2，12-电机支承架；3，7，13-弹性联轴器；4-惯量片保护罩；5-试验件右冷却可调速风机；6-惯量片；8，14-鼓式制动器；9-右测力机构支承；10，17-测力机构；11，18-液压/气压泵站及操作系统；15-试验件左冷却可调速风机；16-左测力机构支承

图 8-6 惯性制动试验台的系统结构[11]

联轴器主要用于轴与轴之间的连接，使它们一起回转并传递转矩。用联轴器连接的两根轴，只有在机器停车后，经过拆卸才能把它们分离。联轴器分刚性和弹性两大类。刚性联轴器由刚性传力件组成，又可分为固定式和可移动式两类。固定式刚性联轴器不能补偿两轴的相对位移；可移动式刚性联轴器能补偿两轴的相对位移。弹性联轴器包含弹性元件，能补偿两轴的相对位移，并具有吸收振动和缓和冲击的能力。

2) 惯量片部分

该部分主要由惯量片、随动飞轮、飞轮支架和导轨组成。该部分将车辆的平动质量转化为转动惯量，用惯性飞轮来模拟列车在实际制动时的制动过程。在列车惯性制动试验台的设计过程中，对于惯性飞轮组的设计，既要满足试验方法中对转动惯量精度的要求，又要容易装拆和调整，同时在一定范围内还要满足不同车型对转动惯量的要求。若不考虑装拆和调整，可以很容易地对惯性飞轮组进行组合设计，但这样的设计实践证明是无法实现的(受结构限制)。经过计算和组合后提出了惯性飞轮的优化设计方法，可以满足上述要求。

3) 控制与测试部分

该部分用来测量制动器在启动、稳定运行和制动阶段的力矩、转速、制动管路压力和温度等，将检测仪器安装在适当的位置来测量各物理量，并通过测得的数据对试验台进行控制，主要控制电机转速、制动管路压力以及控制滑台机构。

4) 滑台结构部分

该部分负责试验品——制动器的装载与拆卸,以及试验参数的测量,包括制动力矩、制动鼓温度、制动气室行程等。

5) 液压系统

该部分需满足锁紧缸的要求压力,能在需要时提供制动力,具有制动管路压力控制的功能[11]。

8.2.2 摩擦制动缩比试验原理及试验参数

1. 缩比试验原理

采用缩比模型作为试验对象以预测原始模型结果的试验称为缩比试验。其理论依据是以三个相似定理为核心内容的相似原理[10]。

1) 相似

相似最开始出现在几何学中,主要指两个物体形状相同、大小不同,这样的相似一般称为几何相似。后来,相似被引至一些物理量和物理现象中。物理量相似指的是在模型试验与原型试验中,相同的物理量在坐标上具有几何比例关系,或者说对应的物理量在对应的空间和时间上具有一定的比例关系。物理量相似主要包括几何学相似、动力学相似、运动学相似以及材料或介质特性等物理量的相似。其中,动力学相似包括力或扭矩的相似,运动学相似包括速度或加速度相似。现象相似主要指的是包含在现象中的对应的各种物理量相似。各物理量在现象中并不是相互独立的,而是相互关联的,有的物理量之间甚至还有明确的定量关系式。研究者经过大量的理论和试验工作,逐步提出了不同研究领域和特定试验条件下满足现象相似的要求,并形成了缩比试验的基础理论——相似原理[10]。

2) 相似定理

相似定理的核心内容包括相似正定理、相似逆定理和相似π定理[10]。

(1) 相似正定理。

相似正定理有两种表述:相似现象的相似指标等于1;对于相似现象,其相似准则的数值相等。下面通过质点运动的例子来说明相似指标与相似准则。假设质点1和质点2在空间中运动且认为它们现象相似,分别以下标1和2表示相对应的物理量,则它们速度的微分方程为

$$v_1 = \frac{dl_1}{dt_1} \tag{8-1}$$

$$v_2 = \frac{dl_2}{dt_2} \tag{8-2}$$

根据物理量相似的概念可以得到：

$$\frac{l_2}{l_1} = C_l \tag{8-3}$$

$$\frac{t_2}{t_1} = C_t \tag{8-4}$$

$$\frac{v_2}{v_1} = C_v \tag{8-5}$$

式中，C_l、C_t、C_v 为相似常数，指在一对相似现象中在对应的时间和空间上，相关物理量的比值保持不变。

将式(8-3)～式(8-5)代入式(8-2)，整理得到：

$$C_v v_1 = \frac{C_l \mathrm{d} l_1}{C_t \mathrm{d} t_1} \tag{8-6}$$

另外：

$$C_v = \frac{C_l}{C_t}, \quad 即 \frac{C_v C_t}{C_l} = C = 1 \tag{8-7}$$

式中，C 为相似指标，即两个相似现象的相似指标为 1。如果把式(8-3)中的 C_l、式(8-4)中的 C_t 和式(8-5)中的 C_v 均代入式(8-7)，整理可得

$$\frac{v_1 t_1}{l_1} = \frac{v_2 t_2}{l_2} \tag{8-8}$$

如果有 n 个这样的相似现象，那么可以得到

$$\frac{v_1 t_1}{l_1} = \frac{v_2 t_2}{l_2} = \cdots = \frac{v_n t_n}{l_n}$$

即

$$\frac{v_i t_i}{l_i} = 不变量 \tag{8-9}$$

式中，$\frac{v_i t_i}{l_i}$ ($1 \leqslant i \leqslant n$) 为一组无量纲的综合数群，它反映了两个现象相似的数值特征，这就是相似准则。从上面的例子不难发现，相似准则不是反映单个物理量的相似，而是体现在多个现象中多个物理量的对应关系上[10]。

(2) 相似逆定理。

相似逆定理的内容是：对同类物理现象，若单值量相似，且单值量组合成的相似准则在数值上相等，或者说相似常数组成的相似指标值为 1，那么现象就相似。单值量指的是单值条件中的物理量，单值条件有几何条件、介质条件、边界

条件和初始条件[10]。

(3) 相似π定理。

相似π定理的表述为：假设由 n 个物理量组成的一个系统中，存在 k 个物理量的量纲独立，则这 n 个物理量就能表示为相似准则 π_1，π_2，π_3，$\cdots$，π_{n-k} 之间的函数关系，即 $f(\pi_1, \pi_2, \pi_3, \cdots, \pi_{n-k}) = 0$[10]。

2. 缩比试验的物理量及其相似关系的确定

1) 摩擦制动缩比试验的物理量

相似分析需要以对物理现象的了解为前提，在此基础上选择正确的相关物理量。然而，由于一些现象的复杂性，其物理量的合理选择在很大程度上依赖于人们对现象机理的认识以及对实践经验的总结。

由于摩擦副摩擦现象中机理的复杂性，包含于现象中的物理量同样复杂和繁多。因此，在缩比试验中应该考虑重要的、起决定性作用的一些因素，去除次要的、非决定性的因素，以保证试验结果不会有较大偏差的同时顺利完成缩比试验。

在高速列车实际的盘形制动中，主要的参数有：高速列车的质量、摩擦半径、速度、摩擦面积等。为最大化地保证缩比试验和原型试验间的结果具有可比性，使用相同的摩擦材料[10]。综上所述，在摩擦制动缩比试验中主要考虑的物理量有闸片的材料及几何尺寸、制动盘的材料、摩擦半径、摩擦线速度、摩擦面积、制动力、制动比压、系统惯量。

2) 摩擦制动缩比试验的物理量相似关系的确定

摩擦制动试验的现象描述为：动力装置带动旋转系统转动，使系统达到所需要的转速和动能后，动力装置不再提供动力的同时，制动装置提供所需要的制动力，使系统在其作用下最终停止运动。

在确定了缩比试验的物理量之后，根据相似原理，需要确定这两个相似现象中对应的物理量之间的相似关系。从物理量相似中的几何学相似、运动学相似、动力学相似和材料特性相似几个方面考虑，可以得到物理量相似关系有：制动装置中的摩擦副结构形式一致，材料相同；外形尺寸存在一定的比例关系：摩擦半径处线速度、制动减速度相等；工作比压相等；摩擦副材料单位面积内承担的滑磨功相等；摩擦制动盘单位体积内承担的热负荷相等。

3) 摩擦制动缩比试验相似常数的确定

根据前面得到的物理量的相似关系，可以确定相关参量的相似常数。

设 1:1 试验中车轮半径 r_1(m)、主轴转速 n_1(r/min)、转动惯量 J_1(kg·m^2)、摩擦半径 R_1 处的摩擦线速度 v_1(m/s)、摩擦半径 R_1(m)、拖磨力矩 M_1 (N·m)、摩擦面数 X_1。一个摩擦面的摩擦面积 S_1(m^2)、单位面积的摩擦功 E_1(J)、制动减速度 a_1(m/s^2)，摩擦制动缩比试验对应参量分别是 r_2、n_2、J_2、v_2、R_2、M_2、X_2、S_2、

E_2、a_2(下标为 1 表示 1∶1 试验中的参量，下标 2 表示缩比试验中的参量)。缩比试验台与 1∶1 试验台的摩擦半径之比、主轴转速之比、摩擦线速度之比、摩擦面数之比、一个摩擦面的面积之比、单位面积的摩擦功之比、减速度之比、法向制动力之比、制动力矩之比、转动惯量之比分别为对应的相似常数 C_R、C_n、C_v、C_g、C_S、C_E、C_a、C_F、C_M、C_J。

(1) 制动盘线速度相似常数 C_v。

根据摩擦半径处的线速度与车轮转速的关系，有

$$v_1 = \frac{2\pi R_1 n_1}{60} \tag{8-10}$$

$$v_2 = \frac{2\pi R_2 n_2}{60} \tag{8-11}$$

联立式(8-10)与式(8-11)得

$$\frac{v_2}{v_1} = \frac{R_2}{R_1} \cdot \frac{n_2}{n_1} \tag{8-12}$$

根据相似常数的概念可得

$$C_v = C_R C_n \tag{8-13}$$

由于摩擦半径处的线速度相等，故

$$C_v = C_R C_n = 1 \tag{8-14}$$

(2) 系统惯量相似常数 C_J。

由闸片单位面积做的摩擦功为

$$E_1 = \left[\frac{J_1\left(\omega_{10}^2 - \omega_{1t}^2\right)}{2}\right] \bigg/ (X_1 S_1) \tag{8-15}$$

$$E_2 = \left[\frac{J_2\left(\omega_{20}^2 - \omega_{2t}^2\right)}{2}\right] \bigg/ (X_2 S_2) \tag{8-16}$$

将式(8-16)除以式(8-15)整理可得

$$\frac{E_2}{E_1} = \left(\frac{n_2}{n_1}\right)^2 \cdot \frac{J_2}{J_1} \cdot \frac{X_1 S_1}{X_2 S_2} \tag{8-17}$$

式中，ω_{10}、ω_{1t} (n_{10}、n_{1t})分别是 1∶1 制动试验的开始与结束角速度(转速)；ω_{20}、ω_{2t} (n_{20}、n_{2t})分别为缩比制动试验的开始与结束角速度(转速)。

根据相似常数的概念可得

$$C_E = C_n^2 \cdot C_J / \left(C_g C_S\right) \tag{8-18}$$

单位面积内做的摩擦功相等,可得

$$C_E = \frac{C_n^2 C_J}{C_g C_S} = 1 \tag{8-19}$$

联立式(8-14)和式(8-19)可得

$$C_J = C_R^2 C_g C_S \tag{8-20}$$

(3) 法向制动力相似常数 C_F。

根据摩擦面的工作比压公式

$$P_1 = \frac{F_1}{S_1} \tag{8-21}$$

$$P_2 = \frac{F_2}{S_2} \tag{8-22}$$

将式(8-22)除以式(8-21)可得

$$\frac{P_2}{P_1} = \frac{F_2}{F_1} \cdot \frac{S_1}{S_2} \tag{8-23}$$

根据相似常数的概念可得

$$C_P = \frac{C_F}{C_S} \tag{8-24}$$

由摩擦工作面的制动比压相等,可得

$$C_P = \frac{C_F}{C_S} = 1,\ 即\ C_F = C_S \tag{8-25}$$

(4) 制动力矩相似常数 C_M。

试验制动力矩公式为

$$M_1 = \frac{J_1 a_1}{R_1} \tag{8-26}$$

$$M_2 = \frac{J_2 a_2}{R_2} \tag{8-27}$$

将式(8-27)除以式(8-26)可得

$$\frac{M_2}{M_1} = \frac{J_2}{J_1} \cdot \frac{a_2}{a_1} \cdot \frac{R_1}{R_2} \tag{8-28}$$

根据相似常数的概念可得

$$C_M = \frac{C_J C_a}{C_R} \tag{8-29}$$

由制动减速度相等可得

第8章 闸片材料摩擦磨损性能评价

$$C_a = \frac{C_M C_R}{C_J} = 1, \quad 即 C_M = \frac{C_J}{C_R} \tag{8-30}$$

(5) 制动盘受热部分体积相似常数 C_V。

在摩擦制动中,一般认为:摩擦材料的导热性较差,因此忽略其吸收的热量,同时认为摩擦功全部转变为摩擦热后被制动盘所吸收。故 1∶1 试验与缩比试验中制动盘单位体积内承担的热负荷分别为

$$W_1 = \frac{J_1\left(\omega_{10}^2 - \omega_{1t}^2\right)}{2} \Big/ V_1 \tag{8-31}$$

$$W_2 = \frac{J_2\left(\omega_{20}^2 - \omega_{2t}^2\right)}{2} \Big/ V_2 \tag{8-32}$$

式中,V_1 是 1∶1 试验台制动盘的体积;V_2 是缩比试验台制动盘的体积。

将式(8-32)除以式(8-31)可得

$$\frac{W_2}{W_1} = \left(\frac{n_2}{n_1}\right)^2 \cdot \frac{J_2}{J_1} \cdot \frac{V_1}{V_2} \tag{8-33}$$

根据相似常数的概念可得

$$C_W = \frac{C_n^2 C_J}{C_V} \tag{8-34}$$

单位体积内承担的热负荷相等,可得

$$C_W = \frac{C_n^2 C_J}{C_V} = 1, \quad 即 C_V = C_n^2 C_J \tag{8-35}[10]$$

3. 摩擦制动 1∶1 试验及缩比试验参数

1) 摩擦制动 1∶1 试验参数

1∶1 试验模拟的是高速列车的摩擦制动过程。使用 CRH1 型动车组的技术参数作为研究的原始数据来进行举例,具体数值见表 8-4。

表 8-4 CRH1 型动车组技术参数

技术指标	参数	技术指标	参数
轴重(拖车)/kg	16000	制动压力/kN	19.6
制动盘尺寸/mm	$\phi 640 \times 80$	每轴盘数/个	3
摩擦半径/mm	247	制动盘单面闸片面积/mm^2	25133
轮径/mm	915	制动盘单面摩擦面积/mm^2	169332
参考平均摩擦系数	0.3 左右		

由于 CRH1 型动车组一般由 8 节编组，包含拖车和动车。其中，每节拖车有两个转向架，每个转向架有两根转轴，每根转轴上又安装有 3 个盘形制动装置。为简化，取出一节拖车作为研究对象。实际中模型为：行驶中的车辆质量为 m，速度为 v，车轮半径为 R，车轮主轴的角速度为 ω，忽略空气等阻力的影响，车辆在摩擦制动时，制动装置上的制动闸片与制动盘摩擦，将车辆的动能转化为摩擦功的过程。根据能量的转化，该过程可以用式(8-36)表示：

$$W = \frac{1}{2}mv^2 = \frac{1}{2}m(R\omega)^2 \tag{8-36}$$

1∶1 试验模型为：将实际模型中车辆行驶中的动能采用旋转系统在一定的旋转速度下所具有的动能来替代，该旋转系统的转动惯量为 J_1，转动角速度为 ω_1，系统在制动时，制动装置上的闸片与制动盘摩擦，将旋转系统的动能转化为摩擦功。该过程可以表示为

$$W' = \frac{1}{2}J'\omega'^2 \tag{8-37}$$

实际模型应该与 1∶1 试验模型消耗的摩擦功相等，因此

$$W = W', \quad 即 \frac{1}{2}m(R\omega)^2 = \frac{1}{2}J'\omega'^2 \tag{8-38}$$

根据实际模型与 1∶1 试验模型中转轴的角速度相等，简化式(8-38)，可得

$$J' = mR^2 \tag{8-39}$$

在 1∶1 试验中，包括制动盘与制动闸片的大小、摩擦半径、制动压力在内的参数都与实际中的参数一样。除此之外，还需要确定的参数有转动惯量、主轴制动转速、重叠系数等。

(1) 转动惯量的确定。

一辆拖车中共有 12 个相同的盘形制动装置，因此只以一个盘形制动装置为研究对象。拖车的轴重为 16000 kg，因此 1∶1 试验模型中单个制动盘所对应的转动惯量为

$$J_1 = \frac{m_1 R^2}{3} = \frac{16000 \times 0.4575^2}{3} = 1116.3 \, (\text{kg} \cdot \text{m}^2) \tag{8-40}$$

(2) 主轴转速的确定。

由于摩擦制动尖叫噪声常出现在中低速阶段、能提供的制动盘和闸片的尺寸对缩比试验的限制、缩比试验与 1∶1 试验相似关系的约束等因素，在经过大量反复的计算后，把 1∶1 制动试验时列车的速度设为 57.5 km/h。此时，主轴转速为

$$n_1 = \frac{v}{2\pi R} = \frac{57.5 \text{ km/h}}{2\pi \times 0.4575 \text{ m}} = 333 \text{ r/min} \tag{8-41}$$

(3) 重叠系数的确定。

重叠系数是指闸片的摩擦面积与制动盘上被闸片扫过的圆环面积之比。根据表 8-4 计算可得

$$\lambda_1 = \frac{S_1}{S'} = \frac{25133}{169332} = 0.14842 \tag{8-42}$$

2) 摩擦制动缩比试验参数

设缩比试验中的主轴转速为 $n_2 = 2000$ r/min，根据 1∶1 模型试验的参数和模型试验与原型试验的相似常数，可以确定摩擦制动缩比试验的其他参数。

(1) 摩擦半径的确定。

由于 $C_n = \frac{n_2}{n_1} = \frac{2000}{333} \approx 6∶1$，根据式(8-14)可得

$$C_R = \frac{1}{C_n} = 1∶6 \tag{8-43}$$

故 $R_2 = R_1 C_R = \frac{247}{6} \approx 41.2$ mm，取 $R = 42$ mm。

(2) 制动盘与制动闸片尺寸的确定。

在实际设计中，需要保证其材料相同，几何形状相似，并满足前面推导的相似关系。基于此，将高速列车上的制动盘和闸片作为原材料加工成需要的尺寸和结构。

由理论力学可知，闸片在制动盘上摩擦的过程中，制动盘所受到的摩擦力可以简化为一个合力作用在制动盘的一个点上。其中，这个点离制动盘中心的距离就是摩擦半径，这个点在闸片上所对应的点就位于闸片摩擦面形心的位置上。此外，摩擦面积相似系数 C_S、制动盘尺寸、摩擦半径、重叠系数等参数间的相互约束也是决定相关尺寸设计的因素。在对不同尺寸经过反复计算后选出一组较为适合的数据，具体如图 8-7 所示。

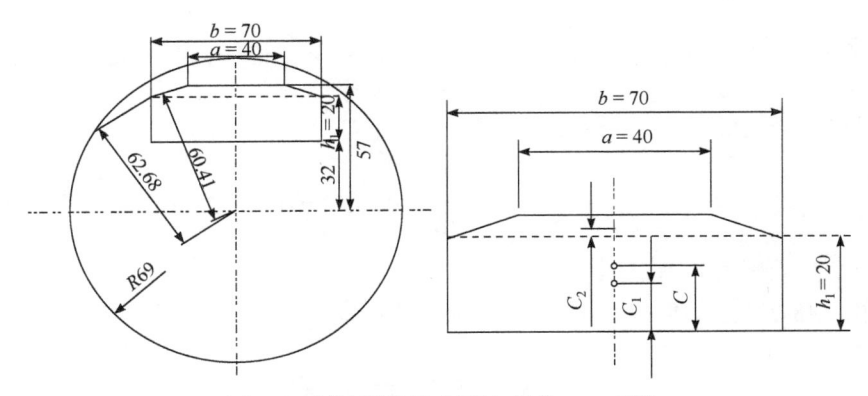

图 8-7 闸片形状尺寸设计(单位：mm)[10]

将闸片的形状简化为如图 8-7 所示，其面积为

$$S_2 = S_{矩形} + S_{梯形} = 70 \times 20 + (70+40) \times 5/2 = 1675 (\text{mm}^2) \qquad (8\text{-}44)$$

摩擦面积相似系数：

$$C_S = S_2/S_1 = 1675/25133 = 1:15 \qquad (8\text{-}45)$$

根据闸片形状，其质心公式为

$$\begin{cases} c_1 = \dfrac{h_1}{2} \\ c_2 = \dfrac{h_2(b+2a)}{3(b+a)} \\ c_3 = \dfrac{c_1 \times S_{A1} + (h_1 + c_2) \times S_{A2}}{S_{A1} + S_{A2}} \end{cases} \qquad (8\text{-}46)$$

计算可得：$c_1 = 10$，$c_2 = 2.27$，$c_3 = 10.37$。

因此，闸片在制动盘上摩擦一圈所扫过的面积 S_2' 为

$$S_2' = \pi(62.68^2 - 32^2) \approx 9121(\text{mm}^2) \qquad (8\text{-}47)$$

则缩比试验的重叠系数为

$$\lambda_2 = \frac{S_2}{S_2'} = \frac{1675}{9121} = 0.1836 \qquad (8\text{-}48)$$

(3) 转动惯量的确定。

在缩比试验的初步设计中，既考虑双面制动，也考虑单面制动。根据式(8-20)和式(8-40)可知：

当采用单面制动，即 $C_g = 1:2$ 时，有

$$J_2 = C_J J_1 = C_R^2 C_g C_S J_1 = \left(\frac{1}{6}\right)^2 \times \frac{1}{2} \times \frac{1}{15} \times 1116.3 \text{ kg} \cdot \text{m}^2 = 1.0336 \text{ kg} \cdot \text{m}^2 \qquad (8\text{-}49)$$

当采用双面制动，即 $C_g = 1:1$ 时，有

$$J_2 = C_J J_1 = C_R^2 C_g C_S \cdot J_1 = \left(\frac{1}{6}\right)^2 \times 1 \times \frac{1}{15} \times 1116.3 \text{ kg} \cdot \text{m}^2 = 2.0672 \text{ kg} \cdot \text{m}^2 \qquad (8\text{-}50)$$

(4) 制动压力的确定。

由式(8-23)、式(8-25)、式(8-45)及表 8-5 可知：

$$F_2 = F_1 C_F = 19600 \times \frac{1}{15} \approx 1307(\text{N}) \qquad (8\text{-}51)$$

1∶1 试验与缩比试验的参数及其相似常数如表 8-5 所示[10]。

表 8-5　1∶1 试验与缩比试验相关参数对比表[10]

参数	缩比试验	1∶1 试验	相似常数
制动初速度/(km/h)	57.5	57.5	—
主轴转速/(r/min)	2000	333	$C_n = 6∶1$
摩擦半径/mm	42	247	$C_R = 1∶6$
制动力/N	1307	19600	$C_F = 1∶15$
闸片的摩擦面积/mm²	1675	25133	$C_S = 1∶15$
惯量/(kg·m²)	1.0336($C_g = 1∶2$) 2.0627($C_g = 1∶1$)	1116.3	$C_J = 1∶1080$ $C_J = 1∶540$
重叠系数	0.1836	0.1484	—

8.2.3　小试样惯性制动试验机

小样试验是以小尺寸试样为研究对象，按小样试验规范，在相应的小样试验机上进行的试验。它的试验条件选择范围较宽，影响因素容易控制，在短时间内可以进行较多参数和较多次数的试验，试验数据重复性较好，对比性较强，易于发现其规律性；小样试验具有试验简捷、设备投资与试验费用低等优点，但试验模拟条件与摩擦片工作时的实际工况有一定差距，其试验结果不足以评价摩擦材料在实际工况条件下的真实使用性能。小样试验的目的在于考察摩擦材料在特定试验条件下的材料特性，常用于新产品开发前期的配方研究与筛选试验。

1. MM1000 型摩擦磨损性能试验机

MM1000 型摩擦磨损性能试验机在苏联 JO1 和 JO2 型摩擦试验机的基础上进行了改进，是一种附带惯量的小试样试验机[3]。该试验机长期以来一直作为摩擦材料及其制品的性能检测的主要设备之一，在我国摩擦材料的研发和生产中得到广泛应用。图 8-8 是 MM1000 型摩擦磨损性能试验机示意图。试验机主要由主机与控制台两部分组成，其工作原理为：使用等比例缩小法，将闸片材料与对磨的制动盘材料等比例缩小制成试样。制动盘试样一侧使用惯性飞轮模拟制动时所需消耗的高速列车动能。试验时使用电动机通过皮带带动主轴旋转，当主轴转速达到预设等效高速列车初始制动速度时，将设定好压力值的压缩空气充入制动气缸，对摩擦副施加等效轴向力。摩擦力矩通过安装在静磨头轴上的等悬臂梁测力传感器测得，静止试样温度由安装防护罩上的红外温度传感器测量[12]。

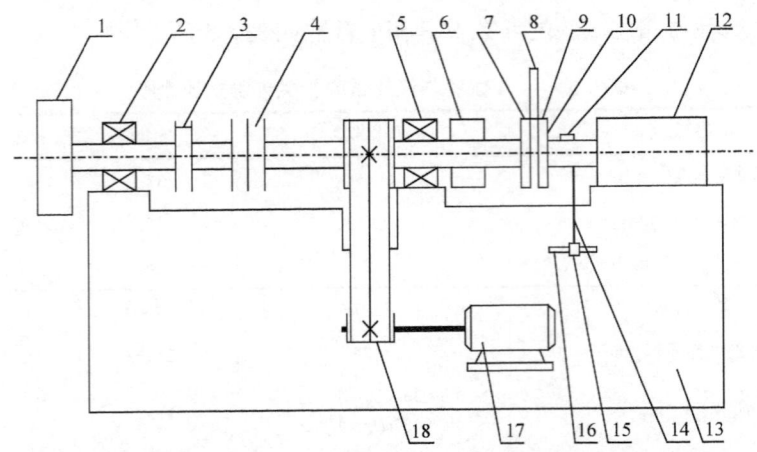

1-飞轮；2，5-滚动轴承；3-联轴器；4-离合器；6-润滑系统；7-动试样(制动盘)；8-静试样(闸片)；9-静卡具头；
10-红外温度传感器；11-三向加速度传感器；12-气缸；13-机体；14-悬臂梁；15-力传感器；16-销；17-直流电机；18-传动带

图 8-8 MM1000型摩擦磨损性能试验机

2. MM1000-Ⅱ型摩擦材料性能试验机

MM1000-Ⅱ型摩擦材料性能试验机在 MM1000 型摩擦磨损性能试验机的基础上进行了改进，改造原手动部分为计算机全自动控制测试，改造单板机控制为高级语言专用软件程序控制，遵循从试验原理、工作状态、机械模拟相似的原理完成热冲击试验，实现了实验室条件下小样缩比模拟试验的功能要求，达到了试验工况与实际状态一致、与台架对应性好的试验数据；从动力源、采集值、参数设置，曲线表现特征、瞬间值测试技术、试验结果处理形式等都得到了改进，有效提高了测试数据的精度、重复性、稳定性和一致性，实现了实验室条件下进行小试样缩比模拟试验。

3. MM1000-Ⅲ型摩擦磨损性能试验机

MM1000-Ⅲ型摩擦磨损性能试验机在 MM1000-Ⅱ型摩擦材料性能试验机的基础上进行升级和扩充，提高了试验机的承载能力，扩展了试验功能，主要是满足高速、重载、高温、淋水等各种制动工况下的制动性能试验，以满足动车、高速列车、地铁、轻轨等铁路列车用摩擦材料和产品快速发展的需要。MM1000-Ⅲ型摩擦磨损性能试验机的结构如图 8-9 所示[3]。该试验机是企业从配方开发到各个阶段所需的检测设备，是企业为了取得生产许可证必须配备的检测设备，可模拟短时间重复制动工况，其结构为环对环形式，安装拆卸方便。

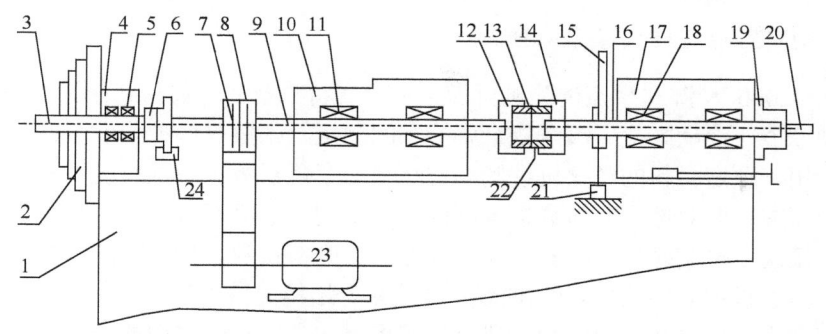

1-床身；2-惯量盘；3-尾座支撑轴；4-尾座；5-尾座轴承；6-测速法兰；7-离合器；8-平皮带；9-主轴；10-主轴箱；11-主轴轴箱；12-动卡具盘；13-摩擦副；14-静卡具盘；15-回归盘；16-气缸轴；17-气缸座；18-气缸轴承；19-气缸；20-压力传感器；21-拉力传感器；22-温度传感器；23-主电机；24-测速传感器

图 8-9　MM1000-Ⅲ型摩擦磨损性能试验机的结构图[3]

摩擦磨损试验步骤如下。

(1) 试验机进行试验数据参数的设定，后续结合台架试验大纲完成相关试验参数的确定，在试验机上根据确定后的数据完成相关数据的输入。

(2) 在试验机上安装制动件，需要保证在完成制动件安装后与夹具的装配较好，需要保证在试验过程中不会因为试验机的高速运转发生脱落，同时需要保证安装后与接触面留有一点空隙，保证可以正常转动。

(3) 在参与摩擦的夹具上对试样进行安装，需要使用夹片对两个摩擦面的接触情况进行测试，保证留有一定余量。

(4) 将装配好的制动件与夹具安装在试验机，一部分为制动件与试验机结合，另一部分为安装好闸片试样的夹具与试验机的另一部分结合。

(5) 进行设备的固定，首先使用右边的相关机械结构旋进，在两边相距较近时，配合夹片对两者继续旋进保证试验的进行。

(6) 安装热电偶，实现对过程中温度的采集，后续对热电偶采集到的温度数据进行处理，对不同试样测到的温升进行对比。

(7) 在试验机控制机器开展试验。

4. QM1000-Ⅱ型湿式摩擦磨损性能试验机

QM1000-Ⅱ型湿式摩擦磨损性能试验机对原 MM1000 型摩擦磨损性能试验机进行了全新的改造，达到测试准确度≤1%，误差允许值≤1%，最大测试扭矩 10000 N·cm，最大配置惯量是 0.15 kg·m^2，最大压力 3 MPa，最大功率 7.5 kW，最高速度 3000 r/min，实现测试全过程的自动化，无人为因素影响的技术指标。

5. MM2000 型湿式摩擦试验机

MM2000 型湿式摩擦试验机可做各种金属材料及非金属材料(尼龙、塑料等)在滑动摩擦、滚动摩擦、滚滑复合摩擦和间歇接触摩擦等多种状态下的耐磨性能试验,用于评定材料的摩擦机理和测定材料的摩擦系数。该试验机可模拟各种材料在干摩擦、湿摩擦、磨料磨损等不同工况下的摩擦磨损试验。试验机采用计算机控制系统,可实时显示试验力、摩擦力矩、摩擦系数、试验时间等参数,并可记录试验过程中摩擦系数-时间曲线;功能多,结构简单可靠,使用方便,且在国外使用较多,所以在国内摩擦学研究领域也有非常广泛的应用前景。

6. MM3000 型摩擦磨损性能试验机

MM3000 型摩擦磨损性能试验机在 MM1000-Ⅲ型摩擦磨损性能试验机全自动化控制的基础上又进行了全新的提升和优化,测试功能得以扩大,更贴近台架对产品性能的要求,能够满足各种工况条件下的试验参数要求;改变原 MM1000-Ⅱ型立式结构为台式结构,增强基体的稳定性;应用全自动和高级语言控制最新版本,成功有效地实现了瞬间值采集技术,模拟实际工况完成热冲击(惯性制动)闸试验和热冲击稳定性试验。该试验机能够对干式、湿式两大类摩擦材料的摩擦磨损特性进行全方位、多功能的程序化自动控制试验,它运用于飞机机轮用摩擦材料、列车制动闸片、瓦用制动材料、汽车用摩阻材料、船舶用摩擦材料、工程机械用摩擦材料,如金属、非金属、干式和湿式烧结金属、碳/碳复合材料、金属/陶瓷复合材料、树脂型复合材料以及湿式纸基和橡胶基等摩擦材料的测试;实现了试验参数任意可调,测试数据随机采集,测试软件参数完全放开可设置,是新型摩擦材料研发和产品质量控制的重要设备。

图 8-10 是 MM3000 型摩擦磨损性能试验机[①]图片。烧结后的试样加工成 12 mm × 25 mm × 16 mm 的长方体试样。每次试验采用两个摩擦试样,摩擦的表面积为 25 mm × 16 mm,因此两个试样总的摩擦面积为 800 mm^2。在正式制动试验前用 400 目和 800 目砂纸对制动闸片和对偶表面进行抛光,然后在中速中压下对制动闸片进行磨合,使得制动闸片与制动盘的接触面积大于 85%。热电偶位于制动闸片摩擦面下方约 2 mm 的孔内。模拟制动试验按照表 8-6 所示的程序进行,依次包括三个阶段(Ⅰ~Ⅲ)(分别为不同的制动速度和压力)。在第一阶段和第二阶段,每种制动条件下重复测试三次,每次试验的起始温度为 60℃。一次试验后,当温度超过 60℃时,风机自动工作使得温度冷却至 60℃以下。经过第一阶段和第二阶段一系列紧急试验后,在第三阶段(0.48 MPa,350 km/h)模拟高速铁路列车的实际运行。此阶段不控制制动的起始温度,制动间隔 1 min 连续进行 10 次制动。从第一

---

① 该试验机在西安顺通机电应用技术研究所官网型号为 MM3000,本书以此名称为准。

阶段到第三阶段一共进行了 37 次制动。试验的平均摩擦半径为 70 mm，惯量为 0.4 kg·mm^2。磨损量为在整个制动试验开始和结束时的质量差。

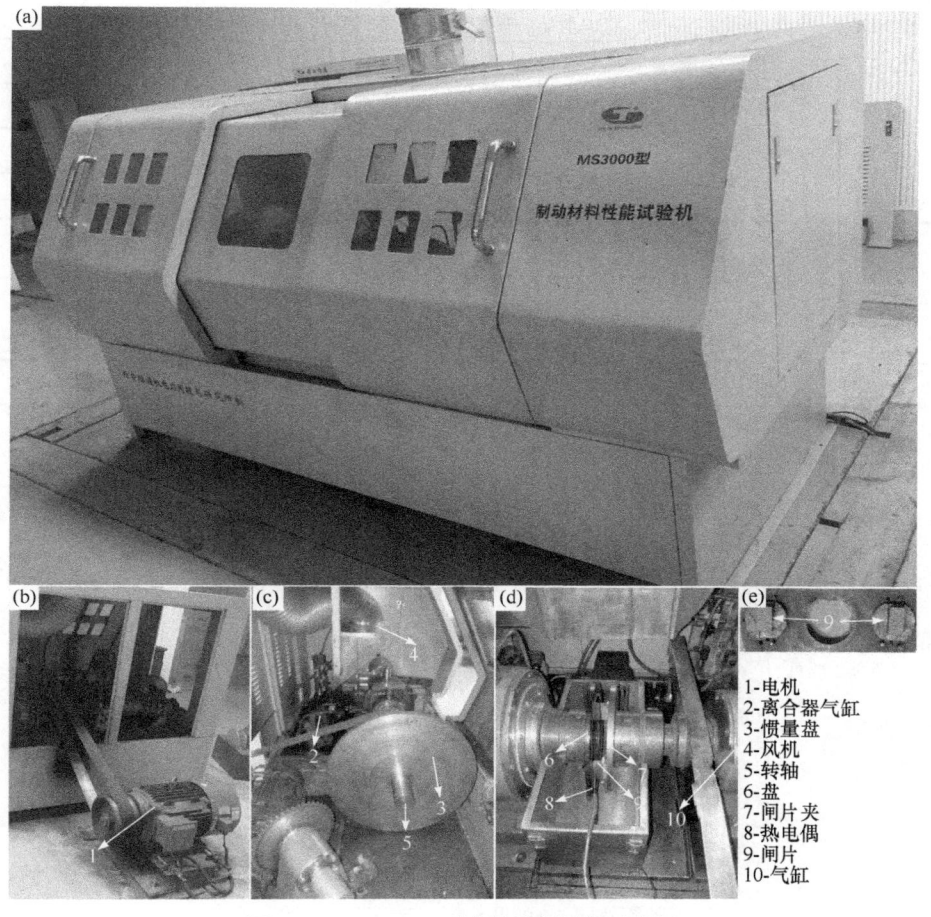

图 8-10 MM3000 型摩擦磨损性能试验机
(a)外观；(b)~(d)主要的销盘测试结构；(e)测试用样品

表 8-6 MM3000 型摩擦磨损性能试验机上采用的制动程序

压力/MPa	初始制动条件
0.31	50 km/h，1100 r/min (重复三次，初始制动速度 60℃)
	80 km/h，1700 r/min (重复三次，初始制动速度 60℃)
	120 km/h，2600 r/min (重复三次，初始制动速度 60℃)
	160 km/h，3400 r/min (重复三次，初始制动速度 60℃)
	200 km/h，4200 r/min (重复三次，初始制动速度 60℃)

续表

压力/MPa	初始制动条件
0.48	220 km/h，4700 r/min (重复三次，初始制动速度 60℃)
	250 km/h，5300 r/min (重复三次，初始制动速度 60℃)
	300 km/h，6300 r/min (重复三次，初始制动速度 60℃)
	350 km/h，7400 r/min (重复三次，初始制动速度 60℃)
	350 km/h，7400 r/min (重复 10 次，间隔时间 1 min)

常用小试样惯性制动试验机的技术参数如表 8-7 所示。

表 8-7 常用小试样惯性制动试验机的技术参数

型号	功能项目及技术参数
MM1000-Ⅱ型摩擦材料性能试验机 (适用于飞机、汽车、摩托车、工业机械等制动传动性能测试)	功能项目： (1) 动、静摩擦力矩测试 (2) 动、静摩擦系数测试 (3) 磨损率测试 (4) 摩擦热稳定性能试验 (5) 热冲击闸性能试验 技术参数： (1) 电机功率 11 kW，380 V，50 Hz (2) 推力 10 kN (可设置) (3) 转动惯量 0.77 kg·m^2 (4) 扭矩 150 N·m (5) 速度 0～9000 r/min (可设置) (6) 热冲击试验次数 可设置 (7) 摩擦制动温度 常温～1000℃ 试验机测试精度： (1) 试验速度控制误差 ±10 r/min (2) 试验压力控制误差 ±1% FS (满量程误差) (3) 试验配置惯量误差 ≤0.001 kg·m^2 (4) 试验温度控制误差 ±2℃ (5) 测试精度相对误差 ±1% FS (6) 测试重复性误差 ±1% FS
MM1000-Ⅲ型摩擦磨损性能试验机 (适用于飞机、汽车、摩托车、工业机械等制动传动性能测试)	功能项目： (1) 可检测摩擦材料制动过程的制动压力、扭矩、温度、转速 (2) 可计算出摩擦的材料的动/静摩擦系数、吸收功、磨耗率、能量负荷许用值、制动距离、制动时间、磨耗量、单位面积吸收功、单位体积吸收功等性能指标 (3) 可绘制出摩擦材料在制动过程中的压力、扭矩、温度、转速、摩擦系数、功率密度、速度、匀速制动等曲线 (4) 可查看或打印出或导出以上计算结果报告及绘制曲线图 (5) 对摩擦材料的摩擦、磨损、热负荷及可靠性进行测试 (6) 可手动、自动控制风冷

续表

型号	功能项目及技术参数
MM1000-Ⅲ型摩擦磨损性能试验机(适用于飞机、汽车、摩托车、工业机械等制动传动性能测试)	(7) 可导出采集原始数据并进行数据分析 (8) 可设置温度或时间控制试验间隔 (9) 静摩擦自动测试功能 技术参数： (1) 制动压力 0.2～10 kN(气动) (2) 正压力加压速度 ≤0.2 s (3) 主轴转速 0～9000 r/min，无级可调 (4) 摩擦力矩测量范围 0～400 N·m (5) 湿式试验供油装置 供油量 > 8～24 mL/(min·cm^2)(可调节) (6) 摩擦热测量范围 室温～1000℃ (7) 主电机功率 15 kW，50 Hz，380 V (8) 整机系统总容量 18 kW (9) 电源配置 交流 380 V，220 V，50 Hz；直流 5 V，12 V，24 V (10) 摩擦盘配置 ϕ75 mm(外径)，ϕ53 mm(内径)；惯量配置手动切换惯量 (11) 主轴系统惯量 0.035 kg·m^2 (12) 惯量盘组合范围 0.01～1.57 kg·m^2 (13) 系统最大能量负荷 200000 J 试验机测试精度： (1) 试验速度控制误差 ±10 r/min (2) 试验压力控制误差 ±1% FS (3) 试验配置惯量误差 ≤0.001 kg·m^2 (4) 试验温度控制误差 ±2℃
SZBL2000型(湿式)摩擦试验台	技术参数(适用于湿式摩擦元件摩擦性能测试)： (1) 轴向压力 0～20 kN(气动) (2) 摩擦力矩 0～600 N·m (3) 主轴转速 500～6000 r/min，可调 (4) 能量负荷 200 kJ (5) 惯量配置 0.0735～1.57 kg·m^2 (6) 传动热范围 室温～200℃ (7) 湿式供油装置 供油量 > 8～24 mL/(min·cm^2)(可调节) (8) 测试箱配置 ϕ118，ϕ220，ϕ350 (可设计加工) (9) 主电机功率 11 kW，50 Hz，380 V (10) 系统总容量 13 kW
MM2000型摩擦磨损性能试验机(适用于轨道列车制动材料及闸片、闸瓦的闸制动性能测试)	技术参数： (1) 轴向压力 0～20 kN(气动) (2) 摩擦力矩 0～600 N·m (3) 主轴转速 500～6000 r/min，无级可调 (4) 系统能量负荷 200 kJ (5) 惯量配置 0.0735～1.57 kg·m^2 (6) 传动热范围 室温～200℃ (7) 湿式供油装置 供油量 > 8～24 mL/(min·cm^2)(可调节) (8) 测试箱配置 ϕ118，ϕ220，ϕ350，可根据不同式样规格设计加工 (9) 主电机功率 11 kW，50 Hz，380 V (10) 系统总容量 13 kW

续表

型号	功能项目及技术参数
MM2000型摩擦磨损性能试验机（适用于轨道列车制动材料及闸片、闸瓦的闸制动性能测试）	试验机测试精度： (1) 试验速度控制误差 ±10 r/min (2) 试验压力控制误差 ±1% FS (3) 试验配置惯量误差 ≤0.001 kg·m^2 (4) 试验温度控制误差 ±2℃ (5) 测试精度相对误差 ±1% FS (6) 测试重复性误差 ±1% FS
MM3000型摩擦磨损性能试验机（适用于轨道列车制动材料及闸片、闸瓦的闸制动性能测试）	技术参数： (1) 制动压力 0.2～20 kN(气动) (2) 正压力加压度 ≤0.2 s (3) 主轴转速 0～10000 r/min(可调) (4) 摩擦力矩 0～300 N·m (5) 惯量配置 0.01～2.37 kg·m^2 (6) 主轴系统惯量 0.035 kg·m^2 (7) 试验供油量 >8～24 mL/(min·cm^2)(可调) (8) 摩擦热测量范围 室温～1000℃ (9) 系统能量负荷 300000 J (10) 系统总容量 22 kW (11) 摩擦盘配置 ϕ75 mm(外径)、ϕ53 mm(内径)、ϕ150 mm(外径)、ϕ90 mm(内径)、ϕ28 mm(外径)、ϕ20 mm(内径) 试验机测试精度： (1) 试验速度控制误差 ±10 r/min (2) 试验压力控制误差 ±1% FS (3) 试验配置惯量误差 ≤0.001 kg·m^2 (4) 试验温度控制误差 ±2℃ (5) 测试精度相对误差 ±1% FS (6) 测试重复性误差 ±1% FS
MM6000型摩擦磨损性能试验机	技术参数： (1) 摩擦副正压力 0.3～6 MPa，频率 0～30 Hz (2) 压力施压速度 0.1 s (3) 试验转速 500～6000 r/min，可调 (4) 持续滑磨单元转速 1～500 r/min (5) 惯量配置 0.01～4.0 kg·m^2 (6) 结合频率 3次/min (7) 扭矩持续滑磨 0～1000 N·m (8) 试样测试范围 50～450 mm (9) 试验供油装置 7～1000 L/min (10) 测试温度 常温～1000℃ (11) 整机噪声 78 dB (12) 系统能量负荷 600000 J (13) 系统总容量 25 kW (14) 主电机功率 22 kW，50 Hz，380 V

续表

型号	功能项目及技术参数
MM6000型摩擦磨损性能试验机	试验机测试精度： (1) 试验速度控制误差 ±10 r/min (2) 试验压力控制误差 ±1% FS (3) 试验配置惯量误差 ≤0.001 kg·m² (4) 试验温度控制误差 ±2℃ (5) 测试精度相对误差 ±1% FS (6) 测试重复性误差 ±1% FS

8.2.4 缩比试验台

在MM3000试验机上检测得到的性能较好的制动闸片可进一步在TM-Ⅰ缩比试验台上进行检测分析，因为 TM-Ⅰ缩比试验台能够提供更高的能量。一次模拟制动试验中使用图8-11所示的四块相同的制动闸片。单个摩擦表面的面积为1560 mm²。四个样品分别安装在两个夹具上，然后对称地安装在制动盘的两侧。当电机第一次驱动主轴旋转并达到设定速度时，电机失去动力。同时，卡钳施加压力，使制动盘与两侧的制动片接触。制动盘在摩擦阻力的作用下会停止。在制动过程中，自动测量并记录制动力矩、制动减速度、摩擦系数等参数。热电偶位于制动闸片接触面下方约 6 mm 的孔中。在正式制动试验前用 400 目和 800 目砂纸对制动闸片和对偶表面进行打磨，然后在中速中压下对制动闸片进行磨合，使得制动闸片与制动盘的接触面积大于 85%。平均摩擦半径 155 mm，转动惯量 44 kg·m²。由于实际列车上的制动闸片在其使用寿命内需要经历不同的制动工况，本试验还设计了一个专门的试验程序来模拟不同制动工况下的制动，如表 8-8 所示。整个模拟制动过程分为四个不同阶段(Ⅰ～Ⅳ)。在Ⅰ、Ⅱ、Ⅲ阶段，模拟制动速度由低变高。模拟制动速度分别为 50 km/h、80 km/h、120 km/h、160 km/h、200 km/h、220 km/h、250 km/h、300 km/h、350 km/h 和 380 km/h。Ⅰ、Ⅱ、Ⅲ阶段制动压力分别为 0.21 MPa、0.41 MPa 和 0.57 MPa。一般来说，高速铁路列车在非紧急制动情况下的制动速度和制动压力是第四阶段(Ⅳ)提出的条件，其目的是检测制动片在

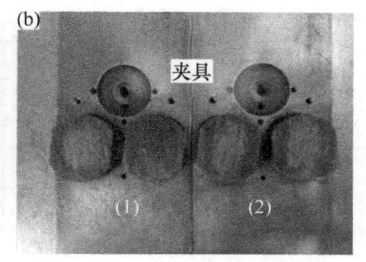

图 8-11 TM-Ⅰ缩比试验台上的销盘试验装置(a)和所使用的制动闸片(b)

经历紧急制动后是否仍能保持稳定的制动性能。在整个制动试验过程中，当一次制动试验后温度超过 60℃时，风机自动开启冷却制动系统。当温度低于 60℃时，关闭风机，自动启动下一次试验。

常见的小试样惯性制动试验台的技术参数如表 8-9 所示。

表 8-8　TM-Ⅰ缩比试验台上所使用的制动程序

压力/MPa	转速/(r/min)	速度/(km/h)
0.21	1110	120
	1480	160
	1845	200
	2025	220
0.41	465	50
	745	80
	1110	120
	1480	160
	1845	200
	2025	220
	2300	250
	2770	300
	2945	320
	3220	350
	3500	380
0.57	1110	120
	1480	160
	1845	200
	2025	220
	2300	250
	2770	300
	2945	320
	3220	350
	3500	380
0.41	1110	120
	1110	120
	1110	120

表 8-9　小试样惯性制动试验台技术参数

试验台	技术参数
TM-Ⅰ缩比试验台	主要技术参数。 (1) 主机体系统：设备全系统总功率 80 kW (2) 惯量配置系统：1～45 kg·m²，飞轮组合大于 12 级 (3) 制动压力标定系统：正压力 0.1～1 MPa，精度 0.1%，采样频率 1000 Hz (4) 扭矩测试标定系统：0～1000 N·m，精度 0.1%，采样频率 1000 Hz (5) 变频调速设置系统：0～5000 r/min，相对误差 1% (6) 自补偿施压设置系统：无级可调，响应时间小于 0.1 s (7) 模拟工况设置系统：可设置被测材料实际工况条件 (8) 水淋喷水系统：喷淋流量可调节 (9) 制动温控设置系统：常温～1000℃ (10) 试验装卡系统：闸瓦、闸片 (11) 自动控制系统：包括控制柜和工业计算机专用测控软件 (12) 电控系统：包括配电柜和配电系统 (13) 测试结果处理系统：测试数据的存储、打印、归档、自动生成报表 (14) 模拟坡道制动系统：0～30 min 的坡道制动可设置 试验机测试精度： (1) 试验速度控制误差 ±10 r/min (2) 试验压力控制误差 ±1% FS (3) 试验配置惯量误差 ≤0.001 kg·m² (4) 试验温度控制误差 ±2℃ (5) 测试精度相对误差 ±1% FS (6) 测试重复性误差 ±1% FS
TM-Ⅱ缩比试验台	主要技术参数： (1) 系统总功率　200 kW (2) 总能量　15 MJ (3) 总机械惯量　176 kg·m² (4) 总制动力　25 kN (5) 最大静力矩　5000 N·m (6) 最大制动力矩　5 kN·m (7) 试验转速　0～4100 r/min，可调 (8) 静摩擦转速　＜5 r/min (9) 水箱容量　80 L (10) 喷淋流量可调节 (11) 系统风压　850 Pa (12) 抽风量　8000 m³/h (13) 制动摩擦热测量范围　常温～1000℃ (14) 采样频率　1000 Hz (15) 测试精度相对误差　±1% (16) 示值重复性误差　≤1% 试验机测试精度： (1) 试验速度控制误差 ±10 r/min (2) 试验压力控制误差 ±1% FS (3) 试验配置惯量误差 ≤0.001 kg·m² (4) 试验温度控制误差 ±2℃

续表

试验台	技术参数
TM-Ⅱ缩比试验台	(5) 测试精度相对误差 ±1% FS (6) 测试重复性误差 ±1% FS
TM-Ⅲ缩比试验台	主要技术参数： (1) 系统总功率　140 kW (2) 总能量　10MJ (3) 总机械惯量　120 kg·m² (4) 总制动力　20 kN (5) 最大静力矩　2000 N·m (6) 最大制动力矩　2 kN·m (7) 试验转速　0～4300 r/min，可调 (8) 静摩擦转速　<5 r/min (9) 水箱容量　80 L (10) 喷淋流量　30 L/min，可调 (11) 系统风压　850 Pa (12) 抽风量　8000 m³/h (13) 制动摩擦热测量范围　常温～1000℃ (14) 采样频率　1000 Hz (15) 测试精度相对误差　±1% (16) 示值重复性误差　−1%～1% 试验机测试精度： (1) 试验速度控制误差 ±10 r/min (2) 试验压力控制误差 ±1% FS (3) 试验配置惯量误差 ≤0.001 kg·m² (4) 试验温度控制误差 ±2℃ (5) 测试精度相对误差 ±1% FS (6) 测试重复性误差 ±1% FS

8.2.5　1∶1制动动力试验台

　　1∶1制动动力试验台是一种模拟实际列车制动工况、检测列车制动系统性能的重要设备，能够尽可能真实地模拟高速铁路列车制动时制动闸片与制动盘的摩擦情况。1∶1制动动力试验台以实际产品为试验对象，采用最接近实际的试验条件，所以它是制动器与摩擦材料性能综合测试中具有权威性的测试试验台。列车1∶1制动动力试验台是利用飞轮惯量来模拟列车轴重，模拟列车运行时的工况和制动的原理，制动摩擦材料在试验台的测试结果与实际运行状况相近。列车制动试验台能够在实验室内模拟出列车实际的运行工况，对闸片进行各项测试试验，为研制出性能更好的闸片提供参考依据。它以列车闸片为试验对象，使其在制动试验台上承受的制动能量载荷与其在列车上实际承受的制动能量相等，试验条件与列车运行的实际条件相同，列车制动试验台的运转速度与列车的实际运营速度等效，因而在列车制动试验台上获得的试验结果能够真实、准确地反映列车闸片的实际工作性能[13]。

1.1∶1 制动动力试验台的类型

实际列车载重一般在 20~130 t 不等，并且空载与满载差别较大，而制动试验台能否模拟诸多车型的质量，取决于试验台的惯量模拟范围。列车用 1∶1 制动动力试验台目前主要有两种类型：一种是传统的纯机械模拟试验台(以下简称机械台)，另一种是机械模拟+电惯量模拟试验台(以下简称电惯量台)[14]。

1) 机械台

机械台如图 8-12 所示，主要由电机、机械惯量(由多片飞轮组成的机械飞轮组，固定分级)、加载系统、摩擦力矩测量系统(闸片或夹钳 + 测力传感器)等构成[14]。

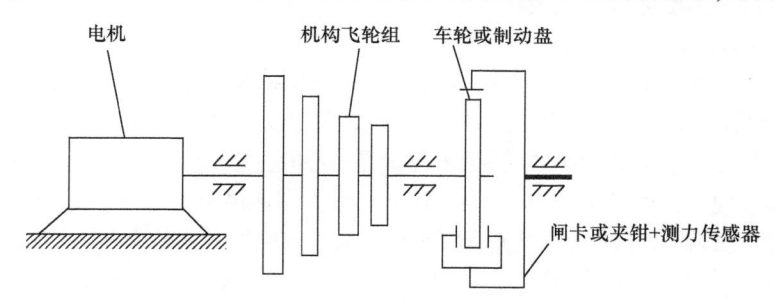

图 8-12　机械模拟试验台[14]

工作原理：根据需要模拟一节列车的总质量和速度，并等效在一个车轮(或一个制动盘)上，按照在同等速度下能量相等的原则，即试验台的飞轮和回转轴系在给定转速下的动能应等于列车在相应给定速度和总质量下等效在一个车轮或制动盘上的动能，设定试验台运行参数，随之按制动要求进行制动过程并实时采集相关的试验数据进行处理、存储、分析[14]。

机械台的特点如下。

(1) 组合出的机械惯量之间有级差，必须有足够多的不同转动惯量的飞轮才能组合出分度值满足要求的飞轮组，因此难以做到转动惯量匹配的自动化，否则传动轴系将会很长。

(2) 对电机的要求仅是使飞轮组达到给定的转速，制动试验过程中电机不起任何作用。

(3) 若试验台组合出的转动惯量 J_r 和试验程序规定的转动惯量 J 不同，则必须调整试验程序中规定的制动初始速度 V，调整的原则是速度 V_k 满足模拟相同能量的要求：

$$V_k = K \times V \tag{8-52}$$

$$K = \sqrt{\frac{J}{J_r}} \tag{8-53}$$

应满足条件：$0.95 \leq K \leq 1.05$；若满足不了，则说明试验台转动惯量的分度值过大，不能满足要求。

(4) 根据平均压紧力和制动距离计算平均摩擦系数时需要对其进行修正。

(5) 相对电惯量台在没有加速度(加速度值较小时)要求的条件下，其电机功率一般较小，正常工作时电机运行在第一或第三象限；但有加速度(加速度值较大)要求时，电机功率会比相应的电惯量台大很多，此时会造成很大浪费。

(6) 一般情况下投资较少(有加速度要求时例外)，自动化控制和电气传动控制比较简单，机械系统相对复杂。

(7) 适用于低速制动试验。

2) 电惯量台

电惯量台如图 8-13 所示，主要由电机、扭矩仪(测量电机输出扭矩)、机械惯量(由相对机械台较少的机械飞轮组成，固定分级)、扭矩仪(测量综合制动扭矩—机械摩擦与试件风阻之和)、加载系统、摩擦力矩测量系统(闸片或夹钳 + 测力传感器)构成[14]。

工作原理：根据需要模拟一节列车的总质量和速度并折算到一个车轮(或一个制动盘)上，按在同等速度下能量相等的原则，即试验台的飞轮和回转轴系在给定转速下的动能加上电机在制动过程中补偿的能量应等于列车在相应给定速度和总质量下等效在一个车轮或制动盘上的动能，根据电机能力设定试验台运行参数，随之按制动要求进行制动过程并实时采集相关的试验数据进行处理、存储、分析。在制动过程中，若不考虑系统固有阻力，应满足下式的要求[14]：

$$T_D = (1-K)T_S \tag{8-54}$$

式中，T_D 为电机输出扭矩；K 为系数；T_S 为综合制动力矩。

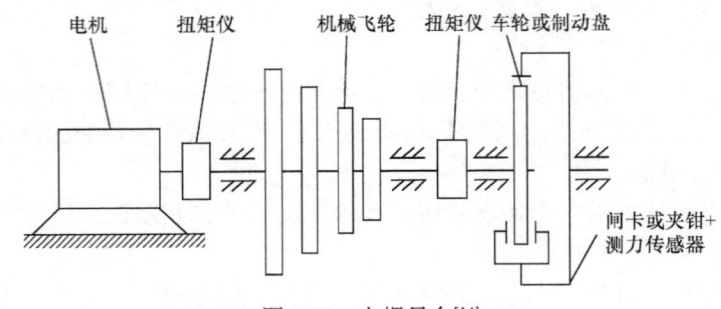

图 8-13　电惯量台[14]

电惯量台的特点如下。

(1) 电机侧高精度扭矩传感器用于测量电机输出扭矩(测量电机在制动过程中

输出的能量);同时还可用于试验台机械摩擦、风阻的标定(试验台系统固有阻力,在不安装试件的条件下标定。实际试验时由于负载的原因,相关轴承的功耗会增加,轴承的负载越大其功耗越大,这是不可避免的,因此机械摩擦的标定存在不可避免的单方向的系统误差)以及飞轮的实际转动惯量测定,若无须测定实际转动惯量,转动惯量采用设计值(尽量要求对所有回转系的零件进行三维实体设计,以便得到精确计算的转动惯量值),则该扭矩仪可不用;若电惯量模拟直接采用式(8-54)运算,机械摩擦、风阻的标定采用惯性运行法,但要准确测量电机在制动过程中输出的能量,则该扭矩仪是必需的。

(2) 在飞轮转动惯量与试验惯量有偏差时,通过电惯量模拟能够实现试验惯量的精确匹配。通过补偿系统固有阻力可以实现更高的试验精度。

(3) 便于优化配置电机参数和飞轮转动惯量,并充分发挥其性能,避免浪费。

(4) 相对于机械台,电惯量台飞轮惯量较小,但电机功率较大,正常工作时电机在四象限运行,可实现更高的加速度。

(5) 投资较大,对自动化控制和电气传动控制要求较高。

(6) 高、低速的制动试验均可适用[14]。

2.1∶1 制动动力试验台基本结构及工作原理

1) 基本结构

1∶1 制动动力试验台的总体结构如图 8-14 所示,其主要由机座、主电机、自动切换飞轮组、固定飞轮、扭矩传感器、静力矩加载机构、主轴承座、试验滑台、试件吊具及试验舱罩等组成。通过电动机提供动力,联轴器连接飞轮主轴和试验台主轴,实现扭矩的传递。惯性飞轮组由主轴、固定飞轮组、活动飞轮组组成,能完成对整个试验台转动惯量的配比。制动装置模拟列车实际中的制动过程,测量装置测出试验要求测量的各个参数。

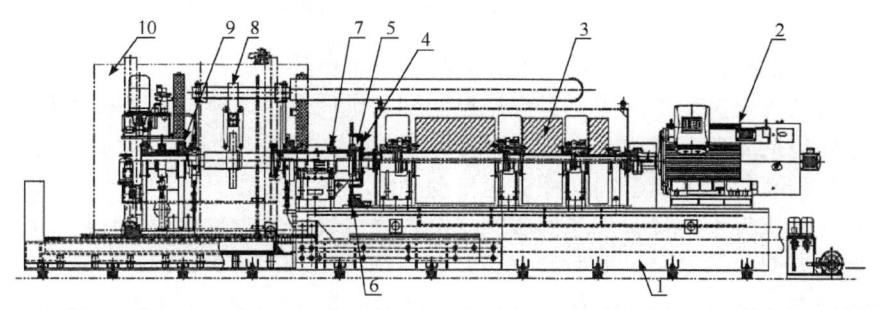

1-机座;2-主电机;3-自动切换飞轮组;4-固定飞轮;5-扭矩传感器;6-静力矩加载机构;7-主轴承座;8-试件吊具;9-试验滑台;10-试验舱罩

图 8-14 1∶1 制动动力试验台的总体结构图[15]

2) 基本原理及基本功能

制动动力台架试验的基本原理是采用储能装置(如惯性轮)，模拟列车的制动质量(通常折算到一个制动单元)，由电机驱动惯性系统转动，从而1∶1地再现列车的动能及制动能量的转化过程，实现列车制动摩擦副摩擦磨损性能及热容量等相关性能参数的测试或验证。试验台的基本功能包括制动盘-闸片及车轮-闸瓦等组件的摩擦性能、力学性能、制动性能、声学性能和可靠性(耐久性)试验，在各种试验环境下，测试速度、制动力、摩擦系数、制动距离、制动时间、温度和温度场、应力和应变、闸片或闸瓦压力、磨耗量和噪声等性能参数的变化。

3) 系统基本构成及特点

530 km/h 1∶1制动动力试验台系统的基本构成主要由机械系统、环境系统、电气控制系统及测控系统等四部分组成，如图8-15所示[16]。

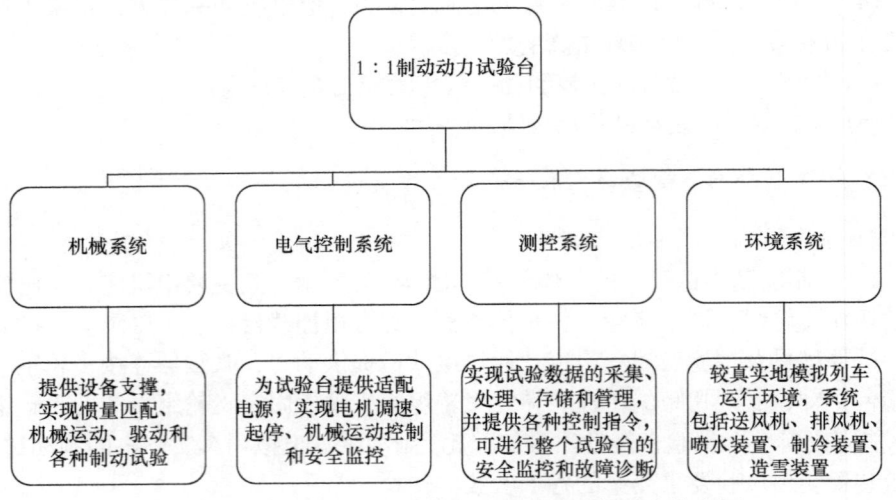

图 8-15　530 km/h 1∶1制动动力试验台系统基本构成[16]

机械系统及机械惯量自动切换匹配功能如下所述。

机械系统提供设备支撑，实现惯量匹配、机械运动、驱动和各种制动试验。系统主要包括底架、驱动电机、主轴及飞轮系统、电-空气伺服制动加载装置、盘形制动和踏面制动夹具、静摩擦试验传动系统、润滑装置、防护罩及气动控制装置等。气动执行机构包含气动伺服阀、电磁阀、气缸及空气管路等[16]。

本试验台能够实现机械惯量自动匹配功能。试验台共包含有一个 2600 kg·m² 的大惯量和三个 600 kg·m² 的小惯量，其基础惯量(包括所有的旋转零部件，不含试验件)为 75 kg·m²。根据试验惯量大小需要，当试验制动惯量发生增减变化时，试验操作人员只需要在控制操作界面上输入轮载荷，软件控制系统利用本试验台独特的机械惯量自动匹配功能对其进行自动化操作，机械惯量不足部分以闭环控制电机扭矩所产生的电模拟惯量(inertia simulated by electronic method, I-SIM)进行补偿，进而达到最佳的惯量匹配。机械惯量自动匹配功能主要是通过控制离合器动作达到机械惯性轮分离或接合，其大致原理如图 8-16 所示。计算机可自动控制执行机构工作，通过拨叉带动离合装置移动，实现惯性轮与主轴的接合或分离。系统带有完善的安全设施，保证惯性轮在接合或分离的情况下均能牢固地锁定，并通过传感器将运动和位置信号反馈给计算机[16]。

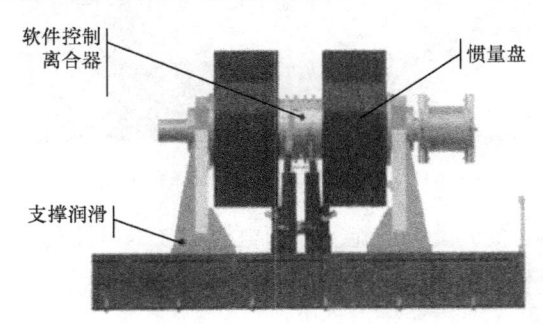

图 8-16 机械惯量自动匹配原理示意图[16]

环境模拟系统及其特点如下。

环境模拟系统用来接近真实地模拟列车的运行环境，扩充制动试验能力和范围。环境模拟系统主要由通风系统和环境控制系统两部分组成，可模拟包括常温、气流、干燥、潮湿/降雨、低温、降雪等气候条件。常温风速可由计算机控制自动跟随车速变化，也可按设定值控制；环境温度和湿度的控制是通过压缩机组、加热装置、加湿装置、空气循环系统等实现的，温度和湿度在一定范围内可调[16]。

造雪设备是专为试验台造雪而设计的，在温度 0~−40℃ 范围内造雪量大约 80 dm³/h。造雪设备通过空调设备使空气的温度达到 0~−50℃，将符合要求的空气送往处理舱进行处理，随后通过一根保温绝缘的管道送往试验舱，并通过出雪管进行定点送雪。该环境模拟系统可模拟−45℃的低温，最大风力 13 级，最大降雨量可达暴雨级，最大降雪量可达暴雪级，喷水(降雨)量和造雪量均连续可调，是目前世界上最为先进的气候试验系统，其技术水平在同类试验台中处于国际领先地位。图 8-17 为环境模拟系统模拟降雪工况[16]。

电气控制系统及电惯量模拟特点如下。

电气控制系统为试验台提供适配电源，实现主电机、静摩擦驱动电机、风机电机的调速、启停控制，以及液压泵站、电磁阀和机械运动控制等。系统主要包括电源装置、电机调速控制装置、接触器、中间继电器、控制按钮、指示灯、电气柜等。试验台采用交流电机作为主电机，驱动控制系统通过特殊的控制算法实时控制主电机的转速或转矩，使电机输出的动力特性与同等机械惯量的动力特性

图 8-17 环境模拟系统模拟降雪工况[16]

相一致,从而实现电惯量模拟功能。采用电模拟技术可简化系统结构,消除惯量级差,实现惯量的无级调节,提高试验精度和灵活性[16]。

测控系统及数据无线传输特点如下。

测控系统可实现试验数据的采集、处理、存储和管理,并提供各种控制指令,可进行整个试验台的安全监控和故障诊断。系统主要由主控计算机、数据采集装置、数字输入、输出控制模块、伺服控制模块、信号调理电路、传感器、测控软件等组成,其中传感器包括力、力矩、转速、温度、应变、振动、噪声及电荷耦合器件(charge-coupled device,CCD)摄像头等多种类型,温度测量采用温度传感器和红外热成像两种方法,红外温度场图像可与其他试验数据同步记录。对于旋转试件的温度、热应力等试验参数的测量,是通过无线遥测方式实现的,即将旋转试件上的传感器通过端子盘连接到一个无线发射装置上,发射装置安装在主轴上并与主轴一起转动。发射装置把传感器信号转换为数字信号,采用无线射频将数字信号发射给无线接收装置。接收不随主轴转动,它把接收的数字信号传送给主计算机。本系统可方便地实现旋转件上多个通道的温度和应变测试,并简化设备维护工作[16]。

4) 试验台应用范围

本试验台可用于高速动车组和机车车辆基础制动装置的研究性试验、性能试验和可靠性(耐久性)试验。其主要应用范围主要包括摩擦特性和温升特性研究、新产品研发和试验验证、产品的性能试验和质量检验以及具有某些特殊要求的试验等。试验内容涵盖常用国内外标准的全部内容,如表 8-10 所示,包括磨合、静摩擦与停放制动、停车制动、坡道制动(减速及恒速控制)、运行模拟试验、程控连续试验、环境试验、可靠性(耐久性)试验等。试验对象包括各种轴状制动盘、轮状制动盘、闸片、闸片托、闸瓦、闸瓦托、制动缸及夹钳、车轮等,图 8-18 即为正在进行试验的高速动车组盘形制动装置和踏面制动装置[16]。主要测试参数包括转速、制动初速度和制动终速度、速度变化、制动时间、减速度、闸片(瓦)压力、制动扭矩、制动力、平均摩擦系数、瞬时摩擦系数、静摩擦系数、制动能量、温度及温升、噪声、应力(应变)、闸片(瓦)磨耗量等，绘制摩擦特性、噪声特性和温度特性曲线。图 8-19 为初速度为 420 km/h 紧急制动工况下的试验曲线。根据试验曲线，可以非常直观地了解瞬时摩擦系数和制动盘温升随瞬时速度及压力的变化曲线。同时，该试验台还配备有先进的热成像仪，能够非常方便地把制动盘摩擦面温度分布情况显示出来，如图 8-20 所示，制动盘摩擦面温度场分布热成像为制动摩擦副结构优化和选型运用提供了直接参考依据[16]。

表 8-10 执行 14 种国家标准、行业标准的测试以及两种国际标准的测试

序号	标准号	标准名
1	TB/T 3005—2008	机车用粉末冶金闸瓦
2	TB/T 3104.1—2020	机车车辆闸瓦 第 1 部分：合成闸瓦
3	TB/T 2980—2014	机车车辆用制动盘
4	JB/T 7268—2007	湿式烧结金属摩擦材料 摩擦性能试验方法
5	TB/T 3541.3—2018	机车车辆盘形制动 第 3 部分：合成闸片
6	JB/T 7269—2007	干式烧结金属摩擦材料 摩擦性能试验方法
7	JB/T 3063—2011	烧结金属摩擦材料 技术条件
8	GB/T 13826—2008	湿式(非金属类)摩擦材料
9	GB/T 15141—2009	湿式离合器摩擦元件试验方法
10	JB/T 7909—2011	湿式烧结金属摩擦材料 摩擦性能试验台试验方法
11	UIC541—3	制动-盘形制动及其应用-闸片验收的一般规定
12	UIC541—4	制动-复合制动块制动-复合制动块认证通用条件
13	TJ/CL 307—2019	动车组闸片暂行技术条件
14	CZJS/T 0012—2016	城市轨道交通车辆合成闸片技术规范

(a)

图 8-18 盘形制动和踏面制动装置[16]
(a) 盘形制动；(b) 踏面制动

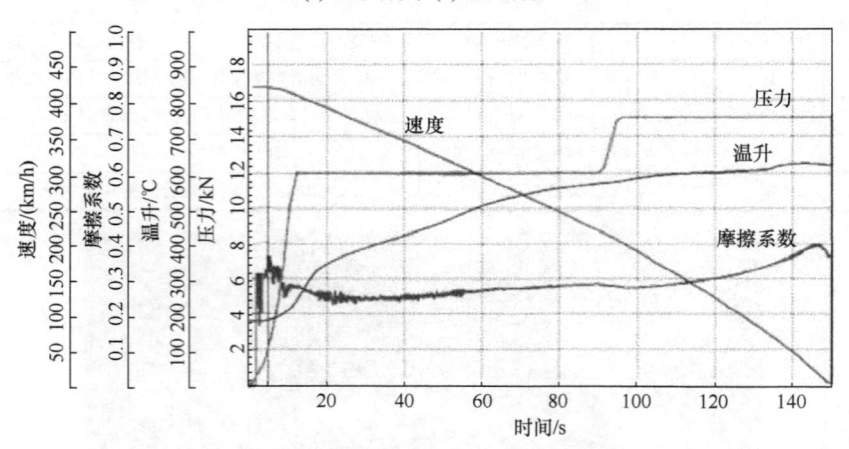

图 8-19 420 km/h 紧急制动工况下试验曲线[16]

3. 几种 1∶1 制动试验台

1) 日本制动动力试验台

20 世纪 50 年代，日本设计了第一台制动动力试验台，此后对其进行了改造，试验台对其新干线使用的制动盘和制动闸片的试验研究发挥了重要作用。90 年代日本又设计了新型制动试验台，其性能满足直径为 860 mm 的车轮下达到 500 km/h 速度的试验要求，试验台如图 8-21 所示，制动动力试验台如表 8-11 所示，进行盘形制动时的参数如表 8-12 所示。同期，法国也设计出 2900 r/min 的制动试验台[10]。

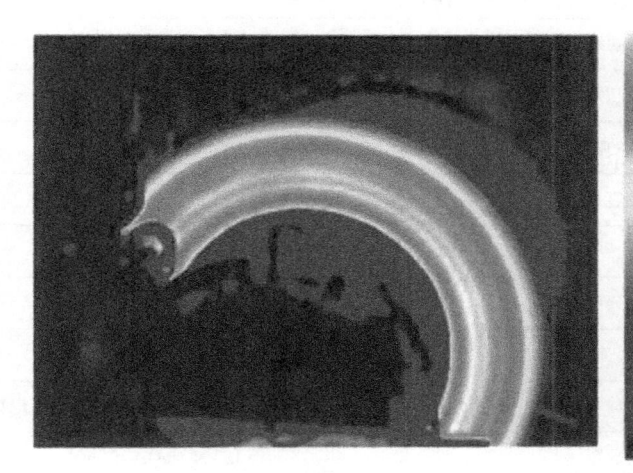

图 8-20　420 km/h 紧急制动工况下制动盘热成像图[16]

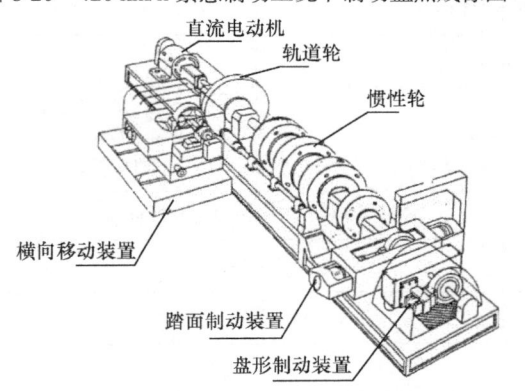

图 8-21　日本制动动力试验台[10]

表 8-11　日本制动动力试验台参数[10]

(1) 盘形制动、踏面制动试验	
试验最高速度	500 km/h(按 ϕ 860 mm 车轮换算)
最高转速	3100 r/min
制动方法	空气压力制动(4 段压力图谱制动)、油压伺服制动(压力图谱制动、减速度图谱制动、限速扭矩恒定制动)
最大闸瓦压力	盘形制动 30 kN × 2(3.0 tf × 2) 踏面制动 60 kN × 2(6.0 tf × 2)

续表

(1) 盘形制动、踏面制动试验	
最大制动扭矩	25 kN·m(2.5 tf·m)
最大限速扭矩	1.2 kN·m(0.12 tf·m)
试验制动盘直径	$\phi 350 \sim \phi 780$ mm
试验车轮直径	$\phi 700 \sim \phi 1120$ mm
(2) 黏着试验	
试验最高速度	580 km/h(按ϕ860 mm 车轮换算)
轨道轮转速	3100 r/min
制动方法	油压伺服制动(压力图谱制动、扭矩恒定制动)
最大制动扭矩	15 kN·m(1.5 tf·m)
轨道轮直径	$\phi 1000$ mm
试验车轮直径	$\phi 700 \sim \phi 1120$ mm
最大轮重	98.0 kN(10 tf)
车轮横向移动装置	横向移动频率 1.0 Hz(最大轮重时)
	$392 \sim 3040$ kg·m²($40 \sim 310$ kgf·m·s²)
(3) 直流电动机功率	
	350 kW(可以正反转)
(4) 附属装置	
抽水装置	水温 $2 \sim 25$ ℃

表 8-12　日本盘形制动试验台参数[10]

试验类型	特征	参数
制动盘试验	试验最高速度	480 km/h(按ϕ860 mm 车轮换算)
	最高转速	3000 r/min
	制动方法	油压伺服制动(油压图谱制动、压力图谱制动、扭矩图谱制动)
	最大油压	40 MPa(400 kgf/cm²)

续表

试验类型	特征	参数
制动盘试验	最大制动扭矩	25 kN·m(2.5 tf·m)
	最大限速扭矩	0.4 kN·m(0.042 tf·m)
	最大试验制动盘直径	ϕ780 mm
	惯性轮惯量	294～1274 kg·m²(30～130 kgf·m·s²)
高速试验	最高转速	7500 r/min
	制动方法	油压伺服制动(油压图谱制动、压力图谱制动、扭矩图谱制动)
	最大油压	40 MPa(400 kgf/cm²)
	最大制动扭矩	5 kN·m(0.5 tf·m)
	最大限速扭矩	0.2 kN·m(0.016 tf·m)
	最大试验制动盘直径	ϕ500 mm
	惯性轮惯量	49～200 kg·m²(5～20.4 kgf·m·s²)
	直流电动机功率	132 kW(可以正反转)

2) 法国制动动力试验台

图 8-22 是法国制动动力试验台。试验台由一个试验台架支撑着电机、轴系和试验轴组成。电机为双星型自动导向同步电机，最大转速为 2900 r/min；额定性能参数为：速度 1200 r/min，扭矩 14000 N·m，功率 1760 kW；达到额定转速时，扭矩等于 14000 N·m；超过额定转速而达到最大转速时，扭矩受持续功率作用的

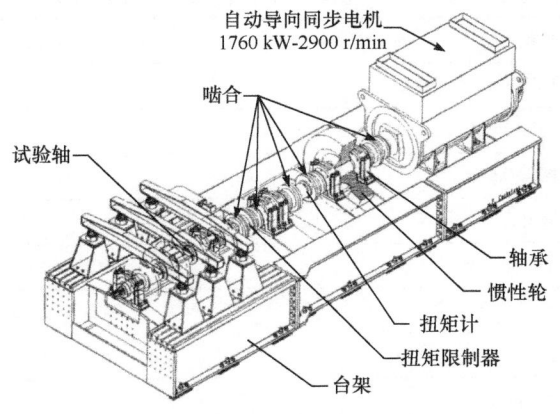

图 8-22 法国制动动力试验台[17]

限制；在使用范围内，额定功率暂时可以超过50%。轴系分布在试验台架的六个轴承座上，它包括如下装置。

(1) 一个重1640 kg、转动惯量为270 kg·m²的惯性轮。如果试验台制动力矩迅速改变时，它可以平和设备的速度。

(2) 一个调整到25000 N·m的扭矩限制器，用于保护轴系，以防出现意外的超限力矩。

(3) 一个扭矩计。测量范围是0~20000 N·m，准确度为10 N·m，可以双向运转，这是试验台的心脏，负责将扭矩值信息传递给试验台导向装置。信息通过轴系和主动轴内的导线来传输，又经过旋转开关，并由光纤传递至控制装置。惯性模拟即从这些信息开始，电机始终提供与制动力矩相反的力矩，以便保证执行模拟的速度和惯性指令。

各部件之间采用啮合方式连接。与轴系啮合的试验轴包括一个紧急制动机，其安装情况视需要试验的设备而定。可以像TGV-A那样，在车轴上安装四个制动盘，也可单个制动或整体制动。该试验轴安装在一小工作间内，室内可以获得40000 m³·h的良好通风[17]。

3) 中国铁道科学研究院制动动力试验台

中国铁道科学研究院于1974年成功研制出我国第一台1∶1制动动力试验台，使我国成为世界上第六个拥有这项技术的国家。2011年，中国铁道科学研究院机车车辆研究所新建成一台最高试验速度532 km/h的高速1∶1制动动力试验台架，该试验台能够模拟列车最高运行速度，还可以模拟干燥、潮湿、气流、低温、降雪等环境条件，这标志着我国高速列车制动系统的研发和试验技术达到国际先进水平[18]，该试验台的参数如表8-13所示。

表8-13 我国1∶1制动动力试验台主要技术性能参数

参数	数值
最高试验速度/(km/h)	530
最高转速/(r/min)	≥3100
最大机械惯量/(kg·m²)	4475
最大制动扭矩/(kN·m)	35
最大驱动功率/kW	610
模拟环境参数/℃	环境温度：-45~50
风速/(m/s)	≤42
喷水流量/(dm³/min)	0~5
降雪量/(dm³/h)	0~80

4) 德国 Renk 高速列车 1∶1 制动动力试验台

图 8-23 是北京天宜上佳高新材料有限公司购置的德国 Renk 高速列车 1∶1 制动动力试验台，最高速度为 620 km/h。该试验台主要技术参数如表 8-14 所示。

图 8-23　北京天宜上佳高新材料有限公司购置的德国 Renk 高速列车 1∶1
制动动力试验台(620 km/h)

表 8-14　德国 Renk 高速列车 1∶1 制动动力试验台主要技术参数

参数	数值
最大功率/kW	900
额定扭矩/(N·m)	7000
额定转速/(r/min)	1200
最大转速/(r/min)	3600
惯量(转子)/(kg·m²)	30
基础惯量 G(包括所有旋转件，不含试件)/(kg·m²)	700
可切换飞轮惯量 Ⅰ/(kg·m²)	350
可切换飞轮惯量 Ⅱ/(kg·m²)	700
惯量组合： G/(kg·m²)	700
G + Ⅰ /(kg·m²)	1050
G + Ⅱ /(kg·m²)	1400
G + Ⅰ + Ⅱ /(kg·m²)	1750
最大电惯量模拟(基本条件：a = 1.5 m/s², r_{dyn} = 0.4 m, M_{maxAC} = 2400 N·m)/(kg·m²)	200～450
机械和电惯量模拟范围/(kg·m²)	500～2200

5) 美国 Link 3600 高速列车 1∶1 制动动力试验台

图 8-24 是北京天宜上佳高新材料有限公司购置的美国 Link 3600 高速列车 1∶1 制动动力试验台。该平台主要由控制系统、主驱动系统、惯量系统、静力矩系统、制动驱动系统、测量系统、冷却空气系统和尾架等构成。该制动动力试验台主要技术参数如表 8-15 所示。

图 8-24 北京天宜上佳高新材料有限公司购置的美国 Link 3600 高速列车 1∶1 制动动力试验台(480 km/h)

表 8-15 美国 Link 3600 高速列车 1∶1 制动动力试验台主要技术参数

参数	数值
额定功率/kW	600(DC) 600(AC)
速度范围/(r/min)	0～2700
最大机械惯量/(kg·m²)	约 5050 (1600 r/min) 约 1900 (2700 r/min)
最大电模拟惯量/(kg·m²)	约 6000 (1600 r/min) 约 2250 (2700 r/min) (实际最大模拟惯量还取决于测试设置)
机器力矩满量程(最大制动矩)/(N·m)	8000, 20000
最大制动压力/bar①	10
最大测量力/kN	120
出风口最大风速/(km/h)	120 (还取决于风管的具体布置)
制动盘直径范围/mm	350～1050
车轮直径范围/mm	600～1250
制动盘厚度/mm	30～160

续表

参数	数值
车轮厚度/mm	<200
试件最大质量/kg	1000（轮盘或车轮）
试件最大转动惯量/(kg·m²)	约200（轮盘或车轮）
最大制动减速度/(rad/s²)	6 或最大力矩

① 1 bar = 0.1 MPa。

惯量台架由主基座组件进行支撑和固定在实验室地基上。数个分段式高刚性基座通过销接和螺栓连接来共同保证机器的良好对中。这些基座将固定在一套嵌入混凝土地基中的子框架结构上，并通过千斤顶螺栓和承载垫来调整水平。

惯量系统包括锥形轴，带有可切换的飞轮组件来大致模拟车辆的惯量条件。台架的驱动组件带有自身内在的旋转惯量，称为台架的基础惯量或最小机械惯量。飞轮组件，也称为惯量盘，可以切换增加到该基础惯量上，从而可以大致模拟给定车型的惯量用于测试目的。在制动测试中，通过主电机在机械惯量基础上采取增加或减少力矩的方式来实现精确的惯量模拟。通过这种方式，台架可以在实际机械惯量数据点之上、之下或之间来模拟所需要的惯量值。组件通过两个轴承支座来进行支撑。

现代化的计算机控制系统提供了电惯量模拟技术来克服固定数值机械惯量的限制。通过使用主电机驱动系统，电惯量模拟技术可以在所选择的机械惯量基础上增加或减少惯量值。例如，当需要一个模拟特定车辆的比机械惯量更大的惯量设定值时，主电机将对系统增加惯量。试验台控制系统允许操作人员选择所期望的惯量值，并可以让操作人员选择机械惯量或机械惯量叠加电惯量的组合方式。

4. 闸片 1∶1 制动动力试验评价

1) 瞬时摩擦系数及平均摩擦系数

采用美国 Link 3600 型 1∶1 制动动力试验台对一种制动闸片的摩擦制动性能进行考核。表 8-16 是该闸片材料的成分。

表 8-16　铜基制动闸片材料的成分(质量分数)及各组元的粒径

成分	Cu	Fe	CrFe	Cr	石墨	SiO₂	其他
含量/%	44～52	16～26	1～5	1～5	5～10	1～5	1～5
粒径/μm	48～75	45～150	30～80	30～80	150～400	10～40	—

图 8-25 为不同制动速度下的瞬时摩擦系数。图中标注的上下限为《动车组闸

片暂行技术条件》(TJ/CL-307—2019)标准中 B.3 所规定的瞬时摩擦系数波动上下限。50～200 km/h 范围内的瞬时摩擦系数如图 8-25(a)所示。干燥条件下，瞬时摩擦系数平稳，均分布在规定范围内且靠近中间的区域。在 200 km/h 和 250 km/h 制动时，瞬时摩擦系数非常稳定，如图 8-25(a)和(b)所示。图 8-25(c)为制动速度为 300 km/h 时的瞬时摩擦系数，与低速下(图 8-25(a))相比，瞬时摩擦系数的波动略有增大。由图 8-25(d)的 350 km/h 制动时的瞬时摩擦系数可见，当制动速度降低到 300 km/h 时，瞬时摩擦系数均出现明显的下降(图 8-25(d)和(e)中的箭头所示)，这是由制动过程中制动压力的增大引起的。当制动速度≥350 km/h 时，试验采用的是变压力制动，即制动过程中瞬时速度大于 300 km/h 时压力为 F_{B1}，从 300 km/h 到 0 km/h 压力为 F_{B2}，$F_{B2}>F_{B1}$。随后瞬时摩擦系数上升，当制动速度降低到 120 km/h 以下时，瞬时摩擦系数略有下凹(图 8-25(e)中箭头所示)，表明摩擦系数出现小幅的衰退，这是由摩擦面温度的升高及摩擦表面的损伤加剧造成的。

图 8-26 为各工况下的平均摩擦系数，虚线为《动车组闸片暂行技术条件》(TJ/CL 307—2019)标准中 B.3 所规定的平均摩擦系数波动上下限。图 8-26(a)为干燥工况下的平均摩擦系数。各制动条件下的平均摩擦系数均位于规定范围内，并且处于靠近中间的位置，除在 350 km/h 下两次平均摩擦系数低于 0.35 以外，其他制动条件下平均摩擦系数均位于 0.35～0.45。在较低的制动速度下(50 km/h 和 80 km/h)，平均摩擦系数较高，超过 0.4，这是由于低速低应力下表面微凸体较多，可以产生较大的摩擦阻力。在 120～250 km/h 的制动速度范围内，各制动速度下的平均摩擦系数的算术平均值约为 0.4，这表明制动闸片在此制动条件下具有高的摩擦稳定性。在 250～350 km/h 的制动速度范围内，高的制动速度和大的制动压力导致平均摩擦系数下降，并与上下限的下降趋势一致。制动速度为 380 km/h

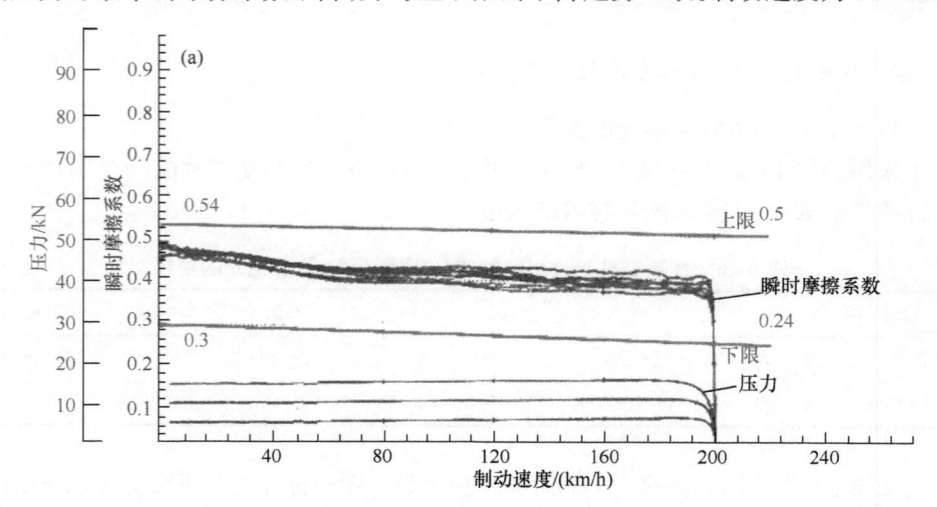

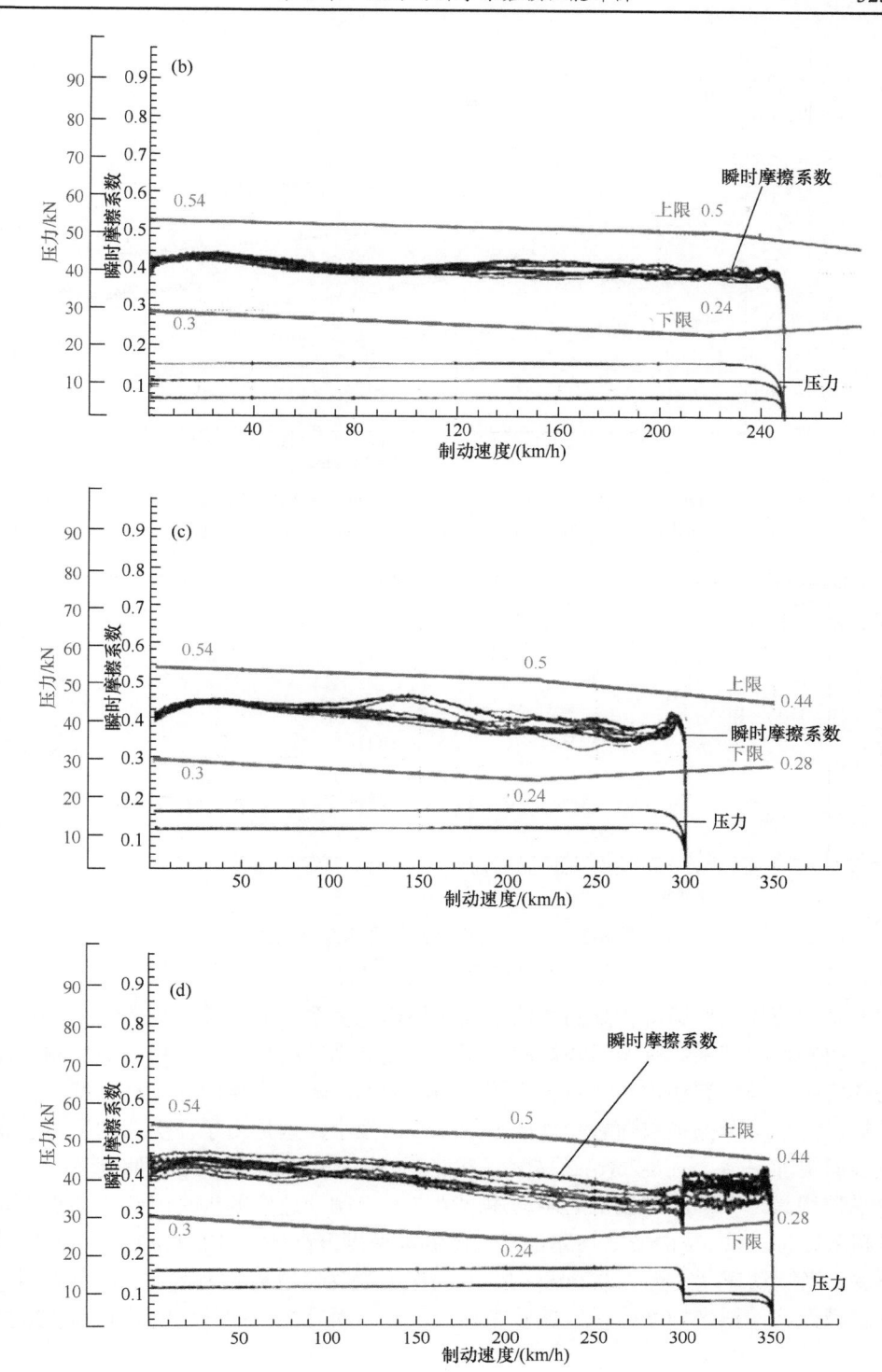

第 8 章 闸片材料摩擦磨损性能评价

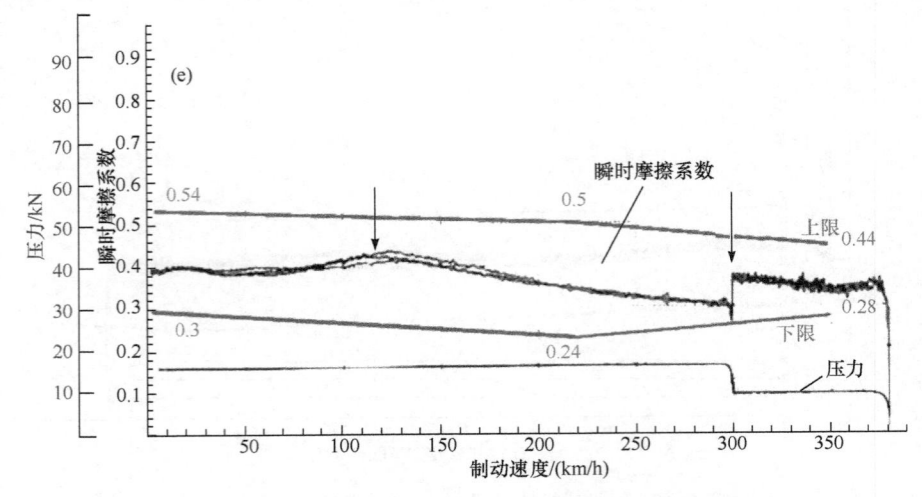

图 8-25　不同制动速度下的瞬时摩擦系数和制动压力
(a) 200 km/h；(b) 250 km/h；(c) 300 km/h；(d) 350 km/h；(e) 380 km/h

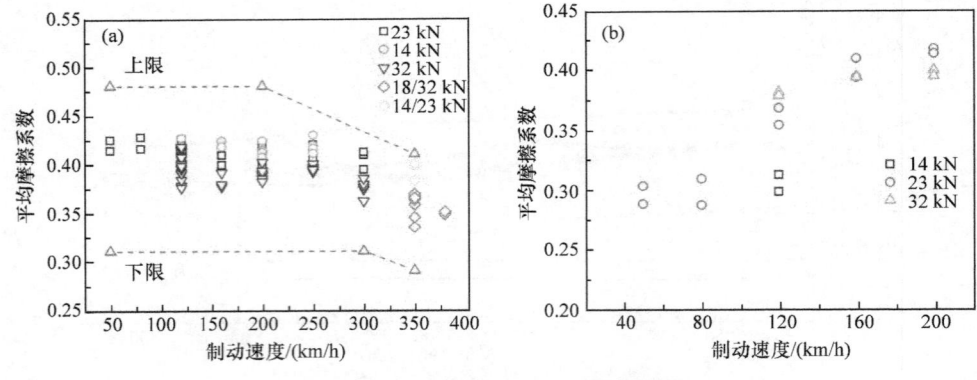

图 8-26　1∶1 台架试验的平均摩擦系数
(a) 干燥条件；(b) 潮湿条件

时，制动闸片仍然维持较高的摩擦系数，平均摩擦系数的算数平均值约为 0.35。较高的平均摩擦系数有助于降低制动压力，提高制动夹钳使用寿命，降低制动盘的热疲劳，缩短制动距离。对于不同制动压力的影响，在相同的制动速度下，基本规律为平均摩擦系数随着制动压力的上升而减小，这是由于在更高的压力下摩擦表面更加平滑。图 8-26(b)是在潮湿条件下的平均摩擦系数。在各速度下平均摩擦系数均高于 0.25。在较低的制动速度范围内，制动速度的提高能够带动水膜充分覆盖摩擦表面，从而使平均摩擦系数随制动速度升高(50～120 km/h)而基本保持不变。当制动速度超过 120 km/h 时，制动速度提高导致离心力增加，接触界面上水量降低，使得平均摩擦系数随着制动速度升高而升高。此外，随着制动速度提高，高制动压力下的平均摩擦系数将逐渐低于低制动压力下的平均摩擦系数，趋近于干燥条件下压力与平均摩擦系数的关系，这亦表明在较高的制动速度下水对摩擦接触界面的作用正在降低。

表 8-17 为闸片材料的力学性能及由图 8-26 统计得出的闸片材料的摩擦制动性能数据。摩擦体的剪切强度达 16 MPa，黏结面的剪切强度达 25 MPa，摩擦系数衰退(250~350 km/h)仅 0.027，平均磨损量仅 0.06 cm^3/MJ，远低于标准规定值(0.35 cm^3/MJ)。

表 8-17 制动闸片的力学性能及 1∶1 台架试验数据

性能指标	研制闸片
密度/(g/cm^3)	5.04
硬度/HB	17
摩擦体剪切强度/MPa	16
黏结面剪切强度/MPa	25
摩擦体抗压强度/MPa	130
瞬时摩擦系数(μ_i)	符合瞬时摩擦系数公差要求
平均摩擦系数(μ_m)	符合平均摩擦系数公差要求
平均磨耗量/(cm^3/MJ)	0.06
制动盘温度分布均匀性	温度分布均匀
摩擦系数稳定性(50~250 km/h)	0.021
摩擦系数稳定性(300 km/h)	0.0074
摩擦系数稳定性(350 km/h)	0.0127
摩擦系数稳定性(380 km/h)	0.0015
摩擦系数衰退(250~380 km/h)	0.027
制动距离(380 km/h 最大压力下制动)/m	7018

图 8-27 为在 80 km/h 下，以 30 kW 在压力 32 kN 下持续制动 20 min 的瞬时摩擦系数和温度的变化。由图可见，温度随着制动时间升高而升高，最终达到 350℃左右。在温度升高的过程中，制动闸片的瞬时摩擦系数波动较小，始终位于 0.4~0.5，几乎与温度升高无关，这表明制动闸片具有优异的耐热性和摩擦系数稳定性。

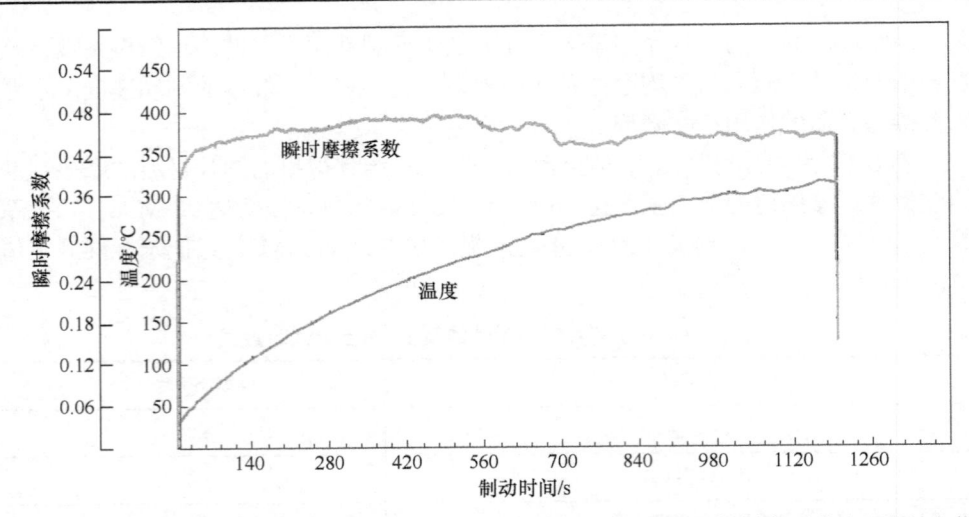

图 8-27 在 80 km/h 下，以 30 kW 在压力 32 kN 下持续制动 20 min 的瞬时摩擦系数和温度的变化

2) 摩擦表面

摩擦副在摩擦的同时也是一种磨损过程，磨屑在力、热的作用下形成一层"摩擦膜"，又称第三体层，它的性质决定了摩擦副的制动摩擦行为。摩擦膜的性质由摩擦材料、对偶材料和摩擦制动条件共同决定，是联系三者的纽带。下面对摩擦膜的组织结构特征进行分析，以揭示所制备的制动闸片具有优异摩擦制动性能的原因。

图 8-28 为 1∶1 台架试验后制动闸片的表面磨损形貌。摩擦块表面被摩擦膜所覆盖，摩擦块表面有较浅的划痕，制动闸片表面并未出现烧痕、隆起、变形、摩擦材料熔化、金属镶嵌、掉边掉角等缺陷。

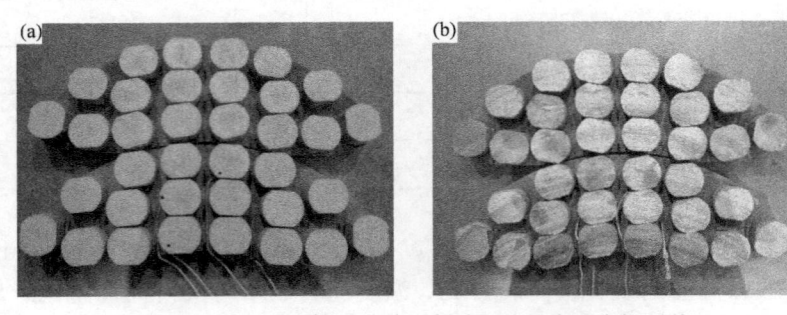

图 8-28　1∶1 台架试验前后制动闸片的表面磨损形貌
(a) 试验前；(b) 试验后

图 8-29 是台架试验前后制动盘的表面形貌。台架试验前，制动盘表面光洁，如图 8-29(a)所示。台架试验后，制动盘表面仍然保持光洁，无异常损伤(图 8-29(b))，表明制动闸片能够有效地保护制动盘，延长了制动盘的检修和更换周期。

第 8 章　闸片材料摩擦磨损性能评价

图 8-29　1∶1 台架试验前后制动盘的形貌
(a) 试验前；(b) 试验后

图 8-30 为摩擦表面的激光扫描共聚焦显微图片。摩擦表面被大面积的摩擦膜覆盖，其间夹着剥落坑，摩擦膜表面可见一些小的裂纹及划痕，如图 8-30(a1) 所示。由图 8-30(a2) 所示的三维形貌图可见，摩擦膜总体平坦，但高低区域亦交错分布，由图 8-30(a3) 所示的轮廓图上可见摩擦膜高度的波动，表明在磨粒磨损机制的作用下，在摩擦膜表面形成大量的划痕。图 8-30(b1) 和 (b2) 为摩擦表面剥落坑的形貌，其深度差可达 60 μm(图 8-30(b3))，这是在累次制动过程中摩擦膜在持续的热、力作用下的局部剥落所致。

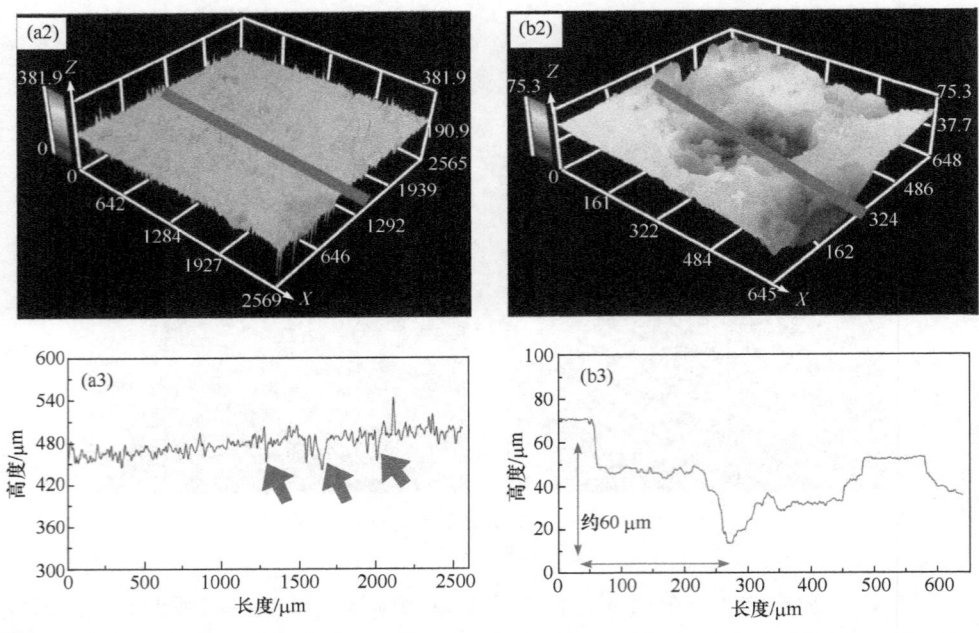

图 8-30 摩擦表面在激光扫描共聚焦显微镜下的形貌，相应的三维形貌和高度分析
(a1)~(a3)具有大面积摩擦膜覆盖的区域；(b1)~(b3)发生剥离磨损的区域

图 8-31 为台架试验后摩擦表面的 BSE 形貌。由图 8-31(a)可见，摩擦表面不同区域的状态不一致。图 8-31(a)的左边摩擦膜相对平坦连续，而靠近右边的摩擦膜上有较多的裂纹，呈现破碎的特征。这表明摩擦表面的摩擦膜始终处于形成和破坏的过程，摩擦膜处于一种动态平衡状态。在图 8-31(a)左侧的连续摩擦膜中均匀分布着许多黑色粒状物，如图 8-31(b)所示。黑色的粒状物尺寸为微米级，均匀镶嵌在摩擦膜中，Cu、Si、Fe 和 Cr 元素的分布如图 8-31(c)~(f)所示。由图 8-31(d)可推测，该粒状物为 SiO_2。由图 8-31(e)和(f)所示的 Fe 和 Cr 元素的分布可见，两种元素分布重叠区域为添加的大粒径 CrFe 合金颗粒(图 8-31(f)中的箭头 A 所示)，其突出于摩擦

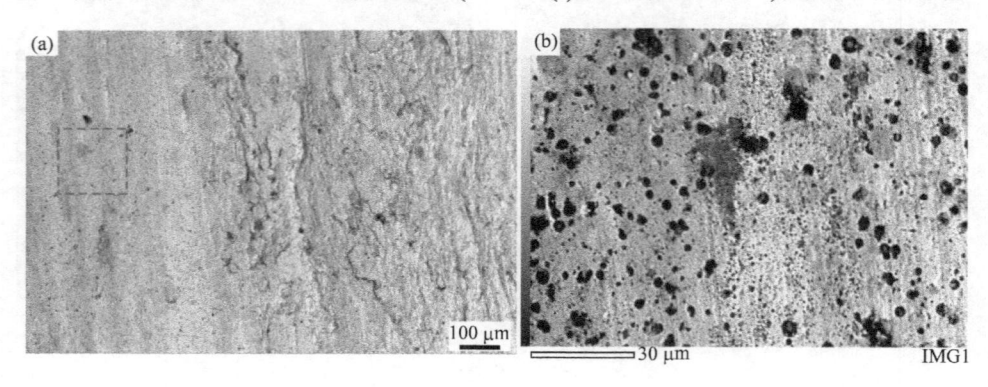

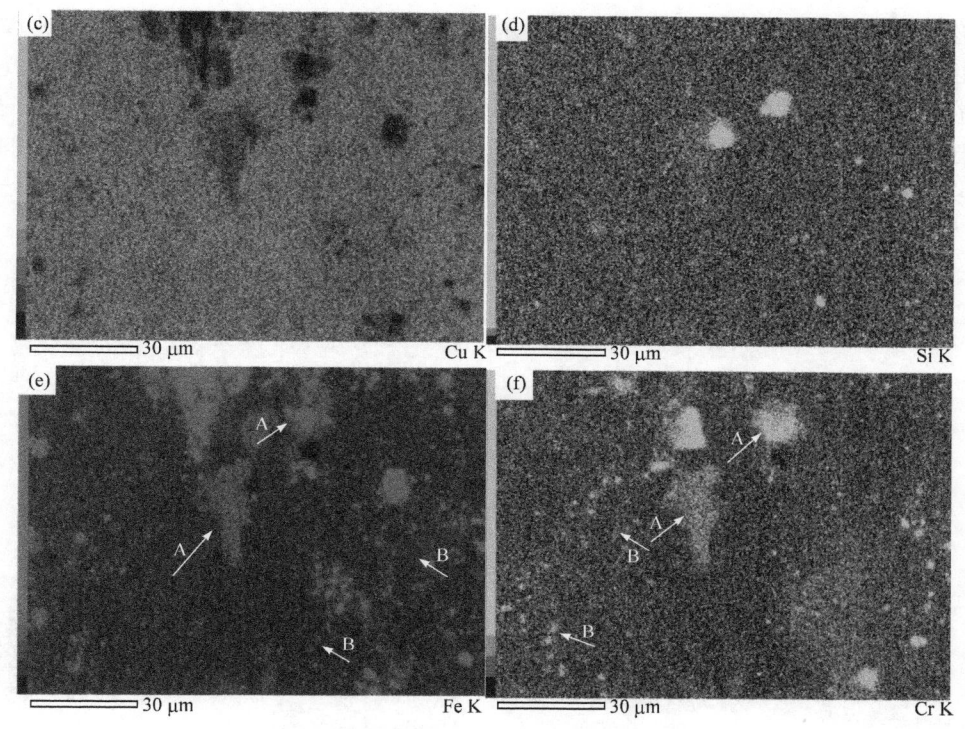

图 8-31　摩擦膜的 BSE 形貌(a)(b)以及图(b)中相应的
元素面分布分析：Cu(c)；Si(d)；Fe(e)和 Cr(f)

表面。两种元素不重叠的区域为 Fe 和 Cr 的氧化物(图 8-31(f)中的箭头 B 所示)，表明在高速制动过程中破碎的 Fe、Cr 颗粒氧化，形成了小粒径的 Fe 和 Cr 的氧化物。

图 8-32 为摩擦表面横截面的 BSE 显微组织。如图 8-32 (a)所示，在摩擦表面存在显著向基体方向凸出的摩擦膜。在摩擦膜的下部，有较多添加的硬质颗粒，其中黑色箭头标注的为 CrFe、Fe 及 SiO_2 等，其保持原始形貌或者是在高压下破碎，这些硬质颗粒起到承载和保护摩擦膜的作用。利用这些硬质颗粒的第一平台作用，能够阻碍磨屑运动，增大第二平台的面积分数及尺寸。此外，摩擦膜的厚度与其下部的硬质颗粒的分布状态有关，硬质颗粒多的区域摩擦膜的厚度较薄，反之摩擦膜较厚，这表明硬质颗粒能够控制摩擦膜的厚度(图 8-32(b))。利用粗颗粒硬质相对制动盘表面的犁削作用控制摩擦膜的厚度，降低摩擦表面物质的转移速率，能够提高摩擦系数稳定性。灰色箭头所示为铬颗粒，颗粒内部可见很多的孔隙，利用铬颗粒偏扩散成孔和易氧化的性质，将其作为氧化物源，能够为摩擦膜源源不断地提供 Cr_2O_3 强化相。粒状石墨和鳞片状石墨在摩擦材料中的作用机理不同，鳞片状石墨润滑面积大、润滑性好，但是易剥落，会造成磨损量增大，由图 8-32(c)可见，靠近摩擦表面的鳞片状石墨发生了严重的破坏和剥落。低

速下鳞片状石墨充当润滑组元，稳定并降低摩擦系数。粒状石墨强度高，靠近摩擦表面的粒状石墨虽然在制动压力下也出现了变形的特征，但是仍然较好地钉扎在摩擦表面，没有出现面裂纹以及剥落，如图 8-32(d)所示。此外，在粒状石墨的边缘还可以储存磨屑(图 8-32(d)中的箭头所示)，表明其在高速下兼具摩擦组元的功能，起到增摩的作用。因此，鳞片状石墨和粒状石墨两者搭配兼顾了高、低速下的摩擦系数稳定性，并提高了闸片的耐磨性。

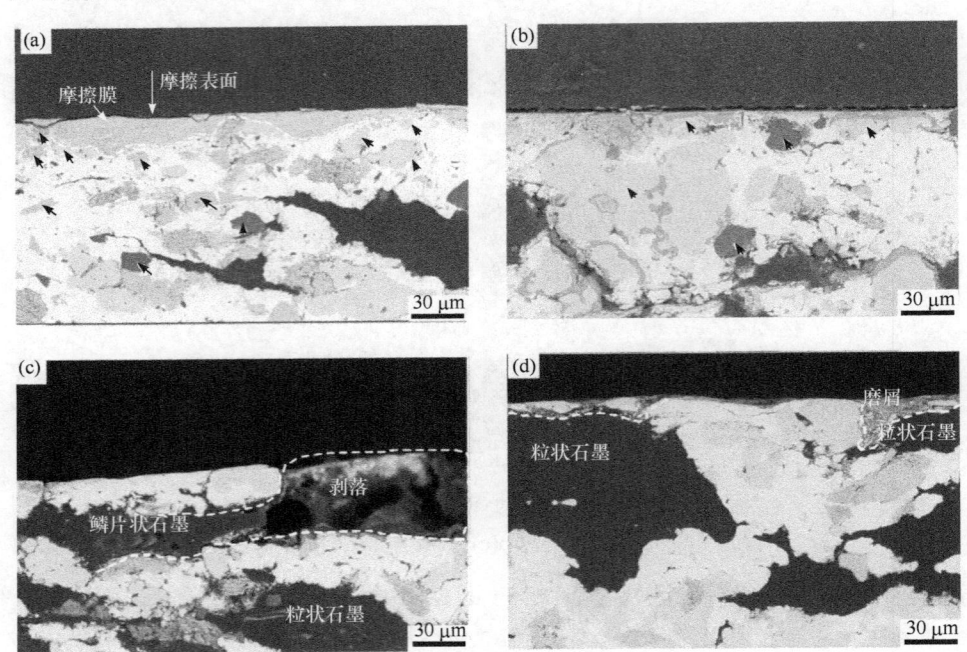

图 8-32 摩擦表面横截面的 BSE 显微组织

为了进一步分析摩擦膜的内部结构特征，对摩擦膜进行了 TEM 分析，如图 8-33 所示。从图 8-33(a)的明场像可见，摩擦膜中存在大量较图 8-31 中更小的颗粒，粒径为 20～90 nm。在图 8-33(b)的 HRTEM 照片中，观察到了 20 nm 左右的 CuO 和 33～50 nm 的 Fe_2O_3 氧化物颗粒。纳米氧化物是提高摩擦膜强度和硬度最有效的强化相。图 8-33(c)表明石墨是摩擦膜的重要组成成分之一，其来源于破碎的石墨组元，在摩擦膜中仍具有润滑作用。除小于 100 nm 的氧化物颗粒外，还存在数百纳米的硬质颗粒与尺寸更小的氧化物颗粒共存于摩擦膜中，如图 8-33(d)所示。

3) 摩擦膜的动态稳定化机制

高速制动过程中，高温和高应力是驱动摩擦表面不断演变的两个关键因素。一方面，高温和高应力导致铜基体的强度降低及软化流动，参与氧化膜的形成，

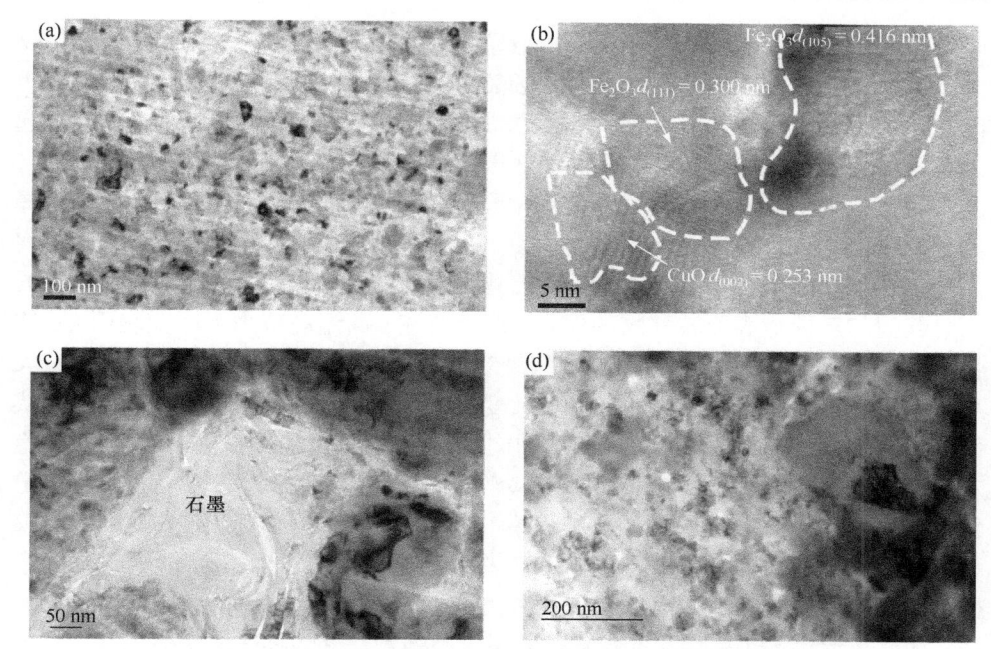

图 8-33 表层摩擦膜中纳米相的 TEM 形貌
(a) 氧化物颗粒形貌；(b) 氧化物的 HRTEM 显微组织；
(c) 石墨形貌；(d) 粒径不同的氧化物颗粒

形成的富铜相开始软化并覆盖原有的摩擦氧化膜。由于温度分布不均和盘表面的凸起以及磨粒的挤压作用，摩擦表面下凹变形，富铜相和富铁氧化膜的交替覆盖形成层状摩擦膜，该摩擦膜呈涡流运动模式，使摩擦膜内的物质进一步碾磨、破碎、细化和均匀化，形成的涡流结构摩擦膜与基体性质差异大，两者之间容易产生裂纹，并从摩擦表面剥落。低强度易转移的富 Cu 摩擦膜在摩擦界面起润滑作用，导致高速下(图 8-25(e)中的箭头所示)摩擦系数的衰退。在 380 km/h 制动条件下的摩擦膜出现了涡流结构摩擦膜(图 8-32(a))，并对应瞬时摩擦系数(图 8-25(e))的小幅衰退，但是平均摩擦系数和瞬时摩擦系数仍分布在规定范围内(图 8-25 和图 8-26)，磨耗量较小，可见局部涡流结构并未造成摩擦膜的失稳和摩擦系数大的波动，适度的涡流运动模式细化了氧化物颗粒，为摩擦膜提供了纳米强化相。另一方面，高温使摩擦表面物质氧化，生成大量的氧化物，包括 Fe 的氧化物，Cr 的氧化物和 Cu 的氧化物。这些氧化物的尺寸较小，达到纳米级别，广泛分布于摩擦表面，能够对富 Cu 摩擦膜起强化作用(图 8-32)。除纳米氧化物之外，摩擦表面发现大量均匀分散的微米尺寸的硬质颗粒(图 8-31(a)和(b))，由硬质颗粒破碎而来。除 CrFe、Fe 及 SiO_2 等在应力作用直接破碎以外，在基体中 Cr 在烧结过程中会与周围的铁发生偏扩散，在铬颗粒中形成很多孔隙，降低了铬颗粒的强度。在高应力下,多孔铬颗粒破碎和氧化,将其作为氧化物源,为摩擦膜源源不断提供强化相,提高了摩擦膜的强度。此外,除了纳米级的氧化颗粒和微米级破碎硬质颗粒,添加进制动闸片的多种原始硬质颗粒也起了关键作用。这些颗粒分布于摩擦表面以及亚表面,有效地提高了基体的强度,阻碍了富 Cu 涡流结构摩擦膜的快速拓展(图 8-32(a)),维持了摩擦表面稳定并降低了发生磨损的深度,提高了摩擦系数稳定性以及耐磨性。略微突出于摩擦表面的硬质颗粒(图 8-31(e)和(f)中的 CrFe 颗粒)直接与对偶盘接触,增加摩擦力的同时起清扫对偶盘表面转移物的作用。综上所述,高温高应力下摩擦表面 Cu 软化后起"溶剂"作用,内部容纳了从纳米级到微米级的硬质颗粒,外部具有大尺寸硬质颗粒,这些颗粒反过来在多尺度对低强度富 Cu 摩擦膜起强化作用,从而使得富 Cu 摩擦膜在保证较好塑性的同时具有高的强度,促进了摩擦表面的稳定,使制动闸片表现出优异的摩擦制动性能。创造条件促进摩擦膜的动态稳定化,避免其在摩擦表面快速转移,是获得优异的摩擦制动性能的关键。摩擦膜动态稳定化的关键是基体提供高强度支撑,内部硬质颗粒强化摩擦膜,外部摩擦组元钉扎摩擦膜,并且摩擦膜厚度要适中。

因此,通过多尺度颗粒的强化,获得了高强韧、低转移速率摩擦膜。大粒径摩擦组元作为外部运动障碍钉扎摩擦膜,摩擦膜中的亚微米磨屑作为摩擦膜与对偶盘的啮合点,提供摩擦反作用力,以保持高速制动时的摩擦系数。通过添加易氧化组元为摩擦膜源源不断地提供氧化物,研磨生成的纳米氧化物作为弥散强化相,从而实现多尺度协同增强,实现摩擦膜的动态稳定化,避免其在摩擦表面快速转移,从而使制动闸片体现出优异的摩擦磨损性能。基于该设计思想研制的闸片具有摩擦系数稳定性高、磨耗低和不伤盘等特点。瞬时摩擦系数和平均摩擦系数均满足《动车组闸片暂行技术条件》(TJ/CL 307—2019)标准的要求,250~380 km/h 制动速度范围内的摩擦系数热衰退仅 0.027,在 380 km/h 下的平均摩擦系数仍维持在 0.35 左右,平均磨耗仅 0.06 cm^3/MJ。

参 考 文 献

[1] 姚萍屏, 肖叶龙, 张忠义, 等. 高速列车粉末冶金制动材料的研究进展. 中国材料进展, 2019, 38(2): 116-125.

[2] 张德林. 机动车摩擦材料的克劳斯摩擦试验及其与惯性式制动台架的比较. 摩擦磨损, 1992, 4: 307-314.

[3] 赵小楼. 摩擦材料缩比试验原理及试验方法和测试设备研究. 长春: 吉林大学, 2007.

[4] 王振玉, 王铁山, 宋黎. JF151 型定速摩擦试验机的研制与应用. 机械设计与制造, 2012, (3): 71-73.

[5] 苏琳琳. 铜、铁、石墨第三体对摩擦性能的影响及其作用机制研究. 大连: 大连交通大学, 2017.

- [6] 罗智迅, 高飞, 徐振越, 等. 非惯性试验台实现惯性制动条件摩擦材料制动试验的测控系统研究. 铁道机车车辆, 2010, 30(5): 12-16.
- [7] 叶伟. 几种天然生物纤维增强摩擦材料的制备与性能. 长春: 吉林大学, 2011.
- [8] 迁村太郎, 瞿蓓兰. 制动摩擦性能实验技术. 国外铁道车辆, 1999, (5): 19-22.
- [9] 王伟. 多功能摩擦磨损试验机的设计研究. 南京: 南京林业大学, 2016.
- [10] 黄清健. 高速列车摩擦制动噪声缩比试验台的研制. 成都: 西南交通大学, 2015.
- [11] 赵婷. 基于直流传动的汽车惯性式制动器试验台控制策略研究. 重庆: 重庆大学, 2010.
- [12] 王峰. 列车制动盘/闸片高速摩擦制动性能与界面振动特性分析. 成都: 西南交通大学, 2017.
- [13] 李森林. 1∶1列车制动试验台测控系统的设计开发. 成都: 西南交通大学, 2009.
- [14] 李卫东, 董丰收, 张广勇. 铁路机车车辆用制动动力试验台的特点及分析. 重型机械, 2012, (1): 46-48, 54.
- [15] 王鸣歌, 韩军, 苏广平, 等. 高速铁路列车制动器惯性试验台的研制. 高速铁路技术, 2018, 9(5): 6-10.
- [16] 李继山, 李和平, 丁福焰. 1∶1动力制动试验台原理及应用. 铁道机车车辆, 2013, 33(3): 18-20, 99.
- [17] 张铁林. 法国新型铁路制动试验台. 中国铁路, 1996, (10): 48-49.
- [18] 马原, 查文晔, 顾瑞珍, 等. 中国建成世界速度最快高速列车制动试验台. 铁道技术监督, 2012, 40(3): 13.